W0233647

Ferdinand Bitz | Manfred Speck (HG.)

HELDEN
DES HELFENS

Ferdinand Bitz | Manfred Speck (HG.)

HELDEN DES HELFENS

Die deutsche Katastrophenhilfe
im internationalen Einsatz

Festschrift zum 80. Geburtstag von
DRK-Präsident Rudolf Seiters

**Bibliografische Information
der Deutschen Nationalbibliothek**

Die Deutsche Nationalbibliothek verzeichnet diese
Publikation in der Deutschen Nationalbibliografie;
detaillierte bibliografische Daten sind
im Internet über http://dnb.d-nb.de abrufbar.

ISBN 978-3-95768-192-8
© 2018 Lau-Verlag & Handel KG, Reinbek
Internet: www.lau-verlag.de

Alle Rechte, insbesondere das Recht der Vervielfältigung
und Verbreitung sowie der Übersetzung, vorbehalten.
Kein Teil des Werkes darf in irgendeiner Form
(durch Fotokopie, Mikrofilm oder ein anderes Verfahren)
ohne schriftliche Genehmigung des Verlages reproduziert
oder unter Verwendung elektronischer Systeme gespeichert, verarbeitet,
vervielfältigt oder verbreitet werden.

Umschlagentwurf: pl, Lau-Verlag, Reinbek
Umschlagabbildungen: (oben) Tropischer Wirbelsturm »Haiyan« 2013
auf den Philippinen: Gemeinsamer Hilfsflug des DRK und des THW
© Clemens Bilan/DRK;
(unten) Bürgerkrieg in Syrien: Vertreter des IKRK und des SARC überprüfen
die sanitäre Situation in Homs
© Syrischer Arabischer Roter Halbmond/IFRK
Satz und Layout: pl, Lau-Verlag, Reinbek
Druck- und Bindearbeiten: GK Druck Gerth und Klaas GmbH & Co. KG, Hamburg
Printed in Germany

Inhalt

III. Die deutschen Katastrophenschutzorganisationen

IV. Quo vadis Katastrophenschutz?

»Nimmt man alles zusammen …, so könnte man meinen, die Welt sei aus den Fugen geraten«, so bilanziert der amtierende DRK-Präsident Dr. h.c. Rudolf Seiters in seiner Autobiographie Ende 2016 seine Analyse der gegenwärtigen Weltunordnung. Unsere Verpflichtung zu humanitärer Hilfe erscheint ihm heute notwendiger denn je. Für Rudolf Seiters – als professionell gestaltender Politiker wie ehrenamtlich engagierter Bürger – war und ist »das Rote Kreuz auf weißem Grund weltweit eines der schönsten Symbole für Menschlichkeit und Solidarität«.

Sich für Opfer von Katastrophen, Krisen und Konflikte weltweit einzusetzen, ist Ethos vieler professioneller wie ehrenamtlicher Helfer in den nationalen und internationalen Katastrophenschutzdiensten. Ihnen allen gebührt Dank und Anerkennung – sie sind die wahren »Helden des Helfens!«

Ihnen widmen wir aus Anlass des 80. Geburtstages und gleichzeitigen Ausscheidens von Bundestagsvizepräsident und Bundesminister a.D. Dr. h.c. Rudolf Seiters aus dem Amt des DRK-Präsidenten dieses Buch; wir tun dies in dankbarer Erinnerung als enge Mitarbeiter des Jubilars, als er in führenden Funktionen in Fraktion, Parlament und Bundesregierung politische Verantwortung wahrgenommen hat.

Im einleitenden Teil werden die motivationspsychologischen, ethisch-moralischen, organisationstechnischen, rechtlichen und gesellschaftspolitischen Grundlagen einer Kultur des Helfens aufgezeigt. Im analytischen Teil entwickeln Experten zukünftige Katastrophen- und Konfliktszenarien, aus denen sich neue Herausforderungen für die Katstrophenschutzorganisationen ergeben. Im praktischen Teil erhalten ausgewählte international agierende Katastrophenschutzorganisationen in Deutschland Gelegenheit, sich und ihre Arbeit vorzustellen, Entwicklungsperspektiven aufzuzeigen und Forderungen an die Politik zu formulieren. Die politisch Verantwortlichen auf regionaler, nationaler, internationaler und multilateraler Ebene werden in ihren Beiträgen zum Schluss des Buches auf einzelne Erwartungen mit Blick auf notwendige Weiterentwicklungen des Katastrophenschutzes eingehen.

Wir danken allen Autoren und Organisationen für ihre Beiträge, insbesondere auch den Förderern für ihre Unterstützung. Danken möchten wir insbesondere Herrn Christian Reuter (Generalsekretär DRK), Frau Dr. Petra Liebner (Leiterin Historische Kommunikation und Medien DRK), Frau OStRn a.D. Jutta Hönow (Übersetzerin), Herrn StD a.D. Dietrich Opalke (Übersetzer), Herrn Willi J. Lau und Herrn Patrick Lau (Lau-Verlag), ohne deren Mitwirkung dieses Buch nicht zustande gekommen wäre.

Wir sind sicher, wenn mit diesem Buch die Leistungen der vielen Helfer wertgeschätzt und die Idee der humanitären Hilfe weiterentwickelt wird, dann wäre das ganz im Sinne von Rudolf Seiters und seines Lebenswerkes.

Berlin   Bad Honnef
                         im September 2017

Dr. Ferdinand Bitz   Manfred Speck

GELEITWORT
Bundespräsident Frank-Walter Steinmeier

»Alles Große ist ein Trotzdem.« Diese Ermutigung von Thomas Mann war selten relevanter als heute. Unser Wunsch nach friedlichem Zusammenleben trifft auf immer neue Hindernisse, die kaum überwindbar scheinen.

Hier nicht zu verzagen, sondern auch unter schwierigsten Bedingungen Gutes zu tun und Großes zu erreichen, erfordert Weitblick und Courage. Rudolf Seiters besitzt diese Eigenschaften. Und: Es ist ihm gelungen, das Gute wie auch das Große. Als Präsident des Deutschen Roten Kreuzes hat er in Deutschland und weit über unsere Grenzen hinaus weitreichende Projekte angestoßen, umgesetzt und verantwortet.

Das Deutsche Rote Kreuz wie auch die anderen deutschen Katastrophenschutz-Organisationen leisten Hilfe für viele. Dabei die Bedürfnisse des Einzelnen fest im Blick zu behalten, ist oft nicht leicht. Hinzu kommt, dass die Arbeit der vielen Menschen, die sich für andere in Not engagieren, manchmal mehr, häufig aber weniger sichtbar ist – unabhängig davon, ob es Einsätze in Deutschland oder in den vielen Krisen- und Katastrophenregionen weltweit sind. Dass die Hilfe trotz widrigster Umstände zuverlässig dort ankommt, wo sie benötigt wird, verdanken wir all den Menschen, die sich tatkräftig und unerschütterlich im Katastrophenschutz engagieren. Wir verdanken es auch Rudolf Seiters, der sich seit 14 Jahren an entscheidender Stelle in der deutschen humanitären Hilfe engagiert – mit Geduld, mit Herz und mit Erfolg.

Frank-Walter Steinmeier
Bundespräsident

PERSÖNLICHE WÜRDIGUNG DURCH DEN PRÄSIDENTEN DES DEUTSCHEN BUNDESTAGES
Prof. Dr. Norbert Lammert

»Nach dem Spiel ist immer vor dem Spiel«

Bereits vor einigen Jahren trug ein Porträt Rudolf Seiters den treffenden Titel: »Vom Glück der zweiten Karriere.« Tatsächlich bliebe auch diese Würdigung der beachtlichen Lebensleistung Rudolf Seiters unvollständig, würde sie alleine seinen erfolgreichen politischen Werdegang in den Blick nehmen. Denn als Präsident des Deutschen Roten Kreuzes (DRK) fand Seiters nach seinem Ausscheiden aus der aktiven Politik eine Aufgabe, in der ihm erneut Bleibendes gelungen ist. Und auch wenn ich nur die erste der beiden Karrieren aus der Nähe begleiten konnte, so habe ich doch seinen Einsatz für die »Helden des Helfens« beim DRK stets interessiert verfolgt – auch und gerade, weil ich mit großer Sympathie unterstütze, wie Rudolf Seiters gegen ein bedauerliches Defizit in Teilen unserer Gesellschaft »anarbeitet«: die nicht immer ausreichende Wahrnehmung und Anerkennung des Ehrenamts. Die Frage, wie die Bürger zu gemeinwohlorientiertem Engagement ermutigt werden können, bleibt jedenfalls unser gemeinsames Anliegen, und es ist beständig aktuell.

Meine frühen Erinnerungen an Rudolf Seiters verbinden sich vor allem mit seinem langjährigen Wirken als Parlamentarischer Geschäftsführer der CDU/CSU-Fraktion. Als ich 1980 zum ersten Mal in den Bundestag einzog, zählte Rudolf Seiters schon zu den erfahrenen Abgeordneten. Dass wir gemeinsam noch über zwei Jahrzehnte die Bänke im Parlament drücken würden, hat wohl damals keiner von uns vermutet – ebenso wenig, dass ich ihm eines Tages als Vizepräsident des Hohen Hauses folgen würde. In den Bundestag wurde Seiters erstmals 1969 gewählt; damals wie in allen folgenden Legislaturperioden errang er in seinem emsländischen Wahlkreis das

Direktmandat, was mir im Ruhrgebiet bei zehn aufeinanderfolgenden Wahlen nie gelungen ist. Er betrat die Bonner Bühne in einem Moment, als die Union nach Jahren der Regierungsverantwortung ihre neue Rolle in der parlamentarischen Opposition erst noch finden musste. Seiters zählte damals zu den zehn jüngsten Parlamentariern – als er den Bundestag 2002 verließ, war er der Dienstälteste unter den Abgeordneten. Wie stark sich für Volksvertreter in dieser Zeitspanne zwischen »Achtundsechzigern« und Beginn des neuen Jahrtausends die gesellschaftlichen Verhältnisse veränderten, vermag eine Anekdote zu veranschaulichen, von der Seiters einmal amüsiert berichtet hat. So verkündete im Gottesdienst, als der noch unerfahrene Abgeordnete einmal an einem Sonntag zum politischen Frühschoppen eingeladen hatte, der heimische Pastor von der Kanzel: »Heute fällt die Predigt aus. Ich verweise auf den anschließenden Vortrag unseres Bundestagsabgeordneten in der Kneipe nebenan.«

Nicht zufällig begleitete Rudolf Seiters in seinem Büro über all die Jahre das Porträt Hermann Ehlers. In ihm erkannte er ein Vorbild, und dessen Credo, ein Parlament solle »eine Stätte nüchterner Arbeit sein, fern dem Pathos«, ist Seiters stets gefolgt. Nüchtern ist ganz sicher eines der Adjektive, die auch auf ihn zutreffen, ebenso wie die Attribute bodenständig, bürgernah, verlässlich, glaubwürdig, fleißig, geradlinig, loyal, bescheiden, die allesamt Porträts über ihn entstammen. Man sollte sich deshalb über die politische Leidenschaft und seine parlamentarische Durchsetzungskraft nicht täuschen. Glaubt man dem *Spiegel*, wusste er vor allem in jungen Jahren durchaus zu provozieren. Den damaligen niedersächsischen CDU-Vorsitzenden soll er jedenfalls fast zu Tränen gereizt haben. Und dass er auf die Frage, mit welchem Beruf er gerne tauschen würde, ausgerechnet den des Dirigenten nannte, weil dann alles auf sein Kommando hören würde, überrascht nur den, der ihn nicht als Parlamentarischen Geschäftsführer erlebt hat, als der er mit ordnender Hand das politische Zusammenspiel der CDU/CSU-Bundestagsfraktion organisierte.

Im öffentlichen Bewusstsein wird die Rolle des »PGF«, wie er im Parlamentsdeutsch heißt, allerdings meist zu einseitig auf die des Einpeitschers reduziert, der zusammen mit dem Fraktionsvorsitzenden die Mehrheiten sichert und für die Geschlossenheit seiner Fraktion sorgt – ein Balanceakt in der Kunst demokratischer Führung. Weniger bekannt sein dürfte, dass die »PGFs« im Maschinenraum des Bundestages über Fraktionsgrenzen hinweg trotz aller politischen Konkurrenz in der Regel fair und vertrauensvoll zusammenarbeiten, um für einen möglichst reibungslosen Ablauf der parlamentarischen Arbeit zu sorgen. Auch darauf hat sich Rudolf Seiters immer in besonderer Weise verstanden. Als späteres langjähriges Mitglied des Kuratoriums der Sepp-Herberger-Stiftung – nur eines seiner zahlreichen Ehrenämter – wusste er offenkundig die Fußballweisheit dieses Philosophen am Ball auch auf dem parlamentarischen Spielfeld anzuwenden: »Alleingänge sind hervorragende Mittel eines erfolgreichen Angriffsspiels. Aber ebenso hoch, oder oft noch höher, steht das Zusammenspiel im Kurs.«

Abgeordneter zu sein bedeutete für Seiters, einer der schönsten, vielseitigsten und anspruchsvollsten Tätigkeiten nachzugehen, die es gibt – auch im Vergleich zu Regierungsämtern, die er mit ebenso großem Einsatz ausgeübt hat. Als seltener »Neunender«, wie man ihn angesichts von neun Legislaturperioden im Deutschen Bundestag ehrfurchtsvoll bezeichnet hat, gestaltete Rudolf Seiters über drei Jahrzehnte die Bundespolitik parlamentarisch mit: als Abgeordneter, stellvertretender Fraktionsvorsitzender und zuletzt als Vizepräsident. Zwischenzeitlich wechselte er auf die Regierungsbank, wo er sich in einem wahrhaft historischen Moment als einer der Architekten der Deutschen Einheit im Kanzleramt höchste Verdienste um unser Land erwarb. Auf diesem Wirken gründet der schöne Satz, der einmal über ihn gesagt wurde: Seiters erzählt keine Geschichten, er erzählt Geschichte. »In der Spur bleiben« – so lautet der Titel eines Buches, das dies verdeutlicht und in dem Seiters politische Wegmarken zu Rechtsstaat und Demokratie, Europa und Weltfrieden, bürgerlicher Verantwortung und Solidarität schildert. Weniger ein überraschender Spurwechsel als vielmehr Ausdruck seiner Geradlinigkeit war auch seine Entscheidung, 1993 als damaliger Bundesinnenminister die persönlichen Konsequenzen aus einem missglückten Polizeieinsatz gegen die RAF zu ziehen. Politische Verantwortung zu übernehmen beinhaltet für ihn neben Gestaltungsfreude eben immer vor allem, seine Pflichten wahrzunehmen.

Nach seinem Ausscheiden aus der aktiven Politik ein Jahrzehnt später folgte Seiters mit dem Wechsel auf eine verantwortungsvolle Position der humanitären Hilfe einer anderen, weit bekannteren Herberger-Weisheit: »Nach dem Spiel ist immer vor dem Spiel«. Seiters wollte sich nach eigenem Bekunden mit seinem Einsatz für das Ehrenamt für die Chancen bedanken, die ihm selbst eröffnet wurden, und seine politische und administrative Erfahrungen sowie guten Kontakte für das Ehrenamt nutzen – getreu seinem Lebensmotto: »Tu, was Du kannst!« Für das Deutsche Rote Kreuz bedeutet das einen Volltreffer. Unter seiner Präsidentschaft hat das DRK so viele Spenden wie noch nie in seiner Geschichte gesammelt. Zum Roten Kreuz hat er übrigens gefunden, hier überschneiden sich die beiden Karrierewege wieder, weil er als Kanzleramtsminister die Leistung der Helfer in der Prager Botschaft erlebt hatte, deren selbstloser Einsatz ihm nie aus dem Kopf gegangen ist – und die im Übrigen in einem Moment die Ärmel hochkrempelten, als Deutsche als Flüchtlinge Hilfe dringend brauchten und diese auch erfuhren, woran es gerade heute gelegentlich wieder zu erinnern gilt.

Die Freiheit, sich ehrenamtlich zu engagieren, ist unverzichtbar, sie sich zu nehmen, ist aber nicht selbstverständlich. Dabei leisten schon heute Ehrenamtliche einen unermesslichen Beitrag zum Zusammenhalt in unserem Land, sie machen unsere Gesellschaft lebens- und oft auch liebenswert. Kaum eine der Herausforderungen, vor denen wir stehen, wird sich ohne den Einsatz von Freiwilligen bewältigen lassen – ganz gleich, ob es um gelingende Integration, gute Bildung, würdige Pflege von Kranken und älteren Menschen, die Betreuung von Menschen mit Behinderungen oder um Hilfe in der Not geht. Und das gilt noch mehr in einer Gesellschaft, in der bereits absehbar zukünftig das Verhältnis potentiell hilfefähiger Menschen gegenüber den hilfsbedürftigen Menschen in eine dramatische Schieflage geraten wird – weshalb das Ehrenamt noch wichtiger werden wird. Gerade die Ehrenamtlichen des Deutschen Roten Kreuzes sind als Unterstützer der vielen hauptamtlichen Helfer auf diesem Feld aktiv. Dieses Engagement zu fördern, zu stärken und anzuerkennen, ist eine wichtige Aufgabe, der sich Rudolf Seiters seit nunmehr anderthalb Jahrzehnten stellt, nicht zuletzt mit seiner Forderung, in besonderen Notsituationen wie zuletzt der Betreuung der Flüchtlinge bei Freistellungen und Lohnfortzahlung für die Helfer des DRK eine den Freiwilligen Feuerwehren und dem THW vergleichbare Regelung zu finden.

Privates Gemeinwohlengagement lässt sich staatlich nicht verordnen, sondern kann nur von unten wachsen. Doch auch das Ehrenamt braucht geeignete gesellschaftliche Rahmenbedingungen, zu der die Politik ihre Beiträge leisten kann. Es ist eine hübsche Koinzidenz, dass die Ergebnisse der Bundestags-Enquete-Kommission »Bürgerschaftliches Engagement« in dem Jahr vorgestellt wurden, als Rudolf Seiters die Seiten und damit von der Politik ins Ehrenamt wechselte. So konnte er in der Praxis die Umsetzung von Vorschlägen dieser Kommission begleiten, die zu einem spürbaren veränderten Bewusstsein und stärkerem Engagement von Bürgern geführt hat. Dem aktuellen Freiwilligensurvey zufolge engagieren sich heute mehr als 31 Millionen Menschen in Deutschland ehrenamtlich – das sind 43,6 Prozent der Bevölkerung über 14 Jahren. Als 2009 in einer Studie die in Deutschland geleisteten Arbeitsstunden für bürgerschaftliches Engagement summiert wurden, ergab sich der stolze Beitrag von 4,6 Milliarden Stunden. Das waren immerhin 7,5 Prozent der gesamten in Deutschland geleisteten Arbeitszeit – volkswirtschaftlich betrachtet bedeutete das bei einem angesetzten Mindestlohn in damals noch diskutierter Höhe von 7,50 Euro eine Arbeitsleistung im Wert von nahezu 35 Milliarden Euro und damit immerhin zwei Prozent des gesamten Volkseinkommens.

Die Bereitschaft, sich für die Gesellschaft einzusetzen, ist in Deutschland also bereits heute stark ausgeprägt – mit erfreulich steigender Tendenz. Dennoch bin ich wie Rudolf Seiters überzeugt, dass das Potenzial noch nicht ausgeschöpft ist. Hier gibt es noch immer Handlungsbedarf – zumal neben dem traditionellen Ehrenamt, das meist über Jahre in Vereinen ausgeübt wird, beständig der Anteil an Menschen wächst, die sich nicht so stark binden können oder wollen, ihren Einsatz flexibler gestalten und stärker als Teil der Selbstverwirklichung begreifen. Helfen wollen zwar viele – aber das in offenen Strukturen. Und sie wollen nicht anonym helfen, sondern persönlich Verantwortung übernehmen. Die Zukunft des Ehrenamtes ist deshalb daran gekoppelt, dass sich neue, flexible Formen des Engagements finden – das gilt sicher auch für das DRK.

Der frühere Bundespräsident Roman Herzog hat einmal gesagt: »Es gibt viele demokratische Tugenden, Bequemlichkeit gehört nicht dazu.« Das ist schlicht formuliert und es trifft den Kern: Ein demokratisches Gemeinwesen lebt vom Einsatz seiner Bürgerinnen und Bürger. Rudolf Seiters glaubt – wohl auch aus eigenem Erleben – fest an eine Weisheit, die sich in der Lebenswirklichkeit immer wieder bestätigt: »Das Ehrenamt hält den Menschen länger gesund.« Wer sich engagiert, tut jedenfalls anderen etwas Gutes und auch sich selbst, weil Engagement Lebenssinn stiftet. Dieser Einsatz ist keine Pflichtübung – genauso wenig, wie die Arbeit von Ehrenamtlichen als eine Art Ausfallbürgschaft für leere Kassen missbraucht werden darf. Schon in der Bibel steht, dass die Nächstenliebe und die Selbstliebe zusammengehören, ja sogar einander bedingen. Lieben und helfen – nach Bertha von Suttner, die Rudolf Seiters gerne zitiert, die beiden schönsten Verben der Welt – stehen eben in einem engen Verhältnis. »Helden des Helfens« ist dieser Band überschrieben, der Seiters persönliches Engagement für die deutsche Katastrophenhilfe würdigt. Ihn selbst als einen Helden zu bezeichnen, würde er wohl bescheiden zurückweisen. Sicher aber ist, dass die wahren Helden des Helfens in Rudolf Seiters einen der versiertesten und einflussreichsten und damit wirkungsvollsten Fürsprecher haben. Seiters, der penibel darauf achtet, sich in seiner Funktion als DRK-Präsident bei politischen Bewertungen zurückzuhalten, ist – um eine Formulierung von Bundespräsident Frank-Walter Steinmeier aufzugreifen – ganz und gar parteiisch, nämlich parteiisch für das Ehrenamt, für die Belange derer, die sich in Deutschland bürgerschaftlich engagieren. Dafür gebührt ihm ebenso unser Dank wie unsere Anerkennung und unser Respekt für sein herausragendes politisches Wirken für den Parlamentarismus und die Demokratie in unserem Land.

Prof. Dr. Norbert Lammert
Präsident des Deutschen Bundestages

GRUSSWORT DER BUNDESKANZLERIN
Dr. Angela Merkel

Nur wenigen ist es vergönnt, deutsche Politik so mitzugestalten wie Rudolf Seiters. 33 Jahre lang war er Abgeordneter des Deutschen Bundestags. 1971 wurde er jüngster Parlamentarischer Geschäftsführer der CDU/CSU-Bundestagsfraktion. Ende der 80er Jahre wurde er zum Chef des Bundeskanzleramts ernannt und übernahm Anfang der 90er Jahre die Aufgaben des Bundesinnenministers. Zuletzt war er Vizepräsident im Deutschen Bundestag, bevor er sich den Herausforderungen als Präsident des Deutschen Roten Kreuzes stellte. Rudolf Seiters war über all die Jahre an vielen Entscheidungen beteiligt, die unser Land geprägt haben. Zu Recht genießt er weithin Respekt und Wertschätzung.

Rudolf Seiters Tatkraft im Zuge der bewegenden Ereignisse um die Deutsche Einheit gehört natürlich zu seinen größten Verdiensten. Als Chef des Bundeskanzleramts konnte er an zentraler Stelle an dem wohl glücklichsten Moment der jüngeren deutschen Geschichte mitwirken. Diese historische Chance spielt eine herausgehobene Rolle inmitten der vielen Erfahrungen seines politischen Lebens. So beginnt denn auch seine Autobiografie »Vertrauensverhältnisse« mit der Schilderung des denkwürdigen Augenblicks im Herbst 1989, in dem die in die Prager Botschaft geflüchteten Ostdeutschen von ihrer Ausreisegenehmigung erfuhren.

Für uns alle war und ist es ein Glück, dass damals Politiker wie Rudolf Seiters mit ausgeprägtem Gestaltungswillen und diplomatischem Geschick die einzigartige Möglichkeit zu nutzen verstanden, die Teilung unseres Landes im Einvernehmen mit unseren Nachbarn und Partnern in Europa und Amerika zu überwinden. In regelmäßigen Treffen unterrichtete er die Botschafter Frankreichs, Großbritanniens und der USA über die Haltung der Bundesregierung und die Verhandlungen mit der DDR. Mit solchen vertrauensbildenden Maßnahmen half er, den Weg zur Deutschen Einheit zu ebnen.

Vertrauen ist für Rudolf Seiters in seinem Lebenswerk ohnehin, wie er es selbst beschreibt, »eine zentrale Kategorie«. Das durfte dankenswerterweise auch ich erfahren, als ich 1991, noch wenig vertraut mit dem politischen Alltag in der damaligen Bundeshauptstadt Bonn, mein Amt als Bundesministerin für Frauen und Jugend antrat. Rudolf Seiters stand mir ein ums andere Mal als erfahrener Ratgeber zur Seite – selbst in organisatorischen Fragen wie etwa zu Räumlichkeiten für mein damals neu gebildetes Ministerium oder zur Zusammensetzung von Mitarbeiterstäben. Er machte dem Begriff »Kollege« wirklich alle Ehre.

2002 verabschiedete sich Rudolf Seiters aus der aktiven Politik – aber nur, um sich dem aktiven Unruhestand im Ehrenamt zu verschreiben. Schon seit fast 15 Jahren nimmt er seine Aufgabe als Präsident des Deutschen Roten Kreuzes mit großer und unermüdlicher Hingabe wahr. Er dient dem Gemeinwohl aus tiefer Überzeugung sowie aus seiner politischen Erfahrung heraus, dass der Staat zwar einiges, aber längst nicht alles leisten kann.

Das Deutsche Rote Kreuz arbeitet mit seinem Präsidenten daran, Not zu lindern und Schlimmeres zu verhindern. Als 2015 in kurzer Zeit sehr viele Menschen, die vor Krieg und Verfolgung zu uns geflohen waren, in Deutschland unterzubringen und mit den notwendigsten Alltagsgütern zu versorgen waren, hat das DRK einmal mehr unter Beweis gestellt, was es zu leisten imstande ist.

Zum Credo des Deutschen Roten Kreuzes gehört, unabhängig von Religion, Nationalität oder Ansehen zu helfen. Wo Hilfe gebraucht wird, da ist das DRK zur Stelle – im Inland wie auch im Ausland. Um nur einige Beispiele zu nennen, die in die Amtszeit von Rudolf Seiters fallen, erinnere ich etwa an die Einsätze nach dem Tsunami in Südostasien Ende 2004, nach dem Erdbeben auf Haiti Anfang 2010 sowie nach dem Seebeben vor der Küste Japans und der Nuklearkatastrophe in Fukushima im März 2011. Ob das Deutsche Rote Kreuz selbst vor Ort Nächstenhilfe praktiziert oder seine Schwestergesellschaften unterstützt – in jedem Fall dient es den Menschen und mehrt zugleich das Ansehen Deutschlands in der Welt.

Rudolf Seiters, obwohl Politiker durch und durch, bewies schon bei seinem Ausscheiden aus dem Deutschen Bundestag, dass er loslassen kann. Jetzt hat er angekündigt, auf eine erneute Kandidatur für das Amt des DRK-Präsidenten zu verzichten. Dies ist ein Verlust für das Deutsche Rote Kreuz, das ihm viel zu verdanken hat. Für seine Familie hingegen kann dies nur ein Gewinn sein, für die ihm künftig etwas mehr Zeit bleibt – vielleicht. So wie ich Rudolf Seiters kenne, wird er auch den neuen Lebensabschnitt mit der ihm eigenen Tatkraft ausfüllen. Jedenfalls gratuliere ich Rudolf Seiters von Herzen zu seinem 80. Geburtstag und wünsche ihm Gesundheit, Zufriedenheit und Gottes Segen.

Dr. Angela Merkel
Bundesrepublik Deutschland
Die Bundeskanzlerin

GRUSSWORT DES BUNDESMINISTERS DES INNERN
Dr. Thomas de Maizière

Sehr geehrter Herr Präsident, lieber Herr Seiters,

seit Ihrer Wahl zum Präsidenten des Deutschen Roten Kreuzes im November 2003 bringen Sie Ihre politische Erfahrung von über 30 Jahren des Wirkens im öffentlichen Raum ein und widmen sich mit voller Kraft den vielfältigen Aufgaben dieses Ehrenamtes. Als Präsident haben Sie vor allem die strategische Neuausrichtung dieser größten deutschen Hilfsorganisation im Blick und treiben zielgerichtet die politische Vernetzung voran. Sie sind immer am Puls der Zeit. So haben Sie in den eineinhalb Jahrzehnten Ihrer Präsidentschaft neben den regulären Aufgaben mit viel Einsatz gleichzeitig Hilfe bei Naturkatastrophen und in Krisenlagen im In- und Ausland organisiert.

Zunächst waren die Hilfsmaßnahmen nach dem verheerenden Tsunami Ende 2004 im Indischen Ozean zu koordinieren. Wiederaufbauprojekte in den betroffenen Ländern Südostasiens mussten betreut werden. Im Inland haben das Hochwasser 2013 und Überflutungen im Frühsommer 2016 unser deutsches Hilfeleistungssystem herausgefordert. Das Deutsche Rote Kreuz war zur Stelle und bewährte sich in allen betroffenen Landesteilen als verlässlicher Partner des Katastrophenschutzes. Die Einsatzkräfte halfen bei notwendigen Evakuierungen, bei der Errichtung von Notunterkünften und bei der Rettung mit Booten und Hubschraubern.

Für zukünftige Krisenlagen müssen wir das deutsche Hilfeleistungssystem einsatzfähig halten und deshalb den Veränderungen des sicherheitspolitischen Umfeldes anpassen. Unter der Federführung meines Hauses hat das Bundeskabinett im Sommer 2016 hierzu die Konzeption Zivile Verteidigung beschlossen, die eine Aktualisierung der konzeptionellen Grundlagen für Krisenlagen beinhaltet. Bei der nun anstehenden Umsetzung in Fach- und Rahmenkonzepte sind Expertise und Diskussionsbeiträge des Deutschen Roten Kreuzes willkommen.

Besonders herausragend in den Jahren Ihrer Präsidentschaft ist jedoch der Einsatz, den das Deutsche Rote Kreuz seit Sommer 2015 in der Flüchtlingshilfe leistet. Zu Spitzenzeiten versorgten und betreuten viele tausend ehrenamtliche und hauptamtliche Helfer in insgesamt 450 Unterkünften bis zu 140 000 Menschen. Vielen Dank an dieser Stelle nochmals Ihnen und allen Mitarbeitern des Deutschen Roten Kreuzes für die professionelle Hilfe, für den Einsatz und die gute Kooperation mit den Verantwortlichen. Jetzt gilt es, sich der weiteren gesamtgesellschaflichen Herausforderung zu stellen und die Flüchtlinge mit Bleibeperspektive in unsere Gesellschaft zu integrieren. Hierzu müssen noch viele Maßnahmen von staatlicher Seite, von der Wirtschaft, von humanitären Organisationen wie dem Deutschen Roten Kreuz und von jedem einzelnen Bürger folgen, damit unser Land so friedlich und erfolgreich bleibt, wie es ist.

Lieber Herr Seiters, Sie handeln nach der Devise, dass sich Probleme nicht durch Lautstärke lösen lassen. Durch unermüdlichen Einsatz, durch sachliche Gespräche und Wirken oftmals im Hintergrund haben Sie Lösungen angestoßen, die das Deutsche Rote Kreuz als größte Hilfsorganisation bestens auf die Zukunft vorbereiten. Meine Hochachtung für Ihr außerordentliches Engagement und Ihre große Lebensleistung.

Für die Zukunft wünsche ich Ihnen Gesundheit, Glück und Gottes Segen.

Dr. Thomas de Maiziere, MdB
Bundesminister des Innern

GRUSSWORT DES BAYERISCHEN STAATSMINISTERS DES INNERN, FÜR BAU UND VERKEHR
Joachim Herrmann

Sehr geehrter, lieber Herr Dr. Seiters,

zu Ihrem 80. Geburtstag gratuliere ich Ihnen von ganzem Herzen und wünsche Ihnen alles erdenklich Gute, vor allem stabile Gesundheit, viel Glück und Gottes Segen!

Schon sehr früh legten Sie den Grundstein für Ihre beeindruckende politische Karriere. Sie waren über drei Jahrzehnte Mitglied des Deutschen Bundestags sowie unter anderem parlamentarischer Geschäftsführer der CDU/CSU Fraktion im Deutschen Bundestag und auch deren stellvertretender Vorsitzender und Vizepräsident des Deutschen Bundestags. In diesen anspruchsvollen Ämtern haben Sie die Entwicklung unseres Landes mit hohem persönlichem Einsatz mitgestaltet. Unvergessen sind auch die Ereignisse in der westdeutschen Botschaft in Prag und Ihre wichtige Rolle bei der deutschen Wiedervereinigung als Bundesminister für besondere Aufgaben und Chef des Bundeskanzleramts. Mit großem Verhandlungsgeschick haben Sie insbesondere am Einigungsvertrag mitgewirkt – weniger im Rampenlicht als vielmehr hinter den Kulissen. Später haben Sie dann als Bundesminister des Innern Verantwortung für unser Land übernommen.

Als Präsident des Deutschen Roten Kreuzes, der größten humanitären Organisation in Deutschland, prägen Sie dessen strategische Ausrichtung und vertreten dessen Selbstverständnis und Ziele stets mit Nachdruck. Als überzeugter Humanist haben Sie dabei bereits vielfach die Stimme der Mitmenschlichkeit erhoben. Sie verstehen es, den unschätzbaren Dienst der unzähligen ehrenamtliche Helferinnen und Helfer des Deutschen Roten Kreuzes für ihre Mitbürgerinnen und Mitbürger äußerst positiv im Bewusstsein der Menschen zu verankern.

In unseren von gegenseitigem Vertrauen geprägten Begegnungen habe ich Sie stets als aufgeschlossenen und engagierten Gesprächspartner erlebt. Lieber Herr Dr. Seiters, mit Ihrem großen Engagement und Ihrer Tatkraft, gepaart mit Ihrer Verlässlichkeit und Diskretion sowie Ihrem Einfühlungsvermögen, haben Sie sich bei den Menschen und über Parteigrenzen hinweg hohes Ansehen und Respekt erworben.

Für Ihr verdienstvolles Wirken für unser Land danke ich Ihnen – auch im Namen der Bayerischen Staatsregierung aufs Herzlichste. Ad multos annos!

Joachim Herrmann
Bayerischer Staatsminister des Innern, für Bau und Verkehr
Mitglied des Bayerischen Landtags

GRUSSWORT DES PRÄSIDENTEN DER INTERNATIONALEN FÖDERATION DER ROTKREUZ- UND ROTHALBMOND-GESELLSCHAFTEN
Tadateru Konoé*

»Men build too many walls and not enough bridges.«
Dominique Pire

At its best, the Red Cross and Red Crescent bring people together. We were founded on the idea that, even when we are most divided, when we stand face to face in battle, we remain united, somehow, in our humanity. It is this idea, this deeply held belief in the inherent dignity of all people – of friends and foes – that allows us to build bridges between communities.

Dr Seiters, my dear friend and colleague, is a man who builds bridges. He did so at a time of great upheaval in German history, when the long curtain of war was finally pulled back, and the East and West reunited.

He has done so throughout his career with the German Red Cross.

I have known Dr Seiters for many years. I remember well welcoming him to my native Japan. He came as part of a delegation accompanying the then Bundespräsident of Germany in the aftermath of the the the terrible Great East Japan earthquake in 2011. It was a time of grief and shock for my country and for the Japanese Red Cross. His visit was greatly appreciated by me personally, and by my teams.

It was an act of solidarity, of course, but also of great kindness. In paying his respects at our time of need, in offering his support, a bridge was built between his organization and mine.

This, I have learned, is by no means uncommon. He has built bridges

---

* Übertragung aus dem Englischen: Jutta Hönow, OStR a. D.

Begleitung bei der Korrektur: Dietrich Opalke, StD a. D.

elsewhere, too. In my time as President of the International Federation of Red Cross and Red Crescent Societies (IFRC), I have been fortunate to travel to many different countries. It strikes me, as I sit to write this short note, that I often see the work of the German Red Cross, or hear others sing its praises.

Late last year, I visited Germany, spent time with Dr Seiter and with his marvellous and dedicated volunteers and staff. It was inspiring to see the role that the German Red Cross was playing in supporting the many thousands of migrants who have arrived in Europe in recent years. In a political environment that has been increasingly charged, the Red Cross has held true.

Steadfast in its commitment to the dignity and humanity of all people, regardless of status or of any other consideration, the German Red Cross has reached into these new and frightened communities, providing a first link in a relationship that I believe will benefit everyone, refugees and host communities. Dr Seiter's steady influence was clear.

I expect that the German Red Cross will take up an even more important role globally for the IFRC and beyond. The source of its credibility, of its strength, lies in the fact that it is present and responding to needs in communities across Germany. It is a well-structured, efficient and focused humanitarian organization that clearly has an impact in the lives of people every day.

On behalf of IFRC, I would like to extend my congratulations to Dr Seiter for all he has achieved, and for the many bonds of friendship he has fostered and grown. Through him, we extend our sincerest appreciation to the German Red Cross and its dedicated volunteers, with their inspiring and unwavering commitment to dignity and humanity.

Tadateru Konoé
President
International Federation of Red Cross and Red Crescent Societies

»Die Menschen bauen zu viele Mauern und nicht genug Brücken.«
Dominique Pire

Die größte Leistung des Roten Kreuzes und des Roten Halbmonds besteht darin, Menschen zusammenzubringen. Wir wurden mit dem Gedanken gegründet, wenn wir auch zutiefst geteilt sind, wenn wir in der Schlacht zusammenstehen, dann bleiben wir in unserer Menschlichkeit vereint. Es ist dieser Gedanke, dieser tiefe Glaube an die angeborene Würde aller Menschen – Freunde wie auch Feinde – der es uns erlaubt, Brücken zwischen den Völkern zu bauen.

Dr. Seiters, mein lieber Freund und Kollege, ist ein Mann, der Brücken baut. Er tat das auch in der Zeit der großen Unruhe in der deutschen Geschichte, als der lange Vorhang des Krieges endlich aufgezogen wurde und Ost und West wieder vereinigt wurden.

So hat er es während seiner Karriere beim Deutschen Roten Kreuz immer gemacht.

Ich kenne Dr. Seiters seit vielen Jahren. Ich erinnere mich sehr gut daran, als ich ihn in meiner Heimat Japan willkommen hieß. 2011 war er Teil einer Delegation, die den damaligen deutschen Bundespräsidenten nach dem schrecklichen großen Erdbeben im Osten Japans begleitete. Es war eine Zeit des Leidens und des Schocks für mein Land und für das japanische Rote Kreuz. Sein Besuch wurde von mir persönlich und von meinen Teams sehr geschätzt.

Es war ein selbstverständlicher Akt der Solidarität, aber auch ein Akt von großer Freundlichkeit. Da er Mitgefühl in dieser Zeit der Not zeigte, und Unterstützung anbot, wurde eine Brücke zwischen unseren Organisationen gebaut.

Wie ich erfahren habe, ist dies keinesfalls ungewöhnlich. Er hat auch anderswo Brücken gebaut. In meiner Zeit als Präsident der International »Federation of Red Cross and Red Crescent societies« (IFRC) konnte ich mich glücklich schätzen, in viele verschiedene Länder zu reisen. Es fällt mir ein, da ich nun hier sitze, um diese kurze Notiz zu schreiben, dass ich häufig die Arbeit des Deutschen Roten Kreuzes sehe oder von anderen das Lobenswerte höre.

Am Ende des vergangenen Jahres besuchte ich Deutschland und verbrachte Zeit mit Dr. Seiters und seinen wunderbaren und sehr engagierten Freiwilligen und Mitarbeitern. Es war begeisternd zu sehen, welche Rolle das Deutsche Rote Kreuz bei der Unterstützung von tausenden von Migranten spielt, die in Europa in den letzten Jahren angekommen sind. In einer politischen Umgebung, die immer angespannter wurde, hat sich das Rote Kreuz bewährt.

Unerschütterlich in seinem Engagement für die Würde und Menschlichkeit aller Menschen, ohne Rücksicht auf Status oder andere Vorbehalte hat das Deutsche Rote Kreuz in diese neuen und verängstigten Gemeinschaften hineingereicht, indem es eine erste Verbindung für eine Beziehung herstellte, die, und davon bin ich überzeugt, allen zugutekommen wird, den Flüchtlingen, wie auch dem Gastland. Der beständige Einfluss von Dr. Seiters war klar zu erkennen.

Ich glaube, dass das Deutsche Rote Kreuz eine noch wichtigere Rolle weltweit für die IFRC und darüber hinaus spielen wird. Die Quelle seiner Glaubwürdigkeit, seiner Stärke liegt in der Tatsache, dass es präsent ist und auf die Bedürfnisse der Bevölkerung in Deutschland antwortet. Es ist eine gut strukturierte, effiziente und sehr zielgerichtete humanitäre Organisation, die jeden Tag das Leben der Menschen beeinflusst.

Im Namen der IFRC möchte ich daher Dr. Seiters gratulieren, zu allem, was er erreicht hat und für die vielen Freundschaften, die er unterstützt hat und wachsen ließ. Über ihn übermitteln wir unsere aufrichtige Wertschätzung für das Deutsche Rote Kreuz und seine engagierten Freiwilligen, die einen inspirierenden und unerschütterlichen Einsatz für Würde und Menschlichkeit zeigen.

Tadateru Konoé
Präsident Internationale Föderation der Rotkreuz- und Rothalbmond-Gesellschaften

I.

Grundlagen und Herausforderungen der Katastrophenhilfe: Die vier Säulen einer Kultur des Helfens

Zu Mythos und Ethos der Katastrophenhilfe

Dr. Ferdinand Bitz
Leiter des Sekretariats des Ausschusses für wirtschaftliche
Zusammenarbeit und Entwicklung des Deutschen Bundestages

»Unter allen Tieren sind wir die Einzigen, die … bereitwillig unser eigenes
Leben riskieren, um Fremde zu retten.«
(E. O. Wilson, Die soziale Eroberung der Erde, München 2013, S. 299)

Ein Bild ging um die Welt, im Sommer 2016: Da sitzt der vierjährige
Omran hilflos, mit verängstigten Augen, blutverschmiert, der kleine
Kinderkörper ganz vom Staub der Bombentrümmern bedeckt, in
einem Pickup, um ihn herum seine Retter, ebenso verstaubte Gestalten, mit weißen Helmen, die dem Chaos Ordnung und Hoffnung ab-
ringen. Es ist ein visuell starkes Bild, das dem Leiden in der Hölle von
Aleppo ein Gesicht gab, es ist ein emotional starkes Bild, das uns alle,
weltweit zu Mitleid rührte, und es ist ein moralisch starkes Bild, das
uns Grund genug war, diesen heldenhaften Weißhelmen den alternativen Nobelpreis zu verleihen.

Diese archetypischen Weißbilder aus der Welt der Katastrophenhilfe
sind es, die in uns den archaischen Mythos von antiken Heroen,
germanischen Drachentötern und mittelalterlichen Artus-Rittern
wachrufen, Geschichten von sagenhaften Helden, die Unschuldige
aus größter Gefahr erretten, die Leidenden Hoffnung und Trost spenden und die allen Nacheiferern Ansporn und Vorbild sind. Sie tun
es todesmutig, mit übermenschlichen Kräften ausgestattet, und sie
tun es allein aus humanitärer Verpflichtung: »Ich musste es tun!« Was
einen Parsifal zum Superhelden macht, ist die Einheit von Können
und Wollen, von Mut und Mitleid.

Wie sich ein Held des Helfens verhält, ist also in erster Linie eine
zutiefst moralische Frage, ein großes »Mysterium der Ethik«[1], nicht
nur, weil es hier ernst wird[2], weil das Leben von Menschen auf dem

Spiel steht, sondern weil ethische Reflexionen überhaupt nur Sinn mit Bezug auf Wahrheit[3] und in der Orientierung am Wohlergehen anderer machen. Insofern ist die Kernfrage nach dem Mythos der Katastrophenhilfe eine nach ihrem Ethos[4], nach ihren natürlichen und kulturellen Grundlagen und nach ihren Grenzen. Gleichwohl die Katastrophenhilfe eine Grenzsituation[5] des Helfens darstellt, weil es sich um systematisch organisierte Akte des Rettens mit einkalkuliertem Risiko handelt, ist sie eingebettet in eine Gesamtkultur des Helfens.

Die Frage nach dem Ethos der Helden des Helfens zu stellen, erscheint uns heute umso dringlicher, als dieses in einem postheroischen und technokratischen Zeitalter zunehmend davon bedroht ist, als Relikt mythischen Denkens entsorgt zu werden. Der Gewinn der geforderten Rationalisierung birgt die Gefahr eines Verlustes[6], nämlich der Einbuße unserer Empathie[7], ohne die, so meine These vorweg, keine humane Kultur des Helfens möglich wäre, sehr wohl aber die Banalität des Bösen. Solange wir mit Immanuel Kant nur kategorisch wissen, warum wir interesselos gut sein sollen, aber nicht, warum wir motiviert gut sein wollen, sind wir mit David Hume gut beraten, unsere Empathie als Fundament einer der konkreten Humanität verpflichteten Kultur des Helfens wertzuschätzen.

Dem guten Willen genügt sein Wollen an sich, dem guten Helfer muss die helfende Tat folgen. Dazu braucht es mehr als praktische Vernunft, denn die »Geschichte des Helfens zeigt eindrucksvoll, dass eine funktionierende Kultur des Helfens möglich, aber eben nicht selbstverständlich ist … Es braucht Motive des Helfens, es braucht Vorbilder und etablierte Strukturen«[8]. Und weil diese Kultur des Helfens zuweilen auch selbst Hilfe braucht, sind wir alle ebenso gefordert wie herausgefordert, sie zu hegen und zu pflegen – und wir sollten es nicht nur aus Pflicht, sondern auch aus Neigung tun dürfen. Es wäre am Ende auch ein Beitrag zur Revitalisierung einer Kultur sozialer Verantwortungseliten im Wettstreit mit einer vordringenden Subkultur egoistischer Verschwendungseliten.

Kein Mitleid mit falschem Mitleid

Seit einiger Zeit ist am Mythos der ehrenamtlichen Rettungsrambos[9] zunehmend Kritik angemeldet worden und das Mitleid »hat eine schlechte Presse«[10] bekommen. Zusammengefasst sind es vor allem drei Argumente, die gegen das Helfen ins Feld geführt werden:

Das **erste Argument** behauptet einen **Etikettenschwindel**: Was unter dem Label der Hilfe geleistet werde, sei alles andere, nur keine echte Hilfe. Dieses Argument stammt ursprünglich aus der Kritik an der Entwicklungshilfe. Der Vorwurf lautet, Hilfe raube zu Anfang die Fähigkeit zur Selbsthilfe, dann den Willen zur Selbstentwicklung[11], und am Ende den Glauben an die eigene Würde[12]. Sie sei demnach nicht Teil der Lösung, sondern Teil des Problems[13]. Wer sich einmal daran gewöhnt habe, dass Hilfe und Rettung wie bestellt und zur rechten Zeit aus dem Himmel eingeflogen werde, der verliere jeden Anreiz, eigenverantwortlich Katastrophenschutz und –vorsorge zu leisten.

Das **zweite Argument** geht einen Schritt weiter und behauptet einen **Interessensschwindel**: Was unter dem Vorwand der Hilfe für andere geleistet werde, diene allem anderen, nur nicht den Interessen der Opfer. Angeklagt werden die Eigeninteressen der internationalen Hilfsorganisationen, die zu einer Mitleidsindustrie[14] verkommen seien und weniger als himmlische Heerscharen, denn als habgierige Heuschrecken in die Katastrophengebiete einfielen. Skrupellos würden Pop-Ikonen wie Bono und Bob Geldorf das Gutmensch- und das Unterhaltungsbedürfnis gleichermaßen bedienen, um mehr das eigene Unternehmen als die eigentlichen Opfer am Leben zu erhalten. Dazu passe, dass weniger die vielen vergessenen Katastrophen im Fokus der Hilfe stünden, sondern mehr die inszenierten Medienkatastrophen, die dem Kartell aus Hilfsorganisationen und Katastrophenjournalismus Spendengelder und Einschaltquoten einbrächten. Nicht weniger radikal wird die unzureichende Wirksamkeit der Arbeit von Hilfsorganisationen kritisiert, von denen die vielen »Friedhöfe für weiße Elefanten« beredtes Zeugnis ablegten. Statt auf affektierten Philanthropismus setzen die Kritiker auf konditionierende Venture Philanthropy bzw. effektiven Altruismus[15]. Ihr prominentester Vertreter, Peter Singer, wirft der Mitleidsmoral schwerstes Versagen vor: Während die meisten von uns jederzeit ohne Zögern ins kalte Wasser springen würden, um ein ertrinkendes Kind zu retten, würden wir es gleichzeitig zulassen, dass täglich tausende Kinder an Hunger oder Krankheiten sterben müssten. Eine nur auf Empathie beruhende Helfermoral blende die Not der Gesichts- und Namenlosen aus. Da wir aber nicht nur verantwortlich für das seien, was wir tun, sondern auch für das, was wir nicht tun, müssten wir so viel Gutes wie möglich, für so viele wie möglich und beides so effektiv wie möglich tun[16].

Das **dritte Argument** treibt die Kritik auf eine perfide Spitze und behauptet einen **Psychoschwindel**: Was unter dem Deckmantel prosozialen Verhaltens nach sozialer Anerkennung heische, sei entweder hedonistischer Konsum am Heldentum des Helfens oder, schlimmer noch, das pathologische Verhalten von hilflosen Helfern. Der am Helfer-Syndrom leidende Helfer suche im Opfer ein Medium für seinen Narzissmus, und dabei entstehe, wie bei jeder anderen Sucht auch, Abhängigkeit. Es gehe um Macht und Ohnmacht von emotional gestörten Egoisten, um die Kompensation ihrer »inneren Leere und Wertlosigkeit«[17]. Im Kontext zunehmender Ökonomisierung und Individualisierung, so die Warnung, keime eine Gegenkultur von Beziehungshelfern, für die das Helfen zu einer alternativen Lebensform ansonsten versagter Selbstverwirklichung werde. Die eigentliche Krise der Krisenhilfe sei die der Krisenhelfer.

Allen drei Argumentationsfiguren gemeinsam ist der Wunsch nach Entzauberung eines falschen Helden-Mythos und die Entwicklung eines neuen Leitbildes vom »professionellen Helfer«[18]: Ausbildung statt Abenteuer, Entlohnung statt Ehrung, Management statt Mitleid, Solidarität statt Show. Bei aller Berechtigung dieser Kritik im Einzelfall des Versagens von Hilfsorganisationen, hier wird weniger mit der Kraft der Argumente denn mit der der Übertreibung dem Helfer aus dem Bade geholfen.

Vorweg: Es ist ein märchenhaftes Wunschdenken, allein durch Katastrophenvorsorge Katastrophenhilfe überflüssig machen zu wollen; dieses Unterfangen folgt der Logik von Alchemisten, ein Universallösungsmittel zu kreieren, ohne daran zu denken, in welchem Gefäß man ein solches hätte aufbewahren können. Es wird keine Super-

Resilienz mit Teflon-Effekt geben. Wir werden immer mit Katastrophen leben und darum immer auf Katastrophenhilfe setzen müssen. Aus der Überspitzung in die andere Richtung wird auch ein (tauto)logischer Schuh: Wenn nur noch die Maxime gilt, nichts ist mehr sicher, außer die Unsicherheit, dann wird der Katastrophenmodus geradezu zum Daseinsmodus. Nicht weniger tautologisch ist es, zu konstatieren, dass jede Hilfe asymmetrischer Natur ist, denn diese Natur gehört per Definition dazu, weil es zu unserer zweiten Natur gehört, dass wir ohne fremde Hilfe nicht überlebensfähig wären. Paradigmatisch hierfür steht unsere Menschwerdung durch Erziehung (Kant), verstanden als pädagogische Anleitung zur Mündigkeit – im Respekt vor der Freiheit und Würde des Kindes. Das Argument der Zweckentfremdung der Hilfe vermag deshalb nicht zu überzeugen, weil staatliche oder privatwirtschaftliche Hilfsorganisationen nicht weniger durch die Gefahr des Missbrauchs herausgefordert sind. Dagegen helfen nur Transparenz, Evaluierung und Sanktionierung und keine larmoyanten Totalabsagen. Dem behaupteten Eigeninteresse wäre entgegenzuhalten, nur in einer fiktionalen Welt von Engelwesen oder Maschinenmenschen wäre jegliches Handeln frei von Eigennutz. Was die beklagten »Kollateralschäden« bei »humanitären Einsätzen« angeht, müssen sich die Kritiker fragen lassen, ob sie die Maxime »Seinesgleichen geschieht« als ernstzunehmende Alternative empfehlen würden. Wollten wir mit unserer Hilfe solange warten, bis das auf unserer Erde paradiesische Zustände herrschten, wäre das das Ende jeder Politik; im Übrigen gelten meines Wissens nach für die meisten Paradiese, dass man dort angeblich hilflos glücklich sein soll.

Die natürliche Grundlage des Helfens: Empathie

»Der Held geht, und was der Held tut, das fühlen alle, dass sie es ebenso gut hätten tun sollen.«[19], so die Quintessenz des russischen Revolutionärs Peter Kropotkin 1902 in einem in Vergessenheit geratenen Klassiker über altruistisches Verhalten. Bedauerlicherweise sitzen wir immer noch dem Irrtum jenes Großinquisitors auf, den ein berühmt gewordener Landsmann Kropotkins gegenüber einem fiktiv zum zweiten Mal auf die Welt gekommenen Christus aussprechen lässt, »denn niemals werden sie verstehen, untereinander zu teilen«. Es ist die Hypothese, Eigennutz sei der Motor der Evolution. Dabei ist gegenseitige Hilfe kein so unbekanntes Phänomen. So wissen wir aus eigener Anschauung wie aus ethologischer Beobachtung, dass Tiere sich gegenseitig helfen und einander trösten[20]. Nun sind prosoziale Verhaltensweisen und das Retten unter Lebensgefahr zwei Paar verschiedene Schuhe[21]. Und wenn wir von anrührenden Tiergeschichten hören, in denen Hunde, Delfine, oder Primaten Menschen aus Lebensgefahr gerettet haben, wissen wir nicht, ob sie es aus Mitleid getan haben.

Der **kognitive Lackmustest** liegt in der Beantwortung der Frage, ob ein wirkliches Wissen darüber vorliegt, was der andere denkt und fühlt. Im Unterschied zur Theorie des Solipsismus geht die Theorie des Geistes (»Theory of Mind«) davon aus, dass unsere angeborene Empathie uns dazu befähige, uns in das Leid eines anderen einfühlen und es nachempfinden zu können. Mit der Entdeckung der Spiegelneuronen[22] und dem Siegeszug der Neurowissenschaften scheint sich sogar abzuzeichnen, dass wir es mit einer angeborenen, vorsprachlichen Korrespondenz von Ausdruck und Empfindung zu tun haben[23]. Wir können den Schmerz und das Leiden des anderen unmittelbar (nach)empfinden[24], indem wir beides neuronal spiegeln und dabei motorische Reaktionen der Abhilfe simulieren (Body-Mapping)[25]. Emotionen können also durch unmittelbare Präferenzbildung unsere Entscheidung normativ präfigurieren. In Verbindung mit dem von Benjamin Libet durchgeführten Experiment der verzögerten Bewusstwerdung von Entscheidungen hätte das zur Konsequenz, dass unsere zur Sprache gebrachten Begründungen für unser Helfen lediglich nachgelieferte Rationalisierungen wären, was übrigens Sigmund Freud noch im Grabe freuen dürfte.

Der **moralische Lackmustest** liegt in der Beantwortung der Frage, ob wir aus egoistischen oder altruistischen Motiven helfen: Soll das Leiden der anderen vermieden werden oder nur das eigene Leiden, denn Mit-Leiden ist auch Leiden. Evolutionsbiologisch haben wir es mit einem Paradoxon zu tun, worauf uns schon Charles Darwin aufmerksam gemacht hat: Wäre die Hilfe aus Gefahr ein positives

Selektionsmerkmal, dann wäre die Spezies der Helden schnell aus-
gestorben, denn die »tapfersten Leute … werden im Durchschnitt in
einer größeren Zahl umkommen als andere Menschen«.[26] Die Fit-
nessformel im Kampf ums Dasein müsste eigentlich lauten: Nur die
Feigen überleben! Darum musste Darwin für unsere Hilfsbereitschaft
eine andere Erklärung aufbieten, nämlich Sympathie als sozialer Instinkt. In der Theorie von den egoistischen Genen[27] scheint sich dieser
Widerspruch von selbst aufzuheben, denn das biologische Eigeninteresse kommt hier nur indirekt, über die Hilfe für genetisch Verwandte,
zur Wirkung. Zur Erklärung von Hilfe in nicht verwandtschaftlichen
Beziehungen wäre dann das ökonomische Kooperationsprinzip des
Mutualismus zu bemühen: Laust Du mich, lause ich Dich! So einfach
funktioniert das in der Natur aber nicht, denn paradoxerweise haben
zwar »Gruppen mit vielen Altruisten … einen höheren Fortpflan-
zungserfolg als Gruppen, die nicht kooperieren, doch innerhalb einer
Gruppe zieht das altruistische Individuum gegen das selbstsüchtige
den Kürzeren«.[28] Moralische Reziprozität als Kooperationsprinzip
setzt nämlich zweierlei voraus: Man kennt sich, muss lange miteinander auskommen und ahndet jeden Betrug öffentlich und nachhaltig
(»tit for tat«), und es darf keinen Freifahrschein für Trittbrettfahrer
geben. In einem globalen Weltdorf, in dem von immer mehr Akteuren
nach dem Motto »Nach mir die Sintflut« agiert wird, ohne dass dieses
Verhalten sanktioniert wird, kann das Modell reziproker Kooperation
schwerlich gelingen. Endgültige Gewissheit über die Ursprünge und
Gründe für die Polarität unseres sozialen Verhaltens kann uns die
Evolutionsbiologie nicht verschaffen, außer der Tatsache, dass beide
Kräfte, Egoismus und Altruismus, in uns wirken. Vielleicht ist es am
Ende die Mischung aus Kooperation und Konkurrenz[29], die uns so
erfolgreich gemacht hat, vielleicht sind wir also in Wahrheit »empa-
thische Egoisten«.[30]

Wir können vor diesem Hintergrund immerhin so weit gehen, zu
behaupten, dass Empathie als ein anthropologisches Apriori unserer
Intersubjektivität und Moralität angenommen werden muss[31]. Empathie und Moralität sind also zwei Seiten einer Medaille; Moralität ist
etwas, wie es der Dalai Lama auf den Punkt gebracht hat, was »mit
fühlenden Wesen zu tun hat«.[32]

Grenzen und Grenzfälle der Empathie

Nun ist Empathie an sich eher situativ und reaktiv, wohingegen die organisierte Katastrophenhilfe ein proaktives, strategisches Agieren verlangt. Sie ist zudem ein »wertblindes«[33] Norm-Navi, das uns auch in die falsche Richtung (ver)leiten kann. Ihr sind auch natürliche und kulturelle Filter vorgeschaltet. Ob und wie intensiv wir mit einem anderen mitleiden, hängt erwiesenermaßen vom Grad der (ethnischen und normativen) Verwandtschaft und dem Grad unserer Prädisposition und Sympathie ab. Eine große Rolle spielt nicht zuletzt unser Wissen über die Person und die Umstände seines Leids, ob es selbst- oder fremdverschuldet ist. Wir empfinden Mitleid und ergreifen Partei, und unsere Parteinahme verstärkt unser Mitleid – ein perfektes Selbstverstärkungssystem. So bringen wir gegenüber Mitmenschen, von denen wir wissen, dass sie ein Verbrechen begangen haben, in einer Notsituation grundsätzlich weniger Sympathie auf. Hier wedelt sozusagen der Schwanz mit dem Hund, denn wir steuern unsere Empathie mit unserer Moral. Die Orientierungsleistung unserer empathischen Urteilskraft erkaufen wir im Alltag nicht selten um den (zu) hohen Preis eines moralischen Fehlurteils mit Blick auf regulative Prinzipien wie Fairness und Gerechtigkeit. Ein bekanntes Phänomen ist auch der moralische Diffusionseffekt am Unfallort: Je mehr Menschen vor Ort sind, desto geringer ist unsere Bereitschaft, selbst zu helfen. Gerade die Professionalisierung des Helfens würde demnach zur Erosion der allgemeinen Hilfsbereitschaft beitragen, da die persönliche Verantwortung an Expertenhandeln delegiert wird.

Schon ab dem fünften Lebensjahr beherrschen wir die Kunst zu lügen. Fortan haben wir es mit beidem zu tun: Mit »falschen Bettlern« wie mit »falschen Helden«, was uns übrigens im Schwarz-Weiß-Raster der literarischen wie filmischen Fiktion immer auch Vergnügen bereitet. Umgekehrt geht derjenige leer aus, der ausdrucksarm ist, denn »Empathie braucht ein Gesicht«[34]: Würden wir also beim Helfen rein auf Empathie setzen, dann wären die Grenzen unserer Sinne zugleich auch die Grenzen unserer Moral. Hinzu kommt, wir können nicht zu jeder Zeit und überall mit allen mitfühlen. Um uns vor der Inflationierung unserer eigenen Empathie zu schützen, haben wir gelernt, gezielt wegzuschauen. Wir tun es auch, wenn uns anderes wichtiger erscheint[35]. Es macht geradezu die »Perversion der Empathie«[36] aus, dass jedes bessere Verständnis vom anderen auch zum eigenen Vorteil ausgenutzt werden kann; das findet sich in so verschiedene Disziplinen wie die Kriegskunst und die Werbebranche. Schlimmer noch, »homo empathicus« ist sogar zu Schadenfreude und Sadismus fähig: »Der emphatische Folterer ist zumindest vorstellbar.«[37] Kurzum, wir sind der eigenen Täuschung wie der fremden Vortäuschung ausgeliefert, aber wir sind es nicht völlig schutzlos, insofern wir unseren Verstand zu Rate ziehen können. Moralisches Verhalten verlangt von uns, nicht blind unseren Gefühlen zu folgen, die wir zuweilen unterdrücken müssen, weil unsere Fähigkeit zum Kontrafaktischen einer vernünftigen Problemlösung im Wege stehen würde[38]. Max Scheler hat dieses Phänomen auf die anthropologische These gebracht, der Mensch sei im Unterschied zum Tier ein »Nein-Sagen-Könner«. Statt spontanem Handeln sind das Abwägen von Gründen und die Prüfung von Alternativen gefragt. Das wiederum kann auch den gegenteiligen Effekt hervorrufen, dass wir uns Sozialtechniken der Hilfe bedienen, die mehr Ausdruck eines kalten und herabwürdigenden Mitleids[39] sind.

Professionalität und Empathie zu einer Einheit zu verbinden, ist die hohe Kunst des Helfens. Wir erleben sie tagtäglich im wahrsten Sinne des Wortes in der Praxis: Ein Chirurg hilft nicht, indem er sich neben den Patienten setzt und vor Mitleid weint, sondern indem er ganz fachmännisch operiert. Der vernünftige Gebrauch unserer Empathie »braucht zweierlei: einen Filter, mit dessen Hilfe wir auswählen, worauf wir reagieren, und einen Knopf zum Abschalten«[40] – und es braucht, was nicht nur für den Arzt gilt, dass »in der Kühle das Herz wach bleibt«[41].

Die kulturelle Grundlage des Helfens: Für-Sorge

Unsere Naturausstattung ist eine Sache, was wir daraus machen, eine andere. Wir wissen aus der Entwicklungspsychologie, dass Kleinkinder von Geburt an mitfühlend sind und sich von Gefühlen anderer anstecken lassen – das gilt für das Lachen wie für das Weinen. Der altruistische Wunsch, anderen zu helfen, zeigt sich erstmals im Alter von sechs Monaten und ist mit 14 Monaten bereits deutlich ausgeprägt. Kinder tun das nicht in Nachahmung der Erwachsenen, sondern ganz spontan. Mit-Leiden und Anderen-Helfen-Wollen entwickeln sich parallel zum Selbstbild und zum Aufbau von Bindungen[42]. Im späteren Verlauf der Moralentwicklung kommen Modelllernen, Normenlernen und Regellernen hinzu, was über persönliches Fühlen und persönliche Beziehungen hinausgeht und auf Abstraktes, wie das Allgemeinwohl oder die Idee von Gerechtigkeit und Fairness abzielt. Wir wissen aber auch, dass individuelle wie gesellschaftliche Fehlentwicklungen möglich sind. Der familiären Erziehung wie dem Einfluss der Umwelt kommen gleichermaßen die Verantwortung zu, unsere Fähigkeit zur Empathie zur Entfaltung zu bringen und zu fördern. Aus einer gegebenen empathischen Beziehung zum Mitmenschen ein gewolltes, mehr noch, ein gesolltes Mit-Sein im Modus der Sorge[43] als Für-Sorge[44] zu machen, das geht weit über die Reichweite unserer natürlichen Empathie hinaus.

Der kulturellen Imprägnierung von Empathie und Hilfsbereitschaft dienen sehr unterschiedliche Institutionen. Es sind hauptsächlich die großen Weltreligionen und Ordensbewegungen, die am Aufbau einer Kultur des Helfens mitgewirkt haben. Für Christen beispielsweise offenbarte sich im Leiden Jesu die Inkarnation göttlicher Gnade als Akt des Mitleidenkönnens[45]. Mit dem Kyrie eleison wiederholten sie über Jahrtausende hinweg ihre Bitte um Barmherzigkeit[46], und in der Figur des barmherzigen Samariter gab ihnen der menschlich leidende Gottessohn ein Vorbild der geforderten Nächstenliebe. Die »Kultur der Barmherzigkeit«[47] zielt wesenhaft über das rein emotionale Moment des Mitleids hinaus, nämlich auf konkrete Hilfe. Am Ende der theologischen Anwaltschaft für die Leidenden steht eine katholische Soziallehre, mit der die Straße nach Jericho auch unter säkularen Bedingungen überfallsicher gemacht werden soll, wie es im neuen Katechismus so schön heißt.

Die spirituelle Idee der Caritas wurde auf dem Weg in die Moderne zum moralischen Fundament einer nicht nur das Abendland prägenden humanitären Idee des Helfens. Im Zuge der Aufklärung schälten

sich zunehmend säkularisierte Varianten heraus. Der Nationalstaat
als Sozialstaat und die Zivilgesellschaft als Solidargemeinschaft bauten Hand in Hand weiter an der Kultur des Helfens. Die sozialen Systeme funktionieren primär subsidiär, setzen Anreize und arbeiten mit
Sanktionen[48]. Die Herausforderung der Politik besteht darin, die Balance zwischen der staatlichen und der zivilgesellschaftlichen Kultur
des Helfens zu bewahren, weil das eine ohne das andere nicht überlebensfähig wäre. Das liegt daran, dass Sozialkapital durch Investitionen in Beziehungen aufgebaut wird, was Zeit und Zuwendung kostet,
die aber gerade durch Privatisierung und Professionalisierung von sozialen Beziehungen abgebaut werden. Zudem unterscheidet sich eine
Kultur des Helfens von einer Kultur der Solidarität in einem Punkt
ganz wesentlich: Der Akt der Solidarität beruht auf dem »Vertrauen
auf eine Gegenleistung«[49]. Er setzt sozusagen immer schon eine erst
noch zu erringende Gleichheit aller Menschen voraus. Vom Geltungs-
anspruch dieser Universalethik sind wir aber noch weit entfernt, und
»paradoxerweise bleibt universalistische Solidarität auf Familialismus
angewiesen, denn nur in den primären Bindungen … wird sie … ein-
geübt und weitergegeben«[50]. Die im Zuge der Agenda 2010 beklagte
Krise des Ehrenamtes hat sich erfreulicherweise als postfaktische Be-
schwörungsformel entpuppt, denn Fakt ist, die Zahl der Freiwilligen
liegt in Deutschland seit Jahren konstant bei rund 23 Millionen Bürgerinnen und Bürgern, und auch das Spendenaufkommen der Deutschen bietet mit 5,5 Milliarden Euro im Jahre 2015 keinen Anlass zur
Sorge. Unsere Kultur des Helfens scheint also intakt – und damit das
so bleibt, muss sie für uns alle eine ständige Aufgabe bleiben.

Grenzen und Grenzfälle des Helfens

Wie grenzwertig, moralisch und politisch, Grenzbestimmungen des
Helfens sein können, soll an zwei Grenzfällen deutlich gemacht werden:
Der erste Grenzfall: Im Zeitalter des Anthropozän arbeiten wir
mehr und mehr mit Systemtechnologien, die Folgen für die Grundlagen unseres Lebens zeitigen, für die unsere Empathie unzugänglich
ist, es sei denn, man reklamierte so etwas wie Biophilie[51]. Darum wird

seit langem eine reflexive und institutionelle Verantwortungs- und Verfahrensethik gefordert. Hinzu kommt, dass sich eine auf Empathie basierende Moral evolutions- und soziobiologisch auf die Stärkung der Kohärenz und Kooperation von Familien und Kleingruppen gründet. Wer aber außerhalb dieser Gesinnungsgemeinschaft lebte, war schlechthin der Barbar, der Andere, der Fremde, also jemand, der außerhalb einer geschlossenen Wertegemeinschaft stand und sich darum nicht auf deren Regeln berufen konnte. Am Ende des Projektes der Moderne haben Globalisierung und Digitalisierung die Menschen einander so nah und zunehmend auch zu der Einsicht gebracht, dass alle in einem Boot sitzen. Folglich bräuchte es in Ergänzung zur Nächstenliebe eine Fernstenliebe, zur Nahethik eine Fernethik[52], die auf ein globales Gemeinwohl zielt. Das traditionell national begrenzte Ethos des Helfens müsste sozusagen in ein neues Weltethos[53] des globalen Helfens transformiert werden, das diesen Entwicklungen Rechnung trägt. Auf der politischen Ebene wären international verbindliche Gerechtigkeitsstandards der Humanität auszuhandeln, wie beispielsweise dem Recht auf Hilfe oder der Pflicht, das Leben zu achten. Um die Geltung solchen Weltrechts mittels »global governance« durchzusetzen, braucht es übergangsweise nach wie vor Nationalstaaten mit dem Willen zur internationalen Kooperation. Sie in die Praxis umzusetzen, braucht es die vielen Nichtregierungsorganisationen, die mit ihrer Vielfalt am besten geeignet sind, den konkreten Nöten sachgerecht abzuhelfen.

Das Problem dabei ist, wiewohl uns das Wohl aller Anderen gleich gültig, nicht aber gleichgültig sein kann und darf, dass die Menschheit als ein Sujet von Empathie zwar denkbar, aber schwer fühlbar ist. Zudem darf bei derart globalem Anspruch nicht außer Acht gelassen werden, mit dem Radar unseres Gewissens selbstkritisch danach zu suchen, ob wir nicht dem gleichen Selbstbetrug anheimfallen, den schon Jean-Jacques Rousseau an den Kosmopoliten kritisiert hatte, nämlich in der Ferne nach Pflichten zu suchen, »die in ihrer Nähe zu erfüllen sie nicht bereit sind«[54]. Hierfür gilt Georg Wilhelm Friedrich Hegels Diktum, dass die Wahrheit immer konkret und unser Gewissen eine gestrenge Hüterin der Wahrheit sei[55]. Das von Immanuel Kant ersatzweise geforderte moralische Gefühl der »Achtung fürs

Gesetz« klingt allzu weit hergeholt und stellt möglicherweise auch eine Überforderung dar. Notwendig wäre so etwas wie ein globales »Gefühl der Verantwortlichkeit«[56], das weiter reicht als die Gesinnung einer Hausfrau, »die das Töten des Aals der Köchin überlässt«, wovon der Humanist Albert Schweitzer geträumt hat[57]. Wir bewegen uns hier im Grenzbereich zur Spekulation, denn möglicherweise fällt die Idee vom Weltethos unter die Kategorie der »Supergedanken«, die es, weil hinter ihnen kein Hintergrund mehr existiert, überhaupt nicht geben kann.[58]

Ein zweiter Grenzfall: Ausgelöst von dem Satz »Wir schaffen das!«, der sowohl performativ als auch normativ verstanden werden konnte, begann in Deutschland eine gesellschaftspolitische Diskussion über die Flüchtlingsproblematik und die Frage nach den Grenzen des Helfens, den faktischen (Wir können das nicht!) und den postfaktischen (Wir wollen das nicht!).

In einem zunehmend vergifteten Diskursraum ist man in Fragen des Faktischen, wenn man den Streit über erfundene Wirklichkeiten nicht gleich mit (sozial-)konstruktivistischer Gelassenheit überspringen will, gut beraten, noch einmal einen unverdächtigen Verfechter der Vernunft wie Immanuel Kant zu bemühen, um auf ein transfaktisches Menschenrecht auf Hospitalität als universalem Mindeststandard eines Weltbürgerrechts zu rekurrieren, das der Aufklärer mit der Begründung einforderte, dass das »Recht der Oberfläche (…) der Menschengattung gemeinschaftlich zukommt«[59], was selbst von einem »Volk von Teufeln«[60] respektiert werden müsste. Insofern bedarf dieses nichtpositivistische Recht auch keines anspruchsbegründenden Kontraktes. Sein transzendentaler Anspruch endet erst da, wo die Ressourcen für ein gemeinschaftliches wie menschenwürdiges Leben faktisch erschöpft sind. In der politischen Praxis ist diese supranationale Pflicht zum Helfen und Retten begrenzt durch andere Leitprinzipien, wie eine gerechte Lastenverteilung (innerstaatlich wie zwischenstaatlich), die Eigenverantwortung der Herkunftsländer und das Recht auf Selbsterhalt, der Bürgerinnen und Bürger wie der Schutzsuchenden, welcher beispielsweise durch eine Überforderung der Sozialsysteme und damit der inneren Stabilität eines Staates gefährdet wäre. Keine Frage, erst indem sich viele tausende freiwillige

Helferinnen und Helfer den ermutigenden Aufruf »Wir schaffen das!«
auf die eigenen Fahnen geschrieben haben und in ihrem humanitären
Engagement über sich selbst hinausgewachsen sind, haben wir das
auch faktisch schaffen können. Übrigens hat sich im Jahr 2016 jeder
zweite in Deutschland lebende Muslim in der Flüchtlingshilfe engagiert, mehr als doppelt so viele wie bei Christen[61]. Dafür gebührt diesen Bürgerinnen und Bürgern innerhalb und außerhalb der Schutz-
und Hilfsorganisationen Respekt, Dank und Anerkennung.

Die politische Vernunft als Steuermann zwischen der Skylla einer
»Politik des herzlosen Kopfes« und der Charybdis einer »Politik des
kopflosen Herzens«[62] gebietet uns aber auch, über diesen zivilgesellschaftlichen Akt der Humanität hinaus institutionelle Gestaltungsver-
antwortung zu übernehmen: Das gesellschaftliche Aushandeln eines
auf dem Prinzip Fairness fußenden Verfahrens der legalen Zuwan-
derung in Verbindung mit vertretbaren Obergrenzen für humanitäre
Grenzsituationen, die Vereinbarung von verbindlichen Anstrengungen zur Integration der Flüchtlinge sowie die konsequente Bekämpfung von Geschäftsmodellen modernen Sklavenhandels, vor allem
aber die Gewährleistung einer fairen wie nachhaltigen Handels- und
Wirtschaftspolitik, die sicherstellt, dass die natürlichen Lebensgrundlagen unserer Erde allen Menschen zugutekommen und wir alle,
überall auf der Welt, chancengerechte Lebensperspektiven haben.
Das zusammen genommen wäre die pragmatische Form einer Aus-
balancierung von Sollen und Können in einer Welt, in der weder die
Menschen noch die von ihnen begründeten Staatsformen ideal sind.[63]

Moderne Katastrophenhilfe – eine Frage von Ethos & Ehre?

Wer sich heute Reportagen über Katastrophenschutzeinsätze an-
schaut, dem leuchtet unmittelbar als Argument ein, dass das vernünf-
tigerweise nur eine Aufgabe für coole Profis und nicht für mitleidige
Amateure sein kann – und dass damit auch die Zeiten des ehrenamtlichen Katastrophenschutzes endgültig der Vergangenheit angehören.
Man kann über diese These streiten, aber um Missverständnissen vorzubeugen, möchte ich gleich vorweg klarstellen, gerade weil es unver-

antwortlich wäre, hauptamtliche oder ehrenamtliche Helfer in einen gefährlichen Einsatz zu schicken, ohne sie professionell darauf vorbereitet zu haben, dass Professionalität selbst mit zum Ethos von Katastrophenschutzorganisationen gehört und damit ein Postulat jenseits eines ideologischen Streites über hauptamtliche versus ehrenamtliche Helfer ist. Zur Professionalität zählen vor allem die bestmögliche fachliche Ausbildung und die bestmögliche technische Ausrüstung. Gerade die modernen Technologien in Verbindung mit der Digitalisierung erlauben es, dass die Einsatzkräfte vor Gefahren gewarnt und dass Risiken gemindert werden können, etwa durch den Einsatz von Frühwarnsystemen, Kameras, Robotern oder speziellen Schutzanzügen. Sie nicht zu nutzen, wäre falsches Heldentum und fahrlässige Hilfe[64]. Die neuen Medien machen es heute sogar möglich, dass auch weniger heldenhafte Freiwillige spontan und temporär in digitalen Netzwerken als »virtuelle Helfer« mithelfen können.

Die moralische Forderung nach Professionalisierung gilt auch für Fragen der Finanzierung, des Managements und der Innovationsforschung, denn gerade hier kann und muss man mit den Vertretern eines effektiven Altruismus fordern, dass alles getan werden sollte, um das Ziel zu erreichen, nämlich humanitäre Krisen effizienter und schneller zu bewältigen. Katastrophenschutzorganisationen tragen, wie alle anderen Unternehmen und Organisationen auch, Verantwortung für ihr eigenes Tun und Verantwortung für das Wohl ihrer Mitarbeiter, die zunehmenden Gefährdungen ausgesetzt sind. So haben alle Helfer Anspruch auf angemessene Absicherung und umfassende Betreuung. Katastrophenschutzorganisationen sind aus praktischen Gründen gut beraten, ein ethisches Leitbild ihrer Arbeit zu entwickeln, in dem sie sich zu Grundsätzen wie Gesetzes- und Regelkonformität, Öffentlichkeit, Rechenschaftspflicht und Kontrolle verpflichten. Sie schaffen sich damit eine unverwechselbare Corporate Identity, ein Image, zu dessen Markenkern ihr Ethos gehört. Das macht es leichter, sich auf neue Herausforderungen, wie beispielsweise einem dem verantwortungsbewussten Umgang mit den neuen sozialen Medien, einzustellen.

Was auf europäischer Ebene mit dem sogenannten »Unionsverfahren« 2014 auf den Weg gebracht wurde[65], um die Einsätze zu koordinieren und den Wissenstransfer, das Risikomanagement und die Prävention in der Katastrophenhilfe zu fördern, könnte auch als Modell für notwendige Regelungen einer institutionalisierten Kooperation auf internationaler Ebene genutzt werden. Im Kontext der Erarbeitung eines rechtlich verbindlichen Rahmen des Handelns[66] müsste auch das Ethos des Helfens in universalen Prinzipien, beispielsweise die des Deutschen und Internationalen Roten Kreuzes, völkerrechtlich verbindlich verankert und durchgesetzt werden. Gerade in Zeiten zunehmender politischer Instrumentalisierung von humanitärer Hilfe ist die Einhaltung ethischer Grundsätze, wie die DRK-Prinzipien Neutralität und Menschlichkeit, ein unbedingt einzuforderndes Rechtsgut, will man nicht die regulative Idee des Rechts als Minimalkonsens humanitären Zusammenlebens auf dem Altar der nackten Gewalt opfern. Dass die normative Idee der Universalität der Menschenrechte kein totgesagtes Soloprojekt des Westens ist, dafür spricht die »Agenda für Humanität«, worauf sich die Teilnehmer des ersten VN-Weltnothilfegipfels im Jahr 2016 in Istanbul verständigt haben. Das ist ein erfolgversprechender politischer Ansatz hin zu mehr internationaler Kooperation, um die selbstverschuldete »Krise der humanitären Hilfe« (Peter Maurer, IKRK) zu überwinden. Diese neue Allianz der Humanität wäre in Zeiten der beschleunigten Erosion internationaler Normen strategisch gut beraten, derartige Prinzipien erst einmal international verbindlich zu machen und durchzusetzen, bevor über Erweiterungen nachgedacht würde.

Im Zentrum der Hilfe werden auch in Zukunft die Helferinnen und Helfer selbst stehen. Die Forschungen[67] und Umfragen zur Motivation von Helferinnen und Helfern in Katastrophenschutzorganisationen bestätigen grundsätzlich die Dominanz altruistischer Motive und empathischer Gefühle[68]. Sehr aufwändig ist das Soziologenehepaar Pearl und Samuel Oliner der Frage nachgegangen, ob es so etwas wie eine Samariter-Persönlichkeit gebe. Das Gesamtergebnis war ernüchternd: Fehlanzeige. Es gibt offensichtlich keine generalisierbaren Schlüsselqualifikationen. Das macht im Umkehrschluss wiederum Mut, denn es zeigt, wir alle können Helden des Helfens werden – wenn wir nur wollen. Oliner konnten allerdings zwei Merkmale herausfinden, in denen sich Helfer und Retter sehr auffällig von ihren Mitmenschen unterschieden: Sie hatten alle ein starkes Wertebewusstsein und ein ausgeprägtes Einfühlungsvermögen[69]. Das würde für ein Helfer-profil bedeuten, dass einerseits empathische Kompetenzen wie Zuhö-ren, Trösten, Beistehen und Ermutigen gefragt sind und andererseits ethische Grundhaltungen wie Respekt und Achtsamkeit.[70]

Solche Kompetenzen und Haltungen sind so wertvoll wie Seltene Er-den, lassen sich aber selten nur durch die Intensivierung der Suche ausgraben, sondern müssen in einer Kultur des Helfens immer wieder neu erarbeitet und vorgelebt werden. Zu einem Leitbild zusammenge-fügt, stiften sie Identität und bieten Orientierungshilfe. Gerade junge Menschen brauchen Orte der angeleiteten Einübung solcher Werte. Wenn die regulären Lebenswelten dies immer weniger zu leisten vermögen, sind Kompensationen gefragt. Der Begründer der Erleb-nispädagogik, Kurt Hahn, sah im Rettungsdienst die ideale Methode, menschliche Anteilnahme und Abenteuerlust zu verbinden. Kata-strophenhilfsdienste könnten »ad usum delphini« zu internationalen »Schulen der Empathie« für eine globale Kultur des Helfens werden[71], ohne dabei dem Wunsch nach Abenteuer entsagen zu müssen; das muss nicht auf die Jugend beschränkt bleiben und kann auch als Sabbatical von Berufstätigen genutzt werden[72].

Die im Unterschied zu anderen Zweckverhältnissen in einem Ehren-amt erworbene Ehre bedeutet eine allein auf sittlichem Wert beruhen-de persönliche Achtung. Der Mensch leistet einen unentgeltlichen Beitrag zum Gemeinwohl und verdient deshalb öffentliche Anerken-nung. Damit wird der Person und dem Ehrenamt gleichermaßen zu Ansehen verholfen und das Ehrbare für jedermann sichtbar gemacht. Das Ethos des Helfens zu ehren, wenn es kein tautologisches Ritual werden soll, bedeutet, dass wir uns als »animal symbolicum« der Ehrung bedienen müssen, um uns selbst unserer Kultur des Helfens zu versichern[73].

Ein Letztes: Vom Glück des Helfens!

Und dann gibt es da noch einen wunderbaren externen Effekt des Helfens, auf den hinzuweisen nicht vergessen werden darf: Helfen macht glücklich! Das Theater-ABC für unsere modernen »Kulissen des Glücks«[74] lautet leider: Mein **A**uto, mein **B**ankkonto, mein **C**lub. Wir sind gefangen in den von uns selbst inszenierten »Tretmühlen des Glücks«[75], die auch von einem Glücksministerium nur verwaltet, aber nicht verschrottet werden könnten. Wir alle kennen das wahre »Tischlein-deck-dich« für den »Hans im Glück«: Liebe, Gemeinschaft, Sinn, Bescheidenheit, Gelassenheit. Das Hauptmenü auf diesem Tisch aber, so der Dalai Lama, ist das Mitgefühl[76].

Wenn unsere jahrhundertealten Kulturerfahrungen nicht völlig täuschen, dann ist es nicht nur leichter, sondern auch Erfolg versprechender, das Leid anderer zu mindern, als das eigene Glück zu finden. Schon Aristoteles hat uns in seiner Nikomachischen Ethik belehrt, dass es »das Gute« nicht gibt, aber wir wissen auch: Die Welt des Glücklichen ist »eine andere als die des Unglücklichen«[77]. Darum ein letzter philanthropischer Gedanke für all jene, die die Suche nach Sinn und Glück noch nicht aufgegeben haben: Wer im Angesicht des Leidens Anderer eine Verpflichtung darin sieht, (Ab)Hilfe zu leisten, damit dieser weniger leiden muss, (er)lebt nicht nur eine universalethische Grundwahrheit und dreht am großen Rad, unsere Welt etwas humaner zu machen, er hilft am Ende auch sich selbst, weniger unleidlich zu sein – im günstigsten Falle sogar glücklich zu werden. Insofern wäre dem Diktum von Brechts Galilei, »Unglücklich das Land, das Helden nötig hat«, entgegenzusetzen: Unglücklich das Land, das keine Helden des Helfens hat. Was wir einer zukünftigen Kultur des Helfens weitergeben sollten, ist nicht die Asche des Mythos, sondern die Flamme des Ethos!

Ein Ethos des Helfens ohne Empathie wäre leer,
Empathie ohne Ethos wäre blind,
eine humane Kultur des Helfens braucht beides: Empathie & Ethos!

Anmerkungen

1　Arthur Schopenhauer: Über die Grundlage der Moral. In: Ders. Gesamtausgabe. Darmstadt 1989, S. 811.

2　Vgl. Gernot Böhme: Ethik im Kontext. Über den Umgang mit ernsten Fragen. Frankfurt/a. M. 1997.

3　Vgl. Harry G. Frankfurt: Bullshit. Frankfurt/a. M. 2006.

4　Unter Ethos soll in diesem Kontext eine durch Sozialisation zur Gewohnheit gewordene moralische Grundhaltung verstanden werden.

5　Vgl. Ferdinand Bitz: Abenteuer und Risiko. Zur Psychologie inszenierter Gefahr. Lüneburg 2005, S. 11 ff.

6　Vgl. Arno Gruen: Der Verlust des Mitgefühls. Über die Politik der Gleichgültigkeit. 5. Auflage, München 2002.

7　In Anlehnung an Theodor Lipps wird unter Empathie die allgemeine Fähigkeit zur »Einfühlung« verstanden.

8　Tillmann Bendikowski: Helfen. Warum wir für andere da sind. München 2016, S. 310.

9　Richard Munz: Im Zentrum der Katastrophe. Frankfurt/a. M. 2007, S. 222.

10　Aaron Ben-Ze'ev: Die Logik der Gefühle. 2. Auflage, Frankfurt/a. M. 2013, S. 177.

11　Vgl. den »Bonner Aufruf« vom September 2008/2009 und das »Kölner Memorandum« vom November 2016.

12　Vgl. Dambisa Moyo: Dead Aid. London 2009; Tom Burgis: Der Fluch des Reichtums. Warlords, Konzerne, Schmuggler und die Plünderung Afrikas. Frankfurt/a. M. 2016.

13　Im Kontext asymmetrischer Kriegsführung kann humanitäre Hilfe Bestandteil einer Kriegsökonomie werden; vgl. hierzu auch den Beitrag von Conrad Schetter in diesem Band.

14　Vgl. Linda Polman: Die Mitleidsindustrie. Frankfurt/a. M. 2010.

15　Vgl. William MacAskill: Gutes besser tun. Berlin 2016.

16　Vgl. Peter Singer: Effektiver Altruismus. Eine Anleitung zum ethischen Leben. Berlin 2016.

17　Wolfgang Schmidbauer: Das Helfersyndrom. Hilfe für Helfer. Zweite Auflage, Hamburg 2013, S. 25.

18　Munz, a. a. O., S. 227.

19　Peter Kropotkin: Gegenseitige Hilfe in der Tier- und Menschenwelt. Trotzdem VG 2011, S. 217. Zu beobachten sind allerdings auch gegenteilige Verhaltensweisen wie »bystander effects«, ein voyeuristischer Katastrophen- und Slumtourismus oder die aktive Behinderung von Einsatzkräften.

20 Und auch das biologische System dahinter kennen wir: Hilfe wird durch Ausschüttung des Bindungshormons Oxytocin belohnt und damit habituiert. Das gilt aber nur dann, wenn die »Kosten gering sind« (Michael Tomasello: Eine Naturgeschichte der menschlichen Moral. Berlin 2016, S. 54).

21 Experimente, in denen nachgewiesen wurde, dass Ratten und Affen auf Nahrung verzichteten, nur um ihre Artgenossen vor Elektroschocks zu bewahren, scheinen dem zu widersprechen.

22 Vgl. Giacomo Rizzolatti/Corrado Sinigaglia: Empathie und Spiegelneurone. Frankfurt/a. M. 2008.

23 Dazu passt das Phänomen, dass wir zwar neue Gedanken, aber keine neuen Gefühle erfinden können.

24 Natürlich gibt es Grenzen der Einfühlung und des Miterlebens, worauf die berühmte Frage von Thomas Nagel, »What is it like to be a bat?« (In: The Philosophical Review 83 (1974), p. 435 ff.) abzielt. Wären wir aber alle Solipsisten, würde ohnehin niemand das »like« in dieser Frage verstehen, was von einigen Entführungsopfern aber offenbar als Überlebenstechnik angewandt wird (sog. »Stockholm-Syndrom«).

25 Vgl. Marco Iacobini: Woher wir wissen, was andere denken und fühlen. München 2008.

26 Charles Darwin: Die Abstammung des Menschen. In: Ders., Gesammelte Werke. Frankfurt/a. M. 2006, S. 799.

27 Vgl. Richard Dawkins: Das egoistische Gen. Hamburg 1996.

28 Jan Verplaetse: Der moralische Instinkt. Über den natürlichen Ursprung unserer Moral. Göttingen 2011, S. 50.

29 Aggressivität (Konrad Lorenz) und Destruktivität (Erich Fromm) gehören unbestreitbar auch zu unserer Grundausstattung wie Empathie und Hilfsbereitschaft.

30 Marisa Przyrembel: Empathische Egoisten. Freiburg/i. Br. 2014.

31 Ein Psychopath und ein Savant wären zwar in der Lage, alle Theorien über Moralität und Empathie zu verstehen, sie würden aber nie verstehen, was es bedeutet, aus Mitgefühl zu helfen. Der Grund dafür erschließt sich aus einem Experiment des US-Psychologen Joshua Greene. Im Rahmen eines Versuchs zum sog. »trolly-Dilemma« der britischen Moralphilosophin Philippa Foot, das darin besteht, dass man Menschen vor dem Tod dadurch retten kann, dass man entweder einen anderen Menschen selbst tötet oder aber eine technische

Vorrichtung bedient, durch die ebenfalls ein anderer Mensch zu Tode kommt, scannte Greene das Gehirn seiner Versuchspersonen. Das Resultat: Wenn wir einen Mitmenschen direkt töten müssen, sind unsere für Empathie zuständigen Hirnareale aktiviert und leisten Widerstand, wenn wir aber lediglich eine technische Vorrichtung bedienen, in deren Folge ein Mitmensch zu Tode kommt, sind nur die für neutrale Sachproblemlösungen zuständigen Hirnareale beteiligt. Auf dem Beipackzettel für Empathie müsste also die Warnung stehen: Keine Garantie für moralisches Verhalten. Bei Risiken und Nebenwirkungen fragen Sie ihren Verstand oder Versicherer!

32 Paul Ekman (Hrsg.): Gefühl und Mitgefühl. Heidelberg 2009, S. 189.

33 Max Scheler: Wesen und Formen der Sympathie. Bonn 1999, S. 18.

34 Frans de Waal: Das Prinzip Empathie. München 2011, S. 107.

35 So rannten beispielsweise die meisten Collegestudenten, die im Rahmen eines Experiments einen Vortrag über den barmherzigen Samariter halten sollten, auf dem Weg zum Vortragssaal an einer hilflosen Person vorbei, ohne sie auch nur wahrzunehmen, geschweige denn ihr Hilfe zu leisten.

36 Fritz Breithaupt: Kulturen der Empathie. Frankfurt/a. M. 2009, S. 175 ff.

37 Ders.: Die dunklen Seiten der Empathie. Frankfurt/a. M. 2017, S. 203.

38 So widersetzten sich beispielsweise Versuchspersonen in einem Experiment des Psychologen Paul Rozin energisch, aus einer Flasche mit Wasser zu trinken, auf der sie selbst zuvor ein Etikett mit der Aufschrift »Zyanid« geklebt hatten. Würden wir allein unseren Gefühlen folgen, müssten wir womöglich verdursten.

39 Vgl. Avishai Margalit: Politik der Würde. Über Achtung und Verachtung. Frankfurt/a. M. 1999, S. 266 ff.

40 Frans de Waal: Primaten und Philosophen. München 2009, S. 275.

41 Karl Jaspers: Der Arzt im technischen Zeitalter. München 1986, S. 16.

42 Alison Gopnik: Kleine Philosophen. 2. Auflage, Berlin 2011, S. 233 ff.

43 Vgl. Reiner Ruffing: Der Sinn der Sorge. München 2013.

44 Vgl. Ferdinand Bitz: Kinder der Angst. Bonn 1986, S. 41 ff.

45 Vgl. Werner Marx: Ethos und Lebenswelt. Mitleidenkönnen als Maß. Hamburg 1986.

46 Vgl. Walter Kardinal Kasper: Barmherzigkeit. Grundbegriff des Evangeliums – Schlüssel christlichen Lebens. Freiburg/i. Br. 2012.

47 Vgl. hierzu den Beitrag von Reinhard Kardinal Prof. Dr. Marx.

48 Im Extremfall wird unterlassene Hilfeleistung vom Gesetzgeber mit Strafe geahndet.

49 Karl Otto Hondrich: Der neue Mensch, Frankfurt/a. M. 2001, S. 105.

50 ders., S. 109.

51 Vgl. Andreas Weber: Alles fühlt. Berlin 2007.

52 Arnold Gehlen: Anthroplogische Forschung. Hamburg 1961, S. 137.

53 Vgl. Hans Küng: Weltethos für Weltpolitik und Weltwirtschaft. München 1997, S. 130 ff.

54 Vgl. Henning Ritter: Nahes und fernes Unglück. Versuch über das Mitleid. München 2004, S. 51.

55 Vgl. Ferdinand Bitz: Politische Verantwortung zwischen Gewissen und Institution. In: ders./Manfred Speck (Hrsg.), Im Mittelpunkt Res publica. München 2002, S. 452 ff.

56 Hans Jonas: Das Prinzip Verantwortung. 5. Auflage, Frankfurt/a. M. 1984, S. 163.

57 Albert Schweitzer: Die Ethik der Ehrfurcht vor dem Leben. In: ders., Kultur und Ethik. München 1996, S. 328 ff.

58 Vgl. Markus Gabriel: Warum es die Welt nicht gibt. Berlin 2013.

59 Immanuel Kant: Werke in 6 Bänden, hrsg. v. Wilhelm Weischedel. Band VI, Darmstadt 1998, S. 214.

60 ebd., S. 224.

61 Vgl. Teilstudie des Religionsmonitors der Bertelsmann-Stiftung vom März 2017.

62 Vgl. Paul Collier: Exodus. München 2014; ders./Betts, Alexander: Gestrandet. München 2017.

63 Vgl. Thomas Grundmann (Hrsg.): »Welche und wie viele Flüchtlinge sollen wir aufnehmen?« Stuttgart 2016.

64 Vgl. hierzu den Beitrag von Prof. Dr. Frank Fiedrich.

65 Vgl. hierzu den Beitrag von MD Franz-Josef Hammerl.

66 Vgl. hierzu den Beitrag von Prof. Dr. Michael Kloepfer.

67 Vgl. Hans Werner Bierhoff: Psychologie hilfreichen Verhaltens. Stuttgart 1990

68 Vgl. Diana Kietzmann u.a.: Motivationale Aspekte ehrenamtlichen Engagements im Zivil- und Katastrophenschutz. In: INKA (Hrsg.): Engagiert im Katastrophenschutz. Schwalbach 2015, S. 137 ff.

69 Vgl. Stefan Klein: Der Sinn des Gebens. Frankfurt/a.M. 2010, S. 234 ff.

70 Vgl. Elisabeth Conradi: Take Care. Grundlagen einer Ethik der Achtsamkeit. Frankfurt/a. M. 2001.

71 Vgl. Ferdinand Bitz: Abenteuer und Risiko. Zur Psychologie inszenierter Gefahr. Lüneburg 2005.

72 Vgl. hierzu den 2017 vom BMZ ins Leben gerufene Kurzzeithelfer-Entwick-
   lungsdienst (Weltdienst 30 Plus).

73 Ein gutes Beispiel der öffentlichen Ehrung, bei der Engagement und Erneuerung
   verknüpft werden, stellt der vom BMI ins Leben gerufene Preis »Helfende Hand«
   dar.

74 Gerhard Schulze: Kulissen des Glücks. Streifzüge durch die Eventkultur. Frank-
   furt/a. M. 2000.

75 Matthias Binswanger: Die Tretmühlen des Glücks. 4. Auflage, Freiburg i. Br. 2010.

76 Dalai Lama: Der Weg zum Glück. Sinn im Leben finden. Freiburg/i. Br. 2002,
   S. 19.

77 Wittgenstein: Tractatus. 13. Auflage, Frankfurt/a. M. 1978, Satz 6.43.

Zu Forschung und Technologieentwicklung in der Katastrophenhilfe

Prof. Dr. Frank Fiedrich
Lehrstuhl für Bevölkerungsschutz, Katastrophenhilfe und
Objektsicherheit, Bergische Universität Wuppertal

Der Versuch, wichtige Entwicklungen und Tendenzen zum Thema neue Technologien im Katastrophenschutz auf wenigen Seiten zu beschreiben, kann eigentlich nicht gelingen und ist wahrscheinlich von vorneherein zum Scheitern verurteilt. Dennoch wage ich dieses Unterfangen und versuche mit diesem Beitrag, Ihnen ein paar Einblicke in Forschung und Technologieentwicklung in unserem gemeinsamen Interessengebiet zu geben. Naturgemäß muss ich mich dabei beschränken. Aufbauend auf ein paar wenigen Eindrücken, was vor 80 Jahren angestoßen wurde, möchte ich wichtige Rahmenbedingungen sowohl im internationalen bzw. globalen als auch im deutschen und europäischen Umfeld aufzeigen. Der Schwerpunkt liegt dabei auf der Rolle der Forschung und Entwicklung von praxistauglichen Lösungen. Dabei werde ich Ihnen auch aus Sicht der Forschung darlegen, welche maßgebliche Rolle das Deutsche Rote Kreuz dabei innehat und wie es aktiv an der Gestaltung der Zukunft beteiligt ist. Als eine der wichtigsten Freiwilligenorganisationen, sowohl in der Wohlfahrt, im Rettungsdienst als auch in der internationalen Katastrophenhilfe, verfügt das Rote Kreuz über einen reichen Erfahrungsschatz, der in der Vorsorge und während der Bewältigung von essentieller Bedeutung ist. Die aktuellen Entwicklungen zeigen aber auch, dass sich die Arbeit von freiwilligen Helfern neu ausrichtet und sich mit Hilfe neuer Technologien bisher unzureichend genutzte Potentiale auftun. Hier gilt es ein waches Auge zu haben und den größtmöglichen Nutzen für die von Katastrophen bedrohten und betroffenen Menschen zu erzielen.

80 Jahre – Ein kurzer Rückblick

Vor 80 Jahren tickte die Welt noch anders und damals war es vermutlich unvorstellbar wie die Welt heute aussieht. Der zweite Weltkrieg schien noch fern, aber die Stimmung in Deutschland war bereits
angespannt. 1937 gab es allerdings auch zukunftsweisende Erfindun-
gen. So wurden beispielsweise Einkaufswagen, Düsenflugzeuge, Container und Instantkaffee erfunden. Man stelle sich nur mal eine Welt
ohne Einkaufswagen vor und wie die Supermärkte heute ohne diese
Erfindung funktionieren könnten. Ein Leben ohne Instantkaffee ist da
sicherlich leichter möglich, zumal inzwischen in vielen Büros Kapsel-
maschinen Einzug gehalten haben.

Vor 80 Jahre war aber auch die Zeit, in der sich das moderne Rettungswesen langsam entwickelte. 1938 formulierte der Heidelberger
Chirurg Martin Kirschner (1879–1942) die moderne Aufgabentei-
lung des Rettungsdienstes, indem er postulierte, dass in Notfallsitu-
ationen nicht der Patient zum Arzt, sondern der Arzt so schnell wie
möglich zum Patienten kommen muss. Ein wichtiger Grundsatz, der
noch immer für die Notfallrettung gilt. 1942 wird das Deutsche Rote
Kreuz die bis dahin einzige Organisation im Krankentransport. 1957
wird das Klinomobil entwickelt, ein als mobiler Operationssaal um-
gebauter Omnibus, der die Hilfe direkt vor Ort bringt. In der Folge
hat sich dann das auch heute noch eingesetzte Rendezvous-System
entwickelt, bei dem Notarzt und Rettungswagen getrennt zum Einsat-
zort fahren. Begleitet wurden diese Entwicklungen in der Notfallrettung von zahlreichen Errungenschaften in der Medizintechnik – man
denke beispielsweise an die erste Mobile Stroke Unit, einen mobilen
Schlaganfall-Rettungswagen, oder den Telenotarzt. Beide wurden
2007/2008 in Deutschland entwickelt bzw. in Pilotstudien getestet.
Beides ist inzwischen wichtiger Bestandteil des modernen Rettungs-
wesens.

Doch auch für das Informationszeitalter wurden in dieser Zeit
wesentliche Grundlagen geschaffen. 1937 entwickelte Konrad Zuse
den Rechner »Zuse 1« und tat damit einen entscheidenden Schritt
Richtung Computerentwicklung. »Zuse 1« arbeitete noch mecha-
nisch und die Programme wurden noch mit Lochkarte eingelesen.

Der Computer revolutionierte in der Folge wesentliche Teile unserer
Welt, darunter – wie wir im Weiteren noch sehen werden – auch
den Bevölkerungsschutz und die Katastrophenhilfe. Zusammen mit
der Entwicklung des Internet und des World Wide Web gelang dem
Computer sein Siegeszug. Über die Vor- und Nachteile dieser Technologien sowie die aktuellen und künftigen Veränderungen kann
man lange diskutieren. Eins ist jedoch klar: nichts hat das menschliche Miteinander in den vergangenen 80 Jahren so geprägt, wie diese
Technologien und die damit verbundenen Neuerungen in der Kommunikation, Koordination und Zusammenarbeit.

Die internationale Perspektive

Einen wichtigen Impuls für die Verbesserung des Katastrophenschutzes gab die »Internationale Dekade zur Reduzierung der Naturkatastrophen« (International Decade for Natural Disaster Reduction,
IDNDR). Sie wurde von den Vereinten Nationen ausgerufen und
begann am 1. Januar 1990. Die Vereinten Nationen rufen regelmäßig
solche Dekaden aus, um in der Regel Themen mit globaler Perspektive
zu adressieren. Die Ziele der IDNDR waren vielfältig und ambitioniert. So sollten die Bewältigungskapazitäten bezüglich Naturkatastrophen in allen Ländern gestärkt werden, wobei ein Schwerpunkt
auf den armen Ländern liegen sollte. Bereits zu diesem Zeitpunkt
wurden explizit Frühwarnsysteme als eine bedeutende Möglichkeit
der Katastrophenvorsorge angesehen. Es sollte dabei einerseits auf
bereits vorhandenes Wissen zurückgegriffen, aber auch (ingenieur-)
wissenschaftliche Aktivitäten forciert werden, die eine Verbesserung
der Katastrophenvorsorge ermöglichen. Damals war man noch der
Meinung, die Welt allein durch technologischen Fortschritt verbessern zu können und dementsprechend standen technische Entwicklungen und Technologietransfer im Fokus. Die IDNDR war auch
die Geburtsstunde des »Deutschen Komitee Katastrophenvorsorge
(DKKV) e. V.« als nationale Plattform, die unter anderem das Ziel
hatte, die nationalen Akteure in Deutschland zu vernetzen und im
internationalen Umfeld die deutsche Perspektive zu vertreten. Das

DRK war maßgeblich an der Gründung des DKKV beteiligt und war bis zur Neustrukturierung des Vereins im Jahr 2016 ein wichtiges Mitglied des operativen Beirats (die Beiräte wurden 2016 aufgelöst).

In der Folge der IDNDR bildeten sich international weitere wichtige Initiativen und Strukturen, die die internationale Katastrophenvorsorge vorantrieben. Besonders hervorzuheben sind dabei die »Internationale Strategie zur Katastrophenvorsorge« (International Strategy for Disaster Reduction, ISDR), das »Hyogo Framework for Action« (HFA) und das aktuelle »Sendai Rahmenprogramm für die Verminderung von Katastrophenrisiken« (Sendai Framework for Disaster Risk Reduction, SFDRR). Das SFDRR hat eine Laufzeit von 15 Jahren und soll im Jahr 2030 enden. In dem neuen Programm ist eine deutliche Verschiebung der Schwerpunkte von Katastrophenmanagement auf Risikomanagement zu beobachten. Das SFDRR legt dafür sieben Planziele anhand von vier zentralen Prioritäten fest. Die Prioritäten sind dabei (1.) verbessertes Verständnis von Katastrophenrisiken, (2.) Stärkung der »Disaster Risk Governance«, (3.) Investitionen in die Risikoreduktion zum Zwecke der Resilienzbildung und (4.) die Verbesserung der Katastrophenvorsorge für ein effektives Krisenmanagement und zur Stärkung von Bewältigung und Wiederaufbau. Als Prioritäten sind beispielsweise die Reduzierung von weltweiten Opferzahlen und Betroffenen durch Naturkatastrophen oder die erhöhte Verfügbarkeit von Frühwarnsystemen zu nennen. Auch die Rolle der Forschung soll dabei gestärkt werden. Hierzu fand Anfang 2016 die «UNISDR Science and Technology Conference (STAG) on the Implementation of the Sendai Framework for Disaster Risk Reduction 2015–2030« statt. Auf dieser Konferenz wurde die Bedeutung von Forschung und Technologie in der Katastrophenrisikovorsorge untermauert, aber auch klar gestellt, dass Technologieentwicklung allein keine Lösung bringen kann. Es wird gefordert, alle relevanten Akteure, wie z. B. staatliche und nichtstaatliche Organisationen mit Katastrophenschutzaufgaben sowie die Bevölkerung, stärker mit in die Entwicklungen einzubeziehen und auch gesellschaftswissenschaftliche Fragestellungen dabei zu berücksichtigen. Dadurch soll die Praxistauglichkeit, Akzeptanz und Nachhaltigkeit der entwickelten Lösungen verbessert werden. Zentrale Themen sind dabei unter anderem der Multi-Gefährdungs-Ansatz – auch über reine Naturgefahren hinaus, die Nutzung von Echtzeitdaten, verbesserte Erdbeobachtung, Informations- und Kommunikationstechnologien (ICT) und die Entwicklung einer globalen Datenbank mit katastrophenrelevanten Daten. Aber auch weniger technologische Themen wie die Intensivierung der Netzwerkbildung unter Einbeziehung aller relevanten Akteure wurden adressiert.

Die nationale und europäische Perspektive

Während die oben genannten Initiativen stark auf globale Zusammenarbeit und eine Verbesserung der Katastrophenvorsorge gerade in armen, besonders gefährdeten Ländern abzielen, haben sich darüber hinaus auch in Deutschland und der Europäischen Union in der zivilen Sicherheitsforschung neue Möglichkeiten zur Verbesserung des Katastrophenschutzes ergeben. Besonders großen Einfluss haben dabei das Rahmenprogramm »Forschung für die zivile Sicherheit« des Bundesministeriums für Bildung und Forschung (BMBF) und das Sicherheitsforschungsprogramm der Europäischen Union, das aktuell in »Horizon 2020«, dem EU-Rahmenprogramm für Forschung und Innovation, angesiedelt ist.

Das Forschungsrahmenprogramm des BMBF existiert seit 2007 und befindet sich momentan am Ende der zweiten Fünfjahresphase. Eine dritte Förderphase ist ab kommendem Jahr vorgesehen. Generell zielt das Forschungsprogramm darauf ab, innovative Lösungen zu erforschen, die die Sicherheit der Bürgerinnen und Bürger erhöhen. Dabei stehen drei thematischen Säulen im Fokus: (1) Schutz und Rettung von Menschen, (2) Schutz kritischer Infrastrukturen und (3) Schutz vor Kriminalität und Terrorismus. Zusätzlich gibt es »Gesellschaft und Wirtschaft« als Querschnittsthema sowie internationale Kooperationsprogramme, z. B. mit Frankreich, Israel und Österreich. Bis heute wurden bereits über 250 Verbundprojekte mit einem Fördervolumen von ca. einer halben Milliarde Euro gefördert. Die Themen der Ausschreibungen und Projekte sind vielfältig. So werden Lösungen z. B. in den Bereichen technische Einsatzunterstützung, Resilienz kritischer Infrastrukturen sowie der Bevölkerung, Evakuierung, Eindämmung von Infektionskrankheiten, Krisenkommunikation und Schutz von Großveranstaltungen entwickelt.

Die Projekte sollen dabei im Wesentlichen szenarienorientiert sein und die Anforderungen der Anwender wie z. B. Polizei, Feuerwehr, Hilfsorganisationen und Infrastrukturbetreiber frühzeitig berücksichtigen. Die Ausschreibungen richten sich daher auch regelmäßig an Projektverbünde, in denen Anwender, Industrie und Forschungseinrichtungen eng zusammenarbeiten. Diese Zusammenarbeit hat sich in der zivilen Sicherheitsforschung als zielführend herauskristallisiert. In der Anfangszeit des Forschungsprogrammes war es jedoch nicht immer einfach, die unterschiedlichen Sichtweisen sinnvoll zusammenzuführen. So sind die Sprache, Kultur, Methoden und Erwartungen bei den unterschiedlichen Akteuren nicht deckungsgleich und es bedarf daher auch immer eines offenen Umgangs mit der jeweils anderen Seite. Während in der Anfangsphase des Sicherheitsforschungsprogrammes der Ansatz im Sinne der High-Tech-Strategie des Bundes ein stark technologischer war, so wurde inzwischen auch hier erkannt, dass dieser Ansatz alleine nicht zielführend ist. Die Geistes- und Sozialwissenschaften nehmen seither einen wichtigen Stellenwert ein. Während sich in der Anfangszeit die Rolle dieser Disziplinen oft auf Fragen der Akzeptanz von Sicherheitstechnologien, wie beispielsweise dem Körperscanner an Flughäfen, reduzieren ließ, gibt es inzwischen auch vermehrt Projekte, die Themen wie z. B. Vulnerabilität, Ursachen von Risiken und Zusammenhalt aus der sozialwissenschaftlichen Perspektive untersuchen und den Mensch damit stärker in den Fokus rücken. Dieser inter- und transdisziplinäre Ansatz des Forschungsprogramms hat dazu geführt, dass inzwischen alle Akteure auch in ihrer alltäglichen Arbeit besser miteinander umgehen und die wechselseitigen Erwartungen realistischer eingeschätzt werden können. Somit wird in der deutschen Sicherheitsforschung bereits seit vielen Jahren praktiziert, was in der internationalen Debatte gefordert wird: Die Zusammenarbeit zwischen Anwender, Industrie, Forschung und Bevölkerung bei der Entwicklung von zukunftsfähigen Lösungen in der Katastrophenvorsorge und -bewältigung.

Damit ist Deutschland auch zu einem gefragten internationalen Partner in diesen Fragen geworden. Mit der »Globale Initiative Katastrophenrisikomanagement« (GIKRM) hat sich inzwischen auch eine ressortübergreifende Plattform gebildet, die gemeinsam mit unterschiedlichen nationalen Akteuren praxisnahe Lösungsansätze »Made in and with Germany« entwickelt und in internationalen Projekten zu Themen wie z. B. Brandschutz, Frühwarnung und Resilienz umsetzt. Der deutsche Sicherheitsmarkt ist dadurch ein stark wachsender Bereich geworden, der auch international konkurrenzfähig ist und global wichtige Impulse setzen kann.

Die europäische zivile Sicherheitsforschung entstand ungefähr zur gleichen Zeit wie unser nationales Programm. Natürlich gab es in der Europäischen Union auch schon vorher Forschung mit Katastrophenbezug, zum Beispiel im Naturgefahrenbereich. Jedoch ist das Thema Zivile Sicherheit erst seit dem 7. Forschungsrahmenprogramm (Seventh Framework Program; FP 7; 2007–2013) ein eigenständiger Bereich geworden. Zunächst als Pilotprogramm gestartet, ist mit »FP 7 – Security« ein spezifisches Programm zum Thema entstanden, das sehr nah an der industriellen Anwendung forscht. In FP 7 wurden allein mit dieser Programmlinie über 320 Projekte mit insgesamt ca. 1,5 Milliarden Euro gefördert. Aufgrund seines Erfolges wurde das europäische Sicherheitsforschungsprogramm auch im aktuellen, von 2014 bis 2020 laufenden Rahmenprogramm Horizon 2020 fortgesetzt und das zur Verfügung stehende Budget noch einmal erhöht. Dabei setzt das Programm, das ein internationales Forschungskonsortium mit Partnern aus Industrie, Forschung und Anwendung erfordert, teilweise auf ähnliche Themen wie das deutsche Programm. Hinzu kommen verstärkt europäische Themen, wie beispielsweise Grenzsicherheit und Themen zu Cyber-Security, die in Deutschland in anderen Programmlinien gefördert werden. Im Gegensatz zu unserem nationalen Programm ist in der Europäischen Union nach wie vor der technische Fokus viel deutlicher zu erkennen. In vielen Ausschreibungen wird ein hohes Technological Readiness Level (TRL) gefordert – ein Maß dafür, wie gut sich technische Produkte schon für eine wirtschaftliche Vermarktung eignen. Nicht zuletzt aufgrund des Erfolgs des nationalen Rahmenprogramms »Forschung für die zivile

Sicherheit« sind deutsche Partner in der EU-Forschung gefragt. So erhielten deutsche Partner in FP 7 eine Gesamtförderung von über 150 Millionen Euro. Der Großteil der Gelder ging dabei an Industrie- und Großforschungseinrichtungen, wie z. B. die Airbus Defense and Space GmbH oder die Fraunhofer Gesellschaft. Aber auch Anwender wie das Deutsche Rote Kreuz haben inzwischen das Potential solcher europäischen Programme erkannt und wirken immer stärker mit.

Die genannten Initiativen zeigen, dass inzwischen sehr viel Geld in die Hand genommen wird, um die Sicherheit der Gesellschaft zu verbessern. Dabei werden vielfältige Themen aus den Bereichen der Katastrophenvorsorge und -bewältigung adressiert. Ob es allerdings tatsächlich auch gelingt, der Forschung zielgerichtete Impulse zu geben und schlussendlich die Lösungsansätze in der Praxis sinnvoll einsetzen zu können, hängt maßgeblich von der frühen Einbeziehung der Hilfs- und Einsatzorganisationen ab. Daher möchte ich im Folgenden exemplarisch am Beispiel des Deutschen Roten Kreuzes aufzeigen, welch wichtige Rolle diese Organisationen in Forschungsprojekten spielen. Auch wenn sie selbst nicht notwendigerweise über die Expertise verfügen, neue Technologien zu entwickeln, so ist ihre Einsatzerfahrung unerlässlich.

Das DRK als wichtiger Akteur der Sicherheitsforschung

Ich kann mich noch sehr gut an die Zeit meiner Diplomarbeit und meine anschließende Arbeit als wissenschaftlicher Mitarbeiter im Sonderforschungsbereich »Starkbeben« an der TH Karlsruhe erinnern. Damals habe ich mich mit der mathematischen Modellierung der Standortwahl für Hilfsgüterdepots in Erdbebengebieten und der Optimierung des Einsatzmanagements beschäftigt. Das Thema Katastrophenmanagement hat zu dieser Zeit – zumindest in der deutschen Forschung – eigentlich noch keine große Rolle gespielt. Bei der Modellierung der genannten Fragestellungen kam natürlich irgendwann die Frage auf, wie ich an entsprechende Realdaten und Expertenwissen kommen kann. Das Deutsche Rote Kreuz war dabei eine der Organisationen, die besonders relevant schien. Ich habe daher das DRK, damals noch mit Hauptsitz in Bonn, kontaktiert. Meine Anfrage war für meine damaligen Ansprechpartner ungewöhnlich, aber man war gerne bereit, mir so gut wie möglich zu helfen. Heute, über 25 Jahre später, hat sich der Umgang mit Forschung beim DRK grundlegend verändert. Inzwischen gibt es dort ein eigenes Sachgebiet »Forschung im Bevölkerungsschutz« und der Dialog mit Forschungseinrichtungen ist selbstverständlich geworden. Auch bei anderen Organisationen, wie dem Bundesamt für Bevölkerungsschutz und Katastrophenhilfe oder dem Technischen Hilfswerk, haben sich mittlerweile solche eigenen Organisationseinheiten für Forschungsfragen herausgebildet. Diese organisationsinterne Ausrichtung auf Forschungsfragen im Bereich Bevölkerungsschutz ist meiner Meinung nach eines der wichtigsten Ergebnisse des Rahmenprogramms »Forschung für die zivile Sicherheit«. Das Sachgebiet »Forschung im Bevölkerungsschutz« des DRK ist dabei inzwischen viel mehr als nur ein fachlicher Ansprechpartner für Forschungsfragen. In der Anfangszeit des BMBF-Forschungsprogramms hat das DRK zunächst zwar häufig die Rolle eines assoziierten Partners angenommen – also eines Partners, der keine eigene Finanzierung erhält und eher darauf fokussiert, die Ergebnisse zu bewerten und Fachinformationen beizusteuern. Aber das DRK entwickelt inzwischen verstärkt eigene Fragestellungen, die es als gleichwertiger Projektpartner gemeinsam mit anderen Institutionen im Verbund aktiv angeht.

Dieses Selbstverständnis hat dazu geführt, dass das DRK inzwischen an sieben BMBF-Projekten der zivilen Sicherheitsforschung und zwei Projekten des 7. Rahmenprogramms beteiligt war bzw. ist. Allein die Fördersumme des DRK im nationalen Sicherheitsforschungsprogramm beträgt inzwischen fast 1,5 Millionen Euro – Tendenz steigend. Es ist dabei zu erkennen, dass das DRK sich vor allem bei Themen einbringt, die für die eigene Arbeit von großer Bedeutung sind. Ein zentrales Thema ist dabei der Wandel in der Freiwilligenarbeit und neue Helferkonzepte, wie z.B. der Umgang mit ungebundenen Helfern. Das DRK hat inzwischen auch eine eigene Schriftenreihe »Schriften der Sicherheitsforschung« aufgelegt, in der zentrale Ergebnisse für die Praxis aufbereitet werden. Das Thema Helferkonzepte, auf das ich später noch etwas detaillierter eingehen werde, wird dabei vom DRK in mehreren Projekten aufgegriffen. Eines der ersten Projekte war das Verbundprojekt »Professionelle Integration von freiwilligen Helfern in Krisenmanagement und Katastrophenschutz (INKA)«. Ziel des von 2012–2015 laufenden Projektes war es, »neue Wege und Lösungen zu entwickeln, um die Integration von freiwilligen Helfern aus allen Bevölkerungsgruppen in die Krisenbewältigung organisatorisch, institutionell und sozio-kulturell weiter zu entwickeln und zukunftsfähig zu gestalten«. Das DRK hat sich dabei vornehmlich mit der Frage beschäftigt, wie es unter den sich ändernden gesellschaftlichen Rahmenbedingungen gelingen kann, Freiwillige in Hilfsorganisationen zu integrieren. Dabei wurde auch genauer untersucht, was Helfer motiviert und welchen Schwierigkeiten interessierte Freiwillige z. B. im Berufsalltag ausgesetzt sind. Das 2013 startende Projekt »Verbesserte Krisenbewältigung im urbanen Raum durch situationsbezogene Helferkonzepte und Warnsysteme (ENSURE)« ging einen Schritt weiter und versuchte, neue Technologien in Helferkonzepte einzubeziehen. Ein wesentliches Ergebnis ist dabei die vom Fraunhofer-Institut für Offene Kommunikationssysteme FOKUS entwickelte »ENSURE App«, mit der ungebundene Spontanhelfer dazu gebracht werden sollen, sich im Krisenfall zu engagieren. Nutzer der App können dabei in Abhängigkeit ihres Standortes und ihrer Qualifikation automatisiert Hilfeersuchen erhalten und diese annehmen bzw. ablehnen. Das DRK untersuchte im Rahmen dieses Projektes aber auch das Thema Qualifizierung, um so Hilfspotentiale der Bevölkerung besser mobilisieren zu können und dadurch die Selbst- und Nachbarschaftshilfe zu stärken. Gerade das Thema der Nachbarschaftshilfe und die Unterstützung von pflege- und hilfsbedürftigen Menschen in Privathaushalten ist auch bei anderen Projekten ein wichtiger Fokus der DRK-Forschung. In dem erst 2016 gestarteten Verbund »Kontexte von Pflege- und Hilfebedürftigen stärken – Verzahnung von Behörden, Pflegeinfrastruktur und aktiven zivilgesellschaftlichen Netzwerken (KOPHIS)« steht die Resilienz dieser besonderen Bevölkerungsgruppe im Fokus. Gerade vor dem Hintergrund des demographischen Wandels hat das Thema eine enorme gesellschaftliche Bedeutung. Die Beantwortung der zugehörigen Forschungsfragen ist dabei essentiell für ein künftiges gemeinsames Miteinander, in der im Sinne der Inklusion und Teilhabe Menschen mit besonderen Herausforderungen auch in Krisenzeiten eine angemessene Unterstützung erfahren können.

Anhand dieser wenigen Beispiele wird deutlich, wie sich das Deutsche Rote Kreuz im Laufe der letzten Jahre in Bezug auf Forschungsarbeit gewandelt hat. Das DRK ist inzwischen ein gefragter Partner bei Projekten im Bereich der zivilen Sicherheit geworden. Die Anfragen und das Interesse an Mitwirkung übersteigen die zur Verfügung stehenden Ressourcen. Folgerichtig konzentriert sich das DRK auf Fragestellungen, zu denen es sich bestmöglich einbringen kann. Es ist damit zu einem »Global Player« geworden, dessen Arbeit auch international beachtet wird.

Die Zukunft der Freiwilligenarbeit und digitale Helfergruppen

Im Folgenden möchte ich noch etwas genauer auf aktuelle Entwicklungen in einem der für das DRK zentralen Aufgabenbereiche eingehen – die Freiwilligenarbeit. Wie schon weiter oben kurz beschrieben, unterliegt unsere Gesellschaft aktuell einem demographischen und kulturellen Wandel, der nachhaltige Auswirkungen auf unser Zusammenleben haben wird. Der demographische Wandel in Deutschland führt dazu, dass wir – wenn es uns nicht gelingt entsprechend gegenzusteuern – mit einer ständig ansteigenden alternden Bevölkerung konfrontiert sein werden. Dies hat Auswirkungen auf die Nachfrage im Bereich Wohlfahrt und Bevölkerungsschutz. Aufgrund der zu erwartenden steigenden Kosten in der Gesundheitsversorgung wird vermehrt auf eine Betreuung im häuslichen Umfeld gesetzt, was aber zu einer Erhöhung der Vulnerabilität unserer Gesellschaft führt. Auf der anderen Seite führt dies dazu, dass immer weniger junge Menschen als potentielle Mitwirkende in Freiwilligenorganisationen zur Verfügung stehen. Dabei ist bei jüngeren Menschen zusätzlich die Tendenz zur Individualisierung zu beobachten, so dass der Wille, sich dauerhaft in Hilfsorganisationen zu binden, rückläufig ist. Das ist allerdings nicht gleichbedeutend damit, dass die generelle Bereitschaft zur Hilfe sinkt. Vielmehr beobachten wir seit einigen Jahren verstärkt, dass sich situations- und themenbezogen spontan Gruppen organisieren, um an Hilfsmaßnahmen mitzuwirken. Dabei spielen soziale Medien und mobile Kommunikationstechnologien eine immer größere Rolle. Die Diskussionen zu dieser Form der Selbstorganisation sind vielfältig und gespalten. Während ein Teil der Einsatzorganisationen hier ein großes Potential der Hilfeleistung sieht, das es sinnvoll in die Einsatzstrukturen zu integrieren gilt, benennen andere Akteure die damit verbundenen Probleme. So wird beispielsweise kritisiert, dass die ungebundenen Helfer die Arbeiten der Hilfsorganisationen behindern. Zusätzlich ist es möglich, dass diese Helfer sich selbst in Gefahr bringen und dann unfreiwillig zusätzliche Einsatzressourcen binden.

Während meiner Zeit am Institute for Crisis, Disaster and Risk Management (ICDRM) an der George Washington University in Washington DC haben wir uns 2005 intensiv mit der Frage beschäftigt, wie ein professionellerer Umgang mit solchen Spontanfreiwilligen erfolgen kann. Zentral war dabei die Fragestellung, wie die Freiwilligen am besten in die reguläre Einsatzorganisation eingebunden werden können. Eine der wesentlichen Annahmen, die wir damals getroffen haben, ist die Bereitschaft der Helfer, sich – wenn auch nur einsatzbezogen – in die formalen Strukturen einbinden zu lassen. Heute wissen wir, dass diese Voraussetzung lediglich für einen Teil der ungebundenen Helfer gilt. Dennoch ist es uns damals gelungen, ein Konzept für eine Professionalisierung des Umgangs mit Spontanfreiwilligen zu entwickeln. So wurde für das »Incident Command System (ICS)«, dem amerikanischen Äquivalent der Stabsarbeit in Krisensituationen, eine eigene Organisationseinheit im Bereich »Einsatz« entwickelt, die sich mit der Einbindung der Spontanhelfer beschäftigt. Wichtig ist dabei, dass durch diese Professionalisierung den freiwilligen Helfern auch eine angemessene Wertschätzung ihrer Arbeit entgegengebracht wird. Die detaillierte Erfassung der vorhandenen Qualifizierungen der Helfer, die (computerbasierte) Zuordnung zu bestmöglichen Aufgaben, eine professionelle Einweisung und Nachbereitung mit der Möglichkeit, Feedback zu geben, sind neben der eigentlichen Arbeit im Einsatz wichtige Eckpfeiler des Systems. Im Rahmen unserer Forschung haben wir damals eng mit dem amerikanischen Pendant des DRK – dem American Red Cross (ARC) – zusammengearbeitet und dabei auch ein webbasiertes Computersystem entwickelt, das sowohl die Arbeiten des Krisenstabes als auch die der freiwilligen Helfer unterstützt.

Systeme, die auf eine Vorregistrierung möglicher Helfer setzen, haben sich inzwischen in vielen Bereichen etabliert. So setzt unter anderem die oben genannte »ENSURE App« auf dieses Prinzip. Eine der ersten Organisationen in Europa, die auf diese Möglichkeit setzte, war das Österreichische Rote Kreuz (ÖRK), dem es durch Zusammenarbeit mit dem Rundfunksender Ö3 gelang, mehr als 50 000 Menschen in Österreich zur freiwilligen Registrierung im »Team Österreich« zu bewegen. Ursprünglich sollte mit »Team Österreich« die Einbindung von Freiwilligen in Katastrophensituationen unterstützt werden, aber inzwischen hat sich das System weiter entwickelt und vermittelt Freiwillige in der Flüchtlingshilfe und bei den Österreich-Tafeln, die Menschen in Not mit Überschuss-Lebensmitteln versorgen. Grund für diese Erweiterung war vor allem, das ursprüngliche Engagement der Helfer in Zeiten ohne Katastrophen aufrecht zu erhalten. Nachdem sich die Helfer mit Informationen zu Person, Qualifikationen und Interessensgebieten über ein Webformular eingetragen haben, werden sie bei Ereignissen in ihrem Bezirk per SMS alarmiert und können dann – wenn sie in dieser konkreten Situation helfen können und wollen – mit »Ja« antworten. In Mecklenburg-Vorpommern gibt es inzwischen mit dem »Team Mecklenburg-Vorpommern« eine vergleichbare Initiative, die ebenfalls mit einem Radiosender zusammenarbeitet.

Aber auch Helfer, die nicht im Vorfeld bei Hilfsorganisationen oder anderen Einrichtungen registriert sind, führen bei Ereignissen selbstständig Hilfsmaßnahmen durch. Hierbei spielen die sogenannten »Sozialen Medien« eine wichtige Rolle. Dabei werden unter dem Begriff »Soziale Medien« in der Regel Plattformen verstanden, mit deren Hilfe sich Personen vernetzen und Informationen austauschen können. Am bekanntesten sind hier sicherlich das soziale Netzwerk Facebook und der Kurznachrichtendienst Twitter. Aber auch Fotoplattformen wie Instagram, Blogs, Wikis und andere Medien zählen dazu. Dabei ist das Besondere an dieser Form der Hilfeleistung, dass virtuelle Medien genutzt werden, um reale Hilfe zu leisten. Manchmal bilden sich aufgrund der Zusammenarbeit in Notfällen auch dauer-

hafte Netzwerke der Hilfeleistung. Als Beispiel möchte ich das Starkregenereignis vom 28. Juli 2014 in Münster aufführen, das wir im Rahmen einer Studie näher untersucht haben. Das Starkregenereignis war
mit teilweise bis zu 290 Liter pro Quadratmeter das voluminöseste
Starkregenereignis in Münster seit Beginn der Wetteraufzeichnungen. In der Folge fiel teilweise der Strom aus und es kam zu massiven
Überflutungen. Bereits in der Nacht nach dem Starkregenereignis bildeten sich über die sozialen Medien erste Initiativen von Spontanhelfern. Innerhalb von 24 Stunden waren 3000 Helfer an den Hilfsmaßnahmen beteiligt, nach drei Tagen waren es mehr als 5000 Personen,
die sich über die Facebook-Gruppe »Regen in Münster« organisiert
hatten. Die Hilfe hielt über mehrere Wochen an und insgesamt halfen die Spontanhelfer in fast 3700 Fällen, von denen über 3100 Kel-
lerräumungen waren, teilweise mit Auspumpen und Entsorgung des
Sperrmülls. Aber auch über diese eher traditionellen Hilfsmaßnahmen
hinaus engagierte sich das Netzwerk z. B. bei der Bewältigung von All-
tagsaufgaben, in der psychosozialen Unterstützung oder beim Sammeln von Spenden. Während anfangs die Arbeiten im Wesentlichen
durch Koordination über Facebook bearbeitet wurden, haben sich
schnell zusätzliche Kommunikations- und Organisationsstrukturen
herausgebildet. Messenger-Dienste waren dabei ein wichtiges Kommunikationsmittel und nach zwei Tagen entstand eine Art Leitstelle in
der Wohnung einer Spontanhelferin. Die Leitstelle übernahm zunehmend die Priorisierung der Aufgaben und die Verteilung der Aufgaben
in der Gruppe. Sie war mit bis zu sieben Personen, anfangs rund um
die Uhr besetzt. Nach anfänglicher Skepsis verbesserte sich auch die
Zusammenarbeit mit den Einsatzorganisationen, allen voran mit der
Berufsfeuerwehr Münster. Im September gab die Stadt Münster dann
ein Helferfest, an dem 2500 Personen teilnahmen. Dieses Beispiel verdeutlicht das Potential, das in sozialen Netzwerken steckt. Innerhalb
kürzester Zeit können tausende Menschen angesprochen werden. Soziale Medien bieten darüber hinaus eine Plattform, in der einerseits
Hilfsanfragen aber auch Hilfsangebote eingestellt werden können. So
wurde beispielsweise kürzlich der Kurznachrichtendienst Twitter bei
Terroranschlägen dazu genutzt, betroffenen Besuchern aus anderen
Städten Übernachtungsmöglichkeiten oder andere Hilfe anzubieten.

Doch Helfer müssen nicht mehr wirklich vor Ort sein, um wirkungsvolle Hilfe leisten zu können. Inzwischen haben sich vor allem in der humanitären Hilfe und der internationalen Katastrophenhilfe sogenannte digitale Helfergruppen gebildet. Ziel der digitalen Hilfe ist dabei häufig, die Einsatzleitung bei der Informationssammlung und – aufbereitung zu unterstützen. Einen wichtigen Ansatz bildet dabei das Crowdsourcing, das Aufgaben auf eine große Anzahl von Personen verteilt und dabei in der Regel internetbasierte Informationstechnologien nutzt. Ein gutes Beispiel ist die CrisisMapping Community und das »Humanitarian OpenStreetMap Team« (HOT). So hat beispielsweise HOT nach dem katastrophenhaften Erdbeben in Haiti geholfen, bessere Grundkarten der Hauptstadt Port-au-Prince zu erstellen, da bis zu diesem Zeitpunkt kaum gutes Kartenmaterial vorhanden war. Das CrisisMapping Team hat darüber hinaus bei der Erstellung von Schadenskarten mitgewirkt, indem es im Internet veröffentlichte Fotos klassifizierte und in entsprechende Karten eintrug. An diesen Aktivitäten haben Helfer aus der ganzen Welt mitgewirkt. Daten wie Fotos und Tweets wurden dabei mit Hilfe speziell für diesen Zweck entwickelter Apps oder über Webseiten von den einzelnen Nutzern gesichtet und bewertet. In der Summe ergab sich dann schnell ein Bild, das die Lagebewertung der Einsatzorganisationen unterstützen konnte. Diese verteilte Form der Big Data Analyse ist inzwischen in vielen Bereichen eine wichtige Ergänzung. Fragen, wie diese sogenannte »Volunteered Geographic Information« (VGI) sinnvoll aufbereitet und genutzt werden kann, ist Gegenstand aktueller Forschung, aber wird in Teilgebieten auch bereits wirtschaftlich genutzt. So ist bisher die automatisierte Auswertung von Satellitenbildern nach Naturkatastrophen nur unzureichend möglich. Algorithmen arbeiten hier noch nicht in der notwendigen Qualität und Zuverlässigkeit, so dass die menschliche Bewertung unerlässlich ist. Die Firma Tomnod, eine Tochter des Unternehmens DigitalGlobe, setzt hier ebenfalls auf Crowdsourcing. Hochauflösende Satellitenbilder werden der »Crowd« zur Verfügung gestellt und je nach Katastrophe können dann zerstörte Häuser, Straßen und Brücken markiert werden. Die so gesammelten Informationen können dann für den Katastropheneinsatz, aber auch für die Weiterentwicklung der Algorithmen genutzt werden. In der Forschung hat sich vergangenes Jahr auch ein Schwerpunktprogramm der Deutschen Forschungsgemeinschaft gebildet, das mit VGI-Daten verbundene Themen erforscht. Dies umfasst beispielsweise die Algorithmenentwicklung zur automatisierten Analyse von Bild- und Videodaten, Visualisierung von VGI-Daten, die Qualität von Crowdsourcing-Daten oder die Motivation von digitalen freiwilligen Helfern.

Das Potential der digitalen Freiwilligenarbeit hat das Amt für die Koordinierung humanitärer Angelegenheiten der Vereinten Nationen (UN OCHA) früh erkannt und arbeitet daher bereits seit einiger Zeit mit unterschiedlichen digitalen Helfergruppen zusammen. Das »Digital Humanitarian Network« (DHN) als Dachorganisation im Bereich der digitalen Hilfe spielt dabei eine wichtige Rolle. Das Netzwerk hat zahlreiche Mitglieder, die unterschiedliche digitale Dienste anbieten. So gehören beispielsweise die bereits erwähnten CrisisMappers und HOT zu dieser Gruppe, aber auch die »Standby Task Force« (SBTF), »Humanity Road« (HR) oder die »Translators without Borders« sind DHN-Mitglied. Die einzelnen Akteure organisieren sich dabei autonom. Das DHN dient als zentraler Ansprechpartner der internationalen Hilfsorganisationen und vermittelt die angefragten Dienste. Das DHN wurde in der Vergangenheit schon mehrfach erfolgreich aktiviert, so z. B. nach dem Nepalerdbeben oder während der Ebola-Krise in Afrika.

Wo geht die Reise hin? Das mag man sich bei der zunehmenden Technisierung der Hilfe fragen. In jüngerer Zeit wird gerade in der Big Data Analyse verstärkt versucht, Crowdsourcing-Ansätze mit Ansätzen der Künstlichen Intelligenz (KI) zu kombinieren. So arbeitet z. B. das Qatar Computing Research Institute QCRI in seiner Abteilung für Social Computing an einem entsprechenden System, das im Katastrophenmanagement eingesetzt wird. Dieses System mit dem Namen AIDR (Artificial Intelligence for Disaster Response) soll der automatisierten Klassifizierung katastrophenrelevanter Tweets dienen, so dass relevante Informationen schneller den Einsatzorganisationen zur Verfügung gestellt werden können. AIDR arbeitet dabei auf Basis des KI-Ansatzes des überwachten maschinellen Lernens, einem Ansatz, in dem das KI-System zunächst trainiert werden muss.

In einem ersten Schritt werden auf der Basis von Schlüsselworten, Hashtags und Geolokationsdaten automatisiert Tweets gesammelt, die potentiell relevante Informationen enthalten können. Das anschließende Training des KI-Systems wird dann mit Hilfe von Crowdsourcing durchgeführt. Digitale Helfer auf der ganzen Welt klassifizieren hierfür zunächst manuell bzw. mit Hilfe geeigneter Apps, wie beispielsweise der CrisisMapping App »Clickers«, eine hinreichende Anzahl von Twitter-Meldungen. Das KI-System »beobachtet« die Zuordnung und nachdem die Lernphase abgeschlossen ist, kann das System nun ohne menschliche Unterstützung die weiteren Klassifizierungen durchführen. Erste Tests dieses Systems fanden bereits 2014 nach dem Erdbeben in Chile statt und AIDR wurde seither immer weiter verfeinert und verbessert.

Freiwillige Helfer sind momentan auch dabei weitere Technologien in der Katastrophenhilfe einzusetzen. So setzt die Gruppe der UAViators auf den Einsatz von Drohnen zur Lageerkundung in Katastrophengebieten. Bei den UAViators handelt es sich um ein Netzwerk mit inzwischen über 2800 Mitgliedern, das nicht nur Einsätze auf Anfrage der humanitären Organisationen unterstützen möchte, sondern darüber hinaus auch in der Forschung, Ausbildung und Standardisierung tätig ist. Der Einsatz von Drohnen bei Katastrophen hat viele Vorteile. Einerseits können so mögliche umweltbedingte Gefahren für Einsatzkräfte reduziert werden. Andererseits kann die Lageerkundung deutlich verbessert werden, da die Bereitstellung guter Satellitenbilder unter Umständen zu lange dauert. Drohnen haben zusätzlich den Vorteil, dass sie in geringer Höhe über ein Schadensgebiet fliegen können und somit sehr detaillierte Bilder liefern. Mit Hilfe geeigneter Sensoren ist es darüber hinaus möglich, bisher weniger beachtete einsatzrelevante Daten zu sammeln. Ein Beispiel hierfür sind LiDAR (Light detection and ranging) Laserscanning Sensoren, mit deren Hilfe detaillierte 3D-Modelle geschädigter Gebäude und des Schadensgebietes erstellt werden können. Der mögliche Einsatz der Drohnen geht dabei weit über die Bewältigungsphase hinaus und reicht bis in die Wiederaufbauphase.

Auch der Einsatz von autonomen und teilautonomen Robotern in Katastrophengebieten wird in Zukunft immer wahrscheinlicher.

Bereits 2006 hat sich die Initiative »Robocup Rescue« gebildet. Ausgehend von »Robocup«, einem Wettbewerb in dem autonome Roboter gegeneinander Fußball spielen, wurde Katastrophenmanagement ein weiteres Testfeld der Robotikforscher. In der »Robocup Rescue Roboter Liga« geht es vornehmlich darum, autonome und teilautonome Roboter für Search und Rescue Einsätze zu entwickeln. In der jährlich stattfindenden Weltmeisterschaft müssen die Roboter in einem festgelegten Parcours einsatzrelevante Aufgaben erfüllen. Dies umfasst unter anderem die Erfassung unbekannter Umgebungen, das Erstellen von Lagekarten, Bewegung in unwegsamem Gelände, Materialtransport und das Auffinden von verschütteten Personen. 2016 hat beispielsweise der GETbot des GET Lab der Universität Paderborn den dritten Platz in dem weltweiten Wettbewerb belegt. Der GETbot verfügt dabei unter anderem über eine Wärmebildkamera zur Lokation von Opfern und laserbasierte Abstandssensoren, mit deren Hilfe er 2D- und 3D-Karten des unbekannten Gebiets erstellen kann. Während sich »Robocup Rescue« sehr stark an die Forschungsinstitutionen im Bereich der Grundlagenforschung richtet, ist die 2016 gegründete Organisation »WeRobotics« stärker in der Praxis verwurzelt. »WeRobotics« möchte dabei den Einsatz von Robotern in der humanitären Hilfe vorantreiben, wobei als eine Teilkomponente auch der Einsatz von Drohnen enthalten ist.

Der Versuch einer Zusammenfassung

Neue Technologien werden für viele unterschiedliche Anwendungsfelder oder zunächst im Bereich der Grundlagenforschung ohne konkrete Anwendung im Blick entwickelt. Ob Computer, Internet, soziale Medien, Künstliche Intelligenz oder Roboter – bei den ursprünglichen Ansätzen steht meist ein anderes Anwendungsfeld als das des Bevölkerungsschutzes im Vordergrund. Sobald die Technologien aber verfügbar sind – und sei es lediglich in einem frühen Entwicklungsstadium – finden sich Personen, die daran interessiert sind, diese Technologien auch zum Wohle der Bevölkerung einzusetzen und weiterzuentwickeln. Häufig sind es zunächst kleine Gruppen oder Graswurzelbewegungen, die das Potential bewusst oder unbewusst erkennen. Die Organisation der Freiwilligenhilfe ist ein gutes Beispiel hierfür. Hier haben sich neue Möglichkeiten der Zusammenarbeit und neue Einsatzmöglichkeiten für Zukunftstechnologien ergeben. Diese Ideen voranzutreiben ist keine Aufgabe, die allein bewältigt werden kann. Ein Erfolg ist meiner Meinung nur durch eine gesamtgesellschaftliche Anstrengung möglich. Dabei müssen Bevölkerung, Forschung, Anwender und Unternehmen gut und effizient zusammenarbeiten. Staatliche Förderung, wie zum Beispiel durch das Rahmenprogramm »Forschung für die zivile Sicherheit«, schafft einen Freiraum, in dem sich zielgerichtet zukunftsträchtige Ideen entwickeln können. Rein technikzentrierte Lösungen werden aber auch künftig kaum zielführend sein, da dabei eine wesentliche Komponente nicht ausreichend berücksichtigt wird: der Mensch. Daher werden künftig stärker Fragen in den Fokus rücken, die in der Wissenschaft als ELSI bezeichnet werden. ELSI steht für Ethical, Legal and Social Implications, also Auswirkungen neuer Technologien auf das menschliche Umfeld und die Gesellschaft. In Zukunft muss es daher vermehrt darum gehen, diese Themen bei der Entwicklung von Lösungsansätzen von Anfang an mitzudenken. Damit, so zumindest meine Hoffnung, hat die Forschung eine Chance, den Bevölkerungsschutz nachhaltig zu verbessern.

Zu Status und Fortentwicklung der Rechtsgrundlagen der Katastrophenhilfe[*]

Prof. em. Dr. Michael Kloepfer
Präsident des Forschungszentrums Katastrophenrecht,
Humboldt-Universität zu Berlin

1. Katastrophen und Katastrophenrecht

a) Katastrophen

Aus dem Altgriechischen kommend, bedeutet Katastrophe »Umwendung« (meist zum Schlechten). Heute ist die Katastrophe (auch) ein Rechtsbegriff. Die Definitionen der landesrechtlichen Regelungen zum Katastrophenrecht der einzelnen Bundesländer weisen zwei Hauptmerkmale einer nationalen Katastrophe auf: Katastrophen sind Großschadensereignisse mit einer großen Zahl von Betroffenen und/oder einem sehr großen Sachschaden einerseits und die Überforderung der an sich zuständigen Verwaltungsebene andererseits.[1] Der Großschadensfall wird also erst dann zu einer Katastrophe im Rechtssinne, wenn die grundsätzlich zuständige staatliche Verwaltungsebene bei der Bewältigung einer Katastrophe im konkreten Fall überfordert ist. Durch dieses Unterscheidungsmerkmal wird die Zuständigkeit der nächsthöheren Verwaltungsebene als Katastrophenbehörde begründet.[2]

Katastrophen werden typisierend eingestuft in natürlich verursachte und in menschlich verursachte Katastrophen (s. auch Art. 196 Abs. 1 AEUV, ferner Art. 35 Abs. 3 S. 1 GG). Zu den Naturkatastrophen werden Katastrophen gezählt, welche durch Naturgewalten sowie durch Plagen und Seuchen entstehen. Beispiele sind etwa Hochwasser-Katastrophen, Orkane, Vulkanausbrüche, Erdbeben sowie Tsunamis. Die menschlich verursachten Katastrophen werden durch das aktive Tun oder das pflichtwidrige Unterlassen von Menschen ausgelöst. Menschlich verursachte Katastrophen sind etwa durch Menschen

---

[*] Meiner Assistentin, *Helya Gieseler*, danke ich sehr für ihre wertvolle Mitarbeit.

herbeigeführte Brände, Gebäudezusammenbrüche, Anlagenunfälle, große Verkehrsunfälle sowie Zusammenbrüche kritischer Infrastrukturen (beispielsweise Stromunterbrechungen). Katastrophen durch sog. technisches Versagen zählen grundsätzlich ebenso hierzu, weil der Mensch Technik entwickelt und überwacht. Von Menschen willentlich verursachte Katastrophen werden etwa auch durch Kriege, Genozide, Terrorismus und Attentate, sowie Cyber-Attacken verursacht. Oftmals ist eine trennscharfe Unterscheidung zwischen natürlichen und menschlich verursachten Umweltkatastrophen nicht möglich, sodass sich durch ein Zusammenwirken natürlicher Vorgänge und menschlichen Verhaltens Mischformen herausgebildet haben wie etwa die Katastrophe von Fukushima zeigt. Zudem können natürliche und menschlich verursachte Katastrophen zu Folgekatastrophen wie massiven Fluchtbewegungen, Hunger, Obdachlosigkeit und Seuchen führen. Abgrenzungsprobleme ergeben sich hierbei zu den sich teilweise überschneidenden Begrifflichkeiten wie dem öffentlichen Notstand, Unglücksfall, Größter Anzunehmender Unfall (GAU) und Störfall.[3]

b) Entwicklung des Katastrophenrechts

Das Katastrophenrecht hat zwar teilweise alte Wurzeln (z. B. im mittelalterlichen Stadtrecht) ist aber insgesamt ein relativ neues Rechtsgebiet, welches als Spezialgebiet in seinem Geltungsbereich das lange Zeit zur Abhilfe (auch) in Katastrophenfällen herangezogene allgemeine Polizeirecht – mit seiner Möglichkeit der Gefahrabwehr und insbesondere der Inanspruchnahme des Nichtstörers – verdrängt hat. Als Vorläufer des Katastrophenrechts können etwa das Brandschutzrecht, das Deichrecht, das Seuchenrecht und das Rettungsdienstrecht gelten.[4] Die Ausbildung des deutschen Katastrophenrechts ist maßgeblich (auch) Ausfluss des modernen Rechtsstaats, der eine gesetzliche Grundlage fordert, wenn im Falle einer Katastrophe in die Rechtspositionen der Bürger eingegriffen oder Verwaltungsstrukturen essentiell modifiziert werden. Der Zivilschutz (der Schutz der Bevölkerung im Verteidigungsfall) wurde in Deutschland vor allem im zweiten Weltkrieg entwickelt bzw. ausgebaut (z. B. »Luftschutz«), als Kriegshandlungen der Alliierten sich auch auf die deutsche Zivilbevölkerung verheerend auswirkten und somit deren Schutzbedürftig-keit im Krieg offenkundig wurde.[5] Zu einer weiteren Verrechtlichung der Katastrophenvermeidung und -bekämpfung führte die fortschrei-tende Technologisierung der Industrie und das damit einhergehende steigende Risiko technisch bedingter Katastrophen.

Als nicht menschlich gesteuerte und nicht beherrschbare Ereig-nisse sind Naturkatastrophen an sich dem Zugriff des Rechts ent-zogen, weil die Natur nicht Normadressatin menschlicher Normen sein kann.[6] Das Katastrophenrecht kann nicht die Entstehung und den Ablauf von Naturkatastrophen als solche regeln, sondern nur das Verhalten von Menschen vor, während und nach einer Naturkata-strophe.[7] Der Eintritt und der Ablauf technischer und menschlich ver-ursachter Katastrophen können hingegen bis zu einem gewissen Um-fang Gegenstand rechtlicher Normierungen sein. Menschliches Recht kann z.B. den Eintritt von schädigenden Anlagenunfällen (z.B. durch technisches Sicherheitsrecht) weitgehend verhindern, nicht aber z.B. das Entstehen etwa von Hochwasser durch Schneeschmelze.

c) Grundlagen des Katastrophenrechts

Das Katastrophenrecht im engeren Sinn umfasst die Vorschriften der Katastrophenvorsorge und die der Katastrophenbekämpfung. Die Katastrophenbekämpfung ist die Abwehr von bereits eingetretenen oder unmittelbar bevorstehenden Katastrophen, wohingegen zur Katastrophenvorsorge die Vorbereitungsmaßnahmen der Katastro-phenbekämpfung zählen.[8] Zum Katastrophenrecht ist auch das Kata-strophenhilferecht zu zählen, welches insbesondere in Katastrophen-fällen die Amtshilfe nach Art. 35 Abs. 2 S. 2 und Abs. 3 GG und die Hilfsmaßnahmen unterschiedlicher staatlicher und nichtstaatlicher Akteure regelt. Das Katastrophenrecht im weiteren Sinn umfasst im Gegensatz zum Katastrophenrecht im engeren Sinn insbesondere das Katastrophenvermeidungsrecht (Katastrophenprävention) und die Katastrophennachsorge.

Katastrophenrechtliche Regelungen finden sich im Verfassungs-recht (z.B. Art. 35 Abs. 2 und Abs. 3 GG), auf der Ebene der Parla-mentsgesetze, aber auch auf der Ebene von Rechtsverordnungen und Verwaltungsvorschriften.

Die Zuständigkeiten im Katastrophenschutz sind in der Bundesrepublik Deutschland zwischen Bund und Länder geteilt. Dabei geht es um die Verteilung der Bundes- und Landeskompetenzen insbesondere in den Bereichen der Gesetzgebung, Verwaltung und Finanzierung.

Was die Gesetzgebungszuständigkeiten betrifft, ist zwischen dem Katastrophenschutz in Friedenszeiten (Gesetzgebungskompetenz liegt bei den Ländern, Artt. 30, 70 GG) und dem Zivilschutz im Verteidigungsfall zu unterscheiden, für den der Bund die ausschließliche Gesetzgebungskompetenz hat (Art. 73 Abs. 1 Nr. 1 GG).

Nach der Kompetenzordnung des Grundgesetzes vollziehen die Länder ihre eigenen Gesetze, zu denen gerade auch die Katastrophenschutzgesetze der Länder zählen. Sie vollziehen aber auch grundsätzlich die Bundesgesetze (Art. 83 GG). Im Bereich des Zivilschutzes kann der Bund durch den Bundesgesetzgeber jedoch den Vollzug der Bundesgesetze zum verteidigungsbedingten Schutz der Bevölkerung in bundeseigener Verwaltung ausführen oder die Ausführung durch die Länder im Auftrag des Bundes vornehmen (Art. 87 b Abs. 2 GG).

Den Ländern steht grundsätzlich die Kompetenz zur Regelung des Katastrophenschutzes in Friedenszeiten zu (Artt. 30, 70 GG). Damit ist das deutsche Katastrophenrecht maßgeblich landesrechtlich geprägt. Von ihrer Gesetzgebungskompetenz im Katastrophenschutz haben alle Bundesländer Gebrauch gemacht und landeseigene Gesetze zum Katastrophenschutz sowie teilweise eigene Brandschutzgesetze bzw. Feuerwehrgesetze und Rettungs(dienst)gesetze erlassen. Die Landesgesetze zum Katastrophenschutz regeln die Maßnahmen der Katastrophenbekämpfung, der Katastrophenvorsorge und der Katastrophenabwehr.[9] Zudem regulieren sie die Mitwirkung von privaten Hilfsorganisationen und freiwilligen Helfern im Katastrophenfall.[10]

Auf Bundesebene regelt insbesondere das Zivilschutz- und Katastrophenhilfegesetz (ZSKG) den Zivilschutz und – an den Grenzen seiner Zuständigkeiten – die Zusammenarbeit von Bund und Ländern im Katastrophenrecht. Aufgabe des Zivilschutzes ist es, durch nichtmilitärische Maßnahmen die Bevölkerung, ihre Wohnungen und Arbeitsstätten, lebens- oder verteidigungswichtige zivile Dienststellen, Betriebe, Einrichtungen und Anlagen sowie das Kulturgut vor Kriegseinwirkungen zu schützen und deren Folgen zu beseitigen oder zu mildern (§ 1 Abs. 1 ZSKG). Das Bundesamt für Zivilschutz und Katastrophenhilfe (BBK) in Bonn nimmt als Bundesoberbehörde dabei übergreifende Verwaltungsaufgaben des Bundes wahr, die aber im wesentlichen nur Informations-, Koordinations- und Unterstützungsaufgaben betreffen.

Auf Bundesebene gibt es neben dem ZSKG zahlreiche andere Gesetze zum Katastrophenschutz (im Sinne der Katastrophenbekämpfung). Dazu zählen beispielsweise das Gesetz über das Technische Hilfswerk (THWG), das Infektionsschutzgesetz (IfSG), das Post- und Telekommunikationssicherstellungsgesetz (PTSG), das Wasserhaushaltsgesetz (WHG), das Wassersicherstellungsgesetz (WasSiG) und das Ernährungssicherstellungs- und vorsorgegesetz (ESVG).

2. Zur Katastrophenhilfe im deutschen Recht

Die Katastrophenhilfe ist gekennzeichnet durch Hilfsmaßnahmen zwischen Gebietskörperschaften einerseits und Hilfeaktivitäten staatlicher und nichtstaatlicher Akteure andererseits.

a) Katastrophenhilfe als Amtshilfe

Die Katastrophenhilfe im engeren Sinne, die Amtshilfe im Katastrophenfall, ist auf der Verfassungsebene maßgeblich in Art. 35 Abs. 2 S. 2 und Abs. 3 GG geregelt.[11] Im Fall von Naturkatastrophen und von besonders schweren Unglücksfällen in einem Bundesland kann das betroffene Bundesland Polizeikräfte anderer Länder, Kräfte und Einrichtungen anderer Verwaltungen sowie des Bundesgrenzschutzes und der Streitkräfte anfordern (Art. 35 Abs. 2 S. 2 GG). Das anfordernde Land kann in diesem Fall unmittelbare Weisungen auch an die Kräfte des Bundes und anderer Länder erteilen.[12] Der Gefahrenbereich ist dabei regional verortet.[13] Ist der Gefahrenbereich hingegen überregional, so kann gem. 35 Abs. 3 GG die Bundesregierung, soweit es zur wirksamen Bekämpfung erforderlich ist, den Landesregierungen die Weisung erteilen, Polizeikräfte anderer Ländern zur Verfügung zu stellen, sowie Einheiten des Bundesgrenzschutzes und der

Streitkräfte zur Unterstützung der Polizeikräfte einzusetzen. In diesem Fall müssen mehrere Länder gleichzeitig bedroht oder nicht in der Lage sein, durch gegenseitige Hilfe und Zusammenarbeit Herr der Gefahrenlage zu werden.[14]

Zusätzlich zur grundgesetzlich normierten Amtshilfe führt § 12 ZSKG aus, dass der Grundsatz der Katastrophenhilfe dergestalt gilt, dass die Vorhaltungen und Einrichtungen des Bundes für den Zivilschutz der Länder auch für ihre Aufgaben im Bereich des Katastrophenschutzes zur Verfügung stehen.

b) Katastrophenhilfe durch nichtstaatliche Akteure

Unter Katastrophenhilfe im weiteren Sinne können auch die Hilfeleistungen nichtstaatlicher Akteure begriffen werden, die im Rahmen der primär staatlichen Bewältigung von Katastrophen helfend aktiv werden, aber auch schon bei Maßnahmen der Katastrophenvorsorge miteinbezogen werden. Dahinter steht der Gedanke, dass eine sinnvolle Miteinbeziehung der Bevölkerung und die Regulierung kooperativer Beziehungen zwischen Staat und Gesellschaft von zentraler Bedeutung für eine erfolgreiche Bewältigung von Katastrophen sind. Der Katastrophenschutz ist gerade bei Katastrophen großen Ausmaßes eine durch den Staat häufig nicht allein zu bewältigende Aufgabe. Die gesellschaftlichen Träger leisten im Bereich der Katastrophenhilfe neben dem Staat einen unverzichtbaren Beitrag. Auf gesellschaftlicher Ebene werden im Katastrophenfall unterschiedliche private, aber auch öffentlich-rechtliche Akteure aktiv. Zu den privaten karitativen Organisationen zählen insbesondere das Deutsche Rote Kreuz (obwohl es teilweise öffentlich-rechtliche Strukturen aufweist), der Arbeiter-Samariter-Bund, die Deutsche Lebensrettungsgemeinschaft, die Johanniter-Unfall-Hilfe und der Malteser-Hilfsdienst. Das Technische Hilfswerk als öffentlich-rechtliche Organisation kann gem. § 1 Abs. 2 Nr. 3 THWG nur im Rahmen der Amtshilfe und der amtsmäßigen Katastrophenhilfe tätig werden, wenn das THW von dem betroffenen Land angefordert wird. Neben dem THW gehören auch die Feuerwehren sowie das Bayerische Rote Kreuz[15] zu den öffentlich-rechtlichen Organisationen. Zudem agieren sog. Regieeinheiten als öffentlich-rechtliche Einheiten. Sie bestehen aus ehrenamtlichen

Helfern und Helferinnen werden von den unteren Katastrophen-
schutzbehörden aufgestellt.[16]

Die katastrophenbezogenen Aufgaben und Pflichten der privaten
Organisationen als juristische Personen des privaten Rechts können
in den jeweiligen Landeskatastrophenschutzgesetzen normiert werden.[17] Im Rahmen ihrer per Gesetz übertragenen Aufgaben wirken sie
beim Katastrophenschutz mit, soweit Bedarf besteht, sie die Bereitschaft zur Mitwirkung schriftlich erklärt haben und die zuständige
Katastrophenschutzbehörde ihrer Mitwirkung zugestimmt hat.[18]

Bedient sich der Staat im Katastrophenschutz gesellschaftlicher
Kräfte, so werden diese grundsätzlich als Beliehene oder Verwaltungshelfer tätig. Dabei können auch juristische Personen des Privat-
rechts mit öffentlichen Aufgaben betraut werden.[19] Die Kompetenz in
öffentlich-rechtlicher Handlungsform, also selbstständig hoheitlich
(also nicht als Verwaltungshelfer) tätig zu werden, muss den Hilfsorganisationen durch Gesetz oder aufgrund eines Gesetzes übertragen
werden. In den meisten Bundesländern sind die Behörden allerdings
gegenüber den privaten Hilfsorganisationen weisungsbefugt, sodass
private Hilfsorganisationen im Katastrophenschutz in der Regel als
Verwaltungshelfer anzusehen sind.[20] Als Verwaltungshelfer sind sie
als verlängerter Arm der Verwaltung tätig und wirken bei der Vorbereitung und Durchführung im Katastrophenschutz mit, treffen aber
keine eigenständigen Entscheidungen.[21]

Eine der Hauptaufgaben der Hilfsorganisationen ist es, einsatzbe-
reite Katastrophenschutzkräfte aufzustellen, sie aus- und fortzubil-
den, sie auszurüsten sowie Katastropheneinsätze durchzuführen.[22]
Der hohen Bedeutung der Hilfsorganisationen tragen die meisten
Bundesländer dadurch Rechnung, dass diese Hilfsorganisationen in
der Organisation und Planung des Katastrophenschutzes der Länder
beteiligt werden.

c) Katastrophenhilfe durch ehrenamtliche Helfer und Helferinnen

Eine tragende Säule des nationalen Katastrophenschutzes stellen die
den Hilfsorganisationen gegenüber verpflichteten Katastrophenschutzhelfer und Katastrophenschutzhelferinnen dar. Die Helferstel-
lung zeichnet sich durch die Merkmale der Freiwilligkeit, der Ehren-

amtlichkeit und der Abgabe einer Dienstverpflichtung aus.[23] Die Katastrophenschutzhelfer und Katastrophenschutzhelferinnen bilden also eine wichtige Basis der Sicherheitsarchitektur in Deutschland.[24]

Helfer und Helferinnen im Katastrophenschutz stehen in den meisten Fällen in einem öffentlich-rechtlichen Dienstverhältnis besonderer Art. Davon ist insbesondere dann auszugehen, wenn sie sich gegenüber öffentlich-rechtlichen Einrichtungen wie dem Technischen Hilfswerk verpflichtet haben.[25] Unklarer gestaltet sich die rechtliche Einordnung der Helfer und Helferinnen im Katastrophenschutz gegenüber privaten Katastrophenschutzorganisationen. Die Qualifizierung als öffentlich-rechtliches Dienstverhältnis könnte in diesen Fällen über die Annahme einer Beleihung der privaten Organisation konstruiert werden. Diese Gleichbehandlung ist gerechtfertigt, weil sich für die Helfer und Helferinnen regelmäßig keine relevanten Unterschiede ergeben, ob sie sich gegenüber öffentlich-rechtlichen oder privat organisierten Hilfsorganisationen verpflichtet haben.[26] Die Einordnung des Rechtsverhältnisses kann herangezogen werden, um die Pflicht des Staates zur sozialen Absicherung der Helfer und Helferinnen zu begründen.

Die soziale Absicherung ist hauptsächlich in den Katastrophenschutzgesetzen der Länder geregelt. Den Helfern und Helferinnen sollen (zumindest in der Theorie) keine arbeitsrechtlichen oder sonstigen Nachteile durch ihren Einsatz entstehen. Dieses Grundprinzip der Stellung der Katastrophenschutzhelfer ist zur Sicherung der Bereitschaft und der Mitarbeit der Helfer und Helferinnen ein zwingendes Erfordernis. Die ehrenamtlichen Helfer und Helferinnen haben in der Regel einen Lohnfortzahlungsanspruch.[27] Zudem kann ihnen eine Aufwandsentschädigung gezahlt werden, wenn sie Leistungen erbringen, die über das übliche Maß hinausgehen.[28] Des Weiteren regeln einige Landesgesetze, dass Auslagen erstattet werden können.[29] Die Landesgesetze zum Katastrophenschutz beinhalten daneben Regelungen zu Unfallversicherungen, zu Schadensersatzansprüchen der Helfer und Helferinnen gegen den Staat[30] sowie zur Anwendbarkeit der Staatshaftungsregelung gem. Art. 34 GG, § 839 BGB.

Eine Herausforderung wird es in Zukunft sein, die Anzahl der freiwilligen Helfer und Helferinnen beizubehalten bzw. zu erhöhen.

Als Hemmnisse erweisen sich hier unter anderem die Aussetzung der Wehrpflicht sowie das teilweise Zurückgehen der Bereitschaft zum ehrenamtlichen Engagement.[31]

3. Europäisches Katastrophenrecht und europäische Katastrophenhilfe

Der Katastrophenschutz auf europäischer Ebene bezieht sich auf alle Arten von Großschadensereignissen, wobei das Europäische Recht zwischen Naturkatastrophen und vom Menschen verursachte Katastrophen differenziert.[32] Durch den Lissabonner Vertrag wurde mit Art. 196 AEUV auf primärrechtlicher Ebene eine Zuständigkeit der Europäischen Union im Katastrophenschutz geschaffen, mit der die Union die einschlägigen mitgliedstaatlichen Maßnahmen im Bereich des Katastrophenschutzes koordinieren, unterstützen und ergänzen soll. Art. 196 AEUV begründet jedoch keine eigenständige Unionszuständigkeit im Katastrophenschutz. Daher werden mitgliedstaatliche Regelungen durch europarechtliche Regelungen nicht ersetzt, sondern nur ergänzt.[33]

Im Rahmen ihrer Zuständigkeit hat die Europäische Union das Unionsverfahren für den Katastrophenschutz eingeführt. Dieses Verfahren erleichtert und unterstützt die Mobilisierung der Rettungsdienste bei der Soforthilfe für teilnehmende Länder, die von einer Katastrophe, wie etwa Waldbrände, betroffen oder bedroht sind. Teilnehmende Länder am EU-Katastrophenschutzverfahren sind nicht nur die EU-Mitgliedstaaten, sondern auch Island, Lichtenstein, Mazedonien, Montenegro, Norwegen, Serbien und die Türkei. Das Zentrum für die Koordination von Notfallmaßnahmen (ERCC für Emergency Response Coordination Centre) in Brüssel ist das zentrale Organ des Katastrophenschutzes auf europäischer Ebene, da es für die Koordinierung der operativen Katastrophenschutzmaßnahmen im Rahmen des EU-Katastrophenschutzverfahrens zuständig ist. Es ersetzt nunmehr das vorherige Beobachtungs- und Informationszentrum (MIC für Monitoring and Information Center). Vermehrt wird dabei mitunter eine Ausweitung der Zuständigkeiten der Europäischen Union bei mitgliedstaatlichen Defiziten im Katastrophenfall gefordert. Dies ist allerdings umstritten und jedenfalls vom Wortlaut des Art. 196 AEUV nicht umfasst.[34] Neben dem Katastrophenschutzverfahren wurde auf Ebene der Europäischen Union ein Finanzierungsinstrument für den Katastrophenschutz eingeführt sowie Richtlinien geschaffen. Dazu gehört die Richtlinie zu Gefahren schwerer Unfälle mit gefährlichen Stoffen (Seveso III–Richtlinie 2012/18/EU), welche eine der zentralen sekundären Rechtsquellen für das europäische Katastrophenrecht darstellt. Ziel der Seveso III-Richtlinie ist es, auf abgestimmte und wirksame Weise in der ganzen Union ein hohes Schutzniveau im Fall von schweren Unfällen mit gefährlichen Stoffen zu gewährleisten (Art. 1 der Seveso III–Richtlinie 2012/18/EU).

Im Bereich der Katastrophenhilfe ist insbesondere der Solidaritätsfonds für den Katastrophenfall zu nennen. Die rechtliche Grundlage hierfür findet sich in Art. 222 AEUV, nach dem sich die Mitgliedstaaten zu solidarischem Beistand durch die Bereitstellung von Katastrophenschutzeinheiten verpflichtet haben.

Nach Art. 196 Abs. 1 lit. c) AEUV ist der EU schließlich auch das Ziel gesetzt, die Kohärenz der Katastrophenschutzmaßnahmen auf internationaler Ebene zu verbessern. Damit erhält die EU die Möglichkeit, auch mit Blick auf außerunionale Hilfemaßnahmen der Mitgliedstaaten, tätig zu werden. Zwar lässt sich die Koordination mitgliedstaatlicher Maßnahmen noch unter den Begriff der »Verbesserung der Kohärenz« fassen.[35] Allerdings macht schon der Wortlaut des Art. 196 AEUV deutlich, dass der EU dabei eine Rolle zukommt, die hinter derjenigen zurückfällt, die sie im Bereich der innerunionalen Koordination spielt: Mehr als eine Verbesserung der Kohärenz der Maßnahmen auf internationaler Ebene ist ihr nicht erlaubt.[36] Dies bedeutet konkret, dass es der EU nicht möglich wäre, im Verhältnis zu Drittstaaten operative Funktionen zu übernehmen.[37]

4. Internationales Katastrophenrecht

a) Übersicht

Um einen staatenübergreifenden und grenzüberschreitenden Katastrophenschutz zu gewährleisten, hat sich ein Geflecht völkerrechtlicher Verträge als wichtigster Teil eines internationalen Katastrophen-rechts herausgebildet. Das Katastrophenrecht auf völkerrechtlicher Ebene wird häufig in ein humanitäres Kriegsvölkerrecht einerseits und in sonstiges Völkerrecht zum Katastrophenschutz andererseits unterteilt.

Der Krieg als – willentlich verursachte – »Urkatastrophe« hat zu einschlägigen multilateralen Rechtsakten des internationalen Kata-strophenschutz in Kriegszeiten geführt, die sich seit 1977 auch auf innerstaatliche bewaffnete Konflikte erstrecken: die Genfer (Rot-Kreuz) Konvention zur Verbesserung des Loses der Verwundeten, Kranken und der Streitkräfte im Felde[38], die Genfer (Rot-Kreuz) Konvention zur Verbesserung des Loses der Verwundeten, Kranken und Schiffbrüchigen der Streitkräfte zur See[39], die Genfer (Rot-Kreuz) Konvention zur Behandlung der Kriegsgefangenen[40] und die Genfer (Rot-Kreuz) Konvention zum Schutz der Zivilpersonen in Kriegszei-ten[41]. Neben dem humanitären katastrophenbezogenen Kriegsvölker-recht besteht partiell ein allgemeines humanitäres Katastrophenvöl-kerrecht, das bei nicht kriegsbedingten Katastrophen (Großunfälle, Terroranschläge, Hungerkatastrophen, Seuchen und Naturkatastro-phen etc.) zur Anwendung kommt. Auf multilateraler Ebene zählen hierzu etwa das Internationale Übereinkommen vom 25. Januar 1924 zur Errichtung eines Internationalen Tierseuchenamts in Paris, das Internationale Übereinkommen von 1973 zur Verhütung der Ver-schmutzung durch Schiffe und das Abkommen über Maßnahmen auf Hoher See bei Ölverschmutzungs-Unfällen.

Die bedeutende Dimension der weltweiten Hilfspotentiale verlangt nach einer koordinierten Zusammenarbeit der unterschiedlichen Akteure. Neben dem katastrophenschutzbezogenen Ansatz, welches an gefährdende und schädigende Vorgänge ansetzt, gibt es auch ein ausgeprägtes Regime des internationalen Katastrophenhilferechts, welches helfende internationale Aktivitäten bei Katastrophen von Völkerrechtssubjekten regelt. Helfende Aktivitäten von Völkerrechts-subjekten können beispielsweise monetäre Hilfen von Staaten bei Katastrophen sein. In der Regel werden im Rahmen des völkerrecht-lichen Katastrophenhilferechts Staaten, internationale Organisatio-nen, private Organisationen sowie Privatpersonen aktiv.

b) (Nachbar-)Staatliche Hilfe

Benachbarte Staaten haben spezielle nachbarliche Rücksichtnahme-, Informations- und Hilfeleistungspflichten in Katastrophenfällen zueinander und stehen daher in einer speziellen nachbarschaftsrechtlichen Pflichtenkonstellation zueinander. Hierbei gibt es verschiedene Grade der Verbindlichkeit solcher Handlungsmaximen. Soweit die Katastrophenhilfe auf dem Prinzip der guten Nachbarschaft nach der Satzung der Vereinten Nationen[42] Bezug nimmt, handelt es sich lediglich um rechtlich unverbindliche Verhaltensanforderungen. Daher ist schon vor mehreren Jahrzehnten ein Geflecht bilateraler Verträge der gegenseitigen Hilfeleistung in Katastrophenfällen aus dem Gedanken der Nachbarschaftshilfe entstanden. Zumeist sind diese Verträge regelmäßig zweiseitig (bilateral) ausgestaltet. Im Katastrophenfall können diese Abkommen sich als sehr nützlich erweisen, da bereits im Vorfeld einer Katastrophe wichtige Entscheidungen getroffen wurden: Dazu zählen die Bestimmung und Kompentenzausstattung der zuständigen Behörden, sowie die Entscheidung über die Definition, wann eine grenzüberschreitende Katastrophe vorliegt. Zudem können Regelungen getroffen werden, die den Grenzübertritt für Katastrophenschutzeinheiten erleichtern und finanzielle Fragen vorab geklärt werden. Die Bundesrepublik Deutschland hat insgesamt zwölf bilaterale Katastrophenhilfe-Abkommen mit ihren Nachbarstaaten geschlossen.[43]

Staatliche Katastrophenhilfe für das Ausland, z. B. im Falle von Großkatastrophen, die nicht im nachbarstaatlichen Verhältnis erfolgt, wird häufig ohne vertragliche Grundlage gewährt. Grundsätzlich ist hierfür aufgrund der absoluten Souveränität der Staaten das Einverständnis des von der Katastrophe betroffenen Staates nötig. Probleme können sich dann ergeben, wenn – wie im Fall der Überschwemmungskatastrophe in Myanmar im Mai 2008 – der betroffene Staat nicht bereit ist, internationale Staatenhilfe anzunehmen.[44] Vereinzelte Stimmen wollen dieses Prinzip im Sinne einer Hilfeannahmepflicht dann durchbrechen, wenn der betroffene Staat anderenfalls nicht seinen staatlichen Schutzpflichten nachkommen kann.[45]

c) Hilfe durch Organisationen des internationalen Katastrophenschutzes

Organisationen, die sich auf internationaler Ebene dem Katastrophenschutz widmen, können durch die Beteiligung staatlicher Akteure geprägt oder aber auch gänzlich ohne staatliche Mitwirkung organisiert sein. Die Vereinten Nationen als internationale, durch die Mitwirkung von Mitgliedstaaten geprägte Organisation nimmt eine herausragende Rolle bei der zwischenstaatlichen Katastrophenhilfe ein, da sie durch mindestens zehn weitere Unterorganisationen oder Sekretariate organisiert ist.[46] Hierbei hat das Amt für die Koordinierung humanitärer Angelegenheiten (OHCR) eine besondere Stellung, da es für die weltweite Koordinierung der internationalen Hilfe zuständig ist. Zudem organisiert es die Katastrophenerkennungs- und Koordinierungsteams (UNDAC-Teams).[47]

d) Hilfe durch Private und private Organisationen

Hilfeleistungen (z.B. Spenden) durch Private und private Organisationen machen einen gewichtigen Teil der internationalen Katastrophenhilfe aus. Bei der Tsunami-Katastrophe in Indonesien/Thailand etc. im Jahre 2004 wurden beispielsweise etwa 400 private Hilfsorganisationen tätig.[48] Im Bereich der privaten Hilfsorganisationen gibt es häufig Zusammenschlüsse mit hilfeleistenden und/oder hilfeannehmenden Staaten. In dieser Konstellation steht es dem potentiell hilfeannehmenden Staat gleichermaßen frei, die Katastrophenhilfe von Staaten oder privaten Organisationen anzunehmen oder abzulehnen.

e) Sekundierungen bei internationalen Katastrophenhilfeeinsätzen

Auch im Bereich der internationalen Katastrophenhilfe nehmen freiwillige Katastrophenhelfer und Katastrophenhelferinnen eine Kernrolle ein, weil ohne jene die internationalen Katastrophenhilfeeinsätze kaum durchführbar wären. Bevor im Jahre 2009 das Gesetz zur Regelung der Sekundierungen im Rahmen von Einsätzen der zivilen Krisenprävention (SekG)[49] erlassen wurde, war die sozialrechtliche Absicherung von freiwilligen Helfern, die im Interesse der Bundesrepublik Deutschland im Rahmen eines internationalen Einsatzes bei einer internationalen, supranationalen oder ausländischen staatlichen Einrichtung tätig wurden, zu einem großen Teil ungeklärt. Durch das Sekundierungsgesetz wurde für diese Fälle eine rechtliche Grundlage geschaffen. Das Gesetz sieht vor, dass die Bundesrepublik Deutschland und die sekundierte Person einen Sekundierungsvertrag abschließen[50], der die Bundesrepublik Deutschland dazu verpflichtet, einen Zuschuss zur Altersvorsorge zu gewähren[51], die notwendigen Fahrt- und Flugkosten zu erstatten[52] und die Kosten einer angemessenen Haftpflichtversicherung zu tragen[53].

5. Schlussbetrachtung

Während das nationale Recht im Bereich des Schutzes vor, nach und während Katastrophen größtenteils Regelungen für die Zusammenarbeit unterschiedlicher staatlicher und nichtstaatlicher Akteure bereithält, fehlt weitgehend ein solches stabiles Regelungsgeflecht auf europäischer und internationaler Ebene. Auf europäischer Ebene können vornehmlich (bloße) Koordinierungsmaßnahmen getroffen werden. Im Völkerrecht kompensieren die zahlreichen Katastrophenhilfeaktivitäten der privaten Hilfsorganisationen teilweise das Unvermögen der Staatengemeinschaft, einen rechtlichen Rahmen für das Katastrophenrecht zu etablieren. Die privaten Hilfsorganisationen handeln hierbei größtenteils auf rechtlich instabilem Boden. Die Erkenntnis, dass einzelne Staaten allein, ohne die Hilfe insbesondere privater Organisationen, aber auch anderer Staaten in Zukunft kaum noch Katastrophen bewältigen können, setzt sich erst langsam durch. Dies wird insbesondere am Beispiel der weltweiten Migrationsströme deutlich, weil die Versorgung der Migranten maßgeblich auch durch internationale Hilfsorganisationen bewerkstelligt wird. Um das Versagen einzelner Staaten in Katastrophenfällen zu verhindern, erscheint eine Kodifizierung der internationalen Katastrophenhilfe in Anlehnung an die Genfer Konventionen zum Kriegsvölkerrecht als ein wünschenswertes Ziel.

Anmerkungen

1 Vgl. z. B.: § 2 Abs. 1 KatSG Bln.

2 S. dazu Leupold, 2011: 16 ff.

3 Kloepfer, 2007: 167; ders., 2014: 33 ff.

4 Kloepfer, 2007: 165.

5 Kloepfer, 2007: 165.

6 Kloepfer, 2008: 10: ders., 2017: 141.

7 Kloepfer, 2008: 10.

8 Kloepfer, 2007: 163, 168.

9 Kloepfer, 2007: 179; zur Feststellung des Katastrophenfalls siehe Leupold, 2011: 29 ff.

10 Kloepfer, 2007: 48.

11 Dazu auch Kloepfer, 2011: § 28 Rn. 17 ff.

12 Maunz in: Maunz/Dürig, GG, Art. 35 Rn. 13.

13 Maunz in: Maunz/Dürig, GG, Art. 35 Rn. 13.

14 Maunz in: Maunz/Dürig, GG, Art. 35 Rn. 13.

15 Das Bayerische Rote Kreuz ist eine Körperschaft des öffentlichen Rechts, s. Gesetz über die Rechtsstellung des Bayrischen Roten Kreuzes vom 16. 07. 1986, GVBl. S. 134.

16 Kloepfer, 2015: 253.

17 Vgl. z. B. § 12 Abs. 1 KatSG Bln.

18 S. z. B. § 12 Abs. 2 S.1 KatSG Bln.

19 S. hierzu das grundlegende Urteil des BGH zur Mitwirkung von Privaten im Rettungsdienst: BGH, NJW 2003, 1184 ff.

20 Vgl. Walus, 2012: § 4 C III.

21 Kloepfer, 2015: 255.

22 Kloepfer, 2015: 256.

23 Kloepfer, 2015: 257.

24 Kloepfer, 2015: 257.

25 Vgl. § 1 Abs. 3 S. 2 THW-Gesetz.

26 Wien, 2000: 77.

27 Vgl. z. B. § 14 Abs. 2 KatSG Bln i.V.m. § 8 Abs. 1 FwG Bln.

28 Vgl. z. B. § 16 BremHilfeG.

29 Vgl. z. B. § 27 Abs. 4 BbgBKG.

30 Vgl. z. B. § 15 LKatSG BW.

31 Ein Zurückgehen ist etwa bei den Freiwilligen Feuerwehren zu beobachten, während bei der großen Flüchtlingswelle von 2015/2016 eine breite Welle von Hilfsbereitschaft in der deutschen Bevölkerung offenkundig wurde.

32 Kloepfer/Schwartz, 2014: 310.

33 Walus, 2010: 566.

34 Mitteilung der Kommission vom 5.3.2008 zur Stärkung der Katastrophen-abwehrkapazitäten der Europäischen Union (KOM (2008) 130).

35 Nettesheim in: Grabitz/Hilf/Nettesheim, AEUV, Art. 196 Rn. 30.

36 Walus, 2010: 566.

37 Walus, 2010: 566.

38 BGBl 1954 II S. 783 ff.

39 BGBl 1954 II S. 813 ff.

40 BGBl 1954 II S. 838 ff.

41 BGBl 1954 II S. 917 ff.

42 Charta der Vereinten Nationen v. 26.06.1945, zuletzt geändert durch Bekanntma-chung über die Änderung des Art. 61 UN-Charta vom 22.04.1974 (BGBl. II S. 769).

43 Gesetz zu dem Abkommen vom 3. Februar 1977 zwischen der Bundesrepublik Deutschland und der Französischen Republik über die gegenseitige Hilfeleis-tung bei Katastrophen und Unglücksfällen vom 14. Januar 1980, BGBl 1980 II, S. 1438; Gesetz zum Abkommen vom 6. November 1980 zwischen der Bun-desrepublik Deutschland und dem Königreich Belgien über die gegenseitige Hilfeleistung bei Katastrophen und Unglücksfällen vom 30. November 1982, BGBl. 1984 II, S. 327; Gesetz zu dem Abkommen vom 16. Mai 1985 zwischen der Bundesrepublik Deutschland und dem Königreich Dänemark über die gegen-seitige Hilfeleistung bei Katastrophen und Unglücksfällen vom 17. März 1988, BGBl 1988 II, S. 619; Gesetz zu dem Abkommen vom 15. März 1995 zwischen der Bundesrepublik Deutschland und der Republik Litauen über die gegenseitige Hilfeleistung bei Katastrophen und Unglücksfällen vom 12. Januar 1996, BGBl 1996 II, S. 1476; Gesetz zu dem Abkommen vom 2. März 1978 zwischen der Bun-desrepublik Deutschland und dem Großherzogtum Luxemburg über die gegen-seitige Hilfeleistung bei Katastrophen und Unglücksfällen vom 07. Juli 1981, BGBl 1981 II, S. 1067; Gesetz zu dem Abkommen vom 28. November 1984 zwi-schen der Bundesrepublik Deutschland und der Schweizerischen Eidgenossen-schaft über die gegenseitige Hilfeleistung bei Katastrophen und Unglücksfällen vom 22. Januar 1987, BGBl 1988 II, S.967; Gesetz zu dem Abkommen vom 7. Juni 1988 zwischen der Bundesrepublik Deutschland und dem Königreich der Nie-

derlande über die gegenseitige Hilfeleistung bei Katastrophen und Unglücksfällen vom 20. März 1992, BGBl 1997 II, S. 753; Gesetz zu dem Abkommen vom 23. Dezember 1988 zwischen der Bundesrepublik Deutschland und der Bundesrepublik Österreich über die gegenseitige Hilfeleistung bei Katastrophen und Unglücksfällen vom 20. März 1992; BGBl 1992 II, S. 593; Gesetz zu dem Abkommen vom 16. Dezember 1992 zwischen der Bundesrepublik Deutschland und der Russischen Föderation über die gegenseitige Hilfeleistung bei Katastrophen und Unglücksfällen vom 18. Oktober 1994, BGBl 1997 II, S. 728; Gesetz zu dem Abkommen vom 10. April 1997 zwischen der Bundesrepublik Deutschland und der Republik Polen über die gegenseitige Hilfeleistung bei Katastrophen und Unglücksfällen vom 7. Juli 1998; BGBl 1998 II, S. 15; Gesetz zu dem Abkommen vom 9. Juni 1997 zwischen der Bundesrepublik Deutschland und der Regierung der Republik Ungarn über die gegenseitige Hilfeleistung bei Katastrophen und Unglücksfällen vom 7. Juli 1998, BGBl 1999 II, S. 125; Gesetz zu dem Vertrag vom 19. September 2000 zwischen der Bundesrepublik Deutschland und der Tschechischen Republik über die gegenseitige Hilfeleistung bei Katastrophen und Unglücksfällen vom 16. August 2002, BGBl 2003 II, S. 48.

44 Kloepfer, 2015: 104.

45 Kloepfer, 2015: 104.

46 Zu den zehn Unterorganisationen gehören das DHA (United Nations Department of Humanitarian Affairs), OCHA (United Nations Office for the Coordination of Humanitarian Affairs), UNHCR (United Nations High Commissioner for Refugees), WFP (United Nations World Food Programme), WHO (United Nations World Health Organization), UNICEF (United Nations International Children's Emergency Fund), UNEP (United Nations Environment Programme), UNRWA (United Nations Relief and Works Agency for Palestine Refugees in the Near East), UNDP (United Nations Development Programme), DPKO (United Nations Department of Peacekeeping Operations), OHCHR (Office of the High Commissioner for Human Rights), IAEA (International Atomic Energy Agency), UNPD (United Nations Procurement Division), FAO (Food and Agriculture Organization of the United Nations).

47 United Nations Disaster Assessment and Coordination.

48 Kloepfer, 2015: 105.

49 Gesetz zur Verbesserung der Absicherung von Zivilpersonen in internationalen Einsätzen zur zivilen Krisenprävention vom 17. Juli 2009 (Sekundierungsgesetz – SekG), BGBl. 2009 I S. 1974 ff.

50   Vgl. § 3 SekG.
51   § 4 SekG.
52   § 7 SekG.
53   § 6 SekG.

Literatur

Wien: Katastrophenschutz und Katastrophenhilfe, 2000; R. Stober/S. Eisenmenger: Katastrophenverwaltungsrecht – Zur Renaissance eines vernachlässigten Rechtsgebiets, in: NVwZ 2005, 121–130; H.-H. Trute : Katastrophenschutz - Besichtigung eines verdrängten Rechtsgebiets, in: KritV 2005, 342–363; A. Musil/ S. Kirchner: Katastrophenschutz im föderalen Staat, Verw. 39, 2006, 373–391; M. Kloepfer: Katastrophenschutzrecht, in: Verwaltungs-Archiv 2007, 164–197; U. Teuch, Die Katastrophengesellschaft, 2008; M. Kloepfer: Rechtliche Grundprobleme des Katastrophenschutzes, in: Festschrift Sellner, 2010, S. 391–405; A. Walus: Europäischer Katastrophenschutz – Möglichkeiten und Grenzen im Lichte des Vertrags von Lissabon, EuR 2010, 564–572; M. Kloepfer: Verfassungsrecht, Band I, 2011; H. Leupold: Die Feststellung des Katastrophenfalls, 2011; S. Bings: Art. 196 AEUV Rn. 1–14, in R. Streinz (Hg.): EUV/AEUV Kommentar, 2012; A. Walus: Katastrophenorganisationsrecht, 2012; M. Kloepfer/F. Schwartz: Katastrophenschutz, in: Wegener (Hg.): Europäische Querschnittspolitik, EnzEUR 2014, 1–164; M. Kloepfer: Handbuch des Katastrophenrechts, 2015; Grabitz/Hilf/Nettesheim, Das Recht der Europäischen Union, AEUV, 2016; M. Kloepfer: Zur Vermeidung von Naturkatastrophen durch Recht, in: DVBl. 2017, 141–149.

Zu Engagement und Verantwortung der Unternehmen in der Katastrophenhilfe
Roland Tichy
Vorstandsvorsitzender der Ludwig-Erhard-Stiftung

Die Vorstellung von einer Pflicht zur Übernahme gesellschaftlicher Verantwortung von Unternehmen, wie sie durch den Begriff »Corporate Social Responsibility« suggeriert wird, ist eine Schimäre und zeugt von einem – zumindest latenten – Unverständnis des marktwirtschaftlichen Systems. Das freie Unternehmertum ist in der Sozialen Marktwirtschaft ethisch legitimiert und systemimmanent, da fairer Leistungswettbewerb durch die staatlich zu organisierende Wettbewerbsordnung erreicht wird. Der Unternehmer ist mitnichten der »böse Kapitalist«, der sich durch Wohltätigkeiten von einer Schuld freikaufen müsste – das Wort vom modernen Ablasshandel macht die Runde –, sondern im Gegenteil steigert er durch sein eigennutzgesteuertes Tun – für das er voll haftet – das Wohl der Gesellschaft. Dies ist ein Umstand, der den geistigen Vätern der Sozialen Marktwirtschaft klar war, der aber in der heutigen Diskussion – fahrlässig oder böswillig – allerorten allzu oft unterschlagen wird. Auf freiwilliger Basis ist selbstverständlich auch für Unternehmer jedes karitative Engagement möglich, was sowohl aus gesamtwirtschaftlicher als auch aus einzelwirtschaftlicher Sicht rational, d.h. nutzensteigernd, ist. Und – auch das sei nicht verschwiegen – ist für viele Unternehmen und Einzelunternehmer das Wirken für und das Wirken in die Gesellschaft hinein eine Selbstverständlichkeit und gehört zu ihrem Geschäftsmodell.

Eigennutz und Regelbindung in der Sozialen Marktwirtschaft

Das marktwirtschaftliche System beruht auf dem Streben des Individuums – sei es in seiner Funktion als Konsument, sei es in der Funktion als Produzent – nach Maximierung des eigenen Nutzens. Für den

Unternehmer ist somit das Ziel die Maximierung des Gewinns, denn der Gewinn ist der Lohn des Unternehmers.

Das mag manchem verwerflich, weil egoistisch vorkommen. Doch bei genauer Betrachtung befriedigt das Streben nach Steigerung des eigenen Nutzens zugleich die Bedürfnisse der Gesellschaft. Der schottische Moralphilosoph Adam Smith formulierte diesen Zusammenhang im Jahr 1776 mit folgender Aussage: »Nicht vom Wohlwollen des Metzgers, Brauers oder Bäckers erwarten wir unsere Mahlzeit, sondern von deren Bedachtnahme auf ihr eigenes Interesse. Wir wenden uns nicht an ihre Menschenliebe, sondern an ihre Eigenliebe und sprechen ihnen nie von unseren eigenen Bedürfnissen, sondern von ihren Vorteilen.«

Wesentlich ist die Betonung, dass die Gewährung der Freiheit nicht grenzenlos erfolgen kann. Als es nach dem Zweiten Weltkrieg darum ging, die westliche Welt neu zu ordnen und einen sogenannten dritten Weg zwischen Kapitalismus und Sozialismus zu finden, wiesen die geistigen Väter der Sozialen Marktwirtschaft auf das Erfordernis hin, der Marktwirtschaft eine ethische Legitimation und damit eine soziale Funktion zu geben. So heißt es bei Ludwig Erhard schon 1948: »Nicht die freie Marktwirtschaft des liberalistischen Freibeutertums einer vergangenen Ära, auch nicht das ›freie Spiel der Kräfte‹ und dergleichen Phrasen, mit denen man hausieren geht, sondern die sozial verpflichtete Marktwirtschaft, die das einzelne Individuum wieder zur Geltung kommen lässt, die den Wert der Persönlichkeit obenan stellt und der Leistung aber auch den verdienten Ertrag zugutekommen lässt, das ist die Marktwirtschaft moderner Prägung.« Er stellte den Verbraucher in den Mittelpunkt des wirtschaftlichen Geschehens und führte aus, dass sich eine Wirtschaftspolitik nur dann »sozial« nennen könne, »wenn sie den wirtschaftlichen Fortschritt, die höhere Leistungsergiebigkeit und die steigende Produktivität wesentlich dem Verbraucher zugutekommen lässt. Dieses Ziel wird vornehmlich durch freien Leistungswettbewerb erreicht, der die Gewinnung erhöhter Erträge oder sogar Renten verhindert und die Dynamik der Wirtschaft in Gang hält.«

Aus den Erfahrungen mit einem ungeregelten, unkontrollierten Kapitalismus in der industriellen Revolution – ausgehend von Großbritannien im 18. Jahrhundert – war bekannt, dass sich fairer Leistungswettbewerb nicht von allein herstellt. Im Gegenteil: Ein sich selbst überlassener Markt neigt zur Monopolisierung und ermöglicht den Aufbau von Machtpositionen und damit die Ausbeutung der Schwächeren, sodass es in den Worten Erhards des Staates bedarf, um eine Wettbewerbsordnung zu etablieren: »Ein funktionsfähiger Leistungswettbewerb, bei dem nicht das Faustrecht des Stärkeren, sondern die bessere ökonomische Leistungsfähigkeit entscheidet, muss deshalb auch in der freiheitlichen Wirtschaftspolitik durch staatliche Autorität gesichert werden, denn die Marktwirtschaft ist nur insoweit politisch, sozial, moralisch und wirtschaftlich zu vertreten, als sie eine wirkliche Wettbewerbsordnung ist. Sie verliert ihre wirtschaftsordnende und freiheitssichernde Kraft, sofern und soweit der Wettbewerb ausgeschaltet wird.«

Prinzipien einer Wettbewerbsordnung

Walter Eucken, von 1927 bis 1950 Professor für Nationalökonomie in Freiburg und ebenfalls geistiger Wegbereiter der Sozialen Marktwirtschaft, hat die konstituierenden Prinzipien einer Wettbewerbsordnung formuliert. Neben den Erfordernissen freier Preise, offener Märkte und stabilen Geldes hebt er die Garantie des Privateigentums hervor, wie sie im Grundgesetz in Artikel 14 festgeschrieben ist. Hintergrund ist die Erkenntnis, dass nur derjenige, der Eigentumsrechte an den Erträgen aus seiner Leistung geltend machen kann, bereit sein wird, Leistungen zu erbringen. Marktwirtschaft und die Garantie des Privateigentums gehören untrennbar zusammen. Und aus den Erfahrungen mit den sozialistischen Volkswirtschaften können wir heute nur zu gut und vielfach durch die Realität belegt formulieren: Kollektives Eigentum hat kollektive Verantwortungslosigkeit sowie Verschwendung und letztlich den Niedergang eines ineffizienten Wirtschaftssystems zur Folge.

Weiteres wesentliches Element einer Wettbewerbsordnung ist die Vertragsfreiheit, so wie auch sie sich ebenfalls im Grundgesetz findet. Die Begründung ist einleuchtend: Wer freiwillig einen Vertrag schließt, wird dies grundsätzlich nur tun, wenn er darin für sich einen Vorteil sieht. Die eigene Leistung wird gegen eine als mindestens äquivalent angesehene Gegenleistung getauscht. Verträge zulasten Dritter sind nicht durch die Vertragsfreiheit gedeckt.

Zur Freiheit, das eigene Handeln zu bestimmen, gehört untrennbar die Verantwortung, für die Handlungsfolgen, also für Schäden und Kosten, einzustehen: Wer den Nutzen hat, muss auch die Kosten tragen. In den Worten Walter Euckens soll die Haftung bewirken, »dass die Disposition des Kapitals vorsichtig erfolgt. Investitionen werden umso sorgfältiger gemacht, je mehr der Verantwortliche für diese Investitionen haftet.« Oft wird aber das Haftungs-Prinzip sträflicherweise außer Acht gelassen – nicht zuletzt auch von Praktikern, die so zu schwarzen Schafen der Zunft ehrbarer Kaufleute degenerieren. Aber auch der Gesetzgeber geht mit diesem elementaren Prinzip bisweilen schlampig um, wenn er das Abschieben von individueller Verantwortung auf die Gesellschaft explizit festschreibt oder durch das Setzen von Fehlanreizen zumindest billigend in Kauf nimmt. Die Unterschlagung der Pflicht zur Haftung macht es Kritikern nur zu leicht, das marktwirtschaftliche System zu diskreditieren.

Zwischen Gewinn und Konkurs – der Unternehmer in der Sozialen Marktwirtschaft

»Das ist sein Schicksal, denn er ist nur so lange freier Unternehmer, wie er Risiken und Chancen gleichermaßen tragen will. Es geht nicht an, dass er nur die Chancen wahrnehmen und die Risiken … durch die Anrufung des Staates abwenden will.« Ludwig Erhard hat in diesem Sinne unmissverständlich die Verantwortung des Unternehmers beschrieben und die Abwälzung von Risiken auf Dritte – insbesondere auf die Gesellschaft als Ganzes, den Staat – ausgeschlossen. Und der Wirtschaftsprofessor Wilhelm Röpke machte inmitten des Zweiten Weltkriegs im Jahr 1942 das Charakteristikum einer jeden Marktwirtschaft deutlich, indem er die Möglichkeit des Pleitegehens ungeschönt mit einkalkulierte: »Da nun wahrscheinlich die Furcht vor Verlust immer größer ist als das Streben nach Gewinn, kann man sagen, dass unser Wirtschaftssystem letzten Endes durch den Konkurs reguliert wird.« Auch dieser Aspekt wird heute gern unter den Teppich gekehrt und totgeschwiegen. Der Konkurs gilt als schändlich und als Beweis des Versagens und nicht mehr als das der Marktwirtschaft systemimmanente und regulierende Moment, das zu vorsichtigem und verantwortungsbewusstem Handeln mahnt.

Dem Staat kommt in der Sozialen Marktwirtschaft die Aufgabe zu, verlässliche Haftungsregeln zu entwickeln und durchzusetzen. Ebenso verhält es sich mit Regeln für die Aufrechterhaltung des Wettbewerbs. Ludwig Erhard hat lang und hart für ein »Gesetz gegen Wettbewerbsbeschränkungen gekämpft« das schließlich 1958 in Kraft trat. In dessen § 1 heißt es: »Vereinbarungen zwischen Unternehmen, Beschlüsse von Unternehmensvereinigungen und aufeinander abgestimmte Verhaltensweisen, die eine Verhinderung, Einschränkung oder Verfälschung des Wettbewerbs bezwecken oder bewirken, sind verboten.« – Der Grundsatz steht somit fest und klar, wenngleich zahlreiche Ausnahmen vorgesehen sind, die die Gesellschaft vor – vermeintlich oder tatsächlich – unzumutbaren Härten des Wettbewerbs bewahren sollen.

Warum engagieren sich gewinnorientierte Unternehmen karitativ?

Unternehmen sehen häufig einen Widerspruch zwischen ihren auf Gewinn gerichteten unternehmerischen Zielen und dem Engagement in Projekten, die über die Unternehmensgrenzen hinausgehen. Das ist eines der Ergebnisse einer Studie des Fraunhofer Instituts aus dem Jahr 2014, in der nach der Selbstverständlichkeit unternehmerischen Engagements im Katastrophenschutz gefragt wird. Warum sind privatwirtschaftliche, gewinnorientierte Unternehmen dennoch karitativ und scheinbar selbstlos, d.h. ohne Absicht zur Gewinnerzielung tätig, wenn es einen Zielkonflikt mit den eigentlichen Zielen der Unternehmung gibt? Die Antwort ist einfach, wenn auch teilweise – zumindest hinter vorgehaltener Hand – verpönt: Auch das scheinbar selbstlose Engagement steigert den Marktwert der Unternehmung und damit den Eigennutz, wenn beispielsweise Kunden, Kreditgeber oder Medien das Engagement für sinnvoll halten und das Unternehmen damit in deren Ansehen steigt. Manche Kunden sind eher bereit, bei Anbietern zu kaufen, die auch wohltätig engagiert sind, und manche Bank schmückt sich gern durch Aktivitäten abseits des »knallharten« Kreditgeschäfts. Klar ist: Der Kunde entscheidet.

Auch muss man konstatieren, dass ein vielleicht auf den ersten Blick abstrakt anmutender Aspekt relevant ist: Das Leid anderer hat Einfluss auf das eigene Wohlbefinden. Und das heißt konkret: Wird das Leid anderer gemindert, steigt das eigene Wohlbefinden, sodass auch die Wohltätigkeit letztlich durch eigennütziges Verhalten motiviert ist.

Katastrophenhilfe in der Praxis: zwei Beispiele

Wenn sich Unternehmen karitativ betätigen, ist es naheliegend, dass sie sich Projekte suchen, die nah bei ihrem Kerngeschäft liegen. Beispielsweise hat der Chemiekonzern Bayer nach eigenen Angaben nach dem schweren Erdbeben in Nepal im Jahr 2015 schmerzlindernde und entzündungshemmende Medikamente im Wert von mindestens 300 000 Euro gespendet. Zur Eindämmung der Ebola-Epidemie in Westafrika spendete er Schutzkleidung und Medikamente im Wert von 3,7 Millionen Euro. Das war die bisher umfassendste Medikamentenspende der Firmengeschichte, so der Konzern.

Nach einer Naturkatastrophe ist entscheidend, dass Flughäfen nicht zum zeitraubenden Nadelöhr werden und Hilfsgüter schnell zu den Opfern gelangen können. In Zusammenarbeit mit dem Büro der Vereinten Nationen für die Koordinierung humanitärer Angelegenheiten (OCHA) hat der Transport- und Logistik-Konzern DHL seit 2005 ein weltweites Netz von Disaster Response Teams (DRTs) aufgebaut, die im Katastrophenfall die Logistik an betroffenen Flughäfen unterstützen.

Dabei werden nach Angaben des Konzerns die logistischen Aufgaben wie Entladung von Flugzeugen sowie Lagerung, Inventaraufstellung und Verladung für den Weitertransport der ankommenden

Hilfsgüter unentgeltlich durchgeführt. Im Katastrophenfall rufen die Vereinten Nationen die Hilfe ab, und DHL sendet die Logistik-Spezialisten binnen 72 Stunden zum betroffenen Flughafen.

Bestimmungsfaktoren für das Engagement privater Unternehmen in der Katastrophenhilfe

Gesellschaftliches Engagement von Unternehmen ist als Investition zu verstehen, die grundsätzlich auf die künftige Rendite hin kalkuliert sein muss, und deren Höhe – wie bei allen Investitionen – nicht garantiert werden kann. Als mögliche Faktoren, die das karitative Engagement in der Katastrophenhilfe motivieren, sind zu nennen:

1) Reputationsgewinn
Karitatives Engagement kann in der Öffentlichkeit als ein Reinwaschen vom Image des »bösen« Kapitalisten wahrgenommen werden. Den damit einhergehenden Reputationsgewinn kann der Unternehmer als Mitnahmegewinn verbuchen – wenngleich es als kontraproduktiv zu bewerten ist, wenn Unternehmen diesem Gedanken nicht offen entgegentreten, weil dadurch das Missverständnis untermauert wird, dem Kapitalismus und der Marktwirtschaft würde etwas Ruchbares anhaften.

2) Werbung
Wenn Equipment, Logistik und Personal bestimmter Firmen bei Katastrophen im Einsatz sind, wirkt die mediale Berichterstattung gleichzeitig als Werbung (z.B. Hersteller-Namen auf Maschinen). Das überträgt sich auch auf die Industrie eines Landes als Ganzes, so zum Beispiel, wenn Spezialisten, Maschinen und Logistik aus Deutschland als Hilfe in der Not wahrgenommen werden. Wenn Hilfsaktionen international organisiert sind, wird die Fähigkeit eines betreffenden Unternehmens unter Beweis gestellt, mit anderen Global Playern »im Dienst des Guten« zusammenzuarbeiten.

3) Steigerung der »human skills« der Mitarbeiter

Werden Mitarbeiter eines Unternehmens für den Einsatz in Katastrophengebieten freigestellt, kommen sie nach dem Einsatz mit mehr Wissen zurück und sind für die Unternehmung »mehr wert« – eine Investition in die Person und in die Fähigkeiten der Mitarbeiter also. Der Mehrwert liegt zum Beispiel in neuen Erfahrungen und im erprobten Umgang mit Stresssituationen, wodurch das Selbstvertrauen steigt. Auch ist denkbar, dass der Anblick von Elend und Not die eigenen Ansprüche senkt, was auf der anderen Seite die Zufriedenheit der Mitarbeiter steigert. Gleichzeitig werden für die Personalentwicklung wichtige Eigenschaften wie Führungsstärke, Belastbarkeit, Kommunikationsstärke und Einsatzbereitschaft gefördert. Auch spielen Aspekte eines »An-die-Grenze-gehen« und des »Helfens in der Not«, der Zuverlässigkeit sowie der mit einem Einsatz in der Katastrophenhilfe verbundene Perspektivenwechsel der Mitarbeiter eine positiv zu bewertende Rolle bei der Qualifikation der Mitarbeiter.

4) Imageförderung durch Senkung des Gewinns

Unternehmen können durch wohltätige, gemeinnützige Einsätze »Kosten machen« und so ihren ausgewiesenen Gewinn senken – wodurch dann weniger Steuern zu zahlen sind. In der Öffentlichkeit werden sie so als weniger auf Gewinn fixiert wahrgenommen, und teilweise wird es als »nur gerecht« bewertet werden, dass sie einen Teil ihrer Gewinne an die Gesellschaft zurückgeben.

5) Die Rolle der Medien

Medienschaffende leben davon, ihre Inhalte an Kunden (Leser, Zuhörer, Zuschauer) zu verkaufen. Also muss das zu Berichtende interessant sein. Je mehr Interesse – im Falle von Katastrophen durch Not, Mitleid, Faszination von Naturgewalten – erweckt wird, desto höher wird die Nachfrage nach medialen Inhalten sein. Diese Branche profitiert also von Katastrophen. Gleichzeitig haben helfende Unternehmen Interesse daran, dass über sie im Guten berichtet wird.

Die Logik der Marktwirtschaft: Das Streben nach Eigennutz steigert den Gemeinnutz

Mit den hier angestellten Überlegungen soll keinesfalls das Helfen der vielen Menschen – Bürger wie Unternehmen – diskreditiert werden, deren Ziel es ist, anderen durch unentgeltliches Engagement zur Seite zu stehen und deren Lage zu verbessern. Im Gegenteil: Das Wirken derer, die kein monetäres Entgelt für ihre Arbeit verlangen, verdient Achtung und fordert die anderen zur Nachahmung auf.

Aber die Gesellschaft – Bürger, Politiker, Unternehmer – sollte sich und anderen nichts vormachen, denn es gilt das »ethische Vorsichtsprinzip«, wie die Wissenschaftler Michael Wohlgemuth und Karl Homann es formuliert haben: »Erwarte nicht, dass ein Mitglied der Gesellschaft sich dauerhaft gegen seine eigenen Interessen zum Wohl der Gesellschaft einsetzt.« Letztlich ist es das Streben nach Steigerung des Eigennutzes, das Menschen zum Handeln antreibt – und dem marktwirtschaftlichen System wohnt inne, dass dieses Streben in einem Reflex zugleich das Wohl der Gesellschaft als Ganzes steigert.

II.

Katastrophenvorausschau
als Katastrophenvorsorge:
Die sieben Plagen der Menschheit

ARMUT

Reinhard Kardinal Marx
Erzbischof von München und Freising und Vorsitzender der
Deutschen Bischofskonferenz

Ist Armut eine Plage? Sicher ist hier nicht die biblische Plage gemeint, die immer eine Strafe Gottes ist gegen die Gottlosen und diejenigen, die sich abgewandt haben. Und doch plagt und quält Armut die Betroffenen. Was bedeutet Armut und wer ist arm? Armut hat viele Gesichter. Armut in einem reichen Land wie Deutschland ist nicht zu vergleichen mit der Armut in anderen Teilen der Welt, in denen Hunger und Elend lebensbedrohlich sind. Dennoch erlaubt es der Vergleich mit dieser extremen Armut eines Teils der Weltbevölkerung nicht, die Augen vor den Armen zu verschließen, die in wirtschaftlich und sozial privilegierten Ländern wie den Industrieländern leben.

Das Thema Armut durchzieht wie ein roter Faden das Pontifikat von Papst Franziskus. In der Enzyklika *Laudato si'*, im Apostolischen Schreiben *Evangelii gaudium* und in vielen Ansprachen und Predigten ist die Auseinandersetzung mit der Armut ein Kernthema. Der eigentliche Skandal – so Papst Franziskus – besteht darin, dass die Gesellschaft wegsieht und zunehmend gleichgültiger wird gegenüber den Menschen, die am Rande der Gesellschaft stehen. Dabei geht der Papst sogar soweit, zu betonen, dass es Menschen gibt, die nicht nur am Rande der Gesellschaft, sondern außen vor stehen und ganz ausgeschlossen sind. Sie werden sozusagen noch nicht einmal ausgebeutet, sondern sind Müll, »Abfall«[1].

Papst Franziskus bleibt aber nicht ein unbeteiligter Beobachter, der nur über die Armut redet, sondern er sucht bewusst die Nähe der Bedürftigsten. Nicht zufällig führte seine erste Reise als Papst zu den Flüchtlingen auf die Insel Lampedusa. Durch solche Signale rückt der Papst das Thema Armut in die Mitte der gesellschaftlichen und politischen Aufmerksamkeit.

Der Ort der Kirche ist bei den Armen

Dass Papst Franziskus so energisch für das Thema Armut eintritt, kann nicht allein auf seine lateinamerikanische Herkunft zurückgeführt werden. Auch der Verweis auf die Theologie der Befreiung greift zu kurz. Die Sorge um die Armen ist vielmehr ein zentrales Anliegen des christlichen Glaubens. Denn »die Armen sind die ersten Adressaten des Evangeliums«[2], so der Papst in seinem Apostolischen Schreiben *Evangelii gaudium*. Aus diesem Grund gehört es zur Verpflichtung der Kirche, sich in besonderer Weise um die Armen zu kümmern. Oder anders formuliert: Der Ort der Kirche ist bei den Armen.

Schon das Alte Testament kennt die Not und das Elend der Armen und fordert ihnen gegenüber Gerechtigkeit. Im Neuen Testament ist die Liebe zum Nächsten Ausdruck der Nachfolge Christi. Die vorrangige Zuwendung zu den Armen wurzelt im Selbstverständnis Jesu: »Der Geist des Herrn ruht auf mir; denn er hat mich gesalbt. Er hat mich gesandt, damit ich den Armen eine frohe Botschaft bringe; damit ich den Gefangenen die Entlassung verkünde und den Blinden das Augenlicht; damit ich die Zerschlagenen in Freiheit setze und ein Gnadenjahr des Herrn ausrufe.« (Lk 4,18) Mit dieser programmatischen Bestimmung seiner Sendung macht Jesus deutlich, dass die Schwachen und Unterdrückten Gott besonders am Herzen liegen.

Von den Christen wird angesichts der Not der Armen neben der Nächstenliebe auch die Haltung der Barmherzigkeit gefordert. Dabei drückt »Barmherzigkeit« die Gesinnung oder das Handeln von Menschen aus, die »ein Herz für die Armen« haben und sich deshalb »erbarmen« – oder wie es ursprünglich geheißen hat, »ab-armen«, d. h. die Armut aufheben. Barmherzigkeit ist also mehr als Mitleid. Es geht um eine Hilfe, die heilend wirkt und so die Not überwindet. Papst Franziskus sieht in der Barmherzigkeit den Ausdruck einer kirchlichen Grundhaltung und spricht deshalb von einer *Kultur der Barmherzigkeit*: »Die Kirche muss der Ort der ungeschuldeten Barmherzigkeit sein, wo alle sich aufgenommen und geliebt fühlen können, wo sie Verzeihung erfahren und sich ermutigt fühlen können, gemäß dem guten Leben des Evangeliums zu leben.«[3] Die christlichen Gemeinden sind von frühester Zeit an karitativ tätig. Die Kirche kann somit als die älteste und wahrscheinlich auch heute noch größte Bewegung zur Armutsbekämpfung betrachtet werden.

Als eine Neuakzentuierung des christlichen Liebesgebots kann die von der lateinamerikanischen Theologie der Befreiung geprägte »Option für den Armen« gelten.[4] So wie Jesus Christus sich besonders um die Armen gekümmert hat, so ist es auch heute die Aufgabe der Kirche, sich den Notleidenden zuzuwenden und ihnen ein besseres Leben zu ermöglichen. Die »Option für die Armen« richtet sich in besonderer Weise auf die Frage der Armutsbewältigung. Die Sorge für die Schwachen und Bedürftigen ist ein beständiger Aufruf, alle verfügbaren Mittel einzusetzen, um der Ausgrenzung der Armen ein Ende zu bereiten. Es geht um mehr Gerechtigkeit, die auch Ausdruck und Kennzeichen der heilmachenden Gottesherrschaft ist.

Die »Option für die Armen« ist für die Kirche nicht nur eine kulturelle, soziologische oder politische Frage, sondern in erster Linie eine theologische Kategorie.[5] Mit der »Option für die Armen« wurde das Prinzip der Solidarität erweitert, indem es stärker auf seine biblischen Wurzeln bezogen wurde. Zudem erfolgte eine Zuspitzung auf die Armen, Schwachen und Bedürftigen. Hier liegt der Fokus der anwaltschaftlichen Funktion der Kirche: Die prophetische Kritik am Umgang der Mächtigen mit den Schwachen rückte angesichts der Erfahrungen der lateinamerikanischen Christen in einer von Ausbeutung und Unterdrückung geprägten Gesellschaft stärker in den Mittelpunkt. Aufgrund ihres inspirierenden Charakters fand die »Option für die Armen« rasch Eingang in die Sozialverkündigung. Die Soziallehre der Kirche verstand sich in der Sache zwar immer als »Richter und Anwalt der missachteten und verletzten Rechte, insbesondere der Rechte der Armen, der Kleinen und der Schwachen«[6], jetzt bezog sie diese Grundhaltung jedoch sehr konkret auf aktuelle gesellschaftliche und politische Gegebenheiten und entwickelte daraus eine enorme Kraft, diese Gegebenheiten zu ändern.

Armut – Eine Herausforderung für kirchliches Handeln

»Armut ist ein Mangel an ökonomischen, sozialen und kulturellen Ressourcen, und hat für die Betroffenen nicht nur finanzielle Probleme zur Folge, sondern bedeutet einen Ausschluss aus wesentlichen gesellschaftlichen Lebenszusammenhängen.«[7] Mit dieser Definition favorisieren die beiden großen christlichen Kirchen in Deutschland in ihrem im Februar 2014 vorgestellten Text der Ökumenischen Sozialinitiative ein erweitertes Verständnis von Armut. Armut ist mehr als nur Einkommensarmut. Arm sind nicht nur die Menschen, die in Kriegs- und Krisenregionen der Welt leben, die Klima- oder Naturkatastrophen ausgesetzt sind und Hunger leiden oder aus ihrer Heimat vertrieben werden. Arm sind auch die Menschen in unseren Regionen, die ohne Perspektive leben. Darüber hinaus gibt es aber auch bei Menschen in unterschiedlichsten gesellschaftlichen Gruppen eine innere Armut, die sich etwa in Einsamkeit oder Beziehungslosigkeit ausdrückt. Armut kann sich in sehr unterschiedlichen Dimensionen ausdrücken. Die Plage der Armut muss bekämpft werden, und zwar in all ihren Facetten, nimmt sie doch den betroffenen Menschen ihre Würde und drängt sie an den Rand der Gesellschaft oder gar aus der Gesellschaft. Armut grenzt aus und isoliert.

Liebe und Gerechtigkeit

Im Zeitalter der Industrialisierung erkannte die Kirche, dass christliche Nächstenliebe und Armenfürsorge alleine nicht genügen, um dem Elend der Arbeiter zu begegnen. Man erkannte, dass die Lösung der Sozialen Frage auch die Beseitigung ungerechter Strukturen und die Schaffung neuer Solidargemeinschaften erfordert. Exemplarisch lässt sich der damalige Bewusstseinswandel in der Kirche an Bischof Wilhelm Emanuel von Ketteler aufzeigen, der als Arbeiterbischof und Sozialreformer in die Geschichtsbücher eingegangen ist. Kettelers Antwort auf die Soziale Frage seiner Zeit umfasste drei Elemente: »Die Erkenntnis der Notwendigkeit struktureller Veränderungen, die Betonung des Privateigentums und seiner Sozialpflichtigkeit sowie die Forderung des Sozialstaatsprinzips, also staatliche Sozialpolitik.«[8] Mit der ersten Sozialenzyklika *Rerum novarum* vor mehr als 125 Jahren fand diese Erkenntnis Eingang in die päpstliche Sozialverkündigung. So fordert Papst Leo XIII. den Staat in seinem Schreiben ausdrücklich dazu auf, sich an der Schaffung einer neuen Ordnung zu beteiligen, um das Schicksal der Arbeiter menschenwürdiger zu gestalten.

Doch das fortwährende Bemühen um soziale Gerechtigkeit und entsprechende strukturelle Veränderungen alleine reichen bei der Bewältigung gesellschaftlicher Probleme nicht aus. Die Sorge der Kirche für die Armen und Benachteiligten nimmt auch stets den Einzelnen in den Blick. Dieses Zueinander von Gerechtigkeit und Liebe hat Papst Benedikt XVI. in seiner ersten Enzyklika *Deus caritas est* betont: »Liebe – Caritas – wird immer nötig sein, auch in der gerechtesten Gesellschaft. Es gibt keine gerechte Staatsordnung, die den Dienst der Liebe überflüssig machen könnte. Wer die Liebe abschaffen will, ist dabei, den Menschen als Menschen abzuschaffen. Immer wird es Leid geben, das Tröstung und Hilfe braucht. Immer wird es Einsamkeit geben. Immer wird es auch die Situationen materieller Not geben, in denen Hilfe im Sinn gelebter Nächstenliebe nötig ist.«[9] Und er ergänzt in Bezug auf die Gerechtigkeit: »Die Behauptung, gerechte Strukturen würden die Liebestätigkeit überflüssig machen, verbirgt tatsächlich ein materialistisches Menschenbild: den Aberglauben, der Mensch lebe ›nur von Brot‹ (Mt 4,4; vgl. Dtn 8,3) – eine Überzeugung, die den Menschen erniedrigt und gerade das spezifisch Menschliche verkennt.«[10]

»Lassen wir die Armen nie allein!«[11]

Um praktische Hilfe für die von Not betroffenen Menschen leisten zu können, bedarf es entsprechender Ressourcen. Die verschiedenen Dienste und Einrichtungen der Caritas sind Ausdruck einer effektiven Anwaltschaft für die sozial Ausgegrenzten. Der Papst lässt keinen Zweifel daran, dass die verbandliche Caritas mitten im diakonischen Auftrag der Kirche steht: »Die caritativen Organisationen der Kirche stellen … ihr opus proprium dar, eine ihr ureigenste Aufgabe, in der sie nicht mitwirkend zur Seite steht, sondern als unmittelbar verantwortliches Subjekt selbst handelt und das tut, was ihrem Wesen entspricht.«[12] Gemäß dem Grundmotiv karitativen Handelns, *Not sehen und handeln*, werden notwendige Mittel zur Verfügung gestellt, um den Notleidenden wirkungsvoll zur Seite zu stehen. Diese Unterstützung zielt darauf, die Hilfsbedürftigen zu befähigen, sobald wie möglich ihr Leben selbst in die Hand zu nehmen. Karitative Hilfe ist immer auch Hilfe zur Selbsthilfe und entspricht somit dem Subsidiaritätsprinzip.

Alle karitativen Hilfsorganisationen, dies gilt für die Caritas genauso wie für das Rote Kreuz, stehen vor der Herausforderung, bei aller Professionalität der Unterstützung nie die emotionale Betroffenheit vom Leid anderer auszublenden. Die Betroffenheit ist der Grundimpuls nicht wegzusehen, das Leid des anderen an uns heranzulassen und dem Armen zu helfen. Für die Caritas ist deshalb neben der beruflichen Kompetenz, die eine erste, grundlegende Notwendigkeit darstellt, nach Papst Benedikt die »Zuwendung des Herzens« notwendig. Für alle, die in den karitativen Organisationen der Kirche tätig sind, müsse es kennzeichnend sein, dass sie »nicht bloß auf gekonnte Weise das jetzt anstehende tun – das können andere auch –, sondern sich dem anderen mit dem Herzen zuwenden, so dass dieser ihre menschliche Güte zu spüren bekommt.«[13]

Soziale Gerechtigkeit als Beteiligungsgerechtigkeit

Aufgrund ihrer besonderen Lebenslage fällt es armen Menschen schwer, aktiv am Leben einer Gesellschaft teilzunehmen. Aus diesem Grund ist in Wissenschaft und Sozialpolitik immer mehr die Einsicht gewachsen, die Bedeutung von sozialer Ausgrenzung oder von Exklusion in den Mittelpunkt der Armutsdebatten zu stellen. Anders als bei den Armutsdefinitionen mithilfe des Einkommens oder eines Warenkorbs bezieht der Ausgrenzungsbegriff die gesamte Lebenslage in die Analyse mit ein. Auf diese Weise kommt stärker die sozioökonomische, soziokulturelle und politische Dimension der Armut in den Blick. Die Einschränkung gesellschaftlicher Teilhabe schmälert die Freiheitsoptionen der Betroffenen, sie geht aber auch einher mit der Verletzung von Grundrechten, wie dem Recht auf Arbeit, dem Recht auf Bildung oder dem Recht auf Gesundheitsfürsorge.

Innerhalb der Katholischen Soziallehre haben zuerst die US-ameri-kanischen Bischöfe einen Ansatz vertreten, der – ebenfalls ausgehend von einem erweiterten Armutsbegriff – die Notwendigkeit von Teil-habegerechtigkeit als Ausdruck sozialer Gerechtigkeit eingefordert hat. In ihrem 1986 veröffentlichten Wirtschaftshirtenbrief stellen die Bischöfe fest, dass es bei der Frage von Armut nicht primär um den Mangel an angemessenen materiellen Ressourcen geht, sondern um »den Ausschluss von vollständiger Teilnahme am wirtschaftlichen, politischen und sozialen Leben der Gesellschaft sowie die Unfähig-keit, Entscheidungen, die das eigene Leben betreffen, zu beeinflussen. Das bedeutet eine Machtlosigkeit, die nicht nur den Geldbeutel, son-dern auch die Menschenwürde der betreffenden Person in Mitleiden-schaft zieht.«[14]

Im Gemeinsamen Wort der Kirchen »Für eine Zukunft in Solida-rität und Gerechtigkeit« von 1997 wurde dieses Verständnis sozia-ler Gerechtigkeit mit der »Option für die Armen« verknüpft und in unterschiedliche Gerechtigkeitsforderungen aufgenommen: Die Ver-pflichtung der »Wohlhabenden zum Teilen« macht deutlich, dass es einer ausreichenden Unterstützung der Armen zur Sicherung ihres Lebens bedarf. Damit wird auf eine Forderung der Verteilungs-gerechtigkeit verwiesen. Darüber hinaus sollen »Ausgrenzungen« überwunden und die Benachteiligten »zu eigenverantwortlichem Handeln befähigt« werden – dies unterstreicht die Notwendigkeit der Befähigungsgerechtigkeit. Aus dem Sozialwort lässt sich somit der Schluss ziehen, dass es zur wirkungsvollen Bewältigung von Ar-mutslagen stets beider Optionen bedarf, also sowohl der Verteilungs-gerechtigkeit als auch der Befähigungsgerechtigkeit. »Es kommt darauf an, allen – je nach ihren Fähigkeiten und Möglichkeiten – Chancen auf Teilhabe und Lebensperspektive zu geben, statt sich damit zu begnügen, Menschen ohne echte Teilhabe lediglich finanzi-ell abzusichern.«[15] Diese Erkenntnis deckt sich mit dem Konzept der Teilhabe- oder Beteiligungsgerechtigkeit: es geht um eine möglichst umfassende Integration aller Gesellschaftsglieder.

Maßgeblich für die Überwindung sozialer Ausgrenzung und damit für die Anerkennung des Grundsatzes der Beteiligungsgerechtigkeit ist der Zugang zu Beschäftigungsmöglichkeiten. Die Beteiligung an

Erwerbsarbeit ist wichtig, um gesellschaftliche Teilhabe zu ermöglichen. »Inklusion und Partizipation müssen deshalb auch das Leitbild bei der Bekämpfung der Arbeitslosigkeit sein«[16], so die Forderung im Papier der Ökumenischen Sozialinitiative. Vor allem Niedrigqualifizierte oder Menschen mit Handikaps haben Probleme, Zugang zu Arbeitsmöglichkeiten zu finden. Die Rahmenbedingungen der Erwerbsarbeit sind so zu gestalten, dass auch diesen Menschen der Weg in den Arbeitsmarkt offensteht.

Das Konzept der Beteiligungsgerechtigkeit erfordert zudem, dass der oft feststellbare Zusammenhang zwischen sozialer Herkunft/Bildungsstand und Armutsrisiko durchbrochen wird. Kinder und Jugendliche aus benachteiligten Familien, häufig mit Migrationshintergrund, gelingt nur in seltenen Fällen der soziale Aufstieg. Da dieser – wie wir seit vielen Jahren wissen – an Bildung, Qualifizierung und Erwerbstätigkeit der Eltern gebunden ist, muss hierauf der Fokus der Armutsbekämpfung gelegt werden. Bisher sind an dieser Stelle aber nur unzureichende Fortschritte erzielt worden. Ein zentrales Element der Armutsprävention ist der Zugang zu Bildung. Die Bildungspolitik muss vor allem Kinder und Jugendliche aus bildungsfernen Elternhäusern stärker in den Blick nehmen und ihnen adäquate Bildungszugänge eröffnen, damit nicht »das Bildungssystem zu fern ist von den ›Bildungsfernen‹«[17].

Armut als Herausforderung globaler Verantwortung

Armutsbekämpfung ist aber vor allem eine globale Herausforderung. Schon seit Jahrzehnten unternehmen deshalb die Vereinten Nationen umfassende Anstrengungen zur Bekämpfung der Armut. Das Kernanliegen der Milleniums-Entwicklungsziele (Millenium Development Goals), die die Generalversammlung der Vereinten Nationen im Jahre 2000 beschlossen hat, war die Überwindung von Armut, Hunger und unmenschlichen Lebensbedingungen bis zum Jahre 2015. Obwohl zwischen 1990 und 2015 – insbesondere durch die fortschreitende weltweite wirtschaftliche Entwicklung – der Anteil der Menschen, die weniger als den Gegenwert von einem US-Dollar pro Tag zum Leben hatten, halbiert werden konnte, ließ sich das ursprüngliche Ziel nicht erreichen. Wenn auch positiv anzumerken ist, dass die extreme Armut im Lauf der letzten Jahrzehnte global gesunken ist, verschärften sich die Probleme der Ungleichheit und damit die Gerechtigkeitsfrage[18].

Ende September 2015 wurden auf dem Weltgipfel für »Nachhaltige Entwicklung« die Milleniumsziele ergänzt (Sustainable Development Goals). Nun gilt das Ziel, dass bis zum Jahre 2030 Armut und Hunger überall auf der Welt endgültig verschwunden sein sollen (»Agenda 2030«).

In der Ansprache vor der Generalversammlung der Vereinten Nationen am 25. September 2015 setzte sich Papst Franziskus mit Nachdruck für die Annahme der »2030-Agenda für Nachhaltige Entwicklung« ein. Er bezeichnete sie als »ein wichtiges Zeichen der Hoffnung«[19]. Neben der Sorge um den Weltfrieden und um die Bewahrung der Schöpfung ist die Sorge um die Armen, so der Papst, eine der großen Herausforderungen unserer Zeit. Dabei hängen diese globalen Probleme in vielfältiger Weise zusammen. Die 2015 beschlossenen nachhaltigen Entwicklungsziele nehmen diese Wechselbeziehung zwischen Frieden, Umweltschutz, Ernährungssicherheit, Wirtschaftsstil und Konsumverhalten in den Blick, so dass deutlich wird, dass die Bekämpfung der Probleme nicht in der Verantwortung einzelner Staaten oder Regionen liegt, sondern dass die internationale Staatengemeinschaft gefordert ist. Die Bewältigung der Herausforderungen des 21. Jahrhunderts sind eine weltweite Aufgabe und eine Frage globaler und sozialer Gerechtigkeit.

Unter Berücksichtigung der bereits erwähnten Option für die Armen und der sozialen Gerechtigkeit als Beteiligungsgerechtigkeit kann es auch hier nicht nur um finanzielle Absicherung gehen. Hilfe zur Selbsthilfe heißt das Schlagwort. Ziel muss es letzten Endes sein, die Menschen in die Lage zu versetzen, sich selbst ein qualitativ besseres Leben aufzubauen. Damit verbunden sind notwendige strukturelle Veränderungen. So sind etwa faire Zugänge zu nationalen und internationalen Märkten ebenso erforderlich wie Zugänge zu Bildung, Qualifizierung und Technik. Darüber hinaus müssen die politischen und staatlichen Verhältnisse dahingehend weiterentwickelt werden, dass zivilgesellschaftliche Kräfte gestärkt werden und die Armen eine

Stimme erhalten. Nur gemeinsam können Politik, Wirtschaft und Gesellschaft angemessene und nachhaltige Lösungen finden. Global Governance Strukturen und ein funktionierender weltweiter Ordnungsrahmen sind erforderlich. Papst Franziskus kritisiert in der Enzyklika *Laudato si'* die Dominanz von Eigeninteressen einiger Länder, die verhindern, Lösungen aus globaler Perspektive zu entwickeln. Er fordert eine »Ethik der internationalen Beziehungen« (LS 51) und erinnert Staat und Politik an ihre Aufgabe, angemessene Rahmenbedingungen zu setzen. »Wir brauchen also letztlich eine Vereinbarung über die Regelungen der Ordnungs- und Strukturpolitik für den gesamten Bereich des sogenannten ›globalen Gemeinwohls‹« (LS 174). Entsprechend dem Subsidiaritätsprinzip sind dabei die Souveränität eines jeden Landes zu achten und miteinander abgestimmte Wege festzulegen (LS 173).

Ebenso wichtig ist aber auch die Bereitschaft zur Solidarität, zum Teilen der gemeinsamen Güter. Angesichts unserer »Sorge für das gemeinsame Haus«[20] könnte man auch von der Notwendigkeit einer »Globalisierung der Solidarität« sprechen, wie dies Papst Johannes Paul II. schon vor fast 20 Jahren eingefordert hat. Solidarität ist nicht nur ein Grundwort der Katholischen Soziallehre, sondern Solidarität ist auch eine zentrale Voraussetzung für Gerechtigkeit und Frieden.[21] Es liegt in unserem wohlverstandenen Eigeninteresse, wenn wir die Verpflichtung zur Solidarität beachten und unterstützen.

Die Notwendigkeit ganzheitlicher Entwicklung als Ansatzpunkt für die Überwindung von Armut und Ausgrenzung, wie es nicht nur von Papst Franziskus gefordert wird, verweist auf die Förderung des Gemeinwohls zum Nutzen der Weltgemeinschaft und zum Nutzen jedes einzelnen Menschen. Hier kann eine Brücke zur Forderung der Beteiligungsgerechtigkeit geschlagen werden, die nicht nur zur Überwindung von Armutslagen im nationalen oder europäischen Zusammenhang Geltung beansprucht, sondern auch im globalen Kontext. In diesem Sinne ist mangelnde Chancengerechtigkeit eine der großen sozialen Fragen des 21. Jahrhunderts. Aus kirchlicher Perspektive muss hier die Grundoption lauten: Alle Menschen der Erde müssen die Chance haben, sich an der gesellschaftlichen Entwicklung zu beteiligen und das ihnen Zukommende zu erhalten. Keiner darf verloren gehen – »jeder ist nötig«, so die Feststellung von Papst Benedikt XVI.[22] Die globale Weltgemeinschaft steht hier vor der Grundsatzentscheidung, wie sie ihre Zukunft gestalten möchte.

Die Ausrichtung des politischen und ökonomischen Handelns am Ziel eines Weltgemeinwohls macht vor allem deutlich: Solidarität ist nicht zuerst oder gar ausschließlich ein moralischer Appell, sondern wir Menschen sind untrennbar miteinander verbunden und haben damit alle den gleichen Anspruch auf ein menschenwürdiges Leben. Europa ist keine Insel der Seligen, sondern Teil der einen Welt. Oder anders ausgedrückt: Wir leben in einer globalen Schicksalsgemeinschaft und deshalb darf uns das Los der Anderen nicht gleichgültig sein. Aus dieser grundlegenden Verbundenheit ergibt sich die Verantwortung füreinander. Leben ist nur möglich, weil wir füreinander da sind, weil andere für uns und wir für andere arbeiten. Es ist erschreckend, dass aktuelle Tendenzen zu Protektionismus, Abschottung und Orientierung allein an nationalen Interessen, dem Denken in der Kategorie des Weltgemeinwohls diametral entgegensetzt sind.

Hilfswerke und Wohlfahrtsverbände wie das Deutsche Rote Kreuz stehen an der Seite der Armen, nicht nur bei uns, sondern weltweit. Die Übernahme von Verantwortung für andere, der Vorrang des Gemeinwohls vor dem Eigenwohl und die ganz konkrete Hilfe in persönlichen Notlagen sind die ursprünglichen Ideen, die sich im Deutschen Roten Kreuz manifestiert haben und die auch heute noch die Überzeugungskraft dieses Verbandes ausmachen. Wenn man nach Dingen sucht, auf die man in Deutschland wahrlich stolz sein kann, so gehört das Deutsche Rote Kreuz ohne jeden Zweifel dazu. Rudolf Seiters hat dazu in hervorragender Weise beigetragen.

Anmerkungen

1 Vgl. Papst Franziskus, Evangelii gaudium, Nr. 53.

2 Ebd., Nr. 48.

3 Papst Franziskus, Evangelii gaudium, Nr. 114.

4 Vgl. hierzu: Die Evangelisierung Lateinamerikas in Gegenwart und Zukunft. Dokument der III. Generalversammlung der lateinamerikanischen Bischöfe in Puebla. Übersetzt und hg. vom Sekretariat der Deutschen Bischofskonferenz (Stimmen der Weltkirche 8), Bonn 1979, Nr. 1134–1165.

5 Vgl. Papst Franziskus, Evangelii gaudium, Nr. 198.

6 Kompendium der Soziallehre der Kirche, hg. vom Päpstlichen Rat für Gerechtigkeit und Frieden, Freiburg 2006, Nr. 81.

7 Gemeinsame Verantwortung für eine gerechte Gesellschaft. Initiative des Rates der Evangelischen Kirche in Deutschland und der Deutschen Bischofskonferenz für eine erneuerte Wirtschafts- und Sozialordnung (Gemeinsame Texte 22), Hannover/Bonn 2014, 44.

8 Ursula Nothelle-Wildfeuer: Wilhelm Emmanuel von Ketteler (1811–1877), in: Bernd Heidenreich (Hg.): Politische Theorien des 19. Jahrhunderts, Bd. III: Antworten auf die Soziale Frage, Wiesbaden 2000, 275–294, hier 290.

9 Papst Benedikt XVI., Deus caritas est, Nr. 28.

10 Ebd.

11 Papst Franziskus, Evangelii gaudium, Nr. 48.

12 Papst Benedikt XVI., Deus caritas est, Nr. 29.

13 Papst Benedikt XVI., Deus caritas est, Nr. 31 a.

14 Nationale Konferenz der Katholischen Bischöfe der Vereinigten Staaten von Amerika: Wirtschaftliche Gerechtigkeit für alle. Die Katholische Soziallehre und die amerikanische Wirtschaft (Stimmen der Weltkirche 26), Bonn 1986, Nr. 188.

15 Die deutschen Bischöfe. Kommission für gesellschaftliche und soziale Fragen: Mehr Beteiligungsgerechtigkeit. Beschäftigung erweitern, Arbeitslose integrieren, Zukunft sichern: Neun Gebote für die Wirtschafts- und Sozialpolitik. Memorandum einer Expertengruppe berufen durch die Kommission VI für gesellschaftliche und soziale Fragen der Deutschen Bischofskonferenz, Bonn 1998, S. 3

16 Gemeinsame Verantwortung für eine gerechte Gesellschaft, a. a. O., 46.

17 Georg Cremer, Armut in Deutschland: Wer ist arm? Was läuft schief? Wie können wir handeln? München 2016, S. 146.

18 Vgl. Milanovic, Branko and Christoph Lakner (2015). Global Income
    Distribution: From the Fall of the Berlin Wall to the Great Recession, in: The
    World Bank Economic Review, 12. August 2015.

19 Siehe dazu http://w2.vatican.va/content/francesco/de/speeches/2015/september/
    documents/papa-francesco_20150925_onu-visita.html

20 So die Unterüberschrift von Laudato si'.

21 Vgl. Papst Johannes Paul II, Sollicitudo rei socialis, Nr. 39.

22 Benedikt XVI., Homilie zur Amtseinführung, 24. April 2005.

EPIDEMICS

Margaret Chan
Director-General, World Health Organization

Epidemics of infectious diseases rightly number among the seven greatest plagues that increase human vulnerability to catastrophic events. Centuries of history have revealed characteristics of epidemics that give them the power to undermine security at international as well as national levels: their invasive potential, their tendency to spread along the routes of trade and travel, their great capacity to cause economic and social disruption, and their remarkable ability to evade established defences. As adversaries, microbial pathogens have particular advantages in terms of invisibility, stealth, mobility, adaptability, and silent incubation periods that render national borders meaningless.

As the most extreme historical example of the disruptive potential of epidemics, the »black death« of the 14th century killed at least a third of Europe's population, disrupted agricultural production, halted commerce, realigned the balance of power, and altered demographic structures to an extent that ended the feudal system. Over the centuries, smallpox destroyed armies, decimated royal families, wiped out indigenous groups, killed millions, and hideously disfigured many millions more. Though the disease had an excellent vaccine, no cure was ever found.

With the advent of modern vaccines and effective treatments, humanity is better armed to defend itself, but huge gaps remain. In early 2017, the World Health Organization issued a list of nine priority pathogens that can cause epidemics, yet have no vaccines or other medical countermeasures to slow their spread. Some of these pathogens are highly lethal. Nipah virus, for example, has a case fatality rate of nearly 75 %.

A core function at WHO

The control of infectious diseases has always been a core function of WHO, though with varying degrees of importance. In 1948, infectious diseases dominated the new agency's first list of priorities where governments felt international action was urgently needed: malaria, tuberculosis, and sexually transmitted diseases. In the ensuing years, these and a growing number of other infectious diseases were attacked with great optimism, supported by the promise of powerful new antibiotics, vaccines, and insecticides. Mass campaigns using penicillin were launched against syphilis and yaws with encouraging results. Malaria was eliminated from many areas by the systematic application of insecticides and removal of breeding sites.

As standards of living improved and effective drugs became available, tuberculosis receded as a threat in many advanced countries. In 1967, on the eve of its 20th anniversary, WHO expressed the sanguine view that other diseases of international significance, like smallpox, poliomyelitis, yellow fever, typhoid fever, diphtheria, and pertussis were coming under control and would eventually disappear. The eradication of smallpox in 1979 bolstered this optimistic view considerably. WHO moved on to other priorities, ushered in by the Health for All movement and its promotion of primary health care, and eventually expanded its scope to include close to 50 health issues.

By 1999, the situation looked dramatically different. The World Health Assembly asked WHO to move away from this »full menu« approach and concentrate on three deadly epidemics that had spiralled out of control: AIDS, tuberculosis, and malaria. While the similarity of the two agendas – separated by 50 years – masks considerable progress in many areas of health (the highest national life expectancy in 1948 was 70 years compared with 89.5 years today), it does underscore an alarming trend, reinforced since the start of this century. Infectious diseases have resurged to an extent that merits the highest level of international concern. Moreover, the severity of this threat has been significantly enlarged by the number of new pathogens that are emerging or re-emerging and their potential for rapid international spread.

Over the past three decades, the infectious disease threat has diverged significantly from previous patterns of epidemiology, drug susceptibility, geographical distribution, and severity. Such divergence arises from the naturally volatile behaviour of the microbial world, amplified by recent ecological and demographic trends. Continual evolution is the survival mechanism of the microbial world. Viruses, bacteria, and other pathogens readily and rapidly multiple, mutate, adapt to new hosts and environments, and evolve to resist drugs. This natural propensity to change has been greatly augmented by changes in the way humanity inhabits the planet that have disrupted the delicate equilibrium of the microbial world. These changes have given epidemic-prone pathogens multiple new opportunities to exploit.

Demographic trends have created conditions that allow infectious diseases, whether old or new, to flourish. Populations throughout the world are now larger, older, and more closely crowded together, often living under squalid conditions. Even the wealthiest countries have deep pockets of poverty that act like reservoirs, incubating epidemic-prone diseases linked to poor hygiene and sanitation. In these countries, microbes have been quick to exploit populations made vulnerable by poverty, illness, social marginalization, or collapsing health systems. Multidrug-resistant strains of tuberculosis gained their first foothold in the homeless populations living on the streets and sidewalks of New York City. Tuberculosis, including multidrug-resistant forms, took advantage of weakened infrastructure in countries of the former Soviet Union and re-emerged, with cases more than doubling within a decade. Epidemics of diphtheria returned to Russia and the Ukraine after the breakdown of immunization in the last decade of the previous century. The growing number of complex emergencies and displaced refugees living in crowded camps also provides fertile breeding grounds for epidemics of both common and exotic diseases. In the Syrian Arab Republic, an epidemic of cutaneous leishmaniasis became known as the »Aleppo boil«.

Many, but not all, new diseases emerge in the caves, forests, and jungles of Africa and the wet poultry markets of Asia, but wealthy countries can also contribute to the emergence of new diseases. In Europe, bovine spongiform encephalopathy, or »mad cow« disease, has been linked to processed animal feeds; processed human foods using lower quality meat are thought to have contributed to the emergence of the related Creutzfeld-Jakob disease in humans which, though rare, is invariably fatal. The food chain has likewise become industrialized and globalized with two results. First, the investigation of outbreaks of foodborne disease becomes enormously complicated when a single plate of food can contain ingredients from several different continents. Second, recalls of contaminated foods can stretch around the world and cost millions of dollars.

Rapid unplanned urbanization is another universal trend. For the first time in history, more people live in cities than in rural areas. In many sprawling cities of the developing world, the speed of population growth has outpaced the capacity of municipal authorities to build a healthy supportive infrastructure. The resulting inadequacy of urban water supplies and sanitation has contributed to the resurgence of diseases such as tuberculosis, cholera, typhoid, and plague that thrive on conditions of poor hygiene and overcrowding. Poor water supply and sanitation boost the breeding of mosquitoes and other disease vectors that transmit some of the most important epidemic-prone diseases. The rapid spread of Zika virus through the slums of Latin America, which provide ideal breeding sites for the *Aedes aegypti* mosquito, is the latest example. In 2016, outbreaks of yellow fever in the crowded cities of Angola and the Democratic Republic of Congo prompted WHO to undertake the largest emergency vaccination campaign ever launched against the disease in Africa.

Human invasion and disturbance of new ecological zones, whether for exploitation of natural resources, agriculture, or adventure, has increased the frequency with which diseases, previously confined to animals, cross the species barrier to infect people. Man-made changes, such as deforestation and mining operations, disrupt natural habitats and can force animals, searching for food, into closer contact with people. Outbreaks of Lassa fever in West Africa have been linked to such phenomena. The origins of numerous Ebola outbreaks have been traced back to the hunting of bushmeat in the forests and jungles of equatorial Africa. Mining operations in Guinea, and the related deforestation, forced a large colony of bats to invade the backyard of the first child to die of Ebola during the outbreak in West Africa that started in late 2013.

In Latin America, Chagas disease emerged as an important human disease after mismanagement of deforested land caused populations of the insect vector, the »kissing bug«, to move from their wild natural animal hosts to involve humans and domestic animals in the transmission cycle, eventually transforming the disease into an urban infection that can be transmitted by blood transfusion. Climate extremes, whether involving excessive rainfall or drought, can likewise displace animal species and bring them into closer contact with human settlements, or increase vector breeding sites. Climate-related shifts in animal populations have been linked to the emergence of Nipah virus in Malaysia and hantavirus in the USA. In this case, emergence of a severe new respiratory disease was linked to a long period of drought, followed by heavy rainfall, which displaced populations of deer mice.

Close human contact with domestic animals is another source of human infections with novel pathogens, like avian influenza in Asia, associated with chickens, and the Middle East Respiratory Syndrome, or MERS, in the Middle East, associated with camels. Intensive farming practices have also made it easier for migratory birds to carry diseases, like West Nile fever and highly pathogenic avian influenza, across continents and oceans. When diseases have an intermediate host, like pigs for Nipah virus and poultry for avian influenza, the economic costs can be enormous.

Other new opportunities to evolve and spread can be attributed to the world's relaxed vigilance and lapses in control. As decades of experience show, when an epidemic-prone disease subsides, the control programme dies. In the 1950s and 1960s, massive mosquito control operations virtually eliminated yellow fever from the Americas. With yellow fever vanquished, funding for mosquito control dried up, control programmes were largely dismantled, and entomologists vanished. Once again, epidemics showed their remarkable resilience in the face of defeat. The dismantling of this vital line of defence created the perfect opportunity for the mosquitoes to reinvade, dengue to resurge, yellow fever to return, and Zika to sweep through countries and conquer a new continent. The comeback for dengue was remarkably dramatic. For example, before 1970, only nine countries had experienced epidemics of dengue. Today, dengue is the most widespread mosquito-borne viral disease, with more than half of the world's population at risk.

Mosquitoes and other vectors have been quick to exploit new opportunities created by environmental degradation and human behavioural change. Epidemics of dengue, chikungunya, yellow fever, and Zika have been fuelled by the adoption of modern consumer habits in urban areas of the developing world, where discarded household appliances, tyres, plastic food containers, and jars have created abundant artificial breeding sites. *Aedes aegypti*, sometimes called the »gothic cockroach« of the mosquito world, is attracted to anything black, like discarded tyres or old suitcases, and can breed in a container the size of a bottle cap.

As a result of these and other trends, the number of microbial threats, in the form of newly identified pathogens, diseases crossing the species barrier from animals to humans, diseases and vectors adapting to new environments, and diseases, like Zika and Ebola, re-emerging in new geographical areas, has multiplied to an unprecedented degree. New and newly recognized diseases are now being reported at the rate of about one per year. The alarm created by these trends has been intensified by the unprecedented immediacy and widespread nature of the renewed microbial threat.

The phenomenal growth of international air travel and trade has vastly increased the speed with which pathogens, incubating in unsuspecting humans and animals, and vectors, concealed in cargoes or the luggage holds and cabins of jets, can cross continents, invade new territories, and set up residence. The interdependence of economies and commerce means that the disruption caused by an epidemic in one areas can likewise spread quickly around the world. Broad access to electronic communications and social media immediately gives epidemics a large international audience and amplifies the anxiety they provoke, leading to behaviours, like avoidance of travel, drops in consumer consumption of certain foods and goods, that further exacerbate the social and economic consequences. Since the start of the 21st century, public perceptions of the severity of epidemics have been shaped by striking images of masked faces and empty airports, the spraying of large housing estates with disinfectant, doctors working in full protective gear, and the mass culling of billions of birds. Politicians, too, now appreciate that epidemics can have consequences that extend far beyond the health sector.

As a result, the threat of epidemic disease, recently considered remote in most wealthy nations, has moved closer to home in every country. In recent years, every continent has been caught by surprise by an unexpected epidemic, from MERS in the middle east, to Lyme disease and West Nile fever in North America, to Zika and chikungunya in Latin America and the Caribbean, to legionellosis, Lassa fever, and variant Creutzfeld-Jakob disease in Europe, to Hendra disease and legionellosis in Australia. Moreover, once established on new continents, a vector, like the container-breeding *Aedes aegypti* mosquito or the aggressive Asian tiger mosquito, and diseases, such as Zika, West Nile fever, and Rift Valley fever, have proved difficult if not impossible to remove.

The misuse of antibiotics and other antimicrobials, including both their overuse, especially in food production, and their underuse, when single pills are sold over-the-counter with no prescription or medical oversight, is another ominous trend introducing another universal problem: the rapid development of resistance to front-line drugs. As more and more antibiotics fail, many common infectious diseases are becoming prohibitively expensive or impossible to treat. The bacterial infections that contribute most to human diseases are also those in which emerging resistance is of most concern: diarrhoeal diseases such as dysentery, respiratory tract infections, including pneumococcal pneumonia and multidrug-resistant and extensively drug-resistant tuberculosis, sexually transmitted infections such as gonorrhoea, and a host of hospital-acquired superbugs that are notoriously expensive and difficult to treat. Most alarming of all are superbugs like *Staphylococcus aureus* and *Salmonella typhi* that have accumulated resistant genes to virtually all currently available drugs and have the potential to cause untreatable infections. With few replacement products in the pipeline, the world is moving towards a post-antibiotic era where common infections will once again kill. As just one example, an epidemic of drug-resistant typhoid fever is currently sweeping through parts of Africa and Asia.

The news keeps getting worse. In late 2015, the detection by Chinese scientists of a new resistance mechanism, the mcr-1 gene, sent shock-waves through the medical and scientific communities. The gene is located on a mobile loop of DNA that transfers easily from one bacterial strain to others. This is a horizontal transfer of resistance, and it is frightening. In the Chinese study, the mcr-1 gene conferred resistance to colistin, the last-resort antibiotic used to treat several life-threatening infections caused by Gram-negative bacteria. Resistance to colistin was detected in samples from animals and humans and in food.

Colistin is a 50-year-old antibiotic that was shelved in the 1970s because of its toxic effects on the kidneys. It was brought back into clinical use when all newer antibiotics began to fail. As colistin had not been widely used, it was still effective. It was also cheap, which encouraged its massive use as a growth promoter in food production in several countries, including China. The Chinese findings, which have been replicated in several other countries, solidify the links between the agricultural use of antibiotics, resistance in slaughtered animals, resistance in food, and resistance in humans. All of the dots are now connected. The loss of colistin, which several experts are predicting, will leave a number of serious infections with no treatment whatsoever.

Epidemics in the 21st century: no country is safe

Taken together, all of these developments have eroded past confidence that high standards of living, well-performing health systems, and access to powerful medicines could insulate populations in wealthy countries from epidemic threats arising in faraway places. They have also restored the historical significance of epidemics as a disruptive force – this time cast in a modern setting characterized by close interdependence of nations and instantaneous communications. Within countries, the disruptive potential of epidemics is expressed in ways ranging from public panic and population displacement to the interruption of routine functions that occurs when containment requires the emergency immunization of populations numbering in the millions. Disruption can also be measured in economic terms. The direct losses to Asian economies associated with the SARS outbreak have been estimated at $ 30 billion.

Epidemics share several characteristics that give them great disruptive potential, which is further defined by the pathogen and the political, economic, and cultural context in which the epidemic occurs. First, epidemics are urgent public health emergencies accompanied by rapid efforts to care for cases, prevent further spread, and bring the outbreak under control. Necessary control measures can be drastic: mass emergency immunization, quarantine, border controls, travel restrictions, and mass slaughter of animals.

Second, the behaviour of epidemics is unpredictable, making it difficult for authorities to reassure the public on such key questions as who is at risk, will the epidemic spread, is it a killer, and will the recommended control measures offer adequate protection. This uncertainty is especially great for new diseases, which are, by definition, poorly understood as they emerge. Moreover, the history of recent outbreaks yields many examples of a sudden surge in cases or spread to another country after an epidemic was thought to have peaked or had been declared over by WHO, which happened several times with Ebola in 2015. Such setbacks can arise from a single lapse in infection control at a hospital, the survival of a virus in immune-privileged »sanctuary sites« like the eye or testes, a hidden pocket of infection missed by surveillance, or smuggled animals.

As a third feature, epidemics are usually alarming events that can elicit great anxiety in the general public. This anxiety can persist even when new knowledge about the disease is reassuring. The extreme behaviours that can results are well documented and range from the wearing of masks and avoidance of travel, through fear of hospitals and stigmatization of patients, to riots, loss of confidence in governments, and consumer avoidance of certain foods. An especially tragic example occurred in February 2017 when a Liberian nurse who had fully recovered from Ebola died during childbirth because hospital staff were afraid to treat her.

These extreme reactions give epidemics a fourth shared feature: their high political profile. When public anxiety, social disruption, and economic losses accompany an outbreak, it gains attention at government levels far higher – and more powerful – than ministries of health. Again, during the recent Ebola outbreak, some governments took control efforts out of the hands of public health officials and put military forces in charge. Such attention can be a major advantage when its brings full political commitment to epidemic control, supported by adequate resources. At the other extreme, epidemic control can be severely impeded when political authorities, motivated by economic rather than public health concerns, decide to withhold information about the disease, downplay its significance, or conceal it altogether. This happened in late 2002 and early 2003, when China concealed its SARS outbreak from neighbouring countries and the rest of the world for months. It happens repeatedly with cholera epidemics.

All of these features working together give epidemics yet another shared characteristic: they are nearly always newsworthy events closely followed by the national if not the international press. On the positive side, media coverage can be used effectively, especially near the start of an outbreak, to keep the general public informed and communicate recommended protective measures. Unfortunately, media coverage often fuels public alarm and intensifies the associated economic losses. As one example, reports in several European countries of highly pathogenic avian influenza in poultry farms brought immediate drops in poultry consumption of 30 % and higher. In 2006, confirmation of H5N1 avian influenza in a single commercial farm in France cost the poultry industry an estimated $48 million within a month.

SARS: the first severe new disease of the 21st century

The world's increased vulnerability to epidemics of new and re-emerging diseases was most dramatically illustrated in mid-March 2003, when SARS emerged as the first severe new disease of the 21st century. Within days of its detection in Hong Kong, the disease spread explosively along the routes of international air travel. Global alerts issued by WHO aided the rapid detection and reporting of cases. SARS was also the first disease to emerge in the era of electronic transparency. Tracking the outbreak took place in real time and a virtual laboratory was set up as leading scientists from around the world collaborated on line to identify the causative agent and develop diagnostic tests.

The SARS response tested an assumption of fundamental importance for the future: could a massive response on multiple fronts prevent a severe new disease from establishing endemicity, and thus spare the world from having the cope with another permanent threat, like HIV/AIDS? From the outset, this was the approach followed by WHO. The international mechanisms it had established for alert and response performed well. The international response worked on two main fronts to manage cases and interrupt transmission at the main outbreak sites and to seal off opportunities for further international spread.

The possibility of stopping SARS »dead in its tracks« brought all-out support at levels ranging from heads of state to community volunteers, and in forms ranging from reverse transcriptase PCR assays to the mass distribution of thermometers. Thanks to these efforts, the interruption of all chains of transmission was accomplished less four months after WHO issued its first global alerts. One set of statistics defines the revolutionary power of real-time communication tools. The March alerts provided a clear line of demarcation between the earliest outbreaks, in China, Hong Kong, Hanoi, Singapore, and Toronto, all of which were severe, and the 26 additional countries and territories where cases subsequently occurred. Areas with outbreaks prior to the March alerts accounted for 98 % of the global total number of cases and 79 % of total deaths. The additional 26 sites, characterized by high levels of vigilance and preparedness, were able to prevent further transmission or limit it to just a handful of cases.

SARS also shattered the notion that countries blessed with high standards of living and good quality medical care were somehow invincible to the threat from new diseases. SARS was largely a disease of wealthy urban centres. The virus spread fastest and most efficiently in well-equipped hospitals. SARS, the century's first severe new disease, was pushed out of its new human host largely through the use of 19th century control tools and 21st century communication tools. As telling evidence of the importance of accrued experience, the ability to recommend these measures, with technical confidence in their efficacy, drew largely on international experience using case detection, contact tracing, isolation, and infection control to contain Ebola outbreaks.

The Ebola epidemic in West Africa: the most severe in history

The importance of country context was seen most vividly during the outbreak of Ebola virus disease in West Africa that began in late 2013 and took a disastrous toll on the economies and societies of Guinea, Liberia, and Sierra Leone, three of the world's poorest countries that were still recovering from years of civil war and unrest. The three countries, which had never experienced an Ebola outbreak, were poorly prepared for this unfamiliar and unexpected disease at every level, from early detection of the first cases to orchestrating an appropriate response. Clinicians had never managed cases. No laboratory had ever tested a patient specimen. No government had ever witnessed the social and economic upheaval that Ebola brings in its wake. Populations could not understand what hit them or why.

Ebola was thus an old disease in a new context that favoured rapid and initially invisible spread. As a result of these and other factors, the Ebola virus behaved differently in West Africa than in equatorial Africa, challenging a number of previous assumptions.

In past outbreaks, amplification of infections in health care facilities was the principal cause of initial explosive spread. Transmission within communities played a lesser role, with the notable exception of unsafe burials. In West Africa, entire villages were abandoned after community-wide spread killed or infected most residents and fear caused the others to leave. Also in past outbreaks, Ebola was largely confined to remote rural areas, with just a few scattered cases detected in cities. In West Africa, cities, including the capitals of all three countries, were the epicentres of intense virus transmission. The outbreak demonstrated how swiftly the virus could move once it reached urban settings and densely populated slums with virtually no infrastructure.

The outbreak was further characterized by an exceptionally high degree of population mobility across exceptionally porous borders, creating two significant impediments to control. First, cross-border contact tracing is difficult. Populations could readily cross porous borders but outbreak responders could not. Second, as the situation in one country began to improve, it attracted patients from neighbouring countries seeking unoccupied treatment beds, thus reigniting transmission chains. As seen repeatedly, as long as one country experienced intense transmission other countries remained at risk, no matter how strong their own response measures had been. WHO consistently treated disease spread in the three countries as a single epidemiological block.

Strong and often violent community resistance to control measures was another distinctive feature. Fear and misperceptions about an unfamiliar disease were well documented by medical anthropologists, who also addressed the reasons why many refused to believe that Ebola was real. People and their ancestors had been living in the same ecological environment for centuries, hunting the same wild animals in the same forest areas, and had never seen anything like Ebola. Equally unfamiliar were the control measures, like disinfecting houses, setting up barriers and fever checks with instruments that looked like guns, and the invasion by foreigners dressed in what looked like spacesuits, who took people to hospitals or barricaded tent-like wards from which few returned.

A second source of community resistance arose from the inability of ambulance and burial teams to respond quickly to calls for help, with bodies sometimes left in homes or on streets for more than a week. As experience showed, communities will comply with official advice if it benefits them. They are far less likely to comply if the result, like uncollected bodies, causes visible harm. Burials provided by military personnel were safe and efficient but not always dignified, especially in a culture that observes ancestral mourning rites and is accustomed to touching bodies of loved ones before they are buried in their finest clothes, in graves that are marked and can be visited.

In the face of early and persistent denial that Ebola was real, health messages issued to the public repeatedly emphasized that the disease was extremely serious and deadly, and had no vaccine, treatment, or cure. While intended to promote protective behaviours, these message had the opposite effect. If hospitals and »Western« medicine had so little to offer, families preferred to seek care from traditional healers or care for their loved ones at home. In their view, if death is almost inevitable, let this happen as comfortably as possible at home, amid familiar and well-loved faces. Moreover, when patients were taken to treatment or transit centres, anxious families often received little information about the patient's condition, outcome, or even the place of burial.

The Ebola outbreak in West Africa was the largest, the most complex, and the longest in history. The long time needed for complete control demonstrated the lack of international capacity to respond to a severe, sustained, and geographically dispersed public health crisis. Governments and their partners, including WHO, were initially overwhelmed by unprecedented demands driven by culture and geography as well as logistical challenges. Together, these and other factors created a volatile situation that evaded conventional control measures and constantly delivered setbacks and surprises.

Though WHO could declare the last outbreak, in Liberia, over in January 2016, the virus is certain to re-emerge at some time somewhere in Africa. Many high-level assessments of the response have been issued, and many lessons for the future have been elaborated. However, the world will be better prepared for Ebola's return in at least one significant way. In December 2016, WHO released the results of clinical trials demonstrating that the new Ebola vaccine is nearly 100 % effective.

The next big tests: Zika and urban yellow fever

The unprecedented scale and duration of the West African Ebola outbreak prompted a large number of critical assessments, largely focused on the role of WHO and shortcomings in the Organization's performance. All assessments made specific recommendations for WHO reform, often calling for similar changes. These recommendations shaped the design of a new health emergencies programme, which extended WHO functions from largely normative and standard-setting work to an operational role within countries experiencing an emergency.

Many early reforms were put to the test in 2015, when Zika made its first appearance in the Americas and raised the alarming possibility that a mosquito bite during pregnancy could cause severe neurological abnormalities in newborns. Innovations, such as the introduction of an event management system and a clear pathway for command-and-control, coupled with the early declaration of a public health emergency of international concern, supported a level of WHO performance that has been generally praised for its speed and strategic focus.

2016 saw a second major test, when Angola and the Democratic Republic of Congo confirmed outbreaks of yellow fever in their capital cities, marking the largest and most ominous African outbreaks experienced in four decades. Travellers and foreign workers carried the virus to Kenya and China, despite requirements for yellow fever vaccination certificates for travellers set out in the *International Health Regulations*. A market in fake vaccination certificates quickly sprung up.

Those outbreaks demonstrated what can happen when migrants from rural areas, and workers from mining and construction sites carry the virus into urban areas with powder-key conditions: dense populations of non-immune people, heavy infestations with mosquitoes exquisitely adapted to urban life, and the flimsy infrastructures that make mosquito control nearly impossible.

The world has had a safe, low-cost vaccine that confers life-long protection against yellow fever since 1937. Despite this advantage, the response faced a crippling initial shortage of vaccines, which WHO and the experts that advise the agency were eventually able to address. The result was the largest emergency vaccination campaign against yellow fever ever undertaken in sub-Saharan Africa. A crisis was averted.

Some good news for some old epidemics

The world's increased vulnerability to outbreaks and epidemics is usually bad news, but not always. At the start of this century, commitment to the Millennium Development Goals ignited a determined drive, unprecedented in its focus, intensity, and financial support, that eventually turned around the world's three deadliest epidemics: AIDS, tuberculosis and malaria. AIDS reached its tipping point in 2013 when, for the first time, the number of poor people newly receiving antiretroviral therapy surpassed the number of new infections. In 2016, WHO estimated than more than 18 million people in low-and middle-income countries were receiving this life-prolonging therapy, up from just 690,000 in 2000. For tuberculosis, the advent of better diagnostic tests and treatments means that 85 % of cases are now being cured. Since the start of this century, WHO estimates that its Stop TB Partnership has saved 39 million lives. Malaria, a centuries-old scourge that placed an iron break on African development, has lost its grip and is now in retreat. With the death rate dropping by an astonishing 60 % in sub-Saharan Africa, the historical heartland of this disease, WHO estimates that the malaria assault has saved nearly 7 million lives.

At the same time, the world dare not let down its guard. For diseases like these three, control programmes can never tread water. They either surge ahead or they sink. The dramatic resurgence of dengue, invited by the world's relaxed complacency, is a lesson that must not be forgotten. As long experience shows, epidemic-prone infectious diseases are also prone to stage dramatic comebacks.

EPIDEMIEN*
Margaret Chan
Generaldirektorin der Weltgesundheitsorganisation

Epidemien von Infektionskrankheiten zählen sicherlich zu den sieben größten Plagen. Sie lassen die menschliche Verwundbarkeit zu Katastrophen werden. In den
vergangenen Jahrhunderten haben Epidemien Merkmale gezeigt, die ihnen die
Macht geben, die internationale und nationale Sicherheit zu untergraben: Da sind
ihr invasives Potential, ihre Eigenheit, sich entlang der Handels- und Reiserouten zu
verbreiten, ihre großen Möglichkeiten ökonomische und soziale Unruhen zu verursachen und ihre bemerkenswerte Fähigkeit, sich Schutzmaßnahmen zu entziehen. Als Widersacher haben die mikrobiellen Krankheitserreger besondere Vorteile
durch Unsichtbarkeit, Heimlichkeit, Mobilität, Anpassungsfähigkeit und lautlose
Inkubationszeiten, die nationale Grenzen bedeutungslos machen.

Das extremste historische Beispiel für das zerstörerische Potential einer Epidemie, ist der »Schwarze Tod« im 14. Jahrhundert, der mindestens ein Drittel der
Bevölkerung Europas tötete, die landwirtschaftliche Produktion zerstörte, den Handel zum Stillstand brachte, die demographischen Strukturen so veränderte, dass das
Feudalsystem endete. Jahrhundertelang zerstörte Pocken ganze Armeen, dezimierte
das Pockenvirus königliche Familien, vernichtete Ureinwohner, tötete Millionen
und weitere Millionen wurden grässlich entstellt. Obwohl es einen hervorragenden
Impfstoff gab, konnte kein Heilmittel gefunden werden.

Durch die Entwicklung moderner Impfstoffe und effektiver Behandlungsmetho-
den ist die Menschheit besser gerüstet, um sich zu verteidigen. Aber es gibt noch
große Lücken. Zu Beginn des Jahres 2017 veröffentlichte die WHO eine Liste mit
neun hauptsächlichen Krankheitserregern, die Epidemien auslösen können. Für
diese gibt es keine Impfstoffe oder andere medizinische Gegenmaßnahmen, um
ihre Verbreitung zu verlangsamen. Einige dieser Krankheitserreger sind äußerst
gefährlich, z. B. das Nipahvirus, das eine Todesrate von fast 75 % hat.

---

* Übertragung aus dem Englischen: Jutta Hönow, OStR a. D.
  Begleitung bei der Korrektur: Dietrich Opalke, StD a. D.

Ein zentrales Anliegen der WHO

Die Kontrolle übertragbarer Krankheiten war immer ein zentrales Anliegen der WHO, obwohl mit unterschiedlicher Gewichtung. Im Jahr 1948 waren es vor allem übertragbare Krankheiten, die die erste Prioritätenliste der neuen Organisation bestimmten, denn die Regierungen waren der Meinung, das internationales Handeln dringend erforderlich sei in Bezug auf Malaria, Tuberkulose und Geschlechtskrankheiten. In den darauffolgenden Jahren wurden diese und eine wachsende Zahl anderer übertragbarer Krankheiten mit großem Optimismus bekämpft, unterstützt durch das Versprechen von wirksamen neuen Antibiotika, Impfstoffen und Insektiziden. Massenkampagnen, die Penicillin gegen Syphilis und Frambösie einsetzten, zeigten ermutigende Resultate. Durch die systematische Anwendung von Insektiziden und der Beseitigung von Brutstätten wurde Malaria in vielen Gegenden ausgelöscht.

Da sich der Lebensstandard verbesserte und effektive Medikamente zur Verfügung standen, war Tuberkulose in vielen fortschrittlichen Ländern keine Bedrohung mehr. Im Jahr 1967, am Abend ihres 20. Gründungstages, äußerte sich die WHO zuversichtlich, dass andere Krankheiten von internationaler Bedeutung, wie Pocken, Kinderlähmung, Gelbfieber, Typhus, Diphterie und Keuchhusten kontrolliert werden könnten und letztendlich verschwinden würden. Die Ausrottung der Pocken im Jahr 1979 unterstützte diese optimistische Haltung beträchtlich. Die WHO ging zu anderen wichtigen Themen über, eingeleitet durch das »Health for All movement« und seiner Förderung der primärärztlichen Versorgung. Sie erweiterte ihren Bereich und schloss fast 50 Gesundheitsthemen mit ein.

Im Jahr 1999 sah die Lage ganz anders aus. Die World Health Assembly forderte die WHO auf, auf diese Vielfalt zu verzichten und sich auf drei tödliche Epidemien, die außer Kontrolle geraten waren, zu beschränken: AIDS, Tuberkulose und Malaria. Während die Ähnlichkeit der zwei Pläne - zwischen denen 50 Jahre lagen - den beträchtlichen Fortschritt auf vielen Gebieten der Gesundheit verdecken, (im Jahr 1948 lag die höchste nationale Lebenserwartung bei 70 Jahren, im Vergleich zu 89,5 Jahren heutzutage), unterstreicht sie einen alarmierenden Trend, der sich seit Beginn dieses Jahrhunderts verstärkt hat. Infektionskrankheiten sind wieder aufgetreten, und zwar in einem Umfang, der höchste internationale Aufmerksamkeit verdient. Des Weiteren hat sich die Schwere dieser Bedrohung durch die Anzahl neuer Krankheitserreger, die auftreten oder wieder auftreten, signifikant vergrößert, vor allem auch deren Fähigkeit, sich schnell weltweit auszubreiten.

In den vergangenen drei Jahrzehnten ist die Bedrohung durch übertragbare Krankheiten signifikant von den früheren Mustern der Epidemiologie, der Anfälligkeit für Medikamente, der geographischen Verbreitung und Schwere abgewichen. Solch eine Abweichung stammt von dem natürlichen, unberechenbaren Verhalten der Mikroorganismen, verstärkt durch ökologische und demographische Tendenzen. Eine kontinuierliche Entwicklung ist die Überlebensstrategie der Mikroorganismen. Viren, Bakterien und andere Krankheitserreger sind schnell bereit sich zu vermehren, zu mutieren, sich an neue Zwischenwirte und neue Umgebungen anzupassen und resistent für Heilmittel zu werden. Diese natürliche Neigung, sich zu verändern, ist größten Teils durch die Veränderungen im Umgang des Menschen mit dem Planeten bedingt, wodurch das zerbrechliche Gleichgewicht der Mikroorganismen gestört wurde. Diese Veränderungen haben Pathogenen, die für Epidemien anfällig sind, vielfältige neue Möglichkeiten zum Ausbeuten gegeben.

Die demographischen Trends haben Bedingungen geschaffen, die es Infektionskrankheiten, ganz gleich ob alte oder neue, möglich machen, zu gedeihen. In der ganzen Welt ist die Bevölkerung gewachsen, wird älter und lebt, häufig unter menschenunwürdigen Bedingungen enger zusammen. Sogar die reichsten Länder haben tiefe Nester der Armut, die wie Reservoirs funktionieren. Hier werden Krankheiten zu Epidemien ausgebrütet, die durch mangelnde Hygiene und fehlende sanitäre Einrichtungen ausgelöst werden. In diesen Ländern sind die Mikroben schnell dabei, um eine Bevölkerung, die verletzlich geworden ist durch Armut, Krankheit, die als soziale Randgruppe gilt oder unter einem zusammenbrechenden Gesundheitssystem leidet, auszubeuten. Die medikamentenresistenten Arten der Tuberkulose konnten sich zuerst bei den Obdachlosen in New York City, die auf den Straßen und Bürgersteigen leben, einnisten. Tuberkulose, wobei die medikamentenresistenten Arten mit dazu gehören, profitierte von der geschwächten Infrastruktur in Ländern der früheren Sowjetunion und trat innerhalb eines Jahrzehnts mehr als doppelt so häufig auf. Diphtherie-Epidemien kehrten nach Russland und in die Ukraine zurück, nachdem die Impfaktionen im letzten Jahrzehnt des vergangenen Jahrhunderts zusammengebrochen waren. Die wachsende Zahl komplexer Notfälle und vertriebener Flüchtlinge, die in überfüllten Camps leben, liefern fruchtbare Brutstätten für Epidemien sowohl weitverbreiteter als auch exotischer Krankheiten. In Syrien wurde eine Epidemie der kutanen Leishmaniase bekannt als »Aleppo Beule«.

Viele, jedoch nicht alle neue Krankheiten entstehen in den Höhlen, Wäldern und Dschungeln Afrikas und auf den Geflügelmärkten in Asien, aber auch reiche Länder können zum Auftreten neuer Krankheiten beitragen. In Europa wurde BSE

oder Rinderwahnsinn zurückgeführt auf industriell verarbeitetes Tierfutter und
industriell verarbeitete Lebensmittel, wobei minderwertiges Fleisch verwendet
wurde. Dies soll zum Auftreten der verwandten Creutzfeldt-Jakob-Krankheit beim
Menschen beigetragen haben, die allerdings selten tödlich verläuft. Die Nahrungs-
kette ist ebenfalls industrialisiert und globalisiert worden, mit zwei Resultaten. Zum
einen wird die Recherche nach dem Ausbruch nahrungsbedingter Krankheiten sehr
kompliziert, wenn ein einzelner Speiseteller Inhaltsstoffe von verschiedenen Konti-
nenten enthält. Zum anderen kann sich der Rückruf verseuchter Lebensmittel auf
die ganze Welt beziehen, was Millionen Dollar kosten kann.

Schnelle, ungeplante Urbanisation ist ein anderer weltweiter Trend. Zum ersten
Mal in der Geschichte der Menschheit leben mehr Menschen in der Stadt als auf
dem Land. In vielen sich unkontrolliert ausbreitenden Städten der Entwicklungsländer hat die Geschwindigkeit des Bevölkerungswachstums die Kapazität der
kommunalen Behörden überholt, um eine gesunde, unterstützende Infrastruktur
aufzubauen. Hieraus resultiert die Unzulänglichkeit der städtischen Wasservorrä-
te und sanitärer Einrichtungen, die zum Wiederauftauchen von Krankheiten wie
Tuberkulose, Cholera, Typhus und Pest beigetragen hat, die prächtig gedeihen,
wenn mangelnde Hygiene und Überbevölkerung aufeinander treffen. Wenig Wasser und mangelhafte sanitäre Einrichtungen stärken die Brutstätten der Moskitos
und anderer Vektoren, die einige der wichtigsten Krankheiten, die Epidemien auslösen, übertragen. Das neueste Beispiel ist die schnelle Verbreitung des Zikavirus in
den Slums von Latein-Amerika, die ideale Brutstätten für die *Aedes aegypti* Mücken
sind. Als das Gelbfieber im Jahre 2016 in den überfüllten Städten Angolas und der
Demokratischen Republik Kongo ausbrach, veranlasste die WHO die größte Not-
fallimpfaktion, die es jemals gegen diese Krankheit in Afrika gegeben hat.

Das menschliche Eindringen und das Stören in neuen ökologischen Zonen,
sei es die Ausbeutung von Bodenschätzen, Landwirtschaft oder Abenteuer hat die
Häufigkeit der Krankheiten, die vorher auf Tiere beschränkt waren, stark erhöht.
Jetzt überschreiten sie die Artengrenze und infizieren den Menschen. Die vom
Menschen verursachten Veränderungen, wie Abholzung und Bergbau, trennen den
natürlichen Lebensraum und können Tiere, die nach Nahrung suchen, zu einem
engeren Kontakt mit dem Menschen zwingen. Der Ausbruch des Lassa-Fiebers in
Westafrika wurde mit solch einem Phänomen verknüpft. Die Gründe für zahlreiche
Ausbrüche von Ebola wurden auf das Jagen nach Buschfleisch in den Wäldern und
Dschungeln in Äquatorial-Afrika zurückgeführt. Der Bergbau in Guinea und die
damit verbundene Abholzung zwang eine große Fledermauskolonie, den Hof des

ersten Kindes zu besetzen, das während des ersten Ausbruchs von Ebola im Jahr 2013 in Westafrika starb.

In Latein Amerika wurde die Chagas-Krankheit zu einer wichtigen menschlichen Krankheit. Durch das fehlgeschlagene Management bei der Rodung wurden Populationen des Insektenüberträgers, »kissing bug« genannt, gezwungen sich von ihren wilden und natürlichen Tierwirten fortzubewegen und Menschen und Haustiere in ihren Übertragungszyklus einzubinden. Hierdurch wurde die Krankheit in eine urbane Infektion verwandelt, die durch Bluttransfusionen übertragen werden kann. Extreme Wetterbedingungen, starke Regenfälle oder Dürre, können ebenfalls Tierarten vertreiben und in engeren Kontakt mit menschlichen Siedlungen bringen oder die Brutstätten der Krankheitsüberträger vermehren. Klimabedingte Veränderungen in Tierpopulationen wurden mit dem Auftreten des Nipahvirus in Malaysia und dem Auftreten des Hantavirus in den USA in Verbindung gebracht. In diesem Fall trat eine schwere, neue Atemwegserkrankung auf nach einer langen Trockenperiode, gefolgt von starkem Niederschlag, der die Populationen der Nagetiere – u. a. auch der »deer mice« – verdrängte.

Der enge menschliche Kontakt mit Haustieren ist eine weitere Quelle für menschliche Infektionen mit neuartigen Krankheitserregern, wie die Vogelgrippe in Asien, die mit Hühnern sowie dem Middle East Respiratory Syndrome (MERS) im Mittleren Osten, das mit Kamelen in Verbindung gebracht wird. Die intensive Landwirtschaft hat es auch den Zugvögeln leichter gemacht, Krankheiten über Kontinente und Ozeane zu transportieren, wie das West Nile-Fieber und die höchst ansteckende Vogelgrippe. Wenn Krankheiten einen Zwischenwirt haben, wie Schweine für das Nipahvirus und Geflügel für die Vogelgrippe, können die wirtschaftlichen Schäden sehr hoch sein.

Andere Gegebenheiten für Infektionen, um sich zu entwickeln und auszubreiten, können nachlassender Wachsamkeit und Lücken im Kontrollsystem zugeschrieben werden. Wie Jahrzehnte lange Erfahrungen zeigen wird das Kontrollprogramm abgesetzt, wenn eine Krankheit, die Epidemie verdächtig ist, abklingt. In den fünfziger und sechziger Jahren gab es massive Moskitokontrollen, die das Gelbfieber in Amerika ausmerzten. Mit dem Sieg über das Gelbfieber versiegten auch die Geldquellen, wurden Kontrollprogramme abgebaut und verschwanden die Insektenkundler. Doch wieder einmal zeigten die Epidemien eine bemerkenswerte Unverwüstbarkeit im Angesicht der Niederlage. Der Abbau dieser vitalen Verteidigungslinie schuf die perfekte Gelegenheit für die Moskitos, wieder vorzudringen, das Dengue-Fieber trat wieder auf, das Gelbfieber kehrte zurück und Zika fegte durch Länder und eroberte einen neuen Kontinent. Die Rückkehr von Dengue war besonders dramatisch. Zum Beispiel gab es vor 1970 nur neun Länder in denen es eine Dengue-Epidemie gegeben hatte. Heute ist Dengue die weit verbreitetste Viruserkrankung, die durch Moskitos übertragen wird, wobei die Hälfte der Weltbevölkerung gefährdet ist.

Moskitos und andere Vektoren waren schnell dabei, neue Gelegenheiten, die durch Umweltschädigungen und ein verändertes menschliches Verhalten geschaffen wurden, auszubeuten. Epidemien, wie Dengue, Chikungunya, Gelbfieber und Zika, wurden durch die Annahme eines modernen Konsumverhaltens in den urbanen Gebieten der Entwicklungsländer angefacht, wo weggeworfene Haushaltsgegenstände, Reifen, Lebensmittelbehälter aus Plastik und Einmachgläser zahlreiche künstliche Brutstätten geschaffen haben. Der *Aedes aegypti*, der manchmal auch der »gothic cockroach« der Moskitowelt genannt wird, wird von allem angezogen, was schwarz ist, z. B. Reifen oder alte Koffer, und kann in einem Behälter brüten, der nicht größer als ein Flaschenverschluss ist.

Als Ergebnis dieser und anderer Tendenzen hat sich die Zahl von Bedrohungen durch Mikroben in der Form neu erkannter Pathogene, neu erkannter Krankheiten, die die Artengrenze von Tieren zu Menschen überqueren, Krankheiten und Krankheitsüberträgern, die sich neuen Umgebungen anpassen und Krankheiten wie Zika und Ebola, die in anderen geographischen Gebieten wieder auftreten, beispiellos vervielfacht. Mindestens einmal pro Jahr wird über neue und neu erkannte Krankheiten berichtet. Die Besorgnis, die durch diesen Trend ausgelöst wird, wird verstärkt durch die beispiellose Unmittelbarkeit und die erneute mikrobiologische Bedrohung.

Das phänomenale Anwachsen des internationalen Luftverkehrs und des Handels hat die Geschwindigkeit erhöht mit der Krankheitserreger, die sich in ahnungslosen Menschen und Tieren vermehren und Vektoren, die versteckt in Fracht oder Gepäckablagen und Kabinen der Flugzeuge, Kontinente überqueren, in neue Territorien eindringen und sich dort ansiedeln. Die Interdependenz von Wirtschaft und Handel bedeutet, dass die Unruhe, die durch eine Epidemie in einer Gegend ausgelöst wird, sich schnell in der ganzen Welt ausbreiten kann. Der breite Zugang zur elektronischen Kommunikation und zu sozialen Medien, gibt den Epidemien sofort ein großes internationales Publikum und verstärkt die Angst, die sie hervorrufen. Dies führt dann zu einem bestimmten Verhalten, wie dem Vermeiden von Reisen, dem Verzicht auf bestimmte Nahrungsmittel und Güter, so dass sich die sozialen und ökonomischen Folgen verschlimmern. Seit dem Beginn des 21. Jahrhunderts wurde die öffentliche Wahrnehmung der Schwere von Epidemien durch beeindruckende Bilder geprägt, Bilder von vermummten Gesichtern und leeren Flughäfen, dem Besprühen großer Wohnviertel mit Desinfektionsmitteln, Ärzten, die in Schutzanzügen arbeiten und der Massenschlachtung von Millionen von Vögeln. Auch die Politiker haben jetzt erkannt, dass Epidemien Konsequenzen haben können, die weit über den Gesundheitssektor hinausgehen.

Hieraus lässt sich schließen, dass, die Bedrohung durch Epidemien, die noch vor kurzem in den reichen Ländern als weit entfernt eingestuft wurden, in jedem Land näher gerückt ist. In den letzten Jahren wurde jeder Kontinent überraschend von einer unerwarteten Epidemie getroffen, von MERS im Mittleren Osten bis zu Lyme und West Nile-Fieber in Nordamerika, bis zu Zika und Chikungunya in Lateinamerika und der Karibik, zur Legionellose, Lassa-Fieber und abweichenden Creutzfeldt-Jakob Krankheiten in Europa, Hendra und Legionellose in Australien. Wenn sich ein Krankheitserreger erst einmal auf einem neuen Kontinent angesiedelt hat, wie die im Container brütende Aedes aegypti Mücke oder die aggressive asiatische Tigermücke und Krankheiten, wie Zika, West Nile-Fieber und Rift Valley-Fieber, so ist er nur schwierig oder gar nicht zu bekämpfen.

Der Missbrauch von Antibiotika und anderen Antimikroben, was auch ihren übermäßigen Einsatz, besonders in der Nahrungsmittelindustrie, einschließt, und ihr mangelhafter Gebrauch, wenn einzelne Tabletten über den Ladentisch verkauft werden, ohne eine Verschreibung oder medizinische Aufsicht. Dies ist ein weiterer verhängnisvoller Trend, ein weltweites Problem zu schaffen: die schnelle Entwicklung der Resistenz gegen Medikamente an vorderster Front. Da mehr und mehr Antibiotika versagen, wird die Behandlung vieler gewöhnlicher Krankheiten sehr teuer oder gar unmöglich. Bakterieninfektionen, die am häufigsten zu menschlichen Krankheiten führen, sind auch diejenigen, wo die Resistenz auftritt und zu großer Sorge führt: Durchfallerkrankungen wie Dysenterie, Atemwegserkrankungen, auch pneumococcale Lungenentzündung und die medikamentenresistente Tuberkulose, sowie durch sexuellen Kontakt übertragene Infektionen, wie Gonorrhoe und eine Vielzahl im Krankenhaus auftretender Superbakterien, die bekanntermaßen teuer und schwierig zu behandeln sind. Besonders alarmierend sind Superbakterien wie *Staphylococcus aureus* und *Salmonella typhi*, die resistente Gene zu nahezu allen gegenwärtigen vorhandenen Medikamenten angehäuft haben und das Potential haben, nicht behandelbare Infektionen zu verursachen. Mit nur wenigen Ersatzprodukten in Vorbereitung, bewegt sich die Welt auf eine post-antibiotika Zeit zu, wo normale Infektionen wieder tödlich werden. Hierzu nur ein Beispiel, im Augenblick

werden Teile von Afrika und Asien von einem medikamentenresistenten Typhus-
fieber heimgesucht.

Die Nachrichten werden schlechter. Am Ende des Jahres 2015 wurde die
medizinische und wissenschaftliche Gemeinschaft durch die Entdeckung eines
neuen resistenten Mechanismus, des mcr-1 Gens, durch chinesische Wissenschaftler erschüttert. Das Gen befindet sich auf einer beweglichen Schleife der DNA und
bewegt sich leicht von einem Bakterienstrang zum anderen. Dies ist eine horizontale Übertragung der Resistenz und sie ist beängstigend. In der chinesischen Studie
entwickelte das mcr-1 Gen Resistenz zu Colistin, dem letztmöglichen Antibiotikum,
das verwendet wird, um lebensbedrohliche Infektionen, die durch gramnegative
Bakterien verursacht werden, zu behandeln. Die Resistenz zu Colistin wurde in
Proben von Tieren und Menschen und in Nahrungsmitteln entdeckt.

Colistin ist ein 50 Jahre altes Antibiotikum, das in den 70er Jahren wegen seiner
toxischen Wirkung auf die Nieren im Regal stehen blieb. Es kam zurück in den klinischen Gebrauch, als alle neueren Antibiotika versagten. Da Colistin nicht überall
eingesetzt worden war, war es noch wirksam. Außerdem war es preiswert, so dass
es massiv als Wachstumsförderer in der Nahrungsmittelindustrie in verschiedenen
Ländern, auch in China, verwendet wurde. Die chinesischen Ergebnisse, die sich in
einigen anderen Ländern wiederholten, bestätigten die Verbindung zwischen dem
landwirtschaftlichen Einsatz von Antibiotika und der Resistenz in geschlachteten
Tieren, der Resistenz in Nahrungsmitteln und der Resistenz im Menschen. Diese
Punkte sind jetzt miteinander verknüpft. Der Verlust von Colistin, den einige Experten voraussagen, wird eine Anzahl ernsthafter Infektionen ohne irgendeine Heilung lassen.

Epidemien im 21. Jahrhundert: Kein Land ist sicher

Betrachtet man alles zusammen, so haben diese Entwicklungen das frühere Vertrauen untergraben, dass ein hoher Lebensstandard, ein gut funktionierendes
Gesundheitssystem und der Zugang zu effektiven Medikamenten die Bevölkerung
in reichen Ländern vor einer Bedrohung durch eine Epidemie in weit entfernten
Gegenden schützen könnte. Diese Entwicklungen haben auch die geschichtliche
Bedeutung der Epidemien als einer zerstörerischen Kraft wieder hergestellt – dieses Mal in einem modernen Umfeld, das durch die enge, gegenseitige Abhängigkeit
von Nationen und unmittelbarer Kommunikation gekennzeichnet ist. Innerhalb

eines Landes wird das zerstörerische Potential einer Epidemie durch öffentliche Panik und Vertreibung der Bevölkerung bis hin zur Unterbrechung von Routinefunktionen ausgedrückt. Dies geschieht, wenn die Eindämmung (der Epidemie) eine Notfallimmunisierung der Bevölkerung, die in die Millionen geht, notwendig macht. Die Störung kann auch in wirtschaftlichen Bedingungen gemessen werden. Die direkten Verluste in der Wirtschaft Asiens, die mit dem Ausbruch von SARS verbunden waren, werden auf $ 30 Milliarden geschätzt.

Epidemien haben einige Merkmale gemeinsam, die ihnen ein großes, zerstörerisches Potential geben, welches definiert wird durch den Krankheitserreger und den politischen, wirtschaftlichen und kulturellen Zusammenhang, in dem die Epidemie auftritt. Erstens sind Epidemien dringende Notfälle der öffentlichen Gesundheit, die von dem schnellen Bemühen begleitet werden, sich um Einzelfälle zu kümmern, die weitere Ausbreitung zu verhindern und den Ausbruch unter Kontrolle zu bringen. Die notwendigen Kontrollmaßnahmen können drastisch sein: Massennotimpfung, Quarantäne, Grenzkontrollen, Reisebeschränkungen und Massentötung von Tieren.

Zweitens ist das Verhalten von Epidemien nicht vorhersehbar. Dies macht es schwierig für die Behörden, der Bevölkerung wesentliche Fragen zu beantworten wie: »Wer ist gefährdet? Wird sich die Epidemie ausbreiten, ist es eine tödliche Epidemie und werden die empfohlenen Kontrollmaßnahmen angemessenen Schutz bieten?« Diese Ungewissheit ist besonders groß bei neuen Krankheiten, die definitionsgemäß wenig verstanden werden, wenn sie auftreten. Des Weiteren zeigt die Vorgeschichte jüngster Ausbrüche viele Beispiele eines plötzlichen starken Anstiegs von Fällen oder die Ausweitung auf ein anderes Land, nachdem man gedacht hatte, dass die Spitze erreicht worden sei oder von der WHO als beendet erklärt wurde. Dies passierte mehrmals mit Ebola im Jahr 2015. Solche Rückschläge können durch eine einzige Lücke in einem Krankenhaus bei der Infektionskontrolle entstehen, die das Überleben eines Virus in einem immunprivilegierten »Zufluchtsort«, wie Auge oder Hoden, also einer »versteckten Tasche« für Infektionen, die von der Überwachung oder bei geschmuggelten Tieren übersehen wurde.

Drittens sind Epidemien alarmierende Ereignisse, die große Besorgnis in der Bevölkerung hervorrufen. Diese Besorgnis kann anhalten, selbst wenn neues Wissen über die Krankheit beruhigend wirkt. Extreme Verhaltensweisen sind gut dokumentiert und reichen vom Tragen von Gesichtsschutz und dem Vermeiden von Reisen, von Angst vor Krankenhäusern und der Stigmatisierung von Patienten, bis hin zu Aufständen, zum Verlust von Vertrauen in Regierungen und dem

Vermeiden gewisser Lebensmittel durch den Verbraucher. Ein besonders tragisches Beispiel gab es im Februar 2017, als eine liberianische Krankenschwester, die vollkommen von Ebola geheilt war, während der Geburt starb, da das Krankenhauspersonal Angst hatte, sie zu behandeln.

Diese extremen Reaktionen verleihen Epidemien ein viertes gemeinsames Merkmal: ihr hohes politisches Profil. Wenn öffentliche Ängste, soziale Störungen und wirtschaftliche Verluste einen Ausbruch begleiten, dann erlangen sie Aufmerksamkeit auf Regierungsebenen, die weitaus höher – und mächtiger sind – als die Gesundheitsministerien. Während des jüngsten Ebola-Ausbruchs haben einige Regierungen die Kontrollanstrengungen aus den Händen der öffentlichen Gesundheitsbeamten genommen und Streitkräfte eingesetzt. Solche Aufmerksamkeit kann ein großer Vorteil sein, wenn das volle politische Engagement auf die Kontrolle der Epidemie ausgerichtet ist und durch adäquate Mittel unterstützt wird. Andererseits kann die Kontrolle der Epidemie sehr behindert werden, wenn sich politische Kräfte entschließen, motiviert durch wirtschaftliche Interessen und nicht durch die Fürsorge für die öffentliche Gesundheit, Informationen über die Krankheit zurückzuhalten, ihre Bedeutung herunterzuspielen oder sie ganz zu verheimlichen. Dies passierte Ende 2002 und zu Beginn von 2003, als China den Ausbruch von SARS monatelang vor seinen Nachbarländern und der Welt verheimlichte. Dies passiert auch wiederholt bei Choleraepidemien.

Alle diese Merkmale geben Epidemien noch ein gemeinsames Charakteristikum: es sind immer Ereignisse, die Schlagzeilen machen, die von der nationalen und sogar der internationalen Presse genau verfolgt werden. Positiv hieran ist, dass die Berichterstattung durch die Medien effektiv genutzt werden kann, vor allem zu Beginn eines Ausbruchs, um die Öffentlichkeit zu informieren und empfohlene Schutzmaßnahmen mitzuteilen. Leider heizt die Berichterstattung häufig die öffentliche Besorgnis an und intensiviert die damit verbundenen wirtschaftlichen Verluste. Als Beispiel seien genannt die Berichte in einigen europäischen Ländern über die höchst ansteckende Vogelgrippe in verschiedenen Geflügelfarmen, die einen sofortigen Rückgang des Geflügelverzehrs von 30% und mehr zur Folge hatte. Im Jahr 2006 wurde in einem einzigen kommerziellen Hühnerbetrieb in Frankreich das H5N1 Virus nachgewiesen. Dies kostete die Geflügelindustrie innerhalb eines Monats geschätzte $ 48 Millionen.

SARS: Die erste schwere neue Krankheit des 21. Jahrhunderts

Die angestiegene Verwundbarkeit der Welt durch Epidemien neuer und wiederkehrender Krankheiten zeigte sich besonders dramatisch Mitte März 2003, als SARS als erste schwere neue Krankheit des 21. Jahrhunderts auftauchte. Innerhalb weniger Tage nach seiner Entdeckung in Hong Kong breitete sich die Krankheit explosionsartig entlang der Wege des internationalen Luftverkehrs aus. Der globale Alarm, der von der WHO ausgelöst wurde half der schnellen Entdeckung und der Meldung von Fällen. SARS war auch die erste Krankheit, die in der Ära der elektronischen Transparenz auftrat. Das Aufspüren des Ausbruchs geschah in der realen Zeit und ein virtuelles Labor wurde eingerichtet, so dass führende Wissenschaftler aus der ganzen Welt online zusammenarbeiten konnten, um den verursachenden Erreger zu identifizieren und diagnostische Tests zu entwickeln.

Die Reaktion auf SARS untersuchte eine Annahme von grundlegender Bedeutung für die Zukunft: Könnte eine massive Reaktion an verschiedenen Fronten eine neue schwere Krankheit daran hindern, endemisch zu werden und damit der Welt ersparen, sich mit einer weiteren permanenten Bedrohung auseinanderzusetzen, wie HIV/AIDS?

Von Anfang an war dies die Strategie, die die WHO verfolgte. Die internationalen Mechanismen, die sie für Alarm und Reaktion eingerichtet hatte, funktionierten gut. Die internationale Reaktion arbeitete an zwei Fronten, um Fälle zu bearbeiten und die Übertragung am Ort des Ausbruchs zu unterbrechen und eine weitere internationale Verbreitung zu verhindern.

Die Möglichkeit, SARS »dead in its tracks« aufzuhalten, brachte Unterstützung auf allen Ebenen, von Staatspräsidenten bis hin zu Gemeindehelfern und Sachleistungen wie reverse transcriptase PCR Analysen bis zur Massenverteilung von Thermometern. Dank dieser Anstrengungen, gelang die Unterbrechung der Übertragungsketten in weniger als vier Monaten, nachdem die WHO ihren ersten weltweiten Alarm ausgelöst hatte. In einer Statistik wird die revolutionäre Kraft der Kommunikationsmittel der realen Zeit dargestellt. Die Warnungen vom März zeigten eine klare Demarkationslinie zwischen den frühesten Ausbrüchen in China, Hong Kong, Hanoi, Singapur und Toronto, die alle heftig waren und den 26 anderen Ländern und Gebieten, wo Folgefälle auftraten. Die Gegenden mit Ausbrüchen vor dem Alarm im März beliefen sich auf 98 % der weltweiten Fälle und 79 % der Toten. Die anderen 26 Gegenden, die durch einen hohen Grad von Vorsicht und Vorbereitung charakterisiert waren, konnten eine weitere Übertragung verhindern oder auf eine Handvoll Fälle beschränken.

SARS zerstörte auch die Meinung, dass Länder, die mit einem hohen Lebensstandard und guter medizinischer Versorgung gesegnet sind, vor der Bedrohung
durch neue Krankheiten bewahrt bleiben. SARS war vor allem eine Krankheit
wohlhabender, urbaner Zentren. Der Virus verbreitete sich am schnellsten und
wirksamsten in gut ausgerüsteten Krankenhäusern. SARS, die erste schwere neue
Krankheit dieses Jahrhunderts wurde aus seinem neuen menschlichen Wirt heraus-
gedrängt durch den Gebrauch von Kontrollmaßnahmen des 19. Jahrhunderts und
den Kommunikationsmitteln des 21. Jahrhunderts. Ein schlagender Beweis für die
Bedeutung der gesammelten Erfahrung –die Fähigkeit diese Maßnahmen zu empfehlen mit dem fachlichen Vertrauen in ihre Wirksamkeit beruhte vor allem auf der
internationalen Erfahrung zur Aufdeckung von Krankheitsfällen, zum Aufspüren
von Kontakten, zur Isolierung und zur Infektionskontrolle, um die Ebola-Ausbrü-
che einzudämmen.

Die Ebola-Epidemie in Westafrika: Die schwerste in der Geschichte

Die Bedeutung des Zusammenhangs mit einem Land wurde besonders anschaulich
während des Ausbruchs des Ebola-Virus in Westafrika, der am Ende des Jahres 2013
begann und einen verheerenden Schaden in der Wirtschaft und der Bevölkerung
von Guinea, Liberia und Sierra Leone anrichtete, in drei der ärmsten Länder der
Welt, die sich noch von Jahren des Bürgerkriegs und der Unruhe erholten mussten.
Diese drei Länder, in denen es noch nie einen Ausbruch von Ebola gegeben hatte,
waren auf jeder Ebene schlecht vorbereitet auf diese unbekannte und unerwartete
Krankheit, von der frühen Erkennung der ersten Fälle bis zum Organisieren einer
angemessenen Antwort. Kliniker hatten keine Erfahrung mit den Fällen. Kein Labor
hatte jemals die Blutprobe eines befallenen Patienten untersucht. Keine Regierung
war jemals Zeuge der sozialen und wirtschaftlichen Umwälzung, die Ebola nach
sich zieht. Die Bevölkerung konnte nicht verstehen, was sie getroffen hatte oder
warum.

Ebola war daher eine alte Krankheit in einem neuen Umfeld, das eine schnelle
und zunächst unsichtbare Ausbreitung begünstigte. Als Resultat dieser und anderer Faktoren, verhielt sich der Ebola-Virus in Westafrika anders als in Äquatorial
Afrika, und stellte eine Anzahl vorheriger Annahmen in Frage.

Bei vergangenen Ausbrüchen war die Zunahme durch Infektionen in den
Gesundheitszentren eine Hauptursache für die anfänglich explosionsartige Aus-

breitung. Die Übertragung innerhalb der Bevölkerung spielte eine geringere Rolle, allerdings mit der bemerkenswerten Ausnahme von ungesicherten Beerdigungen. In Westafrika wurden ganze Dörfer aufgegeben, nachdem die Ausbreitung in der Dorfgemeinschaft die meisten Einwohner getötet oder infiziert hatte. Die anderen gingen aus Angst. Bei den vergangenen Ausbrüchen war Ebola vor allem beschränkt auf entlegene ländliche Gebiete, nur einige, wenige Fälle wurden in Städten entdeckt. In Westafrika waren Städte, hierzu gehören auch die Hauptstädte der drei Länder, Epizentren einer intensiven Virusübertragung. Der Ausbruch zeigte, wie schnell sich das Virus fortbewegte, sobald es städtische Siedlungen und dicht bewohnte Slums ohne nennenswerte Infrastruktur erreicht hatte.

Des Weiteren war der Krankheitsausbruch durch besonders hohe Bevölkerungsmobilität, über besonders durchlässige Grenzen gekennzeichnet. Daraus ergaben sich für eine Kontrolle zwei wesentliche Erschwernisse. Zum einen ist grenzüberschreitender Kontakt schwer zu verfolgen. Bevölkerungen können mühelos Ländergrenzen passieren, die Teams, die den Ausbruch bekämpfen aber nicht. Zweitens wurden je mehr sich die Lage in einem Land zu bessern begann, desto mehr Patienten aus benachbarten Ländern auf ihrer Suche nach Betten und Behandlung angezogen, und starteten so erneut Übertragungsketten. So lange es in einem Land eine intensive Weiterverbreitung gab, blieben auch andere Länder gefährdet, unabhängig davon, wie umfassend ihre eigenen Gegenmaßnahmen gewesen waren. Die WHO hat die Krankheit, die sich in den drei Ländern ausbreitete, kontinuierlich als einen einzigen epidemiologischen Ausbruch behandelt.

Ein weiteres signifikantes Merkmal ist der starke und häufig gewalttätige Widerstand unter den Einheimischen gegen die Kontrollmaßnahmen. Angst und Missverständnis über eine unbekannte Krankheit wurden von medizinischen Anthropologen dokumentiert, die sich auch den Gründen zuwandten, warum sich so viele weigerten an die Existenz von Ebola zu glauben. Die Menschen und ihre Vorfahren hatten in der gleichen ökologischen Umgebung seit Jahrhunderten gelebt, sie jagten die gleichen wilden Tiere in den gleichen Wäldern und hatten nie etwas wie Ebola gesehen. Genauso unbekannt waren die Kontrollmaßnahmen, wie das Desinfizieren der Häuser, der Aufbau von Absperrungen und Fieberkontrollen mit Instrumenten, die wie Gewehre aussahen. Hinzu kam die Invasion von Ausländern, gekleidet in einer Art Raumanzug, die die Menschen in Krankenhäuser oder abgesperrte, zeltähnliche Krankenstationen brachten, von denen nur wenige zurückkehrten.

Eine zweite Quelle für den Widerstand unter den Einheimischen war die Unfähigkeit der Notfall- und Beerdigungsteams, rasch auf die Hilferufe zu reagieren. Dies bedeutete, dass Leichen manchmal in Häusern oder Straßen länger als eine Woche liegen blieben. Die Erfahrung zeigte, dass die Dorfgemeinschaften dem offiziellen Rat folgten, wenn er ihnen dienlich war. Sie folgten jedoch seltener, wenn das Resultat, wie die nicht aufgesammelten Leichen, ihnen schadete. Beerdigungen durch das Militär waren sicher und effizient, aber nicht immer würdevoll, besonders nicht in einer Kultur, die die Trauerriten für die Ahnen respektiert und daran gewöhnt ist, die Körper der geliebten Menschen zu berühren, bevor sie in ihren besten Kleidern bestattet werden, in Gräbern, die gekennzeichnet sind und besucht werden können.

Angesichts des frühen und ständigen Leugnens der Existenz von Ebola, wurden Gesundheitsnachrichten veröffentlicht, die betonten, dass die Krankheit extrem ernst und tödlich sei und es keinen Impfstoff, keine Behandlung oder Heilung gebe. Diese Veröffentlichungen waren gedacht, Schutzmaßnahmen zu fördern, doch hatten sie die gegenteilige Wirkung. Wenn die Krankenhäuser und die westliche Medizin so wenig zu bieten hatte, zogen die Familien es vor, Hilfe beim traditionellen Heiler zu suchen oder ihre geliebten Menschen zu Hause zu versorgen. Wenn der Tod ohnehin unausweichlich sei, so dachten sie, dann sollte es so schön wie möglich zu Hause passieren, umgeben von bekannten und geliebten Gesichtern. Nachdem die Patienten in Behandlungs- oder Durchgangszentren gebracht worden waren, erhielten die besorgten Familien nur wenige Informationen über den Zustand des Patienten, seinen Krankheitsverlauf oder auch nur über den Platz, an dem er begraben wurde.

Der Ebola-Ausbruch in Westafrika war der größte, komplexeste und längste in der Geschichte. Die lange Zeit, die für die endgültige Kontrolle benötigt wurde, zeigt die Mängel an internationaler Fähigkeit auf eine schwere, anhaltende und geographisch weit gestreute öffentliche Gesundheitskrise zu reagieren. Regierungen und ihre Partner, auch die WHO, waren anfangs überfordert von noch nie dagewesenen Anforderungen, die durch Kultur und Geographie und logistische Herausforderungen entstanden. Diese und andere Faktoren führten zu einer unberechenbaren Situation, die sich Kontrollmaßnahmen entzog und immer wieder zu Rückschlägen und Überraschungen führte.

Obwohl die WHO den letzten Ausbruch in Liberia im Jahr 2016 für beendet erklären konnte, wird der Virus sicherlich irgendwann und irgendwo in Afrika wieder auftauchen. Viele hochkarätige Bewertungen über die Maßnahmen wurden veröffentlicht und viele Erfahrungen wurden für die Zukunft erarbeitet. Die Welt wird auf die Rückkehr von Ebola zumindest in einer bedeutsamen Hinsicht vorbereitet sein. Im Dezember 2016 hat die WHO die Ergebnisse von klinischen Versuchen bekanntgegeben, die zeigen, dass der neue Ebola-Impfstoff fast 100 % wirksam ist.

Die nächsten großen Prüfungen: Zika und das urbane Gelbfieber

Das beispiellose Ausmaß und die Dauer des Ebola-Ausbruchs in Westafrika löste eine große Anzahl kritischer Bewertungen aus, die sich besonders auf die Rolle der WHO und die Mängel in der Durchführung der Organisation, konzentrierten. Alle Bewertungen enthielten präzise Empfehlungen für eine Reform der WHO, wobei sie häufig nach ähnlichen Änderungen riefen. Diese Empfehlungen prägten den Entwurf für ein neues Gesundheitsnotfallprogramm, das die Funktionen der WHO von einer meist normativen und Maßstäbe setzenden Rolle zu einer operativen Rolle innerhalb der Länder, die einen Notfall erleben, erweiterte.

Viele dieser frühen Reformen kamen im Jahr 2015 auf den Prüfstand, als Zika zum ersten Mal in Amerika auftrat und die alarmierende Möglichkeit aufzeigte, dass ein Mückenstich bei Neugeborenen während der Schwangerschaft schwere neurologische Missbildungen verursachen könnte. Neuerungen, wie die Einführung eines Managementsystems für solch ein Ereignis und ein klarer Weg für »Befehl und Kontrolle«, verbunden mit einer frühen Erklärung eines öffentlichen internationalen Gesundheitsnotstands, unterstützen den Einsatz der WHO auf einer Ebene, die für ihre Schnelligkeit und strategische Zielsetzung gelobt worden ist.

Im Jahr 2016 gab es eine zweite bedeutende Prüfung, als Angola und die demokratische Republik Kongo den Ausbruch von Gelbfieber in ihre Hauptstädten bestätigten, die den größten und bedrohlichsten Ausbruch darstellten, der in 40 Jahren stattgefunden hatte. Reisende und Gastarbeiter trugen den Virus nach Kenia und China, trotz der Pflicht für Impfpässe für Gelbfieber für Reisende, wie es durch die *International Health Regulations* vorgeschrieben ist. Schnell entwickelte sich ein Markt für gefälschte Impfpässe.

Diese Ausbrüche zeigten, was passieren kann, wenn Migranten aus ländlichen Gebieten und Arbeiter aus Minen und von Baustellen den Virus in urbane Gebiete tragen, in denen »Pulverfass«-Bedingungen herrschen: eine dichte Bevölkerung nicht-immuner Menschen, schwere Verseuchung durch Moskitos, die sich insbesondere an das urbane Leben angepasst haben, und eine dürftige Infrastruktur, die eine Moskitokontrolle fast unmöglich macht.

Seit 1937 hatte die Welt einen sicheren, preiswerten Impfstoff, der lebenslang Schutz vor Gelbfieber bietet. Trotz dieses Vorteils, sahen sich die Bekämpfungsteams einem anfänglich lähmenden Mangel an Impfstoff gegenüber, der jedoch von der WHO und den Experten, die die Organisation beraten, schließlich gelöst werden konnte.

Das Ergebnis war die größte Notfallimpfkampagne gegen Gelbfieber, die jemals südlich der Sahara durchgeführt wurde. Eine Krise war abgewendet.

Gute Nachrichten für alte Epidemien

Die vermehrte Anfälligkeit der Welt für Ausbrüche von Krankheiten und Epidemien ist im Allgemeinen eine schlechte Nachricht, aber nicht immer. Zu Beginn dieses Jahrhunderts, löste das Bekenntnis zu den »Millennium Development Goals« einen entschlossenen Antrieb aus, den es in dieser Zielrichtung, Intensität und finanziellen Unterstützung noch nie gegeben hatte. Damit hatten die letzten tödlichen Epidemien der Welt, also AIDS, Tuberkulose und Malaria, ihren Höhepunkt überschritten und konnten aus der Krise geführt werden. AIDS erreichte seinen Wendepunkt im Jahr 2013, als zum ersten Mal die Anzahl armer Menschen, die die antiretrovirale Therapie erhielt, die Zahl der neu Infizierten überstieg. Die WHO schätzte, dass mehr als 18 Millionen Menschen in Niedriglohnländern bzw. Ländern mit einem mittleren Einkommen diese lebensverlängernde Therapie erhielten von gerade Mal 290 000 im Jahr 2000. Bei Tuberkulose bedeutet dies, dass die Verfügbarkeit besserer diagnostischer Tests und Behandlungen es ermöglicht, 85 % der Fälle zu heilen. Die WHO schätzt, dass ihr Programm »Stop TB Partnership« 39 Millionen Leben gerettet hat. Malaria, eine Jahrhunderte alte Geißel, die die Entwicklung in Afrika »eisern gebremst« hat, hat ihre Kontrolle verloren und zieht sich jetzt zurück. Mit einer Todesrate, die um 60 % im Afrika südlich der Sahara, dem historischen Zentrum dieser Krankheit, gefallen ist, schätzt die WHO, dass der Kampf gegen Malaria fast 7 Millionen Menschenleben gerettet hat.

Dennoch darf die Welt nicht unachtsam werden. Für Krankheiten, wie diese drei, dürfen die Kontrollprogramme nicht stagnieren. Entweder steigen diese Krankheiten plötzlich wieder an oder sie gehen unter. Die dramatische Rückkehr von Dengue, die sich durch die entspannte Unbekümmertheit der Welt ergab, ist eine Lektion, die man nicht vergessen sollte. Wie die langjährige Erfahrung zeigt, sind Infektionskrankheiten, die für Epidemien anfällig sind, auch anfällig für ein dramatisches Come-back.

FLUCHT UND VERTREIBUNG
Claudia Roth
Vizepräsidentin des Deutschen Bundestages

Menschen fliehen. Historisch betrachtet, ist das ein Allgemeinplatz. Eine Konstante der Menschheitsgeschichte. Vielleicht ja sogar eine ihrer – wenn auch oft leidvollen – treibenden Entwicklungselemente. Sie fliehen vor Krieg und Vertreibung, vor politischer Verfolgung, aber auch vor Armut und Perspektivlosigkeit.

Das beantwortet sogleich die erste Frage, die ich im vorliegenden Beitrag zu beantworten gebeten wurde: die nach den wahrscheinlichen Szenarien, auf die sich die deutschen Katastrophenschutz-Organisationen im Bereich von Flucht und Vertreibung auszurichten hätten. Menschen werden auch weiterhin fliehen. Es dürfte demnach auch in Zukunft einige Arbeit auf Organisationen wie das Rote Kreuz zukommen.

Das gilt umso mehr, als wir bei aller historischen Normalität von Flucht und Migration dennoch in außergewöhnlichen Zeiten leben. Mit über 65 Millionen Menschen sind derzeit mehr Frauen, Männer und Kinder auf der Flucht als je zuvor. Und nicht zuletzt der Blick auf den fortschreitenden Klimawandel lässt befürchten, dass eine baldige Beruhigung der weltweiten Lage kaum zu erwarten ist. Die Flucht vor immer extremeren Klimaverhältnissen ist heute mehr als nur sorgenvolle Prognose.

Grund genug also, über unseren Umgang mit Flucht und Vertreibung, mit erzwungener und freiwilliger Migration nachzudenken; und das jenseits aller wahlkampfgetriebenen Debatten in der deutschen Öffentlichkeit, in aller Ruhe und analytischen Unaufgeregtheit – bot doch das Krisenmanagement der letzten Jahre, oder der panische Versuch davon, keine zielführende Reaktion auf eine derart tiefgreifende globale Herausforderung.

Dabei wäre es vermessen, den deutschen und internationalen Katastrophenschutz-Organisationen konkrete Ratschläge für ihre tägliche

Arbeit geben zu wollen. Sie wissen, was sie tun. Vielmehr möchte ich als Vizepräsidentin des Deutschen Bundestages auf politischer Ebene argumentieren und die Gelegenheit nutzen, mit einigen Missverständnissen aufzuräumen, die in meinen Augen unsere Flüchtlingspolitik in den vergangenen Jahren vergiftet, die politischen Diskussionen verklärt und damit auch die Arbeit der vielen Hilfsorganisationen weltweit spürbar erschwert haben.

Die eigentliche Plage

Beginnen wir mit dem vermeintlich Offensichtlichen. Insofern wir im Titel dieses Kapitels überhaupt von »Plagen der Menschheit« schreiben wollen, so möchte ich diese Bezeichnung zwingend auf die Flucht und Vertreibung beziehen, nicht aber auf die Geflüchteten oder Vertriebenen selbst. Es ist zutiefst bedrückend, das überhaupt erwähnen zu müssen. Doch nicht zuletzt für einige meiner Kolleginnen und Kollegen sind Schutzsuchende offenbar bloß noch wohlfeiles Mittel zum rechtspopulistischen Zweck, ihr Leid ein probates Mittel im Wettstreit um ein paar Prozentpunkte – notfalls auch Welle, Strom oder eben Plage. Sie wissen: Die Gefahr eines mutlosen Rückzugs in die vermeintliche Schutzzone der Abgeschiedenheit, einer Renationalisierung des Denkens, einer Umdeutung zum Teil begründbarer Sorgen in das Recht auf Ausgrenzung und Spaltung, diese Gefahr ist heute groß. Statt darauf aber mit der gebotenen Besonnenheit überzeugter Demokratinnen und Demokraten zu reagieren, nutzen sie die Stimmungslage bereitwillig aus. Sie vereinfachen und verängstigen, statt zu erklären und zu ermutigen. Damit verschaffen sie gerade jenen Kräften weiteren Rückenwind, in deren Gewässern sie zu fischen versuchen.

Mehr denn je sollten wir uns deshalb die Frage stellen, in welchem Deutschland, in welcher Welt wir leben wollen. Wollen wir eine Gesellschaft sein, die sich angesichts von globalen, von unweigerlich grenzenlosen Aufgaben zurückzieht und sich vormacht, der Alleingang sei zielführender als der gemeinsame Weg? Wollen wir uns in eine vermeintlich überschaubare und einheitliche Fantasie zurückziehen, die es so nie gegeben hat, die es so auch nie geben wird, dabei aber in Kauf nehmen, dass unsere Scheinwelt für unzählige Menschen, für die anderen, die besonders Verletzlichen noch mehr Leid bedeutet? Wollen wir für einen müden, ja zum Teil geschichtsvergessenen europäischen Kontinent optieren, dessen Wohlstand in großen Teilen auf den Vorzügen (und nicht selten der Ausbeutung) einer globalisierten Welt beruht – der sich zugleich aber just vor jenen Herausforderungen abschottet, die seine Regierungen und Unternehmen doch häufig selbst mitverursacht haben?

Oder wollen wir die Menschen wieder in den Mittelpunkt unserer politischen Erwägungen rücken – das Einzelschicksal, die Schutzbedürftigkeit, die individuelle Lebensperspektive – ganz unabhängig davon, welche Landtagswahl gerade ansteht und wie es um die Umfragewerte bestellt ist? Ich entscheide mich ganz bewusst für Letzteres. Das heißt dann auch, in aller Deutlichkeit: Nicht der Flüchtende aus Syrien, auch nicht die Migrantin aus Nigeria ist die Plage, sondern das, was sie durchlebt haben, und die Gründe, die sie dazu getrieben haben, ihre bisherige Heimat und alles andere hinter sich zu lassen.

Fluchtursachenbekämpfung: Nebelkerze und Jahrhundertaufgabe

Und damit wären wir auch schon beim politischen Wort der letzten Jahre, bei einem der größten Missverständnisse – oder bewussten Täuschungen? – der jüngsten Zeit: den Fluchtursachen. Oder, besser noch: ihrer Bekämpfung.

Fluchtursachenbekämpfung ist ein ganz großartiges Konzept. So großartig, dass es alle Parteien für sich beanspruchen. Bekämpfung klingt immer gut, so aktionistisch. Zudem erlaubt der Begriff wahlweise den staatsmännischen Einwurf des großen Ganzen, bei Bedarf aber auch den Verweis auf die Langfristigkeit und die Bitte um Geduld bezüglich vorzeigbarer Fortschritte. Gäbe es das Wort nicht, es müsste für Interviews mit Politikerinnen und Politikern wie mir erfunden werden.

Entsprechend kommt es darauf an, was wir unter »Fluchtursachen« tatsächlich verstehen und welche konkreten Arbeitsaufträge wir daraus ableiten. In dem Zusammenhang hört, wer konkret nachfragt, häufig erschreckend unkonkrete Antworten. Die substantiellen, die handfesten Konsequenzen einer ernst gemeinten Fluchtursachenbekämpfung für die deutsche, die europäische Politik? Die sind meist gerade noch in Verhandlung, in der Findungsphase, in der internen Abwägung.

Längst ist »Fluchtursachenbekämpfung« zu einer leeren Worthülse verkommen, mit der die humanitäre und politische Kraftanstrengung, die eigentlich vonnöten wäre, weichgezeichnet, die eigene Verantwortung für die Herausforderungen unserer Zeit verborgen wird. Und so gehen unsere Rüstungsexporte auch weiterhin in Krisengebiete, weil wirtschaftliche Bilanzen mehr zählen als Frieden und Konfliktprävention. Die europäische Agrar- und Handelspolitik zerstört ungemindert die Märkte in Entwicklungsländern. Globale Steuerflucht kostet die ärmsten Länder dieser Erde auch in diesem Jahr Milliarden von Euro. Und während wir in Deutschland vier Jahre über eine europarechtswidrige Ausländermaut streiten, fügt unsere Energie- und Verkehrspolitik dem Klima tagtäglich massiven Schaden zu. Heute. Gerade jetzt. Im Moment.

Diese Entwicklung ist dramatisch. Tausende Schutzsuchende ertrinken im Mittelmeer; wir stehen vor größten Herausforderungen bei der Aufnahme, Versorgung und Umverteilung von Geflüchteten – und die überfällige Fluchtursachenbekämpfung verkommt in der viertgrößten Volkswirtschaft der Welt mal eben zu einer argumentativen Nebelkerze, zum inhaltslosen Vorschlaghammer politischer Scheindebatten. Dabei ist eines doch offensichtlich: Wir leben in der Einen Welt. Ineinander verschränkt, miteinander verwoben, im Guten wie im Schlechten: Die Globalisierung macht uns alle zu Passagieren im selben Boot. Die Klimakrise und die Folgen von entgrenzten Kriegen, eine transnational vernetzte autoritäre Bewegung, global agierender Terrorismus – die Aufgaben unserer Zeit erreichen uns auch im Herzen Europas. Wollen wir sie lösen, müssen wir global denken und lokal ansetzen. Hier bei uns können wir das meiste verändern. Hier können wir uns verändern. Und damit wirksam gegen Fluchtursachen vorgehen, statt nur darüber zu reden.

Das aber setzt die Bereitschaft zu langfristiger Strukturpolitik voraus; einen Kohärenzansatz, der die verschiedenen Politikfelder gemeinsam denkt und globale Verantwortung als einen grundlegenden Auftrag an deutsche, europäische und multilaterale Integration versteht. Nicht als Anforderung an andere.

Konkret bedeutet das: Unsere Rüstungsexporte in Krisengebiete und an Staaten mit problematischer Menschenrechtslage gehören umgehend gestoppt. Wir müssen unsere Versprechen zur Entwicklungs- und Klimafinanzierung einlösen, statt beide miteinander zu ver- und das jahrzehntealte 0,7-Prozent-Ziel offizieller Entwicklungszusammenarbeit künstlich schönzurechnen. Alle Maßnahmen, die wir auf nationaler und europäischer Ebene ergreifen, müssen – in Form einer ex-ante Folgenabschätzung – auf ihre menschenrechtlichen und ökologischen Auswirkungen weltweit überprüft, auf die konsequente Umsetzung der »Agenda 2030 für nachhaltige Entwicklung« der Vereinten Nationen ebenso ausgerichtet werden wie auf die Klimaziele von Paris.

Unser Handelssystems ist außerdem nicht weniger ungerecht, nur weil wir (unter erfreulich lautem Protest vieler Bürgerinnen und Bürger) einen bilateralen Vertrag nach dem nächsten aushandeln: Mehr denn je verursacht die Aufsprengung der globalen Wertschöpfungskette doch eine bedrohliche Ungleichheit zwischen den Ländern, aber auch innerhalb einzelner Gesellschaften. Hier müssen wir zu einem multilateralen System zurückfinden, auf Grundlage verbindlicher sozialer und ökologischer Standards.

Derweil sind die Hilfsbedarfe der Vereinten Nationen nach wie vor mangelhaft gegenfinanziert, von der langfristigen und planbaren Grundausstattung ganz zu schweigen. Unser Vergessen vermeintlich weit entfernter Notlagen tötet täglich Menschen. In dem Zusammenhang haben die vielen Nothilfe-Organisationen all unsere Unterstützung verdient, die sich mit aller Kraft gegen den berüchtigten »CNN-Effekt« stemmen, infolge dessen (auch politisch) oft nur noch jene Krisen eine Rolle spielen, über die gerade medial berichtet wird. Ganze Regionen sind der Destabilisierung preisgegeben. Es sind diese humanitären Krisen, die zu den Kriegen der Zukunft werden – und unzählige weitere Menschen in die Flucht treiben.

Schließlich, eines noch: Wir dürfen nicht länger in Kauf nehmen, dass unser Produzieren und Konsumieren andernorts zu einem unwiderruflichen Raubbau an der Natur führen. Die Klimakrise verursacht immer mehr Dürren, Stürme, Hochwasser und Ernteausfälle – die wiederum Hungerkatastrophen nach sich ziehen, globale Ungleichheit verstärken und bewaffnete Konflikte befeuern. Wir müssen die Klimakrise endlich als Frage der globalen Gerechtigkeit verstehen und entsprechend kompromisslos dagegen vorgehen. Je kürzer die Tweets, in denen US-Präsident Donald Trump den Klimawandel leugnet, desto länger muss unser Atem, umso lauter muss unsere Stimme sein. Dabei braucht es nicht nur eine viel ehrgeizigere Umwelt- und Klimapolitik in Deutschland und Europa, sondern gleichzeitig auch die Unterstützung für Anpassungsmaßnahmen in den Ländern, die die wenigsten Kapazitäten haben, zugleich aber die ersten sind, die unter dem Klimawandel leiden. Und wenn wir die Debatte über einen verbesserten (auch formal-juristischen) Schutz von Klima- und Umweltflüchtlingen nicht jetzt voranbringen, wann dann?

Auf all diesen Ebenen müssten wir ansetzen, wollten wir das Wort »Fluchtursachenbekämpfung« mit politischem Leben füllen und den zahlreichen Anforderungen an die Partnerländer zur Seite stellen. Das schiere Gewicht dieser Jahrhundertaufgabe mag erdrückend erscheinen. Die Folgen von Zurückhaltung und ewiger Abwiegelung aber wiegen noch deutlich schwerer; und sie treffen vor allem diejenigen, die sich ohnehin bereits struktureller Armut und Perspektivlosigkeit ausgesetzt sehen.

Wer in dem Zusammenhang (wenn auch nur im Geheimen) glaubt, damit sei das Problem doch eigentlich gelöst – aus den Augen, aus dem Sinn – der hat die Gesetze der Globalisierung nicht begriffen. Es wird auf Dauer nicht funktionieren, die Waren- und Finanzströme maximal zu liberalisieren, die sozial-politischen Auswirkungen unseres Handelns und Wirtschaftens hingegen von einer europäischen »Insel der Glückseligen« fernzuhalten. Mögen die Zäune noch so hoch, die Mauern noch so dick, die Augen und Herzen noch so verschlossen sein: Kurzfristig gedachte Politik zahlt sich allenfalls kurzfristig aus. Und das sollte nicht unser Ziel sein in einer Welt, die wir schon bald an unsere Kinder werden übergeben dürfen.

Von der Entrechtung des Rechts

Allerdings tragen wir nicht nur große Verantwortung gegenüber den nachfolgenden Generationen, sondern auch für die Errungenschaften, die bereits erkämpft und erstritten wurden. Ich denke hier insbesondere an die internationale Rechtsordnung, jenes unermesslich wertvolle Destillat aus den Schrecken zweier Weltkriege. Nicht ohne Grund ist in der Präambel des europäischen Gründungsvertrages vom »humanistischen Erbe« zu lesen, aus dem sich »die unverletzlichen und unveräußerlichen Rechte des Menschen« entwickelt hätten.

Umso sorgenvoller blicke ich auf das, was ich als »Entrechtung des Rechts« bezeichnen möchte. In der Tat sind insbesondere die europäischen Regierungen auf dem besten Wege, jenes humanistische Erbe zu verspielen – und mit ihm die Glaubwürdigkeit der Europäischen Union als Vorreiterin für Rechtsstaatlichkeit und Menschenrechte. Dabei scheint mir auch diese Entwicklung auf einer Reihe von Missverständnissen zu beruhen. Nein, das Recht auf Asyl ist keine Option, kein Almosen, sondern internationale Verpflichtung – und eigentlich doch Grundpfeiler unseres historisch erwachsenen Selbstverständnisses. Das Verbot der Zurückweisung von Schutzsuchenden lässt sich nicht einfach aussetzen oder verhandeln, nur weil daheim einige Ewiggestrige mit dem Trugbild einfacher Antworten auf Stimmenfang zu gehen versuchen. Die Unantastbarkeit der menschlichen Würde aus Artikel 1 des Grundgesetzes kennt keinen Konjunktiv, keinen aufenthaltsrechtlichen Status, kein Herkunftsland. Und das in Artikel 6 stipulierte Recht auf Familie gilt eben nicht nur für die deutsche, die christliche, übrigens auch nicht nur für die heterosexuelle Familie.

Vor allem aber lässt sich rein gar nichts mit dem grundlegendsten aller Menschenrechte aufrechnen: dem Recht auf Leben. Wenn in dem Zusammenhang und bei aller politischen Auseinandersetzung, der ich nun wahrlich nicht abgeneigt bin, die Notwendigkeit einer zivilen Seenotrettungsmission abgestritten oder gar damit abgetan wird, es kämen dann »bloß noch mehr« nach Europa, ist meine ganz persönliche Grenze der Nachvollziehbarkeit erreicht – wird da doch letztlich der Verlust von Menschenleben zum akzeptablen Mittel der Abschreckung und Abschottung umgedeutet. Das Mittelmeer ist die tödlichste Grenze der Welt. Manche sagen trotz, ich sage aufgrund all der Abschottung der vergangenen Jahre. Dieser Zustand wird auf ewig ein Schandfleck auf der Geschichte des europäischen Einigungswerks bleiben und dürfte eigentlich nur eine menschliche Reaktion kennen: den unbedingten Willen, umgehend ein grundlegendes Umdenken einzuleiten. Das Mittelmeer nämlich ist auch unser Mittelmeer. In einem vereinten Europa ist es italienisch, irisch, finnisch. Und die Ertrunkenen somit auch polnische, dänische und deutsche Verantwortung.

Der Menschenrechtskanon, das internationale Völkerrecht wurden nicht zuletzt dazu erschaffen, in Momenten der Prüfung und Orientierungslosigkeit eine wegweisende Leitschnur zu bieten. Ich finde es erschreckend, wie wenig die europäischen Regierungen in den letzten Jahren für die Verteidigung der völkerrechtlichen Errungenschaften getan haben, und wie vehement sie stattdessen mit dem unterkomplexen Ziel der »Verringerung von Zahlen« dem zutiefst verstörenden Fehlverständnis erlegen sind, es gäbe weniger Flüchtende auf dieser Erde und unserer Schutzpflicht sei Genüge getan, nur weil wir das Leid der Menschen nun durch einen Zaun betrachten oder aus unserem Blickfeld wissen.

Immer gnadenloser wird da aus innenpolitischem Druck heraus folgenschwere Außenpolitik betrieben; Realitäten sind mit einem Mal nicht mehr Grundlage politischer Überlegungen, sondern werden schamlos umdefiniert. Entgegen allen Warnungen von Expertinnen und Beobachtern ist die Türkei plötzlich sicheres Drittland, in das sich mit wenigen Ausnahmen auch Asylsuchende zurückschicken lassen, die unleugbares Anrecht auf Schutz in einem europäischen Mitgliedstaat hätten. An allen Parlamenten vorbei wird eine fundamentale Neuausrichtung der europäischen Flüchtlingspolitik betrieben, im Zuge derer die Zusammenarbeit mit repressiven Regimen wie Ägypten oder dem Sudan ausgerechnet von jenen politischen Kräften vorangetrieben wird, die vor wenigen Jahren noch hatten verlauten lassen, die Zeiten der interessengeleiteten Anbiederung an die Gaddafis und Mubaraks dieser Welt seien nun endgültig vorbei. Nicht einmal mehr die Rückführung in die Folterknäste libyscher Milizen ist mehr Tabu, im Gegenteil: Es ist erklärtes Ziel europäischer Regierungen.

Auf den griechischen Inseln verwandeln sich Auffanglager derweil in geschlossene Haftzentren, nicht zuletzt weil die europäischen Partner die versprochene Entlastung verwehren. Dabei sollten doch ohnehin nur Asylsuchende aus bestimmten Ländern umverteilt werden – ganz so, als gelte das Recht auf ein faires Verfahren nur für einzelne Nationen. Die Situation der Betroffenen wird dabei immer mehr zum Beiwerk einer gezielten Aufweichung rechtlicher Garantien, die binnen weniger Jahre das Werk ganzer Generationen zunichte zu machen droht. Im Kern geht es doch nur noch darum, möglichst viele Menschen möglichst früh auf ihrem Weg nach Europa abzufangen – und von denen, die es trotz aller Widerstände und Hindernisse hierher geschafft haben, möglichst viele möglichst bald wieder abzuschieben.

Selbstverständlich gehören auch Rückführungen zur nicht immer blumigen Realität eines Einwanderungslandes wie Deutschland, eines Kontinents wie Europa dazu. Wenn Abschottung und Zurückweisung aber zum Leitfaden aller flüchtlingspolitischen Überlegungen werden, ist die Missachtung des Asylrechts unausweichliche Konsequenz. Dem müssen wir beherzt entgegentreten.

Der Versuch einer Alternative

Aber wie? Durch eine Wiederaneignung des Rechts und einen mutigen Dreiklang aus Fluchtursachenbekämpfung, massiver Unterstützung in den Ländern entlang der Fluchtrouten, vor allem aber einer grundlegenden Reform des europäischen Asyl- und Migrationssystems. Denn, und damit wären wir beim folgenschwersten aller Missverständnisse angelangt: Natürlich gibt es Alternativen zum derzeitigen Ansatz.

Zentrales Element ist dabei die Schaffung legaler Zugangswege in die Europäische Union. Derzeit lassen wir Flüchtenden und Migranten doch kaum eine andere Wahl, als ihr Leben in die Hände von Schleppern zu legen und unter menschunwürdigsten Umständen irregulär einzureisen – nur um dann auf all die »Illegalen« in Europa zu schimpfen und zu fordern, den Schleusern müsse endlich mal das Handwerk gelegt werden. Das ist mindestens unglaubwürdig. Die letzten Jahre haben deutlich gezeigt: Mehr Abschottung führt allenfalls zu einer Fluchtverlagerung auf noch gefährlichere Routen, und damit zu noch mehr Opfern. Nur sichere Fluchtwege sind in der Lage, den immer skrupelloseren Schlepperbanden die Geschäftsgrundlage zu entziehen.

Nun möchte ich nicht behaupten, legale Fluchtalternativen seien ein Allheilmittel. Zumindest aber wären sie ein Schritt in die richtige Richtung – hin zu einem Asylsystem, das die Rechte der Betroffenen, nicht deren Ausgrenzung ins Zentrum rückt. Deshalb: Es braucht mehr humanitäre Visa nach Artikel 25 des EU-Visakodexes, mehr Kontingente und eine Ausweitung der Familienzusammenführung. Und wo war eigentlich die Unterstützung für das Resettlement-Programm der Vereinten Nationen all derer, die sich nun ganz begeistert zeigen von »Sammellagern« und der »Asylprüfung« in nordafrikanischen Drittländern? Ich sehe jedenfalls keinen Grund, in quälend-regelmäßigen Abständen just mit jenen Kolleginnen und Kollegen über ein paralleles Umsiedlungs-System zu streiten, die einen bestehenden und funktionierenden UN-Mechanismus seit Jahren konsequent boykottieren. Stattdessen muss auch Deutschland seine Teilnahme am Resettlement-Programm endlich substantiell ausbauen.

Ergänzend zu sicheren Fluchtrouten müssen wir endlich auch ein solidarisches System der Umverteilung von Asylsuchenden innerhalb der Europäischen Union durchsetzen, notfalls auch (zunächst) im kleineren Staatenverbund. Und da sich trotzdem Menschen auf individuellem Wege aufmachen werden, sollten an den EU-Außengrenzen (allerdings auf europäischem Boden) ausreichend Einrichtungen geschaffen werden, in denen Registrierung und Erstversorgung erledigt, die Umverteilung auf die einzelnen Mitgliedstaaten vorbereitet werden könnten. Sichere Fluchtalternativen schaffen dabei kein Chaos, wie gern behauptet wird. Sie bieten die Möglichkeit zu einem geordneten, aber menschenwürdigen Asylsystem in Europa.

Solidarische Umverteilung ersetzt dabei natürlich noch keine Integration. Deshalb müssen wir endlich den Mut haben, hier klare Ankündigungen gegenüber einer mündigen und größtenteils offenherzigen Bevölkerung zu machen, der deutlich mehr zuzutrauen ist als dumpfe Parolen und Überschriftenjournalismus. Ankündigungen wie: Ja, wir werden viel Geld in die Hand nehmen müssen, damit Integration funktioniert. Rückblickend werden wir es aber nicht bereuen, und das Geld wird angesichts von Milliardenüberschüssen auch andernorts nicht fehlen. Ohnehin: Solange laut Oxfam acht Milliardäre so viel Vermögen ihr Eigen nennen wie die Hälfte der Weltbevölkerung, solange Deutschland zu den europäischen Ländern mit der weitesten Schere zwischen Arm und Reich gehört – solange ist eine vermeintliche Verteilungskonkurrenz keine horizontale Debatte zwischen Asylsuchenden und Arbeitslosen, sondern eine vertikale zwischen ihnen allen und den vermögendsten 0,1 Prozent.

Abschließend muss es natürlich unser Ziel sein, auch die weltweite Arbeitsmigration gerecht und nachhaltig zu gestalten. In einer Welt, die immer enger zusammenrückt, verändern sich auch die Wanderungsprozesse. Sie verlaufen häufig temporär und zirkulär zwischen Nord und Süd, auch zwischen den Ländern des globalen Südens. Viele Menschen wechseln das Land, in dem sie studieren und arbeiten, mehrfach im Laufe ihres Lebens. Das bietet große Chancen, sowohl für die Herkunfts- und Aufnahmeländer als auch für die Migrantinnen und Migranten selbst. Auf die Notwendigkeit einer nachhaltigen Arbeitsmigration in Zeiten der Globalisierung ist das gegenwärtige Einwanderungsrecht in Deutschland und Europa allerdings völlig unvorbereitet. Es braucht eine Neuausrichtung der Einwanderungspolitik hin zu einer Arbeitsmigration, die den Herausforderungen des demografischen Wandels und der zunehmend internationalen Mobilität gerecht wird. Das würde dann auch das Asylsystem entlasten, das derzeit noch viele Migrantinnen und Migranten nicht etwa deshalb in Anspruch nehmen, weil sie »betrügen« oder »in die Sozialsysteme einwandern« wollen, sondern da ihnen schlichtweg keine andere Möglichkeit der Einreise bleibt.

Paradigmenwechsel, jetzt

»Ich lebe in der Furcht, nicht missverstanden zu werden.« Dieser Satz stammt von Oscar Wilde. Und er hat Recht. Wer seine Meinung derart abschleift und weichkocht, dass nun wirklich jeder gleich folgt und einverstanden ist, macht vermutlich etwas falsch.

Wie so häufig, ist aber das andere Extrem mindestens genauso bedenklich. Wenn die gesamte Flüchtlingspolitik der europäischen Mitgliedstaaten *nur* noch auf Missverständnissen, folgenreichen Fehlkon-
zeptionen und kurzsichtigen Zielen fußt, dann ist ein grundlegender
Paradigmenwechsel überfällig – im Sinne der Betroffenen, zum Schutz
der internationalen Rechtsordnung, aus Gründen der Humanität.

Hier schließt sich nun der Kreis, würde doch ein solcher Paradigmenwechsel auch all jenen Katastrophenschutz-Organisationen dienen, die nicht zuletzt die Seenotrettung im Mittelmeer und die Versorgung von Schutzsuchenden weltweit sicherstellen – und dafür in
jüngster Vergangenheit auch noch beschimpft, beschuldigt, bedroht
wurden. Jenen Organisationen, denen wir, denen auch ich ganz persönlich für ihre tatkräftige Arbeit und die gelebte Menschlichkeit zu
allergrößtem Dank verpflichtet bin.

FUNDAMENTALISMUS
Landesbischof Heinrich Bedford-Strohm
Ratsvorsitzender der Evangelischen Kirche in Deutschland und
Landesbischof der Evangelisch-Lutherischen Kirche in Bayern

Zu den biblischen Plagen, die das Alte und Neue Testament erwähnen, gehören in der Regel Naturphänomene, Katastrophen oder Krankheiten, denen die Menschen ausgesetzt werden. Die Vorstellung, dass eine menschliche Haltung oder Weltanschauung zur Plage werden könnte, ist darin nicht vorgesehen. Die Tatsache, dass wir heute im Zeitalter der Kernphysik und des Klimawandels über menschengemachte Möglichkeiten der Bedrohung und Zerstörung dieser Welt nachdenken müssen, die das biblische Ausmaß der Plagen noch einmal in den Schatten stellen könnten, steht auf einem anderen Blatt. Sie ist aber insofern mit dem Thema des Fundamentalismus verknüpft, als es inzwischen reale Befürchtungen gibt, fundamental fehlgeleitete Menschen könnten sich des atomar-biologisch-chemischen Waffenarsenals dieser Welt bedienen, um »Plagen« zu verursachen, die nicht nur eine Vielzahl von Menschenleben auslöschen, sondern zugleich möglichen zukünftigen Generationen die Lebensgrundlage entziehen.

Das Ende der Welt, wie wir sie kennen, ist im Zeitalter des Fundamentalismus ein zumindest denkbares Szenario geworden, erst recht dann, wenn es Menschen gibt, denen am Fortbestand der Menschheit nicht gelegen ist und die die Möglichkeiten in die Hände bekommen, ihre Menschenleben verachtende Weltanschauung in die Tat umzusetzen. Der Anschlag auf ein Atomkraftwerk, der Einsatz eines chemischen Kampfstoffes, die sogenannte »schmutzige Bombe« – das sind reale Möglichkeiten, bezüglich derer der damalige deutsche Innenminister, Wolfgang Schäuble, im Jahr 2006 einmal warnte, es sei wohl nicht mehr die Frage, ob, sondern wann und wo es einen Anschlag mit einer solchen Bombe geben werde. Eine Warnung, die manch einer in das Reich der Weltuntergangsprophetie und Apokalyptik verbannen möchte, die aber bei anderen das Unwohlsein gegenüber einer einfachen Entwarnung noch verstärkt hat.

Für die Kirche ist es in jedem Fall ein Anlass, sich eingehender mit den diesbezüglichen Entwicklungen und Fragen zu befassen. Ist doch das Christentum diejenige Religion, die zuerst mit dem Begriff und Phänomen des Fundamentalismus konfrontiert wurde. Auch gilt es hier noch einmal zu unterscheiden. Fundamentalismus ist nicht einfach gleichzusetzen mit jener Ideologie, die auf Gewalt setzt und bereit ist, das Leben anderer Menschen zu zerstören. Und doch gibt es Schnittmengen, die zu untersuchen wichtig sind, will man nicht nur die Folgen des Fundamentalismus beklagen, sondern dessen Entstehungsbedingungen verstehen und ihnen von Anfang an etwas entgegensetzen.

Denn es sind ja nicht nur die spektakulären Anschläge religiös verblendeter Terroristen, die sich spätestens seit dem 11. September 2001 ins kollektive Gedächtnis der Welt eingegraben haben; es sind vielmehr die ungezählten Opfer, Männer, Frauen und Kinder, die unter religiös verqueren Vorstellungen erzogen und von ihnen beeinflusst wurden, die mit unsäglichen Gottesvorstellungen drangsaliert und in die Enge getrieben wurden, denen die Möglichkeiten zur eigenen Entwicklung und Entfaltung, zum selbständigen Denken, Handeln und Glauben im Keim erstickt wurden, die oft jahrelanges Leiden in einer vermeintlich religiös geprägten Umgebung ertragen mussten und die diesem Teufelskreis mitunter nur mühsam entfliehen konnten, oft gezeichnet fürs Leben und unfähig wieder Vertrauen zu fassen und neu anzufangen. Es sind diese Opfer des Fundamentalismus, die in den Schlagzeilen unserer Tage vielfach zu kurz kommen und denen sich kirchliche Verantwortung nicht entziehen kann und darf.

Wer sich diesem Fundamentalismus stellen will, der muss sich auch der eigenen Geschichte und der eigenen Tradition stellen, der muss öffentlich plausibel darzulegen versuchen, inwiefern der eigene Glaube sich von seiner möglichen Pervertierung distanziert und was er oder sie zu tun gedenkt, um fundamentalistischen Haltungen in den eigenen religiösen Kontexten Einhalt zu gebieten. Denn zum Teil sind es ja dieselben heiligen Schriften, die in fundamentalistischer Aneignung herangezogen werden, dieselben Texte und Erzählungen, die im religiösen Gedächtnis der Menschheit ihren Eingang gefunden haben, dieselben Worte und Weisheiten, auf die sich auch der Glaube der Kirche beruft.

Eine Phänomenbeschreibung

Religiöser Fundamentalismus kennt viele Gesichter. Da ist die Lehrerin einer christlichen Glaubenskommune, die zu zwei Jahren Gefängnis verurteilt wird, weil sie ihre Schützlinge wiederholt mit der Rute geschlagen hat.[1] Da ist der Schmerz einer liberalen muslimischen Lehrerin, die überrascht und verzweifelt reagiert, als sie erfährt, dass fünf ihrer Schüler mit dem Auto in die Türkei fuhren, um von dort über die syrische Grenze zu gelangen und zu kämpfen – nicht einmal die engsten Angehörigen und Freunde hatten offensichtlich von den Plänen der jungen Menschen etwas mitbekommen.[2] Da sind sich selbst als christlich verstehende Parteien, die unter Berufung auf Bibel und Gebote mit einer spezifischen Form der strikten Ablehnung von Abtreibung, Homosexualität und Islam auf Stimmenfang gehen.[3] Da wird ein kritisches Lehrbuch zur Evolution publiziert, mit dem die Schöpfungsgeschichte gleichberechtigt zur Evolutionslehre in den Naturkundeunterricht gelangen soll.[4] Da werden Mädchen den körperlichen und seelischen Qualen einer Genitalverstümmelung unterzogen, weil deren Eltern darin eine religiöse Vorschrift sehen.[5]

Die Liste der Beispiele ließe sich fortsetzen. Sie gehören zur deutschen Wirklichkeit, sind Teil des Lebens in diesem Land. Unterschiedliche Manifestierungen einer religiös-fundamentalen Glaubensorientierung. Sicherlich kann und muss hier noch einmal differenziert, nach Grad und Schwere der angewendeten Gewalt, nach Intensität und Rigidität der Befolgung religiöser Regeln und Vorstellungen unterschieden werden. Doch es wird deutlich, religiöser Fundamentalismus ist kein Phänomen der Vergangenheit und auch kein Phänomen, das sich nur bestimmten Kulturkreisen und Regionen dieser Erde zuordnen ließe. Fundamentalismus ist hier und heute unter uns.

Islamischer und christlicher Fundamentalismus –
Brüder im Geiste?

Mit Vergleichen und Parallelisierungen ist stets behutsam umzugehen. Sehr schnell unterliegt man der Gefahr, Analogien zu benennen,
die einer eingehenderen Betrachtung nicht standhalten. Vorbehaltlich
einer solchen genaueren Untersuchung lassen sich dennoch einige
Auffälligkeiten finden, die Verbindendes zwischen fundamentalistischen Erscheinungsformen in Christentum und Islam erkennen
lassen.

Reinhard Hempelmann, Leiter der evangelischen Zentralstelle für
Weltanschauungsfragen, spricht von einem »Reaktionsphänomen«[6],
das sich im Fundamentalismus zeige, ein Antwortversuch auf Traditi-
onsabbrüche und die Wahrnehmung einer religiösen oder kulturellen
Identitätsgefährdung. Im Christentum wird diese Entwicklung meist
mit dem Aufkommen der historisch-kritischen Erforschung der Bibel
verknüpft, die seit Ende des 19. Jahrhunderts einige Glaubensgewissheiten auf den Prüfstand stellte. Nicht zufällig ist das Wort Fundamentalismus deswegen auch zunächst positiv gebraucht worden, um den
Entwicklungen Einhalt zu gebieten. So diente es als Selbstbezeichnung
protestantisch-konservativer Gruppen in den USA, die sich 1919 zur
»World's Christian Fundamentals Association« verbanden und damit
der erlebten Liberalisierung und Modernisierung etwas entgegensetzen wollten. Supranaturalismus und Verbalinspiration der Bibel sind
nur einige Stichworte, die dabei eine Rolle spielen. Der sogenannte
»Kreationismus« ist ein Ergebnis dieser Entwicklungen, indem er die
wissenschaftliche Evolutionstheorie mit der biblischen Schöpfungserzählung aus Genesis 1 zu widerlegen versucht. Zu den sogenannten
fundamentalen Wahrheiten, zu denen sich die Bewegung im 2. Jahrzehnt des 20. Jahrhunderts bekannte, gehörten die Verbalinspiration
und Unfehlbarkeit der Schrift ebenso wie etwa die wörtlich verstan-
dene Jungfrauengeburt.[7]

Es führt sicherlich keine gerade Linie von hier zum islamischen
Fundamentalismus, der sich heute beispielsweise im Wahhabismus
und Salafismus zeigt. Auch hier kann man aber in gewisser Weise von
einem »Reaktionsphänomen« sprechen oder auch von einem »moder-

nen Antimodernismus«[8]. Islamischer Fundamentalismus, der häufig auch als Islamismus bezeichnet wird, ist ein Terminus, der für Entwicklungen spätestens seit den 60er Jahren des letzten Jahrhunderts Verwendung findet. Das Ende der europäischen Kolonialherrschaft und ein soziokultureller Wandel in vielen mehrheitlich islamisch geprägten Ländern führte zu einer Rückbesinnung auf die eigene kulturelle Identität, bei der die Religion eine zentrale Rolle spielt. Antimodernismus zeigt sich dabei z. B. in der pauschalen Ablehnung westlicher Werte und einer säkularen Gesellschaft. Der aufklärerische Gedanke einer unabhängigen und selbständigen menschlichen Vernunft und Moral wird kategorisch verworfen, das eigene Religionssystem wird für alle sozialen und politischen Belange als maßgeblich erachtet und in meist dualistischer Weise gegen alle Andersdenkenden und -glaubenden gerichtet, an der wortwörtlichen Verbindlichkeit der normativen Texte wird festgehalten. Modern ist ein solcher Antimodernismus insofern, als er sich der Techniken und Errungenschaften der modernen Welt bedient und sie für seine Interessen einsetzt. Computer, Internet und Medien sind oft kein Hindernis, sondern willkommenes Hilfsmittel im Einsatz für einen idealisierten »Urzustand«, wie er den Gläubigen präsentiert werden soll.

Anhand dieser Merkmale eine Wesensverwandtschaft mit dem nordamerikanisch-protestantisch geprägten Fundamentalismus zu sehen, scheint nicht abwegig, und es würde darüber hinaus nicht einer gewissen Ironie entbehren, wenn ausgerechnet jene Strömungen in Christentum und Islam, die sich wechselseitig religiös massiv bekämpfen, in ihrer damit einhergehenden Weltsicht einander wiederum ähneln. Oder gibt es einen kategorialen Unterschied zwischen der angekündigten Koranverbrennung eines Terry Jones, die dann knapp ein Jahr später 2011 in seinem Beisein in einer Kirche in Gainesville tatsächlich stattgefunden hat, und der Verbrennung einer Bibel durch Ahmed Abdallah in Kairo im Jahr 2012?[9] Als Beleg für die Plausibilität der vorhandenen geistigen Verwandtschaft mag der Hinweis dienen, dass es zum Beispiel auch Koalitionen zwischen muslimischen und christlichen Darwinismusgegnern gibt, die gemeinsam den Kreationismus oder die Lehre des Intelligent Design verteidigen.[10]

Versuch einer Definition

Es ist schon angeklungen, dass der Begriff des religiösen Fundamentalismus im Laufe der Zeit einen Bedeutungswandel vollzogen hat. Von seiner ursprünglich einmal positiv gemeinten Selbstbezeichnung in Abgrenzung zu Liberalismus und Modernisierung dient er heute zumeist als negative Außenzuschreibung für eine rückwärtsgewandte, fanatische und abgeschlossene Weltsicht, die in rigider Form sich und andere kontrollieren möchte und Kritiker als Gegner bekämpft. Insofern wird Fundamentalismus auch als Radikalismus oder Extremismus bezeichnet, wobei die Definition gewisse Unschärfen hat und nicht jede Form des Fundamentalismus deshalb auch gleich Gewalt in struktureller, psychischer oder physischer Form bejahen muss. Eine lexikalische Definition lautet: »Unter Fundamentalismus versteht man in verschiedenen Bereichen weltanschauliche Positionen, die dadurch gekennzeichnet sind, dass die als Fundamente einer Ordnung anerkannten Wahrheiten und Regeln unmittelbar und unreflektiert auf ausnahmslos alle Bereiche des Lebens angewendet werden.«[11]

Als »moderner Antimodernismus«[12] ist Fundamentalismus zudem auch Ausdruck eines Bedrohungsgefühls und einer Lebensangst, der durch die Suche nach Unverrückbarem und zeitlos Geltendem begegnet werden soll. Der Chicagoer Soziologe Martin Riesebrodt definiert diejenigen als fundamentalistische Gruppierungen, »die eine von ihnen wahrgenommene, dramatische Krise durch eine ›exakte‹ Rückkehr zu vermeintlich ewig gültigen, heiligen Prinzipien, Geboten oder Gesetzen zu überwinden suchen. Fundamentalisten gehen davon aus, dass es eine zeitlos gültige Ordnung der Welt sowie eine darauf beruhende, religiös verbindliche fromme Lebensführung gibt, die einst in einer exemplarischen Gemeinschaft verwirklicht waren.«[13]

Ähnlich formulieren Marty und Appleby: »In dem Gefühl der Bedrohtheit dieser Identität suchen Fundamentalisten ihre Identität durch eine selektive Wiederbelebung von Doktrinen, Glaubensvorstellungen und Praktiken aus einer intakten, heiligen Vergangenheit zu befestigen.«[14]

Es ist klar, dass diese Definitionen auch jeweils ihre Grenzen und Schwächen haben, insofern sie nicht exakt jedes Phänomen beschreiben können, das dem Fundamentalismus zuzurechnen ist. So ist zum Beispiel zu beachten, dass natürlich nicht jede Kritik an der Moderne gleich als fundamentalistisch gebrandmarkt werden darf. Auch darf jemand, der sich für die Behandlung der biblischen Schöpfungserzählung im schulischen Unterricht einsetzt, nicht deshalb schon als potenzieller Kreationist verdächtigt werden. Man darf natürlich das Kind auch nicht dadurch mit dem Bade ausschütten, dass man generell jegliches religiöse Festhalten an Bekenntnissen, Dogmen und Offenbarungen schon in den Fundamentalismusverdacht rückt, wie es von religionskritischer Seite bisweilen den Eindruck erweckt. Das macht die Schwierigkeit einer exakten Definition des vielgebrauchten Terminus deutlich, der bisweilen als Kampfbegriff gegen jegliches unliebsame religiöse Verhalten missbraucht werden kann. Die Grenzen zwischen tiefer Frömmigkeit und Fundamentalismus sind von außen nicht immer eindeutig zu benennen. Das sei gerade auch im Blick auf die Diskussion um den Islam in unserem Lande gesagt. Die Unterscheidungslinien zwischen liberaler oder orthodoxer, zwischen traditionell-konservativer und fundamentaler Glaubensorientierung werden oft sehr schnell gezogen und halten mitunter einer genaueren Nachprüfung nicht stand.

Fundamentalismus und Intoleranz

Ein weiterer Gradmesser zur Beurteilung einer religiösen Haltung ist die Frage nach der Fähigkeit zur Toleranz. In Vorbereitung auf das Reformationsjubiläumsjahr 2017 hat die Evangelische Kirche in Deutschland ein Jahr dem Thema Reformation und Toleranz gewidmet und sich dabei auch mit den Schatten der Reformation und dem langen Weg zur Toleranz beschäftigt[15]. In dem gleichnamigen Themenheft heißt es: »Martin Luther ist insofern ein mittelalterlicher Mensch geblieben, als er sich nicht vorstellen konnte, dass unterschiedliche Wahrheits- und Glaubensvorstellungen nebeneinander bestehen können«[16]. Seine Äußerungen gegen die Bauernaufstände, gegen Juden, Türken und »Papisten« können in vielerlei Hinsicht als Ausdruck von Intoleranz und Hetze erachtet werden. Wenn sich die

EKD heute für Toleranz und Religionsfreiheit stark macht, wenn sie das christlich-jüdische Gespräch, den interreligiösen Dialog mit Muslimen und Andersglaubenden voranbringen möchte, dann kann sie das nicht tun, ohne sich der eigenen Intoleranz in der 500-jährigen Reformationsgeschichte bewusst zu sein. Christlicher Glaube und Toleranz sind eben leider keine unzertrennlichen Geschwister und deshalb gilt es wachsam zu sein für Entwicklungen, die zur Ausgrenzung und Herabsetzung von Andersdenkenden und Andersglaubenden führen. Toleranz ist allerdings nicht zu verwechseln mit einer Haltung, die mit Gleichmut und Passivität alles erträgt, was um sie herum geschieht. Kritik an anderen Glaubenshaltungen ist erlaubt und mitunter notwendig. Toleranz im Glauben heißt auch nicht, die Wahrheitsfrage einfach auszuklammern oder zu verschweigen. Es macht nur einen fundamentalen Unterschied, ob ich diese Wahrheitsfrage aus individueller Glaubensgewissheit und im Wissen, dass es ihr widersprechende andere Glaubensgewissheiten gibt, stelle und beantworte, oder ob ich diese Antwort rechthaberisch und in Überbietungsabsicht anderen als unhinterfragbar oktroyieren möchte.

Man findet heute schnell Zustimmung zu dem Satz, dass es gegenüber Intoleranz keine Toleranz geben dürfe[17]. Es gibt sicherlich Anlässe und Entwicklungen, wo diese Haltung gefordert ist. Gleichzeitig wissen wir aber aus Erfahrung der christlichen und auch der protestantischen Religionsgeschichte, wie schnell das Urteil über die Intoleranz anderer selbst aus einer intoleranten Haltung heraus erwachsen kann. Insofern ist auch hier Vorsicht geboten gegenüber einer zu schnellen und leichtfertigen Beurteilung, denn es gibt auch Fälle, in denen Intoleranz nicht die gebotene Reaktion auf die Intoleranz Anderer ist, sondern einfach ein natürlicher Verbündeter des Fundamentalismus.

Fundamentalismus als verengte Weltsicht

Ein weiterer Gradmesser zur Einschätzung einer religiösen Haltung ist die Offenheit für Andere und Anderes. Eine verengte Weltsicht entsteht dadurch, dass ich mir Unbekanntes und Fremdes ausblende oder abwehre und nur das an mich heranlasse, was meinen eigenen Vorstellungen und Bewertungen entspricht. Das Christentum hat seit dem letzten Jahrhundert eine bis heute unabgeschlossene ökumenische Lerngeschichte beschritten, die zeigt, wie zentral und wesentlich die Begegnung zwischen den Konfessionen trotz bestehender Unterschiede ist. Das Wort von der »versöhnten Verschiedenheit« ist dabei maßgeblich geworden. Dabei sind Annäherungen möglich geworden, die über weite Phasen der Christentumsgeschichte als undenkbar gegolten haben. Umgekehrt ist ein Merkmal einer fundamentalen Glaubensrichtung im Christentum, ob Glaubende der eigenen Glaubensgemeinschaft bei abweichenden Glaubensvorstellungen noch als Brüder und Schwestern anerkannt werden oder ob ihnen dann das Christsein generell abgesprochen wird. Die ökumenische Gretchenfrage zur Feststellung einer möglicherweise verengten Weltsicht müsste also lauten: Wie hältst Du es mit der Ökumene?

Und in einem zweiten Schritt ist dann auch die Frage nach dem Miteinander der Religionen in den Blick zu nehmen, nicht nur wie erwähnt unter dem Aspekt der Toleranz und Religionsfreiheit, sondern auch unter dem speziellen Fokus, ob von dort eine Erweiterung oder Ergänzung der eigenen Weltsicht erwartet wird. In der Diskussion zu dieser Frage des interreligiösen Dialogs hat die Vollversammlung des Ökumenischen Rates der Kirchen (ÖRK) im Rahmen ihrer Sitzung in Nairobi bereits im Jahr 1975 folgende Formulierung gefunden: »Wir erreichen zwar keinen Konsens darüber, ob und in welcher Weise Christus in anderen Religionen gegenwärtig ist, aber wir glauben, dass Gott sich in keiner Generation und in keiner Gesellschaft unbezeugt gelassen hat. Und wir können auch nicht die Möglichkeit ausschließen, dass Gott von außerhalb der Kirche zu Christen spricht.«[18] Diese Möglichkeit nicht auszuschließen, heißt den Blick offen zu halten für Unbekanntes und Unerwartetes, theologisch gesprochen heißt es, Augen, Herz und Ohren offenzuhalten für einen Gott, der meine Erwartungen, Vorstellungen und Begrenzungen immer wieder übersteigt, korrigiert und transformiert. Mit einer fundamentalistischen Weltsicht ist eine solche Haltung nur schwer vereinbar.

Psychologische Ursachen und Folgen von Fundamentalismus

Wenn fundamentalistische Glaubensorientierungen eine versuchte Bewältigungsstrategie für Lebens- und Zukunftsängste sind[19], dann ist die wahrgenommene Komplexität der Wirklichkeit sicherlich ein Faktor, der zu deren Ursachen zu rechnen ist. Ängsten korrespondiert ein Bedürfnis nach Sicherheit und die ist unter den Bedingungen einer vielschichtigen Welt nur schwer zu erlangen. Hinzu kommen in einer modernen Gesellschaft Individualismus und Pluralismus, die ebenfalls die Aufhebung von Sicherheiten[20] bedeuten. Wo die Sehnsucht nach Gemeinschaft, Einheitlichkeit und Überschaubarkeit übergroß wird, kann auch die Anfälligkeit für einfache Antworten und Lösungen wachsen. Die Suche nach religiöser Orientierung, die Sicherheit gibt und letzte Wahrheiten eröffnet, ist daher immer ambivalent. Religiöse Hingabebereitschaft kann einen Glaubenden zur wahren Menschlichkeit befreien und ihn in seiner oder ihrer Lebensverwurzelung und -zuversicht bestärken. Anderseits kann die religiöse Hingabebereitschaft auch missbraucht werden und fatale Folgen für den Suchenden selbst und andere haben. Die ungezählten Opfer fundamentalistischer Einflüsterungen markieren einen Handlungsbedarf im Umgang mit den Sicherheitsbedürfnissen und Lebensängsten von Menschen, die meinen, sich nur durch Rückzug und Abschirmung von einer als feindlich wahrgenommenen Welt retten zu können. Wie umgehen mit der empfundenen Diskrepanz zwischen der als ideal dargestellten Welt des Glaubens und der vorfindlichen Realität? Scheuklappen, seien sie nun selbst oder von anderen auferlegt, sind da keine Lösung, weil sie im Ergebnis dazu führen, dass ein immer höherer Aufwand an Verdrängung, Abschottung oder Gewalt gegen sich und andere erforderlich wird, um den trügerischen Zustand von Sicherheit und Gewissheit zu erlangen. So sehr es also geboten ist, mit fundamentalen Glaubenshaltungen und -orientierungen seitens der Kirche auch seelsorglich umzugehen, so sehr ist es andererseits nötig zu verhindern, dass derlei Haltungen Raum greifen können in den Herzen und Köpfen von Menschen. Denn Ängste können andere anstecken und sich zur Hysterie oder Panik steigern. Und selbst in dem Bemühen der Überwindung fundamentaler Glaubensmuster liegt noch die Gefahr sich beeinflussen zu lassen von den Mechanismen und Methoden dieser Weltanschauung. Wer aber Fundamentalismus nun seinerseits mit Fundamentalismus einzudämmen versucht, trägt zu dessen Verbreitung bei.

Eine theologische und christliche Beurteilung

Wer weiß, dass die Sintflut kommt, tut gut daran sich beizeiten eine Arche zu bauen, wer sieben magere Jahre bevorstehen sieht, sollte sich in den fetten Jahren einen Vorrat anlegen. Wie aber sich vorbereiten auf die Katastrophen, die aus einer fundamentalistischen Weltsicht erwachsen können und mancherorts schon erwachsen sind? Es kann sicherlich nicht Aufgabe der Kirchen sein, hier apokalyptische Szenarien an die Wand zu malen. Das Neue Testament steht zwar unter der Erwartung des nahenden Himmelreiches, Jesu Botschaft ist dabei aber keine drohende, sondern eine gute Nachricht. Christliche Ethik setzt auf Leben, Beziehung und Befreiung. Der Kontakt zu Sündern, Ausgegrenzten und Kranken ist kein Tabu, sondern liegt im Richtungssinn der göttlichen Gnade und Barmherzigkeit. So kann Kirche auch nicht einseitig auf mehr Überwachung, Kontrollen und Grenzziehungen setzen, wenn es um die Eindämmung von Fundamentalismus geht. Wohl aber kann und muss sie alle Möglichkeiten der Prävention unterstützen, die zum Ziel haben, dass Menschen umkehren können, dass der Weg in den Fundamentalismus kein zwangsläufiger und keine Einbahnstraße ist, sondern dass es auch wieder Wege heraus gibt. Sie kann Ängsten begegnen mit Beziehungsangeboten, religiöser Unkenntnis mit religiöser Bildung und sie kann daran mitwirken, dass Menschen Perspektiven entwickeln können, die ein menschenwürdiges Leben ermöglichen. Sie muss auch hellhörig werden für den Fundamentalismus in den eigenen Reihen. Einen Textfundamentalismus darf sie nicht befördern. Der Buchstabe tötet, der Geist macht lebendig (2.Kor.3,6). Auch das reformatorische sola scriptura ist missverstanden, wenn es einseitig interpretiert wird. Es braucht auch das sola gratia und das sola fide. Ein Schriftbezug, der die allem vorauslaufende Gnade Gottes ignoriert und sich nicht auf das Wagnis des Glaubens einlässt, steht in der Gefahr seine Mitte zu verlieren.

Wer in Zeiten von Terroranschlägen, Demokratiefeindlichkeit und mancherorts vorhandenem Friedensüberdruss auf die sogenannten »soft skills« des gesellschaftlichen Zusammenlebens baut, wird schnell als naiv und blauäugig bezichtigt. Man könne Diktaturen nicht mit Gebeten bekämpfen, Terroristen nutzten die Lücken, die ihnen offene Gesellschaften bieten, Fundamentalisten suchten die Schwachstellen der Menschen, um sie in ihren Bann zu ziehen. Zögern, Selbstkritik, fortgesetzter Dialog und Diplomatie werden da schnell als Schwächen ausgelegt. Doch müssen wir dieser Logik folgen? Es waren Montagsgebete, die das DDR-Regime allmählich zu Fall brachten; es war ein Pastor aus Atlanta[21], der die »Rassentrennung« in den USA ins Wanken brachte; es sind die vielfältigen internationalen und ökumenischen Kontakte der Kirchen und anderer Religionsgemeinschaften, die sich für eine friedlichere und menschlichere Welt engagieren. Eine Welt, in der Vielfalt und Individualität geachtet werden, ist gewappnet gegen die Versuchungen fundamentalistischer Ideologien, und macht es auf Dauer auch schwerer, Fundamentalist zu bleiben. Machen wir es den Fundamentalisten also schwer, indem wir sie aus den selbstgewählten oder biografisch bedingten Sackgassen ihres Lebens wieder herauslocken, indem wir ihre tieferliegenden Sehnsüchte und Ängste ernst nehmen und indem wir einem zwanghaften Sicherheitsbedürfnis und einem übersteigerten Gewissheitsbedürfnis im Glauben die Erkenntnis entgegenhalten, dass Glaubens- und Lebensgewissheit letztlich ein unverfügbares und unverdientes Geschenk göttlicher Gnade sind.

Anmerkungen

1 Vgl. das Urteil des Oberlandesgericht München vom Dezember 2016 im Fall einer verurteilten Lehrerin der Gemeinschaft der »Zwölf Stämme«, www.spiegel.de vom 23.12.2016.

2 Vgl. das Interview mit Lamya Kaddor »Nicht einmal die Freundinnen haben etwas geahnt«, www.zeit.de vom 23. Mai 2013.

3 Vgl. etwa die Partei bibeltreuer Christen (seit März 2015: Bündnis C – Christen für Deutschland) oder die Christliche Mitte (seit Februar 2016: politischer Verein).

4 Vgl. Reinhard Junker/Siegfried Scherer (Hg.), Evolution. Ein kritisches Lehrbuch, Gießen 7. Aufl. 2013.

5 Vgl. die vom BMFSFJ geförderte »Empirische Studie zu weiblicher Genitalverstümmelung in Deutschland«, www.netzwerk-integra.de.

6 Vgl. Reinhard Hempelmann, Fundamentalismus – Bedeutung, Ursachen und Tendenzen. Vortrag bei der Mitgliederversammlung der aej am 18.11.2011, S. 7, www.evangelische-jugend.de.

7 Vgl. A Statement of fundamental truths approved by the General Council of the Assemblies of God, October 2 to 7, 1916 in St. Louis, USA.

8 Vgl. Gottfried Küenzlen, Art. Fundamentalismus. Zum Begriff, in RGG 4. Aufl. Bd.3 (2000), Spalte 414.

9 Nachdem eine angekündigte Koranverbrennung durch den viele Jahre in Deutschland aktiven amerikanischen Missionar Terry Jones nach internationalen Protesten im September 2010 verhindert werden konnte, war er im März 2011 bei einer inszenierten Koranverbrennung durch Pastor Wayne Sapp in Gainesville zugegen, vgl. www.n-tv.de vom 21. März 2011. Der Islamist Abu Islam Ahmed Abdallah wurde im September 2012 in Kairo wegen Blasphemie angeklagt, nachdem er zuvor eine Bibel verbrannt hatte, vgl. www.faz.net vom 26.09.2012.

10 Vgl. Mehmet Katar, Art. Evolution, in: Lexikon des Dialogs, Grundbegriffe aus Christentum und Islam, Band 1, Freiburg i.Br. 2013, 179 f.

11 Martin Thurner, Art. Fundamentalismus, in: Lexikon des Dialogs. Grundbegriffe aus Christentum und Islam, Band 1, Freiburg i. Br. 2013, S. 219 f.

12 Gottfried Küenzlen, s. o. Anm. 8.

13 Martin Riesebrodt, Was ist »religiöser Fundamentalismus«?, in: Clemens Six/ Martin Riesebrodt/Siegfried Haas (Hg.), Religiöser Fundamentalismus: Vom Kolonialismus zur Globalisierung, Innsbruck/Wien/München/ Bozen 2005, S. 18.

14 Martin E. Marty und R. Scott Appleby, Herausforderung Fundamentalismus. Radikale Christen, Moslems und Juden im Kampf gegen die Moderne,
   Frankfurt a. M. 1996, S. 45.
15 S. dazu das Magazin der EKD zum Themenjahr 2013 Reformation und Toleranz: Schatten der Reformation. Der lange Weg zur Toleranz, Hannover 2012,
   www.ekd.de.
16 Thies Gundlach, Verdunkelter Christus, in: Schatten der Reformation, a. a. O., S. 5.
17 Vgl. Karl Popper: »Im Namen der Toleranz sollten wir uns das Recht vorbehalten, die Intoleranz nicht zu tolerieren.« In: Ders., Die offene Gesellschaft und
   ihre Feinde, Bd.1, Bern/München 1957, S. 359.
18 Vgl. Bericht aus Nairobi 1975: Ergebnisse-Erlebnisse-Ereignisse. Offizieller
   Bericht der fünften Vollversammlung des Ökumenischen Rates der Kirchen,
   23.11. bis 10.12.1975 in Nairobi/Kenia, hg. von Hanfried Krüger/Walter Mül-
   ler-Römheld, Frankfurt a. M. 1976, S. 9.
19 Vgl. Martin Thurner, Art. Fundamentalismus, a. a. O., S. 220.
20 Vgl. Ulrich Beck und Elisabeth Beck-Gernsheim, Riskante Freiheiten. Individualisierung in modernen Gesellschaften, Berlin 1994.
21 Martin Luther King (1929–1968).

HUNGER

Dr. Gerd Müller
Bundesminister für wirtschaftliche Zusammenarbeit
und Entwicklung

Eine Welt ohne Hunger ist möglich

In der Trockenzeit sind die ländlichen Regionen Togos vor allem von einem Bild geprägt: ausgedörrte Böden und wenig Ernteerträge. Teilweise regnet es monatelang nicht, der Boden ist wenig fruchtbar, die Ernte fällt zu gering aus, um alle satt zu bekommen. Dennoch leben 75 Prozent der Bevölkerung in Togo von der Landwirtschaft. Die Existenz der Menschen ist massiv bedroht. Auf der Suche nach einem sicheren Einkommen verlassen Männer oftmals ihre ländliche Heimat und lassen ihre Familien zurück – meist ohne formale Schulbildung und wirtschaftliche Sicherheit.

Togo ist keine Ausnahme. In Sub-Sahara Afrika war über die Hälfte der erwachsenen Bevölkerung 2015 von Nahrungsunsicherheit betroffen. Vor allem in den regenlosen Monaten haben geringe Ernteerträge enorme Auswirkungen auf die Ernährungssituation der Bevölkerung. Und auch weltweit ist die Ernährungssituation weiterhin besorgniserregend: Es ist zwar gelungen, die absolute Zahl der Hungernden um 200 Millionen zu reduzieren – ein Erfolg, der angesichts des Wachstums der Weltbevölkerung umso höher einzuschätzen ist, denn sie nimmt jährlich um ca. 80 Millionen Menschen zu. Doch im Jahr 2050 möglicherweise 10 Milliarden Menschen zu ernähren, bei immer weniger zur Verfügung stehender Fläche, immer knapper werdenden Wasserressourcen und zunehmenden Negativfolgen durch den Klimawandel, ist eine gewaltige Herausforderung.

Erschwerend kommt hinzu, dass sich Hunger und Krisen gegenseitig beeinflussen. Wenn Krisen, Katastrophen und Konflikte dort auftreten, wo Menschen und Gesellschaften verwundbar und Institutionen nicht handlungsfähig sind, ist das Risiko für Hunger und

Mangelernährung besonders hoch. Dann brauchen sie meist humanitäre Hilfe, vor allem als Nahrungsmittelhilfe. Da eine schlechte Ernährungssituation die Bevölkerung umgekehrt schwächt, kann eine fatale Entwicklung von wiederkehrenden, sich verstärkenden Krisen in Gang gesetzt werden. Diesen Negativ-Kreislauf gilt es zu durchbrechen, Verwundbarkeit und humanitäre Bedarfe zu reduzieren und Widerstandsfähigkeit (»Resilienz«) von Menschen und Gesellschaften frühzeitig zu stärken. Keine leichte Aufgabe, insbesondere auch, weil der Klimawandel und Naturphänomene wie El Niño ständig neue Herausforderungen mit sich bringen. Und weil gezieltes Vorgehen in sehr unterschiedlichen Bereichen erforderlich ist.

Um diesen fatalen Zustand für die Menschen vor Ort zu verbessern und vor allem in Krisensituationen schnell reagieren zu können, sind wir auf die Hilfe unserer Partner angewiesen. Das Deutsche Rote Kreuz (DRK) ist für uns seit vielen Jahren ein verlässlicher und bewährter Partner in der Katastrophenhilfe und -prävention.

Das DRK ist auch in seiner Auslandsarbeit in vielen verschiedenen Bereichen tätig und mit dem BMZ über diverse entwicklungspolitische Instrumente verbunden. Langfristige Vorhaben der Sozialstrukturförderung unterstützen beispielsweise nationale Hilfsgesellschaften in Partnerländern dabei, ihr dortiges Mandat zu erfüllen – so zum Beispiel in Laos mit dem Aufbau eines Blutspendewesens und in Mosambik mit dem eines Katastrophenvorsorgenetzes.

Auch in Togo engagiert sich das DRK im Auftrag des BMZ. Es verhilft hier mit Fördermitteln des BMZ aus der Sonderinitiative EINEWELT ohne Hunger Kleinbäuerinnen und -bauern in den Regionen Anèho und Kara, ihre Produktivität nachhaltig zu steigern, und trägt so zur Ernährungssicherung der beiden Regionen bei.

Ernährungssicherung durch ländliche Entwicklung ist also der Schlüssel: Die Landwirtschaft bildet die Ernährungsgrundlage der Menschen. Ohne Pflanzen kein Leben, ohne sichere Ernährung keine Zukunft und keine wirtschaftliche und gesellschaftliche Entwicklung. Ohne sichere Ernährung kein Frieden – es kann zu Krieg, Vertreibung und Flucht kommen. Die existenziellen Lebensgrundlagen durch den Aufbau zukunftsfähiger landwirtschaftlicher Strukturen zu sichern, legt die Basis für weitergehende Entwicklungsprozesse, eine höhere Produktivität und mehr Arbeitsplätze.

Mit der Agenda 2030 hat die Weltgemeinschaft das Thema nachhaltige Welternährung prominent platziert. Erstmals geht es dabei nicht nur um die Reduzierung von Hunger, sondern um seine vollständige Überwindung. Außer Unterernährung sollen auch Mangel- und Überernährung überwunden werden. Landökosysteme sollen geschützt, ihre nachhaltige Nutzung gefördert, Wälder nachhaltig bewirtschaftet, Wüstenbildung bekämpft, Bodenverschlechterung und Biodiversitätsverlust gestoppt werden.

Auch die G7 haben sich in ihren Elmau-Beschlüssen vorgenommen, bis 2030 insgesamt 500 Millionen Menschen aus Hunger und Mangelernährung zu führen. Diese ambitionierten Ziele gilt es nunmehr umzusetzen. Aufgrund des Bevölkerungswachstums werden bis 2050 voraussichtlich so viele Agrarprodukte benötigt wie in den vergangenen zehntausend Jahren, also seit Entwicklung des Ackerbaus, zusammen. Es wird eine Produktionssteigerung um ca. 60 Prozent gegenüber dem heutigen Niveau nötig sein, und dies bei abnehmenden Ressourcen Wasser und Boden.

Eine Welt ohne Hunger ist kein Traum – es ist ein Menschenrecht. Dieses zu achten, liegt in unserer Verantwortung. Wir können Hunger und Fehlernährung besiegen, aber wir müssen es forcieren und zum Schwerpunkt unserer Arbeit machen. Wir dürfen einfach nicht akzeptieren, dass täglich bis zu 10 000 Kinder einen unnötigen Tod sterben und knapp 800 Millionen Menschen auf der Welt nicht genug zu essen haben. Was jetzt notwendig ist, ist ein wirkungsvoller globaler Ordnungsrahmen für Umwelt, Landwirtschaft und Ernährung.

Globale Herausforderungen für eine Welt ohne Hunger

Hunger und Mangelernährung in Krisenzeiten

Bis in die 1960er Jahre gab es immer wieder Hungersnöte mit Millionen Toten. Gründe waren vor allem koloniale Ausbeutung, Krieg und Zwangskollektivierung. Diese Zeiten sind zum Glück vorüber. Nur etwa zehn bis 20 Prozent aller Menschen, die heute hungern, erleiden dieses Schicksal wegen wirtschaftlicher Krisen, Naturkatastrophen oder politischer Konflikte.

Wie eingangs beschrieben, ist Hunger zugleich Ursache und Auswirkung von Krisen und Migration bzw. Flucht. Länder mit fragiler Staatlichkeit sind Naturkatastrophen wie Erdbeben oder den Folgen des Klimawandels in besonderem Maße ausgesetzt. Die Bevölkerung ist oft nicht ausreichend vorbereitet und kann nicht angemessen reagieren. Gleichzeitig ist der Staat oft entweder nicht willens oder nicht in der Lage, die Bevölkerung zu schützen und negative Folgen abzufedern. Eine fatale Ernährungssituation kann die Folge sein. Gleichzeitig machen Hunger und Mangelernährung eine Bevölkerung vulnerabel. Der Schlüssel liegt in der Stärkung von Resilienz – also der Widerstandsfähigkeit gegenüber Krisen.

Konkret kann die Stärkung von Resilienz bedeuten, dass Anbaumethoden zum Beispiel durch verbessertes Saatgut an den Klimawandel angepasst werden oder Lebensmittel durch bessere Lagerung, Verarbeitung und Konservierung weniger leicht verderben. Ebenso können soziale Strukturen gestärkt werden, um einen friedlichen Umgang mit Konflikten zu fördern und eine gewaltsame Eskalation und ihre negativen Folgen zu verhindern. Wichtig ist, dass unsere Antworten intelligenter werden: Bereits in einer Krise müssen die richtigen Weichen gestellt und beispielsweise humanitäre Nothilfe mit mittel- und langfristig wirksamen Resilienzvorhaben verknüpft werden.

Weiterhin muss der Investition in Krisenvermeidung eine entscheidende Rolle zukommen. Frühwarnmechanismen und etablierte Krisenreaktionspläne müssen flächendeckend eingeführt werden, regionale Nahrungsreserven schnell zugänglich sein und der Datenaustausch sowie die regionale Zusammenarbeit verbessert werden.

Armut

Für etwa 90 Prozent der Menschen, die heute Hunger leiden, ist die Ursache strukturelle Armut, vor allem im ländlichen Raum. Ist es nicht zynisch, dass Kleinbauernbetriebe über 80 Prozent unserer

Nahrungsmittel liefern, sie aber zugleich einen Großteil der ärmsten und hungrigsten Menschen ausmachen? Es ist ein Irrglaube, dass Menschen, die in der Landwirtschaft tätig sind, auch genug zu essen haben. Im Gegenteil: Armut und Hunger sind ländlich.

Hunger und Armut bedingen einander und führen schnell in einen schwer zu durchbrechenden Negativkreislauf. Um strukturelle Armut im ländlichen Raum effektiv bekämpfen zu können, brauchen wir ein neues Leitbild moderner ländlicher Entwicklung und nachhaltiger landwirtschaftlicher Produktion. Die »Grüne Revolution« der Vergangenheit hat zu einseitig auf ein Mehr an Produktion gesetzt – häufig zu Lasten der Natur und der Gerechtigkeit. Jetzt gilt es, Fortschritt und Innovation nicht nur in den Dienst einer produktiven, sondern auch einer umweltgerechten und ressourcenschonenden Landwirtschaft zu stellen.

Ländlicher Strukturwandel

Bei der Gestaltung einer nachhaltigen ländlichen Entwicklung ist es wichtig, nicht allein auf Produktivität zu setzen. Denn eine höhere Produktivität, vor allem durch den Einsatz technischer Mittel, kann zum Verlust von Arbeitsplätzen im ländlichen Raum führen. Um diesen Strukturwandel abzufedern und ihn gerecht zu gestalten, müssen neue Arbeitsplätze entstehen. Das gilt für die Verarbeitung von Agrarprodukten genauso wie für das Handwerk, die Kleinindustrie und Dienstleistungen. Auf diese Weise kann eine endogene, nachhaltige Entwicklung des ländlichen Raumes in Gang gesetzt werden.

Vor allem Jugendlichen fehlt es oft an einer Perspektive im ländlichen Raum. Heute leben 1,2 Milliarden junge Menschen zwischen 15 und 24 Jahren, mehr als je zu vor. Bis 2030 werden allein in Afrika rund 440 Millionen junge Menschen auf den Arbeitsmarkt strömen. Vor allem im ländlichen Raum sind die Möglichkeiten für diese jungen Menschen sehr begrenzt. Hier müssen wir entgegensteuern, indem wir der ländlichen Jugend die Chance bieten, Treiber eines inklusiven ländlichen Wandels zu sein. Dafür müssen Beschäftigungsmöglichkeiten in der Landwirtschaft und entlang der gesamten Wertschöpfungskette geschaffen werden.

Die Entwicklung der ländlichen Räume ist der Schlüssel, um das Hungerproblem zu lösen. Wichtig ist eine Entwicklung, die eine »Ernte von unten« ermöglicht: Politische Teilhabe, Eigentum an Land und Boden für Bäuerinnen und Bauern, Eigenverantwortung und der Aufbau von dezentralen Strukturen etwa bei Agrarproduktion, Energieversorgung und Handel sind entscheidende Erfolgsfaktoren. Gleichzeitig gelingt der Strukturwandel, den wir brauchen, nur, wenn der gesamte Mehrwert der agrarischen Wertschöpfungsketten auf dem Land erwirtschaftet wird und auch dort bleibt. Ist eine leistungsfähige Agrar- und Ernährungswirtschaft erst etabliert, kann sich auch die Nachfrage nach Baumaterialien, Handwerksleistungen, Reparaturdiensten, Handels- und Transportmöglichkeiten, Kleidung und schließlich auch Bildungs- und Gesundheitsleistungen erhöhen und eine nachhaltige Entwicklung des ländlichen Raumes in Gang setzen. Mit einer solchen gezielten Stärkung des ländlichen Raumes kann und muss ein Gegengewicht zu Abwanderung in städtische Ballungszentren und urbane Slums geschaffen werden.

Klimawandel

Die Folgen des Klimawandels stellen die Landwirtschaft überall vor riesige Herausforderungen und belastet die arme Bevölkerung unverhältnismäßig stark. Denn extreme Dürren oder Stürme vernichten die Ernte und gefährden damit die Ernährungssicherheit vieler Kleinbauern. Zudem stellt der Klimawandel die Landwirtschaft unter großen Anpassungsdruck, dem sie bei einer wachsenden Weltbevölkerung gerecht werden muss.

Doch die Landwirtschaft ist nicht nur Opfer des Klimawandels, sondern auch Verursacher. Sie erzeugt weltweit etwa zehn bis zwölf Prozent der globalen Treibhausgasemissionen. Besonders bedenklich sind die Methanemissionen von Wiederkäuern, aus Gülle und Mist, dem Reisanbau und der Dungwirtschaft. Dazu kommt, dass die Anbaufläche für Tierfutter, vor allem für die Sojaproduktion, jährlich um mehrere Millionen Hektar wächst. Vor allem das Loslösen tierischer Produktion vom örtlichen Futterangebot hat eine Massentierhaltung

ermöglicht, die hochgradig klimarelevant ist. Daher muss die Landwirtschaft selbst auch zur Minderung von Emissionen beitragen, etwa
durch veränderte Tierhaltung, einen effizienten Einsatz von Dünge-
mitteln oder weniger Nachernteverluste.

Die Landwirtschaft dehnt sich immer weiter in Gebiete aus, die
bislang Naturräume waren. 80 Prozent des globalen Waldverlustes
gehen genau darauf zurück. Aber auch Sumpflandschaften und Torf-
moore müssen weichen, wie in Indonesien wegen der Ausweitung
von Palmölplantagen. Das alles setzt enorme Mengen an Kohlenstoff
frei, der in Holz und Boden gebunden ist. Über solche Landnutzungs-
änderungen ist die Landwirtschaft indirekt für weitere 14 Prozent der
globalen Treibhausgasemissionen verantwortlich. Eine nachhaltige
Intensivierung der Produktion auf bestehenden landwirtschaftlichen
Flächen ist vielleicht der größte Beitrag, den die Landwirtschaft zum
Klimaschutz leisten kann und muss.

Die Landwirtschaft muss besonders in Entwicklungsländern flexibel auf Unvorhergesehenes reagieren und Risiken abfedern können.
Es wurden bereits Ansätze beschrieben, um die Resilienz in Krisen,
Konflikten und Katastrophen zu erhöhen. Viele dieser Ansätze sind
erst recht geeignet und notwendig, um die Verwundbarkeit in Zeiten des Klimawandels zu mindern, zum Beispiel: regionales Wassermanagement und der Bau effizienter Bewässerungssysteme; Anlage
von Terrassen, Waldschutz und Aufforstungen; Diversifizierung der
Agrarproduktion; Anwendung agrarökologischer Verfahren, Maßnahmen zur Bodenrehabilitierung und Agroforstwirtschaft. Ergänzend helfen Absicherungen wie Ernteausfallversicherungen. Hier
gilt es nun, die Maßnahmen sinnvoll zu bündeln und im Sinne einer
klima-intelligenten Entwicklung des gesamten ländlichen Raumes zu
denken.

Umsteuern ist nötig und möglich – unser Weg zur Vermeidung von Hungerkrisen

Das Ziel, bis 2030 alle Menschen ausreichend und gut zu ernähren,
ist nur erreichbar, wenn alle mitwirken: einzelne Länder ebenso wie

die internationale Gemeinschaft; Politik, aber auch Wirtschaft, Wissenschaft und Zivilgesellschaft. Die Herausforderungen sind klar: Landwirtschaft muss produktiver werden, nahrhaftere Produkte hervorbringen, ressourcenschonender arbeiten und angesichts des Klimawandels widerstandsfähiger werden.

Dafür muss die Landwirtschaft aus vielen Politikbereichen Unterstützung erhalten. Das gilt neben der Agrarpolitik vor allem für die Handels-, Bildungs-, Gesundheits-, Forschungs-, Infrastruktur-, Umwelt- und Rechtspolitik. Auch die Entwicklungspolitik ist hier gefordert. All diese Politikbereiche müssen sich an einer umfassenden Strategie orientieren, die aus folgenden Kernelementen besteht:

Aufbau einer innovativen Agrarwirtschaft

Heute basieren weltweit 50 Prozent der Produktionssteigerungen auf Innovationen – auf besserem Wissen, technischen und organisatorischen Neuerungen. Verbreitet werden diese Innovationen vor allem durch eine bessere Ausbildung. Auch in der Landwirtschaft sind eine Steigerung der Produktivität und Ressourceneffizienz nur durch Modernisierung möglich.

Viele Kleinbäuerinnen und -bauern könnten ihre Produktivität mit einfachen Mitteln steigern. Über Zugang zu Wissen, Märkten, Kapital und Betriebsmitteln wie Saatgut, Dünger, Pflanzenschutz, Landmaschinen etc. könnten sie den Sprung von der Subsistenzwirtschaft zur modernen Marktproduktion schaffen. In kleinbetrieblichen Strukturen können mindestens ebenso große Hektarerträge erzielt werden wie in größeren Betrieben. Das gilt vor allem für Afrika. Um es mit den Worten der Afrikanischen Union zu sagen: Ziel ist ein Afrika »mit einer modernen Landwirtschaft für höhere Produktion, Produktivität und Wertschöpfung, die zu bäuerlichem und nationalem Wohlstand ebenso beiträgt wie zu Afrikas kollektiver Ernährungssicherheit«.

Um das Ziel einer innovativen Agrarwirtschaft zu erreichen, müssen verschiedene Faktoren in Einklang gebracht werden: Erstens benötigen bäuerliche Betriebe ein breites anwendungsorientiertes Wissen über nachhaltige landwirtschaftliche Methoden.

Zweitens ist eine bessere Organisation und Kooperation notwendig. Der Aufbau von Genossenschaften ist ein wichtiger Weg. Gleichzeitig können Vertragslandwirtschaft und andere Formen der Zusammenarbeit mit dem Privatsektor Kleinproduzenten den Zugang zu Kapital und Märkten erleichtern und sie dadurch wettbewerbsfähiger machen.

Drittens sind angepasste Finanzdienstleistungen – besonders auch für Frauen – erforderlich, um innovative Ansätze zu ermöglichen, beispielsweise Kredite für Landmaschinen.

Viertens kann der Ausbau von Infrastruktur Marktzugänge verbessern. Sie bindet den ländlichen Raum an die wachsenden Städte samt ihrer steigenden Kaufkraft an und ermöglicht einen stärkeren innerafrikanischen Handel. Die Digitalisierung eröffnet hier neue Chancen.

Fünftens ist der Zugang zu Energie ein entscheidender Faktor. Da sich regenerative Energien auch für einen dezentralen Einsatz gut eignen, sind sie für die Landwirtschaft ein idealer Partner. Gleichzeitig lassen sich durch mehr Energie auch die Nachernteverluste verringern, die weltweit fast 20 Prozent, in Entwicklungsländern sogar teilweise bis zu 50 Prozent der Ernte betreffen.

Wichtige Impulse, um diese dringend notwendige Modernisierung in Gang zu setzen, können heute von modernen Informations- und Kommunikationstechnologien (IKT) kommen. Nirgends wächst der Mobilfunkmarkt so schnell wie in Afrika: Während im Jahr 2000 noch 16,5 Millionen Afrikaner ein Handy besaßen, sind es heute bereits über 700 Millionen. IKT können in der Weiterbildung und Beratung, bei Wettervorhersagen, für das Bestandsmanagement, den e-Commerce, mobile Finanzdienstleistungen, Pflanzen- und Tierkrankheitsdiagnosen oder für die Nachverfolgbarkeit von Produktströmen angewandt werden. Die Herausforderung liegt nun vor allem darin, die technischen Möglichkeiten weiterzuentwickeln, zu bündeln und den speziellen Bedürfnissen der ländlichen Bevölkerung anzupassen.

Den gesamten ländlichen Raum entwickeln

Wie bereits erwähnt, sollte sich eine Förderstrategie für den ländlichen Raum nicht allein auf landwirtschaftliche Produktivität aus-

richten. Eine umfassende ländliche Entwicklung in den Bereichen
Bildung, Gesundheit und Infrastruktur ist genauso wichtig wie die
Schaffung neuer Arbeitsplätze, vor allem für die junge Generation,
und die nachhaltige Bewirtschaftung natürlicher Ressourcen.

Doch ist und bleibt eine höhere Produktivität die treibende Kraft
des Strukturwandels, indem Wissen, Technik und Kapital eingesetzt
werden. Jedes Land muss das jeweils eigene Potenzial seines ländlichen Raumes nutzen und die Selbstversorgung im Rahmen regionaler
Märkte deutlich stärken. Der ländliche Raum muss den Menschen,
besonders der jungen Generation, Lebensperspektiven bieten. Gleichzeitig muss er zu einem Kernraum nachhaltiger Entwicklung werden.
In erster Linie eignet sich dafür der Aufbau einer eigenständigen und
leistungsfähigen Agrar- und Ernährungswirtschaft. Sie sollte sämtliche vor- und nachgelagerte Bereiche der Agrarproduktion umfassen
und komplexe Wertschöpfungsketten und -netze bilden. Die höhere
Nachfrage aus den Städten nach den unterschiedlichsten Produkten
bietet hier eine große Chance.

Dazu gehört auch, dass die Länder Afrikas alle handelspolitischen
Möglichkeiten nutzen, um ihre Märkte in der Entwicklungsphase zu
schützen, damit eine konkurrenzfähige Agrarwirtschaft überhaupt
entstehen kann. Leider ist es häufig schneller und preiswerter, Agrarprodukte vom Weltmarkt zu importieren als aus dem eigenen abgelegenen Hinterland oder den Nachbarländern. Regionale Integration
durch bessere Straßen und den Abbau tarifärer und nichttarifärer
Handelshemmnisse zwischen Entwicklungsländern sind wichtige
Voraussetzungen für mehr Handel in und zwischen Ländern.

Letztlich wird der Strukturwandel getrieben durch Investitionen
von Abermillionen von Einzelpersonen: Kleinbauern, Input-Provi-
dern, Lebensmittel-Verarbeitern, Händlern, Finanzdienstleistern,
Handwerkern und vielen mehr. Aber die Investitionen des Privatsektors hängen ab von zahlreichen öffentlichen Vorleistungen, von
technischer Infrastruktur und sozialen Dienstleistungen. Auch beim
Schutz der natürlichen Ressourcen ist der Staat gefordert. Er muss
eine umfassende Raumordnung für den ländlichen Raum schaffen,
um verschiedene Nutzungsansprüche auszugleichen.

Agrarmärkte fair und gerecht gestalten

Nach lokalen Produktionsausfällen steigen in der Regel die Nahrungs-
mittelpreise. Treffen mehrere preistreibende Effekte zusammen, kann
sogar das globale Preisgefüge gestört werden. In den Jahren 2005 bis
2008 kam es in einigen wichtigen Agrarexportländern zu wetterbe-
dingten Ernteeinbußen. Gleichzeitig waren die Lagerbestände bereits
niedrig, die Nachfrage nach Biokraftstoffen stieg. Dadurch verknappte
sich das globale Angebot an Nahrungsmitteln spürbar – die Preise
stiegen stark an. Hohe Energiekosten trieben sie zusätzlich nach oben.
Schließlich verstärkte sich der Effekt noch durch plötzliche Ausfuhr-
beschränkungen einiger Exportländer und durch Spekulation mit
Agrarrohstoffen, vor allem mit Mais, Weizen und Soja. Im Ergebnis
verdoppelten sich 2008 die Getreidepreise innerhalb von 12 Monaten.
2011 gab es erneut einen solchen Preisausschlag nach oben. Die Zahl
der Hungernden auf der Welt stieg in diesen Jahren an.

Moderat und stetig steigende Agrargüterpreise sind zu begrüßen. Sie schaffen Investitionsanreize gerade für Kleinproduzenten
in Entwicklungsländern und setzen Marktanreize gegen Ressour-
cenverschwendung. Dagegen gibt es bei sprunghaft steigenden und
stark schwankenden Nahrungsmittelpreisen wie in den genannten
Jahren praktisch nur Verlierer. Sie stürzen arme Konsumenten in
den Hunger und bedrohen den sozialen Frieden. Außerdem hem-
men sie Investitionen, da sie vermehrte Risiken für Produzenten
signalisieren.

Die Landwirtschaft erfährt immer wieder Schwankungen; das
liegt in der Natur der Sache. Aber die verschiedenen Risiken lassen
sich durch Vorsorge- und Bewältigungsmaßnahmen gegen derlei
ökonomische Schocks deutlich verringern. So wirkt sich der Abbau
dauerhafter Handelsbarrieren marktstabilisierend aus. Die Preiskrise
vor einigen Jahren hat außerdem deutlich gezeigt, wie wichtig es ist,
dass einzelne Länder nicht der Versuchung kurzfristiger Handelsre-
striktionen erliegen. Zudem benötigen Landwirte einen verbesserten Zugang zu Märkten und Informationen über die überregionale
Preisentwicklung. Auch für Politiker und Hilfsorganisationen sind
Transparenz und Früherkennung wichtig. Sie alle brauchen intakte

Agrarmarktpreis- und Frühwarnsysteme, um rechtzeitig auf Nahrungsmittelengpässe reagieren zu können.

Lagerhaltung ist ebenfalls ein wichtiges Instrument zum Ausgleich von Angebots- und Preisschwankungen. Leider haben sich viele nationale Lagersysteme als wenig effektiv herausgestellt. Da jedoch die privaten Vorräte in Krisensituationen häufig nicht ausreichen, sollte eine übernationale Lagerhaltung etwa in Regie regionaler Wirtschaftsorganisationen vorangetrieben werden.

Schließlich hat die Preiskrise der vergangenen Jahre das Thema Spekulation mit Nahrungsmitteln auf die politische Agenda gebracht. Agrarrohstoffe sind in jüngerer Zeit zunehmend Teil des Anlageportfolios von Finanzinvestoren geworden. Dadurch wirken sich Ausschläge an Aktien-, Immobilien- und Energiemärkten stärker auf die Preise von Lebensmitteln und anderen Agrargütern aus, als es durch »reale« agrarökonomische Faktoren erklärt werden könnte. Hier gilt es, gegenzusteuern, etwas durch eine größere Markttransparenz, kurzfristige Handelsunterbrechungen oder die Einführung einer Finanztransaktionssteuer, die steigt, wenn Preisfluktuationen und Preislevel zunehmen.

Land gerecht verteilen

Kommerzielle Investitionen in die Agrar- und Ernährungswirtschaft können Entwicklungsimpulse geben und Innovationen fördern. Sie können z. B. den Technologietransfer sowie Markt- und Kapitalzugang beschleunigen und damit die Produktivitätssteigerung unterstützen. Sie können zur Diversifizierung der Lebensgrundlagen der ländlichen Bevölkerung beitragen, die Einkommens- und Beschäftigungsentwicklung stützen und die Verfügbarkeit von Nahrungsmitteln erhöhen.

Jedoch machen Negativbeispiele verantwortungsloser großflächiger Agrarinvestitionen oder rein spekulativer Landnahmen die Grenzen und Risiken von privatwirtschaftlichen Großinvestitionen deutlich. Seit dem Jahr 2000 haben ausländische Investoren weltweit rund 27 Millionen Hektar land- und forstwirtschaftlicher Nutzflächen erworben.

Die Landnahmen zielen häufig auf Flächen mit einem günstigen Wasserangebot ab, die in dicht besiedelten Regionen liegen und bereits landwirtschaftlich genutzt werden. Das verstärkt ohnehin vorhandene Landnutzungskonflikte. Vor allem die arme, marginalisierte Landbevölkerung profitiert in der Regel nicht von solchen Investitionen und wird teilweise sogar ihrer Existenzgrundlage beraubt. Viel hängt davon ab, wie inklusiv und fair das Geschäftsmodell, wie rechtssicher die Position der lokalen Bevölkerung ist. Immer wieder werden jedoch durch solches »Land Grabbing« Menschen vertrieben, die natürlichen Ressourcen ausgebeutet. Die lokale Ernährungsbasis verschlechtert sich und die ansässige Bevölkerung bleibt von einer gerechten Teilhabe am Nutzen der Privatinvestition ausgeschlossen. Nur wenn es gelingt, derlei Fehlentwicklungen auszuschließen, können großflächige Agrarinvestitionen einen glaubwürdigen Beitrag zur Überwindung von Armut, Hunger und Unterentwicklung leisten.

Faire und sichere Landrechte sind eine wichtige Voraussetzung für »nachhaltige Landwirtschaft« und ein zentrales Gerechtigkeitsthema. Entscheidender Maßstab sind hier die 2012 verabschiedeten »Freiwilligen Leitlinien zur verantwortungsvollen Verwaltung von Boden- und Landnutzungsrechten, Fischgründen und Wäldern« wie auch die 2014 verabschiedeten »Prinzipien für verantwortungsvolle Investitionen in die Landwirtschaft«. Sie dienen Staaten als Richtschnur für Gesetze und Landverwaltung, richten sich aber auch an den Privatsektor und die Zivilgesellschaft.

Benachteiligung von Frauen überwinden

Frauen stellen in Entwicklungsländern ca. 43 Prozent der landwirtschaftlichen Arbeitskraft, in Subsahara-Afrika sogar ca. 50 Prozent. In vielen Ländern sind sie deutlich benachteiligt. Das gilt nicht nur für die Landwirtschaft, hat dort aber besonders gravierende Folgen. In der Regel haben Frauen schlechteren Zugang zu produktiven Ressourcen als Männer: Sie haben geringere Bildungschancen, häufig kein Recht auf Landbesitz und auch sonst kaum Mitspracherechte; sie erhalten schwerer Kredite, haben oftmals keine Möglichkeit, Saatgut, Düngemittel oder Nutztiere zu kaufen und keinen Zugang zu moderner Technik und Beratung. Allein durch Überwindung dieser Benachteiligungen könnte die Landwirtschaft in Entwicklungsländern 20 bis 30 Prozent mehr produzieren und rund 15 Prozent der Hungernden ausreichend ernähren.

Neben der Benachteiligung der Frauen in der Landwirtschaft steht die Mehrfachbelastung der Frauen durch die Landwirtschaft. Zusätzlich zur Arbeit auf dem Feld sind Frauen für viele andere Tätigkeiten verantwortlich, die für die Ernährungssicherung von entscheidender Bedeutung sind, etwa das Sammeln von Feuerholz oder das Besorgen von Trinkwasser. Sie entscheiden auch darüber, was zubereitet wird und wie abwechslungsreich das Essen ist. Und schließlich sind sie es, die durch das Stillen eine zentrale Rolle für eine gesunde, ausgewogene frühkindliche Ernährung spielen, erhalten aber häufig weniger gutes Essen als Männer.

Diese Benachteiligungen zu überwinden, muss das Ziel sein, ist aber nicht einfach zu erreichen, weil die Ursachen meist kultureller Art sind. Trotzdem dürfen Politik und Gesellschaft diese Missstände nicht ignorieren. Mädchen und Frauen müssen gezielt in ihrer sozialen, politischen und ökonomischen Teilhabe gefördert werden. Hier tragen viele Verantwortung, allen voran die Männer. Auch Religionsgemeinschaften können eine wichtige Rolle spielen, Bräuche mit dem Recht auf Nahrung in Einklang zu bringen.

Ein weiteres Problem, mit dem Frauen unverhältnismäßig stark zu kämpfen haben, ist die Mangelernährung. Besonders kritisch sind die ersten 1000 Tage des Lebens. Wer in dieser Zeit nicht ausreichende und gute Nahrung erhält, erleidet Entwicklungsstörungen, die nie mehr überwunden werden können. Daher ist die Ernährung bei jungen Frauen, Schwangeren, stillenden Müttern und Kleinkindern besonders wichtig. Denn nur wer von Geburt an gut ernährt ist, kann seine Fähigkeiten voll entwickeln, später produktiv arbeiten und dem Teufelskreis der Armut entfliehen. Jeder Dollar gegen Mangelernährung bringt einen volkswirtschaftlichen Nutzen von 16 Dollar mit sich.

Um Vitamin- und Mineralstoffmangel vorzubeugen, müssen viele Länder konsequent auf eine größere Vielfalt bei der Agrarproduktion und im Nahrungsangebot hinarbeiten. Grundnahrungsmittel wie Mais oder Reis allein genügen nicht. In vielen Regionen muss sich zudem die Versorgung mit sauberem Trinkwasser und Sanitärversorgung verbessern, um Infektionskrankheiten – die häufigste Ursache von Mangelernährung – zu vermeiden. Häufig entsteht Mangelernährung auch, weil Menschen nicht genug wissen über das Stillen, Hygiene oder abwechslungsreiche Kost. Daher gehören Ernährungsthemen nicht nur in Gesundheitsprogramme, sondern auch in Landwirtschafts-, Wasser-, Sanitär- und Bildungsprogramme. Erforderlich sind zudem Kampagnen für gesunde Ernährung, veränderte Lehrpläne und mehr Ernährungsfachkräfte.

Klimaintelligente Entwicklung des ländlichen Raums

Landwirtschaft und Klimaanpassung sind spätestens seit dem Klimagipfel in Paris nicht mehr zu trennen: Mehr als 90 Prozent aller Länder nennen in ihren nationalen Klimabeiträgen zum Pariser Abkommen auch den Landwirtschaftssektor. 94 Prozent der Entwicklungsländer haben Beiträge zur Anpassung der Landwirtschaft an die Folgen des Klimawandels formuliert, in erster Linie bei der Pflanzen- und Tierproduktion und bei der Forstwirtschaft. 69 Prozent der Entwicklungsländer haben Maßnahmen identifiziert, um den Ausstoß von Treibhausgasen in der Landwirtschaft zu vermindern.

Die Zahlen zeigen: der Klimawandel nimmt enormen Einfluss auf die Ausgestaltung ländlicher Entwicklungsstrategien. Die gesamte Entwicklung des ländlichen Raums muss unter Klimagesichtspunkten neu gedacht werden. Dabei spielt die Züchtung und Verbreitung leistungsfähiger Sorten eine wichtige Rolle. Diese müssen einerseits ein größeres Ertragspotenzial und bessere Nährwerte aufweisen und andererseits widerstandsfähiger gegen Dürre, Hitze und Krankheitserreger sein. Hier ist in erster Linie die öffentlich finanzierte Züchtungsforschung gefragt, entsprechende Sorten vor allem für Kleinbauern zu entwickeln, die dadurch auch weniger Gefahr laufen, in die Abhängigkeit von internationalen Saatgutkonzernen zu geraten. Parallel dazu muss der globale Genpool – Grundlage für das Züchten neuer Sorten – dauerhaft bewahrt und verfügbar gehalten werden.

Züchtungsforschung, so wichtig sie ist, genügt allerdings nicht, weil einzelne Sorten immer nur Lösungen für ganz konkrete lokale

Situationen bieten können. Doch genau diese sind häufig nicht bekannt, weil die Folgen des Klimawandels im Einzelnen noch nicht abschätzbar sind. Deshalb muss die Landwirtschaft besonders in Entwicklungsländern flexibel auf Unvorhergesehenes reagieren und Risiken abfedern können. Hier können wir wieder den Bogen zum Thema Resilienz schlagen: Um in Krisen, Konflikten und Katastrophen widerstandsfähiger zu sein, brauchen wir ein Bündel an Maßnahmen – von regionalem Wassermanagement über Waldschutz und Aufforstungen bis hin zur Diversifizierung der Agrarproduktion und der Anwendung agrarökologischer Verfahren.

Ergänzend helfen Absicherungen wie Versicherungen: Sie ermöglichen eine schnelle Reaktion und zeitnahen Wiederaufbau nach Katastrophen, etwa im Falle von Ernteausfällen aufgrund von Dürren. Da durch den Klimawandel Naturkatastrophen wie Dürren, Überschwemmungen und Starkwinde weiter zunehmen und es damit auch häufiger zu Schäden für arme und verwundbare Menschen kommen wird, haben wir mit InsuResilience eine Initiative zu Klimarisikoversicherungen geschaffen: Bis 2020 wollen wir mit unseren G7 Partnern und weiteren Gebern 400 Millionen arme und verwundbare Menschen gegen Klimarisiken versichern.

Darüber hinaus unterstützt die deutsche Entwicklungszusammenarbeit politische Entscheidungsträger dabei, die Veränderungen, die sich aus dem Klimawandel für den ländlichen Raum ergeben, in der politischen Planung und Steuerung zu berücksichtigen. Dabei geht es auch darum, ihnen Mittel zur Klimafinanzierung zugänglich zu machen.

Ressourcenschutz hat Priorität

Ohne Wasser, fruchtbaren Boden und biologische Vielfalt ist die Produktion von Nahrungsmitteln nicht möglich. Aus Rücksicht auf nachfolgende Generationen müssen die natürlichen Grundlagen landwirtschaftlicher Produktion erhalten bleiben.

Viele Länder, in denen die Landwirtschaft große Entwicklungschancen bietet, leiden unter Wasserknappheit. Sie verbrauchen meist mehr Wasser, als die Natur bereitstellt. Bereits geringe Investitionen in

Systeme der Bewässerung und effizientere Wasserverwendung könnten hier Abhilfe schaffen und die Erträge steigern. Auch die Wasserqualität muss erhalten bleiben, um zu verhindern, dass Krankheitserreger in Flüsse und Seen und dann über die Bewässerung von Feldern wieder in den Nahrungskreislauf der Menschen gelangen. Hier ist die Landwirtschaft aber selbst auch Teil des Problems: Unsachgemäßer, sorgloser und teilweise verschwenderischer Einsatz von Dünger und Chemikalien belastet das Wasser mit Schadstoffen. Ein verantwortungsvoller Umgang der Landwirte mit der Ressource Wasser ist also ebenso gefragt. All diese Ansätze müssen in eine schlüssige »Wasserordnungspolitik« eingebettet sein. Hier ist gute Regierungsführung auf unterschiedlichen Ebenen gefragt. Trinkwassernutzung, Bewässerungslandwirtschaft und Gewässerschutz für ökologische Zwecke müssen in Einklang gebracht, eine Zuteilung nach Marktprinzipien und zugleich eine Grundversorgung der Armen gewährleistet werden.

Auch dem Bodenschutz kommt in der ländlichen Entwicklung eine wichtige Rolle zu. Jedes Jahr gehen weltweit zehn Millionen Hektar fruchtbaren Bodens verloren, weil er unsachgemäß oder zu intensiv genutzt wird. Auf dieser Fläche könnten 20 Millionen Tonnen Getreide angebaut werden. Mehr als ein Drittel der globalen Landfläche droht zu verbuschen oder zur Wüste zu werden. Oft genügen schon Terrassen oder Baumpflanzungen, um Äcker in Hanglagen gegen Erosion zu schützen und so Bodenfruchtbarkeit dauerhaft zu erhalten. Eine konservierende Landbewirtschaftung (Conservation Agriculture), bei der der Boden nicht oder nur minimal bearbeitet wird, eine ständige Bodenbedeckung besteht und eine breite Fruchtfolge eingehalten wird, bietet in vielen Regionen eine sinnvolle Alternative zum Pflug. Dort, wo Böden bereits ihre Fruchtbarkeit eingebüßt haben, sollten rasch Gegenmaßnahmen ergriffen werden.

Seit Jahrtausenden nutzen Menschen die Vielfalt der Natur. Aus wilden Tieren und Wildpflanzen entwickelten sie gezielt, was sie für ihre Bedürfnisse brauchten. Das Ergebnis sind unzählige Nutzpflanzen- und Nutztierarten. Diese Vielfalt hat jedoch in den letzten 150 Jahren erheblich gelitten. Mehr als 2000 Nutztierrassen sind vom Aussterben bedroht. Bei den Kulturpflanzen sind schätzungsweise drei Viertel der damals vorhandenen Nutzpflanzen verschwunden. Das, was an restlicher Agrobiodiversität noch vorhanden ist, muss als kostbarer Schatz erhalten werden. Sie bildet die Basis für die weitere Züchtung und die Voraussetzung für eine produktive und nachhaltige Landwirtschaft. Agrobiodiversität ist genetische Reserve und Risiko-versicherung für die Zukunft der Menschheit.

Nachhaltige Waldnutzung

Wälder und baumreiche Landschaften zählen zu den wichtigsten Elementen einer nachhaltigen ländlichen Entwicklung. Sie sichern Ernährung, schaffen Einkommen und Beschäftigung und erhalten Artenvielfalt. Tropische Regenwälder speichern bis zu 120 Tonnen Kohlenstoff pro Hektar und damit weitaus mehr als ein durchschnitt-licher Wald mit einer Speicherung von 75 Tonnen pro Hektar. Dieser gebundene Kohlenstoff wird bei Entwaldung und Verbrennung von Holz wieder freigesetzt. Die globale Entwaldung, insbesondere durch die Expansion des Anbaus von Soja und Palmöl sowie für die Rinder-zucht, betrifft aktuell vor allem Gebiete in den Tropen und Subtropen.

Gerade in waldreichen Tropenländern tragen Wälder und Wald-produkte erheblich zur Lebensgrundlage und Wirtschaftsleistung sowie zur Ernährungssicherung bei. Daher sind Investitionen in den Erhalt von Wäldern, in Rekultivierungen und die Schaffung waldrei-cher Landschaften sehr bedeutsam.

Nachhaltige Fischerei und Meeresschutz

Fisch deckt rund 17 Prozent des Konsums tierischer Proteine welt-weit ab. In Entwicklungsländern liegt der Anteil sogar häufig deutlich höher. Wegen der guten Zusammensetzung an Fettsäuren, Vitaminen und Spurenelementen können Fischprodukte helfen, Mangelernäh-rung vorzubeugen. Außerdem sichert die Fischerei vielen Menschen ein Einkommen. Knapp 60 Millionen Menschen betreiben hauptbe-ruflich Fischerei und Aquakultur. Für arme Bevölkerungsgruppen bietet sie häufig den einzigen Zugang zu hochwertiger Nahrung und Einkommen. Auch als Handelsgut hat Fisch herausragende Bedeutung: Fisch ist das wichtigste »landwirtschaftliche« Exportprodukt von Entwicklungsländern, mit einem größeren Nettoexportwert als Kaffee, Zucker, Bananen, Kakao und Tee zusammen.

Die herausragende Bedeutung der Meere für den Menschen wird immer noch unterschätzt. Ozeane sind die größte CO_2-Senke und liefern 50 Prozent des Sauerstoffs. Außerdem sind sie ein wichtiger Nahrungsmittellieferant. Sie zu schützen und nachhaltig zu nutzen, ist daher ebenso wichtig wie der Erhalt der Landökosysteme. Deshalb gilt es, die Meeresverschmutzung durch Abfälle drastisch zu reduzieren, mehr und besser verwaltete Meeresschutzgebiete zu schaffen und irreversible Schäden von Meeresökosystemen zu vermeiden. Nur dann können die Meere ihre für den Menschen so wichtigen Ökosystemdienstleistungen auch künftig erbringen.

Aber die weltweiten Fischbestände sind bedroht. Die FAO schätzt, dass etwa 31 Prozent aller erfassten Bestände überfischt und über 58 Prozent bis an die Grenzen der Nachhaltigkeit ausgeschöpft sind. Illegale, nicht gemeldete und unregulierte Fischerei sowie schädliche Fischereisubventionen gehören zu den Hauptgründen der Überfischung. Durch illegale Fischerei entsteht den Küstenstaaten ein jährlicher Schaden von bis zu 23,5 Milliarden US-Dollar. Direkte Subventionen können zur Ausbeutung von Fischgründen beitragen. Hier ist nachhaltiges Fischereimanagement gefragt: Wo Fischfang geregelt und kontrolliert stattfindet, kann illegales Abfischen eingedämmt werden, können sich Bestände erholen und Kleinfischer weiterhin ein Einkommen erzielen. Auch nachhaltige Aquakultur kann dazu beitragen, den Druck auf wilde Fischbestände zu mindern.

Und wenn alle Vorsorge nicht hilft: Ernährungssicherung in Krisenzeiten

Wie eingangs erwähnt, erhöhen Krisen, Katastrophen und Konflikte das Risiko für Hunger und Mangelernährung deutlich – vor allem wenn sie dort auftreten, wo Menschen und Gesellschaften verwundbar und Institutionen nicht handlungsfähig sind. Da eine schlechte Ernährungssituation die Bevölkerung umgekehrt schwächt, kann eine fatale Entwicklung von wiederkehrenden, sich verstärkenden Krisen in Gang gesetzt werden. In diesen Fällen sind die betroffenen Menschen auf humanitäre Hilfe, vor allem Nahrungsmittelhilfe, angewiesen. Um humanitäre Bedarfe langfristig zu verringern und Strukturen für nachhaltige Entwicklungsprozesse zu schaffen, investieren wir in die Übergangshilfe. Mit seiner Strategie der Übergangshilfe möchte das BMZ dazu beitragen, die Resilienz von Menschen und Institutionen auf lokaler oder regionaler Ebene zu stärken.

Um die Not in Krisen und Katastrophen zu lindern und zur Bekämpfung des Hungers in der Welt beizutragen, hat sich Deutschland durch das Internationale Nahrungsmittelhilfe-Übereinkommen von 1999 verpflichtet, Nahrungsmittelhilfe im Wert von mindestens 56,24 Millionen Euro pro Jahr zu leisten. Deutschland kommt dieser Verpflichtung im Rahmen von Ernährungssicherungsprojekten in seinen Partnerländern nach. Außerdem unterstützt die Bundesrepublik entsprechende Hilfsleistungen der Europäischen Union sowie die Nahrungsmittellieferungen des Welternährungsprogramms der Vereinten Nationen (World Food Programme, WFP).

Damit sich die Länder so gut wie möglich auf Krisen vorbereiten können, ist der Einsatz von Frühwarnmechanismen und etablierter Krisenreaktionspläne sinnvoll. Zudem sollten regionale Nahrungsreserven angelegt sowie der Datenaustausch und die regionale Zusammenarbeit verbessert werden.

Handlungsstrategien für eine Welt ohne Hunger

Eines ist ganz klar: Unsere Bemühungen im Kampf gegen den Hunger können nur dann zum Erfolg führen, wenn unsere Partnerländer politischen Willen, eine konsequente Entwicklungsorientierung und gezielte Eigeninitiative zeigen. Für die Ernährungssicherung heißt das konkret: Unsere Partnerländer müssen die entscheidenden Investitionsanreize für den ländlichen Raum setzen, etwa durch stabile Finanzsysteme, eine faire Bodenordnung mit sicheren Landnutzungs- und Besitzrechten für die Landbevölkerung, ein gutes Berufsbildungssystem und einen Ausbau der Infrastruktur. Im Bereich der Katastrophenvorsorge gilt es, die Partnerländer darin zu unterstützen, dass sie ihre Kapazitäten ausbauen, um Krisen vorzubeugen bzw. schneller auf sie reagieren zu können. Dass konsequente Politik zum Erfolg führt, zeigt die Praxis. Länder wie Ghana, Ruanda, Äthiopien, Kambodscha oder Brasilien haben beachtliche Fortschritte im Kampf gegen Hunger erzielt.

Die Mehrzahl unserer Vorhaben der Ernährungssicherung und ländlichen Entwicklung bestehen in Afrika, denn dieser Kontinent steht vor besonderen Herausforderungen: Bis zum Jahr 2050 wird sich die Bevölkerung Afrikas auf dann 20 Prozent der Weltbevölkerung verdoppeln. Die Sicherstellung der Ernährung, der Zugang zu Energie, Ressourcenschutz und Arbeitsplätzen für Hunderte von Millionen junger Afrikaner sind gewaltige Herausforderungen, aber auch Chancen. Gerade die europäischen Staaten können mit Wissen, Innovation, moderner Technik und direkter Teilhabe zur Bewältigung der gewaltigen Herausforderungen beitragen.

Was wir jetzt brauchen, ist ein neuer Zukunftsvertrag mit Afrika – einen Marshall-Plan mit Afrika. Die Staaten Afrikas haben mit der Gründung der Afrikanischen Union (AU) und der neuen Partnerschaft für die Entwicklung Afrikas (NEPAD) ermutigende Zeichen für einen Neuanfang gesetzt. Mit der Agenda 2063 der AU beschreiben Reformpolitiker den eigenen Weg Afrikas. Deutschland und Europa müssen die afrikanischen Staaten beim Wort nehmen und die Zusammenarbeit in einer neuen Dimension und Qualität gestalten. Die jahrzehntelange Geber-Nehmer-Mentalität gilt es abzulösen – durch eine partnerschaftliche und wirtschaftliche Kooperation, die auf Eigeninitiative und Eigenverantwortung setzt. Afrika ist dabei Europas Partner.

Auch die Industrieländer sind in der Pflicht: Durch die Globalisierung sind die Lebensbedingungen der Menschen heute weltweit miteinander verknüpft. Die Art, wie wir selber Agrarprodukte produzieren und konsumieren, hat erheblichen Einfluss auf ökologische und soziale Verhältnisse anderswo. Das zeigt sich zum Beispiel am Flächenbedarf der Industrieländer. Die Landfläche, die benötigt wird, um die europäische Nachfrage nach Agrargütern zu decken, ist mindestens anderthalbmal so groß wie die tatsächliche Agrarfläche in Europa. Große Flächen liegen außerhalb Europas – in erster Linie für den Anbau von Futtermitteln zur Fleischproduktion, der allzu oft nicht umweltverträglich erfolgt. Diese Entwicklung wirft erhebliche Probleme auf.

Ernährungsindustrie und Handel tragen ebenso wie jeder einzelne Verbraucher Verantwortung. Wir müssen uns die Frage stellen, woher die Produkte kommen und unter welchen Bedingungen sie hergestellt werden. Faire Preise sollten eine Selbstverständlichkeit sein, weil sie Voraussetzung für eine nachhaltige Produktion sind. Konsumenten können durch ihre Kaufentscheidung Druck ausüben und zu besseren Lebensbedingungen von Kleinbauern und Plantagenarbeitern beitragen. Für diesen Wandel braucht es glaubwürdige Umwelt- und Sozialsiegel, um die notwendige Transparenz und Orientierung zu schaffen. Wo Einsicht und Freiwilligkeit nicht zum Ziel führen, sind internationale Regeln und Standards notwendig.

Und schließlich braucht es eine entschlossene globale Ordnungspolitik, um das Ziel einer Welt ohne Hunger zu verwirklichen. Die Staatengemeinschaft benötigt klare gemeinsame Regeln, Richtlinien und Handlungsansätze bei der internationalen Agrarforschung, Innovationsförderung, im Agrarhandel, im Wettbewerbsrecht, bei sozialen und ökologischen Standards und in der gesamten Wertschöpfungskette.

Entscheidende Bausteine für einen internationalen Rahmen bilden die Organisationen, die maßgeblich gegen Hunger arbeiten: Neben WTO, FAO, IFAD und WFP sind das die Weltbank, die regionalen Entwicklungsbanken sowie die Agrarforschungspartnerschaft CGIAR. Sie alle haben die Möglichkeiten, in sinnvoller Arbeitsteilung am Aufbau eines nachhaltigen globalen Ernährungssystems mitzuwirken, bei weitem noch nicht ausgeschöpft. So reagiert die Weltgemeinschaft noch völlig unzureichend auf akute Hungerkrisen. Deshalb muss das gesamte System der Nahrungsmittelhilfe dringend weiter entwickelt werden. Die Reaktionszeit ist zu lang, die Frühwarnsysteme sind reformbedürftig und es braucht eine strategische Verbindung von humanitärer Soforthilfe mit langfristigen Entwicklungsprogrammen.

Auch das Thema Resilienz – Vorsorge statt Krisenreaktion – muss insgesamt eine deutlich größere Rolle spielen als bisher.

Aber es gibt auch ermutigende erste Schritte in Richtung einer globalen Ordnung für Ernährung, zum Beispiel die Reformen des Welternährungsausschusses (CFS) und der globalen Agrarforschungspartnerschaft CGIAR oder die Gründung des Globalen Programms für Landwirtschaft und Ernährungssicherung (GAFSP) der Weltbank. Auch haben die G7 und G20 in den letzten Jahren die Initiative ergriffen und wichtige Weichen für ein abgestimmtes internationales Handeln gestellt.

Der konkrete Beitrag der Deutschen Entwicklungspolitik

Ländliche Entwicklung und Ernährungssicherung sind Schwerpunktaufgabe unserer Politik. Vor drei Jahren wurde die Sonderinitiative EINEWELT ohne Hunger ins Leben gerufen. Unter ihrem Dach wurden sämtliche Aktivitäten in diesem Themenbereich gebündelt und mit erheblichen zusätzlichen Finanzmitteln strategisch neu ausgerichtet. Derzeit fließen jährlich rund 1,5 Milliarden Euro und damit fast 20 Prozent des gesamten Haushalts des BMZ in diesen Bereich.

Die Sonderinitiative zielt mit einem breiten Gesamtansatz auf eine umfassende Entwicklung des ländlichen Raumes ab. Bilaterale Vorhaben, an denen oft internationale Partner mitwirken, richten sich an den Programmen der Partnerländer aus und binden die dortigen gesellschaftlichen Kräfte ein. Sie fördern Innovationen, helfen Ernährung zu sichern, Resilienz zu stärken, den Bodenschutz oder Landrechte zu verbessern und vieles mehr. Sie dienen dazu, fortschrittliche Ansätze zu demonstrieren, stoßen aber auch strukturelle Verbesserungen in den Ländern insgesamt an. Ihre Wirksamkeit misst sich anhand ehrgeiziger quantitativer Zielvorgaben. Anspruchsvolle Begleitforschung ergänzt sämtliche große Vorhaben.

Zugleich beteiligt sich die Sonderinitiative an zahlreichen multilateralen Programmen, etwa am Globalen Programm für Landwirtschaft und Ernährungssicherung der Weltbank, am IFAD-Programm zur Anpassung kleinbäuerlicher Landwirtschaft an den Klimawandel oder in der globalen Agrarforschungspartnerschaft CGIAR. Die Sonderinitiative strebt eine stärkere internationale Politikkohärenz an und arbeitet an der Gestaltung der globalen Ordnung mit.

Schließlich ist die Sonderinitiative national eingebettet in einen umfassenden entwicklungspolitischen Dialog mit Wirtschaft, Wissenschaft und vor allem Zivilgesellschaft. Im Rahmen eines sogenannten Zukunftscharta-Prozesses wurden in den vergangenen Jahren die großen Überlebensfragen der Menschheit unter dem Motto »EINEWELT – unsere Verantwortung« diskutiert: von Ernährungssicherung und Gesundheit über den Klimawandel bis hin zur Überwindung von Gewalt und Konflikten. Auf der Ebene vieler einzelner Vorhaben ist gewährleistet, dass zivilgesellschaftliches Engagement zur Geltung kommt und deutsche Kompetenzen und Erfahrungen aus Wirtschaft und Wissenschaft genutzt werden.

Mit der Sonderinitiative erreichen wir in 17 Schwerpunktländern, 14 davon in Afrika, zehn Millionen Menschen. In den mittlerweile 14 »Grünen Innovationszentren« finden Ausbildung und Beratung für kleinbäuerliche Familien und verarbeitende Betriebe statt, um Produktivität, Einkommen und Beschäftigung zu steigern. Davon profitieren mehr als fünf Millionen Menschen. Einen weiteren Schwerpunkt bilden Programme in elf Ländern gegen Mangelernährung, die vor allem Schwangeren, Müttern und Kleinkindern zugutekommen. Außerdem werden mehr als 200 000 Hektar Ackerflächen und Weideland rehabilitiert und so wieder für eine produktive kleinbäuerliche Landwirtschaft nutzbar gemacht. Schließlich unterstützt die Initiative Menschen in sechs Ländern bei der Sicherung von Landnutzungsrechten.

Ein weiteres Instrument des BMZ ist die Übergangshilfe. Sie soll im Kontext von Krisen, Katastrophen und Konflikten Übergänge schaffen zwischen kurzfristiger humanitärer Hilfe und langfristig angelegter Entwicklung. Sie kann immer dort den größten Nutzen entfalten, wo sie eng verknüpft geplant und umgesetzt wird mit langfristigen Entwicklungsansätzen und nachhaltigen Krisenpräventions- und Bewältigungsstrategien. Die Zielsetzung der Übergangshilfe ist die schnell wirksame Wiederherstellung, Stabilisierung und nachhaltige Absicherung von Lebensgrundlagen (Ernährung, Einkommen, Infrastruktur) der betroffenen Menschen, insbesondere vulnerabler Gruppen. Die Übergangshilfe arbeitet vornehmlich auf der lokalen oder regionalen Ebene und stärkt dort staatliche und zivilgesellschaftliche Strukturen.

Im Rahmen der Übergangshilfe werden Projekte von deutschen Nichtregierungsorganisationen, der Gesellschaft für Internationalen Zusammenarbeit (GIZ) und von internationalen Organisationen (z. B. UNICEF und Welternährungsprogramm) umgesetzt. Die finanzielle Ausstattung der Übergangshilfe spiegelt die stetig gestiegene Bedeutung des Instruments wider: Während z. B. im Jahr 2012 noch 179 Millionen Euro zur Verfügung gestellt werden konnten, werden in diesem Jahr 875 Millionen Euro in Projekte fließen können.

Gefördert werden Maßnahmen in den Bereichen Wiederaufbau von sozialer und produktiver Basisinfrastruktur (wie Straßen- oder Brunnenbau, Aufbau von Gesundheitszentren und Stärkung von lokalen Strukturen), Katastrophenrisikomanagement (Maßnahmen, die mittel- und langfristig die negativen Auswirkungen extremer Naturereignisse abmildern oder sogar verhindern besonders die des Klimawandels; Erdbeben, Überschwemmungen, Dürren), Maßnahmen zur Förderung der Integration von Flüchtlingen, Rückkehrern und Binnenvertriebenen (wie Schaffung von Einkommensperspektiven und die Unterstützung von Aufnahmegemeinden) und im Bereich der Ernährungssicherung (wie Zugang zu Nahrungsmitteln, Verteilung von Nahrungsmitteln und Saatgut, Schulungen im Anbau aber auch Lagerhaltung und Stärkung von lokalen Märkten zur Einkommenserzielung).

In allen Bereichen fördert die Übergangshilfe Potentiale und Kapazitäten von Menschen und Institutionen auf lokaler oder regionaler Ebene und schafft so erste Grundlagen für eine nachhaltige Entwicklung.

Fazit

Schauen wir noch einmal nach Togo, so wird eines ganz klar: Investitionen und Innovationen an sich reichen nicht aus, um ein Land aus Hunger und Mangelernährung zu führen, sondern sie müssen auch den Menschen in ländlichen Gebieten direkt zu Gute kommen. Frauenrechte müssen gestärkt, Maßnahmen zum Bodenschutz bzw. zur Bodenrehabilitierung durchgeführt, Infrastruktur ausgebaut und die Widerstandsfähigkeit gegenüber Krisen gestärkt werden.

Damit unsere Ernährungsstrategie langfristig erfolgreich ist, brauchen wir ein Bündel an Maßnahmen. Unsere Vorhaben zur Stärkung von Resilienz müssen Hand in Hand gehen mit Maßnahmen, die unsere Partnerländer bei den Herausforderungen des Strukturwandels unterstützen, sowie mit kurzfristigen Unterstützungsleistungen in Krisenfällen. Dafür brauchen wir ein kohärentes Handeln der einzelnen Politikbereiche. Und wir brauchen weiterhin so verlässliche Partner wie das DRK.

Gleichzeitig müssen wir als Weltgemeinschaft unserer Verantwortung gerecht werden. Denn in der globalisierten Welt ist das Schicksal anderer Regionen auch unser Schicksal. Die Art und Weise, wie wir produzieren, handeln und konsumieren, hat erheblichen Einfluss auf die Lebensverhältnisse in anderen Teilen der Welt. Daher muss sich auch jeder einzelne fragen: Wie viel bin ich bereit zu zahlen für einen fairen Handel und einen fairen Einkauf? Was ist mir letztlich eine gerechtere Welt wert? Wir alle tragen Verantwortung: Lebensmittelindustrie, Handelsketten und auch jeder Verbraucher.

Die Ansätze sind da – jetzt geht es darum, sie in die Breite zu bringen, der Landwirtschaft und der Ernährungspolitik flächendeckend einen Modernisierungsschub zu verleihen, und zwar im Einklang mit der Natur. Damit die Menschen nicht mehr direkt neben der Quelle – genauer: dem Feld – sitzen und trotzdem hungern müssen. Diesen paradoxen Zustand müssen und können wir überwinden. Eine Welt ohne Hunger ist keine Phantasterei. Es gibt keine größere Aufgabe, als das Mögliche jetzt zügig umzusetzen.

KLIMAWANDEL

Prof. Dr. Harald Welzer

Direktor Norbert Elias Center (NEC), Europa-Universität Flensburg

Vorbemerkung

Der Klimawandel, den wir gegenwärtig erleben und der sich zukünftig noch stärker ausprägen wird, ist keine Plage, nichts, was »über uns« käme, kein Schicksal. Er ist hervorgerufen durch eine fossile Wirtschaft, und wenn man das weiß, dann muss man darangehen, diese Wirtschaft so zu verändern, dass sie langfristig überlebensdienlich wird. Das ist machbar, aber schwierig. Eine der größten Schwierigkeiten ist der außerordentliche Erfolg, den die fossile Wirtschaft vorweisen kann. Wie verändert man etwas, dessen Erfolg in Echtzeit von jedermann zu spüren ist, wenn die Veränderungswirkungen in einer vagen Zukunft liegen?

Menschen und Klima

Der Klimawandel ist ein Thema, das spätestens seit den aufsehenerregenden Berichten des Internationalen Klimarates (IPCC) aus dem Jahr 2007 große Besorgnis auslöst. Aber ungeachtet dieser Besorgnis stieg die globale Durchschnittstemperatur auch im darauf folgenden Jahrzehnt, und ebenso unvermindert wuchsen auch die Emissionen der sogenannten Treibhausgase, die für die Erwärmung ursächlich sind, weiter an.

Die Klimaforschung gibt den Gesellschaften seit nun schon erstaunlich vielen Jahren nur noch wenige Jahre Zeit, um ihre Emissionen radikal herunterzufahren, aber bislang ist global betrachtet wenig mehr geschehen, als darauf zu setzen, dass erneuerbare Energien gepaart mit Effizienzsteigerung in Produktion und Gebrauch von Geräten irgendwie schon für eine hinreichende Reduktion sorgen werden.

Aber die globale Ausbreitung der Wachstumswirtschaft und der ihr inhärenten Steigerungslogik annuliert alle Effizienzgewinne durch verbesserte Technologien mühelos.

Daher ist es, man muss es offen sagen, aller Voraussicht nach unmöglich, die Erwärmung bei einem Anstieg von global durchschnittlich 2 Grad abzubremsen, auch wenn dieses Ziel mit dem Pariser Abkommen von 2015 noch unterboten wurde, auf 1,5 Grad. Nun zeigen sich klimasystemische Entwicklungen aber leider völlig unbeeindruckt von Beschlüssen auf internationalen Konferenzen, auch wenn diese noch so ambitioniert sind. Außerdem ist das Klimasystem leider träge; der Temperaturanstieg von 0,8 Grad, den wir heute gegenüber den 1950er Jahren verzeichnen, geht auf den enormen Industrialisierungsschub zurück, der vor allem in der Nachkriegszeit in Europa und in den USA Fahrt aufnahm. Heute haben wir es mit einem vergleichbaren Schub im weltweiten Maßstab zu tun, und seine Folgen werden das Klima um die Mitte des 21. Jahrhunderts bestimmen. Das Problem dabei: ein weiterer Temperaturanstieg bis auf 2 Grad mehr ist heute schon unvermeidlich, aber wenn diese Marke gerissen wird und sich die Erde um durchschnittlich 3 oder 4 oder 5 Grad erwärmt, kann man nicht mehr prognostizieren, was das für die Lebensbedingungen auf unserem Planeten bedeutet. Denn die Folgen eines solchen Temperaturanstiegs wirken nicht linear, sie führen zu Wechselwirkungen zwischen abschmelzenden Eisflächen, sinkender Reflexion der Sonneneinstrahlung, Verschwinden des Permafrosts, Freisetzung des Klimagases Methan – kurz: zu wechselseitigen Verstärkungen der Effekte im Erdsystem, die zu einer Kaskade von Veränderungen führen können, die die Überlebensbedingungen von Individuen, Gesellschaften und Kulturen regional stark einschränken oder sogar zerstören können.

Und: Sie wirken je nach dem historisch-kulturellen Hintergrund der jeweiligen Weltgegenden sehr unterschiedlich, schaffen aber einen weltgesellschaftlich gemeinsamen Nenner – nämlich eine neue Zeitlichkeit. Die Verbrennung fossiler Energieträger führt global – also für die Welt als Ganze –, aber auch in einzelnen Regionen zu einer vergleichsweise rapiden Veränderung der klimatischen Bedingungen, und das nicht nur in Form eines einmaligen Anstiegs auf ein höheres Temperaturniveau, sondern in Gestalt einer anhaltenden und dynamischen Veränderung des Klimas. Lange Zeit konnten die Wissenschaften mit Recht davon ausgehen, dass der natürliche Wandel im Vergleich zur Gesellschaftsentwicklung auf einer anderen Zeitskala stattfindet und sich nur sehr langsam vollzieht, heute aber beginnen sich die Wandlungsgeschwindigkeiten von Kultur- und Naturverhältnissen anzugleichen.

Für diesen irritierenden Sachverhalt ist der Begriff »Anthropozän« in Mode gekommen, der aus meiner Sicht aber völlig irreführend ist: Denn es ist ja nicht »der Mensch« als transhistorisch konstantes Wesen, der das Klimasystem beeinflusst, sondern es sind die Menschen der Moderne, die ihre Wirtschaftsweise auf die Generierung von Wachstum durch beständig erhöhte Zufuhr von Material und Energie bauen, die für den Klimawandel verantwortlich sind. Anders gesagt: »der Mensch« als Lebewesen hat das Klimasystem 200 000 Jahre lang in Ruhe gelassen; erst in der »großen Beschleunigung« der Nachkriegsjahrzehnte hat sich der gesellschaftliche Stoffwechsel so gesteigert, dass menschliche Wirkungen geologische Bedeutung bekommen haben.

Bislang changiert die öffentliche Diskussion des Themas zwischen Katastrophismus und Verharmlosung. Entweder stellt man sich die Klimaapokalypse vor wie in »The Day After Tomorrow« von Roland Emmerich: als abrupte, unbeherrschbare Weltkatastrophe, in der buchstäblich alles zu Bruch geht, oder man verlässt sich darauf, dass trotz aller Prophezeiungen die Welt ja bislang noch nie untergegangen ist und geht achselzuckend zur Tagesordnung über. Die Wirklichkeit wird dazwischen liegen, denn die Klimaerwärmung wirkt in unterschiedlichen Regionen der Welt sehr unterschiedlich: global 2 Grad, das kann für die Arktis 4 Grad mehr sein und für das subsaharische Afrika nur 1 Grad, dort aber auf Bedingungen treffen, wo sich dadurch für Menschen die ohnehin kargen Überlebensbedingungen – beispielsweise im westlichen Sudan – durch fortschreitende Wüstenbildung, Wasser- und Nahrungsnot auf Null reduzieren.

Deutschland wird bei einer globalen Erwärmung von 2 Grad voraussichtlich zwischen diesen Temperaturextremen liegen und aufgrund seiner ökonomischen, technischen und politisch-institutionellen Kapazitäten vergleichsweise gut mit den Folgen umgehen können. Wir haben dazu vor einigen Jahren ein Szenario publiziert (Gersten-

garbe & Welzer 2014: Zwei Grad mehr in Deutschland), nach dem in
den nächsten zwei, drei Jahrzehnten ein Reihe von Todesfällen durch
Stürme und Überschwemmungen, auch durch extreme Hitze zu erwarten sind, aber in einer Größenordnung, die statistisch nicht ins
Gewicht fällt. Und es wird nicht einmal nur negative Folgen geben;
der Tourismus an der Nordsee wird möglicherweise von der kommenden Erwärmung profitieren, genauso wie der immer weiter nach
Norden voranschreitende Weinanbau. Andererseits geraten die Wälder in einigen Regionen in Deutschland mehr unter Stress; Schäd-
linge haben leichteres Spiel, unangenehme Insekten wie Zecken und
Sandmücken finden hervorragende Bedingungen vor und übertragen
in höherem Maße Krankheiten, auch solche, die bislang in unseren
Breiten nicht vorkamen.

Das Klimasystem ist, wie wir nicht zuletzt aus Forschungen zur
sogenannten kleinen Eiszeit wissen, gesellschaftlich höchst relevant –
Philipp Blom hat dazu gerade das Buch »Die Welt aus den Angeln«
vorgelegt, das zeigt, in welch dramatischer Weise die Bedingungen
des Über- und Zusammenlebens infolge einer moderat erscheinen-
den Temperaturveränderung im 16 und 17. Jahrhundert verändert
wurden. Im Fall menschlicher Überlebensgemeinschaften ist, anders
als bei Tier- und Pflanzenpopulationen, die durch Wanderung und
Aussterben oder, je nachdem, rasante Vermehrung auf die Veränderungen reagieren, mit direkten Reaktionsbildungen zu rechnen, die
den weiteren Fortgang der Geschichte stark beeinflussen. Man denke
aktuell nur an die klimabedingten Migrationsbewegungen, die in
den potentiellen Aufnahmeländern zu Abschottungsreaktionen und
neuen sicherheitspolitischen Paradigmen führen.

Und auch wenn es in der gegenwärtigen Digitalisierungseuphorie,
in der kulturelle Unterschiede schneller und radikaler eingeebnet werden als je zuvor, fast nicht mehr auffällt: In verschiedenen Regionen
haben sich unter bestimmten klimatischen Bedingungen historisch
spezifische Bauweisen, Landwirtschaftstechniken, aber auch Mentalitäten und Lebenspraktiken herausgebildet. Bei einem Aufenthalt in
einem Land des südlichen Mittelmeerraums – etwa in Griechenland,
Spanien oder Tunesien – wird dies einem nordeuropäischen Besucher
unmittelbar deutlich: Traditionelle Gebäude sind aus hellem Gestein

gefertigt oder außen weiß gestrichen, um die Lichtabsorption zu reduzieren, und verfügen zum Schutz vor Hitze nur über kleine Fenster und Öffnungen. In den Mittagstunden, wenn die Hitze am größten ist, kommt während der sogenannten Siesta das öffentliche Leben zur Ruhe und körperlich anstrengende Tätigkeiten werden eingestellt. Die Mahlzeiten unterscheiden sich im Vergleich zu nordeuropäischen Ländern nicht nur in ihrer Zusammensetzung, sondern werden vor allem auch deutlich später zu sich genommen, die Hauptmahlzeit meist erst nach Einbruch der Dunkelheit. Menschliche Kulturen entwickeln sich, wie schon diese wenigen Beispiele zeigen, in bestimmten natürlichen Umwelten, und die Gesellschaften stehen seit jeher in mehr oder weniger dynamischen Austauschprozessen mit der außermenschlichen Natur. Insofern sind Gesellschaften immer an bestimmte klimatische Verhältnisse bzw. ihre natürliche Umwelt angepasst.

Dies stellt gebaute und technische Infrastrukturen, aber auch gesellschaftliche Institutionen und Mentalitäten, die sich unter den relativ stabilen klimatischen Bedingungen seit der kleinen Eiszeit entwickelt haben, vor erhebliche Herausforderungen. Dass sich Gebäude, Städte oder Schienen-, Straßen- und Stromnetze nur unter großem Aufwand umbauen lassen, bedarf nicht der weiteren Erläuterung. Aber auch gesellschaftliche Institutionen wie Gesetze oder Verordnungen zeichnen sich durch ein hohes Maß an Stabilität aus und lassen sich nur in festgelegten und häufig zeitaufwendigen Verfahren modifizieren. Und nicht zuletzt sind die Gewohnheiten der Menschen durch eine gewisse Beharrungskraft gekennzeichnet und lassen sich nicht einfach auf Zuruf ändern. So ließe sich eine Siesta in deutschen Großstädten angesichts der Zunahme von Hitzetagen und Extremhitze im Sommer nicht einfach einführen, auch wenn Experten aus Gesundheitsgründen bisweilen dazu raten. Darüber hinaus wird die Anpassung an den Klimawandel dadurch erschwert, dass sich eben nicht nur einfach Durchschnittstemperaturen und -niederschläge verschieben, sondern auch mit einer größeren Variabilität des Klimas von Jahr zu Jahr und wahrscheinlich auch mit häufigeren unvorhersehbaren Extremwetterereignissen zu rechnen ist. Ginge es nur um ein etwas wärmeres, aber gleichmäßiges Klima, könnte sich zum Beispiel die Landwirtschaft durch eine Umstellung auf andere Getreidesorten an das veränderte Klima anpassen und gegebenenfalls sogar davon profitieren. Die Zunahme von unkalkulierbaren Extremwetterereignissen und eine wachsende Volatilität der jahreszeitlichen Schwankungen wird sie vor immer mehr Anpassungsprobleme stellen und wirtschaftliche Konsequenzen haben. So scheuen Landwirte etwa unter anderem deshalb vor der Anschaffung von Bewässerungsanlagen zurück, weil diese ja nur unregelmäßig gebraucht werden. Der Ausbau städtischer Kanalisationssysteme für die Bewältigung von Starkregenereignissen, wie sie früher nicht vorgekommen sind, ist extrem aufwendig und angesichts der Finanzlage vieler Kommunen fast unmöglich. Aber: erst die unzureichende Entwässerung macht aus einem solchen Extremwetterereignis eine Katastrophe. Auf welch fatale Weise Vorsorge und knappe Mittel negativ zusammenwirken können, erwies sich im Sommer 2012 in Spanien: die Ausbreitung verheerender Waldbrände konnte vor allem deshalb kaum gestoppt werden, weil im Zuge der Eurokrise die Mittel für die Feuerwehr drastisch zusammengestrichen worden waren, in Katalonien um mehr als die Hälfte; die Zahl der Feuerwehrleute wurde in zwei Jahren um fast zwei Drittel verringert (*FAZ*, 16. 8. 2012, S. 7).

Also: Klimawandel und Extremwetterereignisse entfalten Wirkung erst in einer bestimmten sozial-ökologischen Figuration und zeitigen nicht per se negative oder auch positive Folgen. Während beispielsweise Betreiber von Strandbädern und Badegäste den Anstieg der jährlichen »Sommertage« (25° Celsius oder mehr) von durchschnittlich 37 im Zeitraum 1991–2010 auf 49 im Zeitraum 2031–2050 und der »heißen Tage« (30° Celsius oder mehr) von 8 auf 9 im gleichen Zeitraum begrüßen dürften, kann bereits ein minimaler Anstieg der Temperatur und die daraus folgende Wassererwärmung die Züchter von Forellen, die kaltes Wasser brauchen, vor erhebliche Probleme stellen. Und auch diese Beispiele sind noch stark vereinfacht; beispielsweise können auf der Ökosystemebene gerade bei Sommerwetter giftige Cyanobakterien im Wasser (sogenannte »Blaualgen«), die sich durch Düngemittel aus der Landwirtschaft und Hitze sprunghaft vermehren, das Baden unmöglich machen.

Solche komplexen Interaktionen zwischen Wetterveränderungen und menschlichem Zusammenleben sind auch bei weniger harm-

losen Phänomenen wie sogenannten Naturkatastrophen zu berücksichtigen. Auch hier ist nicht die Art und Stärke eines Ereignisses
selbst relevant, sondern auf welche gesellschaftlichen Vorsorge- und
Bewältigungskapazitäten es trifft – Hochwasserschutz und Technisches Hilfswerk lassen selbst ein »Jahrhunderthochwasser« moderater
wirken als nur eine einzige der vielen Überschwemmungen beispielsweise in Bangladesch, die die Menschen ohne staatliche Hilfe aushal-
ten und bewältigen müssen. In der Klimafolgenforschung wird diesem
Umstand Rechnung getragen, indem die »Vulnerabiltät« und »Resilienz« eines ökologischen oder sozialen Systems berücksichtigt wird.
Ein Extremwetterereignis – wie Starkniederschlag mit anschließender
Überschwemmung – wird erst zur »Naturkatastrophe«, wenn es mit
spezifischen sozialen Bedingungen zusammentrifft und es zu beträchtlichen menschlichen, materiellen oder ökologischen Schäden kommt.
Ein Sturm hat völlig verschiedene Bedeutungen je nach dem, ob er in
menschenleerem Gebiet oder über menschlichen Siedlungen tobt, und
noch einmal andere Bedeutung je nach dem, wieweit die betroffenen
Gesellschaften über die Ressourcen verfügen, sich zu schützen und
angefallene Schäden zu beseitigen. Der Begriff »Naturkatastrophe« ist
insofern irreführend, denn eine »Katastrophe« wird eine Sturmflut, ein
Hurrikan, ein Tsunami erst in gesellschaftlichem Kontext.

Schon solche Überlegungen machen deutlich, dass Klimaanpas-
sungsstrategien keine leicht zu lösende Aufgabe darstellen, zumal sie
sich auf Wirkungen der Klimaerwärmung beziehen, die wir heute
antizipieren können, kaum aber auf solche unter den Bedingungen
eines Erwärmungsszenarios von 3, 4 oder 5 Grad plus.

Natur, Menschen, Technik

Der »Natur«, dem »Klima«, den »Weltmeeren« bleibt allerdings völlig gleichgültig, ob sie sich verändern oder nicht. Das bewusste Regis-
trieren von Umweltveränderungen bleibt den Menschen vorbehalten;
es bedarf eines Subjektes, und zwar eines, das sich darüber klar ist,
dass sein Leben endlich ist. Erst aus diesem Bewusstsein resultieren
Vorausschau, Planung und Vorkehrung. Technik diente immer und

dient auch heute noch in einem sehr grundlegenden Sinn der Beherrschung äußerer Natur – diese ist im Anthropozän womöglich noch bedrohlicher als im Holozän. Die Klimaforschung hat eine Reihe von sogenannten Tipping points identifiziert, die die unangenehme Eigenschaft haben, sich ab dem Erreichen eines Schwellenwerts mit einer nicht antizierbaren Dynamik zu entwickeln. Das schafft Kontrollverluste ungeahnten und unplanbaren Ausmaßes. Man könnte es auch so sagen: Erdbeben, Tsunamis, Überschwemmungen – das gehört zum Erwartbaren und ist in lokale Resilienzstrategien ebenso eingebaut wie in die Berechnungen der Versicherungen und Rückversicherungen. Die Menschheit hat ein paar hunderttausend Jahre Erfahrung mit solchen Dingen, auch damit, dass sie nie beherrschbar waren. Mit den kommenden Tipping points kennt sie sich aber leider nicht aus.

Überlebensfragen sind Kulturfragen, die natur- und technikwissenschaftlich zwar informiert werden können, aber nie naturwissenschaftlich zu lösen sind. Leben ist keine Gleichung und Gesellschaften sind keine komplexen Gleichungen. Dass »Lösungen« primär auf technologischer Ebene angestrebt werden, ist naheliegend: Wenn alles mit allem zusammenhängt, scheint es schier aussichtslos, durchzublicken und noch aussichtsloser, irgendwo Maßnahmen anzusetzen. Wenn etwas aus jeder Perspektive verschieden aussieht, fällt es schwer, zu entscheiden, welches »die richtige« ist. Daher ist es so attraktiv, den Klimawandel als eine Sache für Experten zu definieren und ihnen die »Lösung« zu überlassen. Deshalb konzentriert sich die Debatte im Kern auch auf die Frage der Reduktion von klimaschädlichen Emissionen und findet die Antwort in Effizienzerhöhung und im Umstieg auf sogenannte erneuerbare Energien. Mit anderen Worten: er verengt sich von der sozialen auf die technische Ebene.

Im Zusammenhang betrachtet liegt die Bewältigung der mit dem Klimawandel verbundenen Herausforderungen aber jenseits der rein technologischen Ebene und betrifft auch Lebens- und Konsumstile. Wenn man den Klimawandel in Zusammenhang mit dem ressourcenübernutzenden Lebensstil des Westens sieht, kommt sofort das Argument, genau diesen könne man den Bewohnerinnen und Bewohnern der Schwellenländer doch nicht vorenthalten. Fordert man dagegen die Einschränkung von Mobilität und Konsum hierzulande, wird sofort »Ökodiktatur« gerufen und die Freiheit bedroht gesehen. Darin sind Bewohner von Mediengesellschaften geübt: Zu jedem noch so plausiblen Argument findet sich ein gegenläufiges, in jeder Talkshow sitzt demgemäß irgendein Professor, der den abseitigsten Unsinn zu vertreten bereit ist, nur damit er im Fernsehen sein darf. Die Einfachheit des zentralen wissenschaftlichen Befundes, dass die Praxis der Ressourcenübernutzung mittelfristig entweder nicht durchzuhalten oder aber nicht universalisierbar ist, wird durch die Komplexitätsbehauptung kaschiert. Aus dem einfachen Argument folgt eine unangenehme Konsequenz. Aus dem komplexen: gar nichts.

Hinzu kommt: Es gibt keine Regierungskunst für den Umgang mit globalen Problemen. Wie man ein Problem, das im Kern eine Folge der Industrialisierung und der mit ihr aufs Engste verbundenen fossilen Wirtschaftsweise ist, in dem Augenblick lösen soll, in dem immer mehr Gesellschaften weltweit Industrie- und Konsumgesellschaften werden, ist noch völlig unklar.

Klimawandel und Migration

Seit dem Spätsommer 2015 ist der Begriff »Flüchtlingskrise« prominent geworden. Dieser Begriff ist falsch, bezeichnet eine »Krise« doch eine vorübergehende Destabilisierung eines eigentlich stabilen Systems. Wenn eine »Krise« überwunden ist, ist demgemäß das System in seinen stabilen Ausgangszustand zurückgekehrt. Genau dies ist beim globalen Migrationsgeschehen nicht der Fall: die Zahlen der Umwelt- und Klimaflüchtlinge werden steigen, und zwar kontinuierlich und erheblich. Der Klimawandel ist deshalb nicht nur eine umweltpolitische Angelegenheit von äußerster Dringlichkeit, sondern er wird zugleich die größte soziale Herausforderung der Moderne sein, weil er die Überlebenschancen von Millionen von Menschen gefährdet und diese zu Massenmigrationen veranlasst. Damit wird natürlich die Frage unausweichlich, wie mit den Massen von Flüchtlingen zu verfahren sein wird, die dort, wo sie herkommen, nicht mehr existieren können und an den Überlebenschancen in den privilegierten Ländern, also bei uns, teilhaben möchten.

Der Wissenschaftliche Beirat der Bundesregierung Globale Umweltveränderungen (WBGU) wies in diesem Zusammenhang schon vor
einem Jahrzehnt darauf hin, dass »1,1 Milliarden Menschen über keinen
sicheren Zugang zu Trinkwasser in ausreichender Menge und Qualität
verfügen. Diese Situation«, hieß es weiter, könne »sich in einigen Regionen der Welt weiter verschärfen, weil es durch den Klimawandel zu
größeren Schwankungen in den Niederschlägen und der Wasserverfüg-
barkeit kommen dürfte.« (Sicherheitsrisiko Klimawandel, 2007).

Zudem können Ernährungsprobleme zufolge infolge des Klimawandels ebenfalls erheblich ansteigen, weil die zu bewirtschaftenden Anbauf-
lächen kleiner werden. Die internen Verteilungskonflikte führen zu einem erhöhten Risiko von Gewalteskalationen mit den entsprechenden
Folgen für Bevölkerungsverschiebungen und Migrationen, weshalb die
Zahl der sogenannten Migrationsbrennpunkte erheblichen zunehmen
wird. Entwicklungspolitik sollte vor diesem Hintergrund, so schlägt
der WBGU vor, als »präventive Sicherheitspolitik« verstanden werden.

Hierzu ein Fallbeispiel: Im nördlichen Sudan hat sich die Wüste in
den letzten 50 Jahren um 100 Kilometer weiter in Richtung des zuvor
fruchtbareren Südens ausgebreitet. Das liegt daran, dass zum einen die
Regenfälle immer weiter zurückgehen, zum anderen haben Überwei-
dung von Grasflächen, das Abholzen von Wäldern und die dann einset-
zende Bodenerosion das Land unfruchtbar gemacht. Hier wächst nichts
mehr. 40 Prozent des Waldes sind im Sudan seit der Unabhängigkeit
des Landes verloren gegangen; im Augenblick schreitet die Entwaldung mit jährlich 1,3 Prozent voran. Für manche Regionen prognos-
tiziert das Umweltprogramm der Vereinten Nationen einen Totalver-
lust des Waldbestandes innerhalb der nächsten zehn Jahre.

Klimamodelle sagen für den Sudan einen Temperaturanstieg von
0,5 Grad Celsius bis 2030 und von 1,5 Grad bis 2060 voraus; zugleich
wird die Regenmenge um weitere fünf Prozent im Jahresdurchschnitt
abnehmen. Für Getreideernten wird daher ein Rückgang um etwa
70 Prozent erwartet. Im nördlichen Sudan leben etwa 30 Millionen
Menschen. Man muss zur Einordnung dieser Zahlen wissen, dass das
Land schon jetzt als eine der ärmsten Regionen der Welt gilt; zugleich
ist sie ökologisch erheblich gefährdet, und seit einem halben Jahrhundert wird irgendwo im Land Krieg geführt. Es gibt deshalb fünf Milli-

onen internally displaced persons (IDPs), Menschen, die ihre Dörfer verlassen mussten, weil sie von Milizen systematisch vertrieben wurden. Die morden nicht nur direkt, sie verbrennen auch die Dörfer und Wälder, um die Flüchtlinge an der Rückkehr zu hindern.

Die meisten IDPs leben in Lagern, die praktisch keine Infrastruktur haben, kein Strom, keine Kanalisation, kaum Wasser und ärztliche Versorgung. Die Ernährung wird weitgehend durch internationale Hilfsorganisationen gewährleistet. Die Insassen haben alles verfügbare Holz im Umkreis von bis zu zehn Kilometern um die Lager herum geschlagen; sie brauchen das Brennholz, um kochen zu können. Das kahle Land ist gefährlich; viele Frauen werden auf der Suche nach Holz vergewaltigt und getötet. Beraubt werden sie nicht; sie haben nichts, was man stehlen könnte.

Für die gesamte Region kann als sicher gelten, dass Klimaveränderungen eine Ursache für Gewalt und Bürgerkrieg bilden. Bislang nahm man an, dass die Konfliktfolgen des Klimawandels eher indirekt sind, aber dort, wo das Überleben ohnehin schon gefährdet ist, bekommen selbst geringfügige Verschiebungen erhebliche Brisanz. Die Sache ist ganz einfach. In einer Region, in der 70 Prozent der Bevölkerung auf dem und vom Land leben, gibt es ein Problem, wenn Weideflächen und bebaubares Land verschwinden. Nomadische Viehzüchter brauchen Weiden, auf denen ihre Tiere grasen können; Kleinbauern brauchen Land, um Getreide und Früchte für ihr Überleben und das ihrer Familien anbauen zu können. Wenn die Wüste sich ausbreitet, beanspruchen die Viehzüchter das Land der Bauern, oder umgekehrt. Es gibt eine kritische Untergrenze, ab der Überlebensinteressen nur noch mit Gewalt durchgesetzt werden.

Der Sudan hat von 1967 bis 1973, von 1980 bis 1984, 1987, 1989, 1990, 1991, 1993 und 2000 katastrophale Dürren erlebt – zum Teil mit der Folge von großräumigen Bevölkerungsverschiebungen und tausenden Hungertoten. Natürlich gibt es neben dem ökologischen Desaster eine Fülle weiterer Konfliktursachen im Sudan, sogar so viele, dass einen die Versuche, historische Übersichten vorzulegen, heillos verwirrt zurücklassen.* Kein Wunder; seit 1955 wird in unterschiedli-

---

* Gerard Prunier, Darfur. Der uneindeutige Genorzi. Hamburg 2006

cher Intensität und in unterschiedlichen Regionen Krieg geführt, seit einem halben Jahrhundert also. Zwischen 1972 und 1983 gab es eine Phase eines fragilen Friedenszustands. 2005 wurde ein Friedensabkommen unterzeichnet, seitdem wird im nördlichen Sudan tatsächlich nicht mehr gekämpft. Aber ab 2003 herrschte dafür Krieg in Darfur. Und seit vergangenem Jahr in Südsudan. Im Jahr 2017 entwickelt sich dort eine der größten Hungerkatastrophen der letzten Jahrzehnte, übrigens ebenso wie in Nigeria, in Somalia und im Jemen. Es gibt keinen direkten, wohl aber einen starken indirekten Zusammenhang von Klimawandel, Krieg und Hunger.

Was tun?

Als mein Buch »Klimakriege« 2008 erstmals erschien, zog es einige Kritik auf sich: der Zusammenhang zwischen den Folgen des Klimawandels und vermehrter Gewalt sei wissenschaftlich nicht belegt, das Buch sei alarmistisch. Das wäre schön gewesen, aber wir haben heute mehr extreme Wetterereignisse, mehr Flüchtlinge, mehr Terrorismus als vor zehn Jahren, und mehr und radikalere Tendenzen zur Abschottung in den reichen Ländern als damals. Der Mauerbau erlebt, ein Vierteljahrhundert nach dem Fall der Berliner Mauer, eine erstaunliche Renaissance, ebenso wie die Politik der Angst und der Wunsch nach autokratischen und das heißt immer: gewaltsamen Problemlösungen. Europa ist mit großen Zahlen von Flüchtlingen konfrontiert und wählt Abschottung als Lösung, dabei nehmen die Fluchtursachen weltweit zu. Dazu zählen Landraub, Landverlust, gewaltsame Vertreibung, Umweltkatastrophen, Terrorismus, Krieg, gescheiterte Politik, gescheiterte Staatlichkeit.

Der Klimawandel spielt bei all dem, wie gesagt, nicht die Rolle eines monokausalen Verursachers von Gewalt, sondern er wirkt als Konfliktanlass, Armutsursache, Auslöser von extremen Wetterereignissen und daraus folgenden Wanderungsbewegungen und Konflikten – heute mehr als noch vor zehn Jahren. Wir haben heute etwa 65 Millionen Menschen weltweit, die ihre Heimat verlassen mussten, jede Minute kommen statistisch 24 dazu, und was sich vor allem ändert, ist, dass die armen Gesellschaften relativ gesehen immer mehr Flüchtlinge aufnehmen, und die reichen immer weniger: während sie vor zehn Jahren noch mehr als ein Viertel der Flüchtlinge weltweit aufnahmen, sind es heute nur noch 14 Prozent – obwohl sie zweifellos weit mehr zu den Fluchtursachen beitragen als die armen.

Insgesamt könnte man sagen: Die Welt ist zu Beginn des 21. Jahrhunderts mehr unter Umwelt- und Klimastress denn je, aber Wege zu einer zivilisierten Stressbewältigung werden kaum gesucht. Die Suche gilt vor allem der Bewahrung und Sicherung von Besitzständen, weshalb Abschottung das dominante Rezept darstellt. Das macht die reichen Gesellschaften nicht glaubwürdiger und entwertet zunehmend auch das zivilisatorische Modell des demokratischen Rechtsstaats: global befindet sich dieser Typ von Gesellschaft nach einer langen Aufstiegsbewegung gerade auf dem Rückzug, und es sind wenig Konzepte zu erkennen, wie sich denn eigentlich das westlich geprägte demokratische Gesellschaftsmodell so modernisieren könnte, dass es seinen Standard von Freiheit, Sicherheit und Demokratie bewahrt, zugleich aber ein weniger zerstörerisches und, global betrachtet, weniger ungerechtes Naturverhältnis entwickelt.

Der Weg in mehr Abschottung und mehr Gewalt ist kein zwangsläufiger; vielleicht setzen die immer sichtbarer werdenden Folgen des Klimawandels und der damit verbundenen sozialen Folgen auch einen Modernisierungsschub in Gang, der ohnehin lange überfällig ist – mindestens seit ihn die »Limits to growth« vor nun mehr bald fünfzig Jahren gefordert haben und der bislang, aus kurzfristigen Nutzenkalkülen und politischer Dummheit, ausgeblieben ist. Von unten jedenfalls tut sich schon mal eine Menge: die transition-town-Bewegung ist weltweit aktiv, inzwischen hat sich, besonders in den reichen Ländern eine degrowth-Bewegung etabliert, man diskutiert über soziale Innovationen wie das bedingungslose Grundeinkommen und über politische Mittel wie die erfolgreiche divestment-Kampagne.

Und dann gibt es noch eine Option, die vergleichsweise schnelle Wirkungen entfalten kann: Da Wälder Kohlendioxid aus der Atmosphäre in klimarelevanten Größenordnungen aufnehmen, fordern Forstwissenschaftler schon seit mehr als zwei Jahrzehnten nicht nur einen sofortigen Stopp des Abholzens und Abbrennens der Regenwäl-

der, sondern zusätzlich ein umfassendes Waldaufforstungsprogramm –
auf zweihundert Millionen Hektar in den Tropen und den Subtropen.
Beides zusammen würde die weltweit emittierten Klimagase um etwa
zehn Milliarden Tonnen reduzieren. Das ist mehr als die Hälfte der
sechzehn Milliarden Tonnen, die (nach Absorption durch Ozeane
und Landsenken) in der Atmosphäre verbleiben und die Erderwärmung verursachen.

Da die Aufforstung vor allem in den Ländern des ärmeren Südens
stattfinden wird, müssen sich die Länder des reicheren Nordens über-
proportional daran beteiligen, entsprechende Ertragsausfälle erstatten und Programme vor Ort unterstützen, was im Übrigen Arbeitsplätze schafft. Internationale Klimapolitik funktioniert nur, wenn sie
mit globaler und lokaler Gerechtigkeit einhergeht; und internationale
Waldpolitik funktioniert nur, wenn der Nutzen des Waldes für alle
Menschen begreifbar wird. Vor allem, da die Kosten auf den ersten
Blick durchaus enorm sein werden: Ein globales Waldaufforstungsprogramm würde zwanzig Jahre lang jährlich etwa 150 Milliarden
US-Dollar kosten; zusätzlich müssten den Schwellen- und Entwicklungsländern für ihren Ertragsausfall bei den Regenwäldern jährlich
etwa fünfzig Milliarden US-Dollar erstattet werden. Der deutsche
Beitrag wäre, entsprechend dem prozentualen Anteil am Welt-BIP,
jährlich etwa neun Milliarden US-Dollar.

Allerdings belaufen sich die Aufwendungen zur (wenn überhaupt
möglichen) Reparatur von Klimaschäden jährlich auf 1 % des Weltso-
zialproduktes. Zum Zeitpunkt 2006 waren das bereits 500 Milliarden
US-Dollar, derzeit läge dieser Betrag schon bei 750 Milliarden US-Dollar. Und: Wenn zur Begrenzung des Klimawandels gar nichts unternommen wird, werden sich die Kosten auf ein Vielfaches erhöhen.

Nachbemerkung

Es tut sich also Einiges, praktikable Ideen liegen vor. Damit solche
Entwicklungen aber nicht durch neue und alte Autokraten und ihre
ganz und gar rückständigen Gesellschafts- und Politikvorstellungen
entmächtigt werden, gilt es heute, den ökologischen und den klima-

politischen Diskurs auf eine neue Basis zu stellen. Denn ein begrenz-
ter Klimawandel und eine intakte Ökosphäre sind ja kein Selbstzweck:
es geht dabei um die Gewährleistung von zivilisatorischen Bedingungen, die uns ein gutes Leben in Freiheit ermöglichen. So gesehen ist
es höchste Zeit, dass die klima- und ökopolitische Bewegung sich
repolitisiert und konfliktfähig die Frage auf die politische Tagesordnung bringt, wie wir denn leben, welche Gesellschaft wir sein wollen.
Den Luxus, diese Fragen allein den Vollstreckern rückwärtsgewand-
ter Interessen zu überlassen, können wir uns nicht mehr leisten.

Quellenhinweise

Teile dieses Textes stammen aus anderen Publikationen und wurden
hier überarbeitet. So insbesondere der erste Teil, der aus unserem
Buch »Zwei Grad mehr in Deutschland. Wie der Klimawandel unseren Alltag verändern wird.«, das ich zusammen mit Friedrich-Wil-
helm Gerstengarbe herausgegeben habe. Die hier verwendete Text-
passage haben Bernd Sommer, Miriam Schad und Sebastian Wessels
verfasst. Die »Waldoption«, die am Ende des Textes dargestellt wird,
hat Klaus Wiegandt vom »Forum für Verantwortung« entwickelt;
ausführlicher findet sie sich in dem von ihm herausgegebenen Buch
»Mut zur Nachhaltigkeit. 12 Wege in die Zukunft.«, das – wie auch
»Zwei Grad mehr« – im S.-Fischer-Verlag erschienen ist.

KRIEG

Prof. Dr. Conrad Schetter
Wissenschaftlicher Direktor des Internationalen Konversionszentrums Bonn (BICC)

1. Einleitung

Am 3. Oktober 2015 zerstörte ein Luftangriff der US-Armee ein Kran-
kenaus in Kundus, Afghanistan, das von der humanitären Hilfsorganisation Médecins Sans Frontières (MSF) betreut wurde und tötet
30 Menschen, darunter 14 Mitarbeiter der Organisation; drei Wochen
später, am 26. Oktober, wurde ein anderes Krankenhaus, ebenfalls
von MSF geleitet, im Jemen durch einen Luftangriff der saudi-arabi-
schen Armee zerstört. Am 19. September 2016 wurden 18 Trucks mit
Hilfslieferungen des Roten Halbmonds und von UNICEF nahe Aleppos beschossen – keine Kriegspartei übernahm hierfür die Verantwortung. Seit Jahren verweigert die syrische Regierung humanitären
Hilfsorganisationen den Zugang zu Gebieten, die von Rebellen gehalten werden; ebenso verhindert Saudia-Arabien, dass im Jemen humanitäre Hilfslieferungen über die Häfen in das von den Huthi-Milizen
gehaltene Hinterland transportiert werden. Diese Beispiele stehen
nur symbolhaft für unzählige Fälle, in denen humanitäre Helfer in
Kriegsgebieten zu Opfern von Gewalt werden oder ihnen der Zugang
zur notleidenden Zivilbevölkerung verweigert wird. Es scheint gar so,
dass in den heutigen Kriegen sich kaum noch jemand um die neutrale
und unparteiliche Haltung der humanitären Hilfe schert. Viel eher ist
es wohl so, dass humanitäre Hilfe selbst als Teil des Krieges wahrgenommen wird und dementsprechend von den Kriegsparteien gezielt
eingesetzt bzw. verhindert wird.

   Die zunehmende Gefährdung humanitärer Helfer und die
Blockade ihrer Arbeit sind jedoch nur zwei Aspekt unter vielen, die
veranschaulichen, dass der Stellenwert der humanitären Hilfe in den
heutigen Kriegen herausgefordert wird und umstritten ist. Daher will

ich in diesem Beitrag zeigen, in welcher Weise sich Krieg gerade in den letzten 25 Jahren, also seit dem Ende des Kalten Krieges, veränderte und welche Herausforderungen sich hieraus für die humanitäre Hilfe ergeben.

2. Begriffsklärung: Humanitäre Hilfe und Katastrophenhilfe

Die Begriffe humanitäre Hilfe und Katastrophenhilfe werden häufig synonym verwendet. In internationalen Regelwerken setzte sich der Begriff der humanitären Hilfe als Oberbegriff für beide Verständnisse durch und soll auch in diesem Artikel verwendet werden. Der Begriff humanitäre Hilfe erfährt vor allem in Bezug auf durch Menschen direkt und bewusst verursachte Notlagen Verwendung – sprich Kriege, Flucht und Vertreibungen. Der Begriff der Katastrophenhilfe, der ja auch in diesem Buch im Zentrum steht, wird dagegen eher im Zusammenhang mit Ereignissen verwendet, die durch die Natur verursacht werden wie etwa Erdbeben, Hungersnöten oder Überflutungen. Ein entscheidender Unterschied zwischen beiden Begriffen ist, dass der der Katastrophenhilfe allein auf das Ereignis (die Katastrophe) referiert, und damit nüchtern bzw. normativ indifferent erscheint. Dagegen beinhaltet der Begriff der humanitären Hilfe einen direkten werteorientierten Bezug. Die »Menschlichkeit« wird in den Vordergrund gestellt und damit verbunden eine allgemeine moralische Verpflichtung des Helfens (Lieser 2013). Humanitäre Hilfe – in ihrer Reinform – unterscheidet nicht nach politischen, ethnisch-religiösen oder ideologischen Charakteristika der Betroffenen, sondern lässt ihre Hilfe allen Menschen – ohne Einbeziehung ihres Ansehen – in gleicher Weise zugutekommen (Fassin 2012). So ist humanitäre Hilfe durch die folgenden vier Prinzipien geprägt: Menschlichkeit, Neutralität, Unabhängigkeit und Unparteilichkeit. In Reinform wird der Gedanken der humanitären Hilfe durch das Internationale Rote Kreuz vertreten; andere humanitäre Hilfsorganisationen (u. a. MSF) nehmen für sich in Anspruch, auch von diesen normativen Vorgaben in Einzelaspekten abzuweichen und etwa politische Positionen zu beziehen.

3. Humanitäre Hilfe und Krieg

Die Schlacht von Solferino (1859) gilt als die Gründungsstunde der humanitären Hilfe. Die mangelhafte Versorgung von Verletzten auf dem Schlachtfeld veranlasste damals Henry Dunant das Internationale Rote Kreuz/IKRK (1864) zu gründen, um versehrten Kombattanten der verschiedenen Kriegsparteien in neutraler und unparteiischer Weise Hilfe zukommen zu lassen. Damit war der Grundstein für die Entstehung einer formalisierten humanitären Hilfe gelegt. Diese Grundausrichtung der humanitären Hilfe fand Eingang in das Völkerrecht und ist in den Genfer Konventionen festgeschrieben. So sind durch Art. 3 des Genfer Abkommens über die Behandlung von Kriegsgefangenen die Prinzipien Menschlichkeit, Unparteilichkeit und Neutralität völkerrechtlich implementiert und werden durch die Resolution 46/182 der UNO-Generalversammlung aus dem Jahr 1991 ausdrücklich wiederholt: »Humanitarian assistance must be provided in accordance with the principles of humanity, neutrality and impartiality.« Das IKRK und viele anderen humanitäre Organisationen bestehen zudem auf ihre Unabhängigkeit von Regierungen und anderen Autoritäten.

Historisch betrachtet entstand die humanitäre Hilfe somit als Korrektiv in Kriegen. Daher ist sie auf das Engste mit dem Wesen des Krieges verbunden. Allerdings erlebte Krieg – geraden in den letzten 25 Jahren – drastische Veränderungen. So ist Krieg nur noch in Ausnahmefällen von seiner Erscheinung und seinen Verregelungen her mit dem vergleichbar, was Henry Dunant einst auf den Schlachtfeldern der Lombardei erlebt hatte. So war die humanitäre Hilfe in einer Zeit der Staatenkriege entstanden. Bei den Staatenkriegen, wie sie sich gegen Ende des 19. Jahrhunderts herausgebildet hatten, handelte es sich um hoch formalisierte Austragungen von Gewalt, die klar begrenzt war: Erstens fanden Kriege zwischen genau benennbaren Akteuren statt – nämlich zwischen Staaten; staatlichen Aspiranten (u.a. italienische Befreiungskriege) erfuhren über das Kriegsrecht eine Legitimierung bzw. Delegitimierung als ebenbürtige Kriegsgegner. Damit gab es klar zu identifizierende Akteure, die über Krieg und Frieden entschieden und die zweitens in einem symmetrischen Verhältnis zueinander standen, indem sie sich gegenseitig als Kriegsgegner anerkannten. Drittens waren Kriege auf einen exakt festgelegten Zeitraum beschränkt, da Staaten über die Souveränität verfügten, einen Krieg offiziell zu erklären und auch wieder zu beenden. Viertens waren Kriege räumliche begrenzt. Es gab mit dem Schlachtfeld und Schützengräben konkrete Orte, an denen man seine Kräfte miteinander maß. Fünftens war die Unterscheidung zwischen Zivilisten und Kombattanten essentiell. Letztere trugen zur Erkennung Uniformen, lebten in Kasernen, befanden sich in einer Befehlskette etc. Der Krieg konzentrierte sich auf die gegenseitige Vernichtung der Armeen, ließ aber – zumindest idealtypisch gedacht – Zivilisten außen vor. Dennoch stellte auch der Kombattant kein Freiwild dar, sondern war sein Status seit Anfang des 20. Jahrhunderts über das Kriegsrecht in den Genfer Konventionen und in der Haager Landkriegsordnung genau festgelegt. Man könnte noch viele weitere Regelung des Krieges, die vor allem Eingang in das Völkerrecht fanden, anfügen, die verdeutlichen, dass Krieg nicht als das ungezähmte, chaotische Aufeinanderstoßen wilder Horden gesehen wurde, sondern als ein mit Codizes und Normvorstellungen gespickter Akt, dessen Durchführung geradezu als Privileg der Vornehmsten eines Landes gesehen wurde. Vor diesem Hintergrund erscheint die humanitäre Hilfe geradezu nur als ein weiteres – wohl das moralischste – Moment, das zur »Veredlung« des Regelwerks des Krieges beitrug. So könnte man sagen, dass der Einzug des Humanitarismus in das Kriegsregelwerk den letzten Akzent setzte, um den Krieg zu zivilisieren und als gewaltsame Austragungsform von unterschiedlichen Interessen beizubehalten. Anders ausgedrückt lautet aus einer friedenspolitischen Perspektive die Kritik an der humanitären Hilfe, dass sie in ihrem Wesen nach nicht gegen den Krieg per se ausgerichtet war, sondern eher eine moralisch legitime Fortführung des Krieges ermöglichte.

Jedoch stellte der dicht geordnete Krieg, wie er sich in Europa in der Neuzeit entwickelte, aus der Perspektive der longue durée wohl eher eine zeitlich und regionale Ausnahmeerscheinung der Globalgeschichte dar. So ging Ende des 19. Jahrhunderts die Entstehung einer nationalstaatlich aufgeteilten Welt mit einer Ordnung des Krieges einher, die spezifisch war und nicht unbedingt die Vorstellungen über Krieg in anderen Erdteilen und in anderen Zeitaltern widerspiegelte. Dies wird besonders deutlich, wenn man sich das Kriegsgeschehen in der Frühen Neuzeit betrachtet, das durch ganz andere Logiken geprägt war, die v. a. darauf basierten, dass eine klare Grenzziehung zwischen Krieg und Frieden, zwischen Militärisch und Zivil etc. eben nicht gegeben war, wie Herfried Münkler (2002) eindrücklich beschrieb. Eine ähnliche Verwischung – wir werden gleich noch genauer darauf eingehen – war für die meisten Kriege außerhalb Europa kennzeichnend und ist es bis heute.

Vor diesem Hintergrund muss man sich gewahr werden, dass das im internationalen Völkerrecht verankerte Kriegsrecht, das sich ja aus der verregelten Kriegsordnung Europas ergab, den spezifischen Fall der europäische Staatenkriege auf globalem Maßstab generalisierte. Dementsprechend muss auch die Einbettung der humanitären Hilfe in das Kriegsrecht eine für andere raumzeitliche Kontexte geradezu befremdliche Regelung bedeuten. Anders gewendet, erscheinen Kriegsgeschehen, die nicht der europäischen Kriegsordnung entsprachen, aus der Perspektive europäischer Kriegsführung als barbarisch und »inhuman«. So war es etwa das Kriegshandwerk, über das in den Zeiten des Kolonialismus und Imperialismus die »Überlegenheit« der europäischen Zivilisation gegenüber »Barbaren« und »Wilden« begründet wurde und einer klaren Abgrenzung zwischen Zivilisierten und Unzivilisierten diente (Porter 2009). Aus heutiger Sicht muss kaum erwähnt werden, dass diese Sichtweise völlig ignorierte, welche ungeheuerlichen Gewaltakte gerade in diesen Zeiträumen durch koloniale und imperiale Armeen begangen wurden. In ähnlicher Weise gilt einzuwenden, dass – trotz einer mehr oder weniger Anwendung der Kriegsregeln – gerade die zwei Weltkriege, die von Europa ausgingen, eine niemals zuvor dagewesene Vernichtungswut mit sich brachten. So stellt sich die Frage, ob daher die Schrecken des verregelten Krieges im Ersten Weltkrieg weniger moralisch verwerflich sind als die systematisch gegen das Kriegsrecht verstoßenden Gewaltakte von Dae'sh (Islamischer Staat) in Syrien und Irak?

Erst in den 1990er Jahren wurde der Öffentlichkeit gewahr, dass der verregelte Krieg und die darin festgeschriebene Rolle der humanitären Hilfe eher eine Ausnahme als die Norm darstellten. Die Zeit

des Kalten Krieges stand noch ganz unter dem Eindruck des Zweiten Weltkrieges und war damit beschäftigt, die vielen politischen
und gesellschaftlichen Veränderungen, die durch zwei Weltkriege
verursacht worden waren (u. a. Dekolonialisierung, bipolare Welt-
ordnung), neu zu ordnen. So waren es v. a. kolonial Befreiungskriege,
Sezessionskriege und Stellvertreterkriege der Supermächte, die die
Zeit zwischen 1945 und 1989 – zumindest in der öffentlichen Wahrnehmung – bestimmten. Der Staat als solcher stand in diesen Kriegen
selbst nicht auf dem Prüfstand; vielmehr ging es allein um die Frage,
wer diesen kontrolliert, welche ideologische Färbung dieser habe und
ob man zu diesem oder einem anderen dazugehören wollte. Langanhaltende, schwelende Bürgerkriege, die sich einer ideologischen
Zuschreibung entzogen, fanden natürlich auch statt, verliefen aber in
der Regel unter dem Radar weltweiter Aufmerksamkeit (Hofmeier &
Matthies 1992).

4. Multiple Entgrenzungen des Krieges

Insgesamt kann festgestellt werden, dass gerade in den letzten
25 Jahren die Zahl gewaltsamer Konflikte und instabiler Regionen
zugenommen hat. Einige gewaltsame Konflikte wie in Afghanistan,
Kaschmir oder im Südsudan und Darfur reichen weit in die Zeit des
Kalten Krieges hinein. Der Zeitraum seit den 1990er Jahren ist dadurch geprägt, dass Kriegstypen vorherrschen, die sämtliche Verreg-
lungen des Staatenkrieges aufzuheben und zu entgrenzen scheinen.
So erleben wir, dass sich seit Ende des Kalten Krieges – zumindest
in unserer Wahrnehmung – die Qualität der Kriege änderte. So dominieren sog. neue Kriege, hybride Kriege, fluide Kriege etc.; bereits
diese verschiedenen Begrifflichkeiten, die in der Wissenschaft kursie-
ren, machen die Schwierigkeit deutlich, die Abweichungen von den
bekannten Staatenkriegen zu fassen. Im Folgenden will ich zentrale
Kennzeichen dieser Kriege darstellen:

Erstens werden Kriege heutzutage zwischen ganz unterschiedlichen Akteuren geführt: Staaten, Rebellen, Milizen, Gangs, Terroristen
oder Wirtschaftskriminelle befinden sich in unterschiedlichen Kon-

stellationen im Krieg gegeneinander. Das heißt, dass im Krieg nicht länger das Privileg des Staates gesehen wird, sondern ganz unterschiedliche Gewaltakteure ihren eigenen Krieg führen. Offensichtlich wurde diese Verwischung der Akteure etwa jüngst bei der russischen Annexion der Krim und im Bürgerkrieg in der Ostukraine, wo die Grenzen zwischen Soldaten der russischen Armee und pro-russischen Milizen bzw. der ukrainischen Armee und pro-ukrainischer Milzen nicht greifbar waren und sich der Begriff der »grüne Männchen« einbürgerte, um den hybriden Status von Kombattanten zu beschreiben.

Daraus resultiert, zweitens, dass Kriege häufig asymmetrische Formen annehmen, in denen technisch hochgerüstete Armeen Rebellengruppen gegenüberstehen, die mit einfachen Mittel (selbstgebastelte Sprengstofffallen, Attentate etc.) kämpfen wie etwa in Afghanistan oder Irak; oder aber das genaue Gegenteil wie in Mexiko: Hier sind die Drogenkartelle oftmals militärisch weit besser ausgestattet und professioneller trainiert als die mexikanische Armee. Diese Asymmetrien bedeuten, dass unterschiedliche Strategien der Kriegsführung eingesetzt werden, die häufig von der konventionellen Kriegsführung, in der sich zwei Armeen gegenüberstehen, abweichen und die Elemente der Abschreckung und des Terrors beinhalten.

Drittens, sind Kriege nicht mehr allein die Fortsetzung der Politik mit anderen Mitteln, wie es das berühmte Diktum Carl von Clausewitz besagt, sondern mischen sich diese etwa mit ökonomischen und individuellen Interessen, die im Krieg per se eine Unternehmung erblicken. Ob Drogen, Edelsteine, Mineralien oder seltene Erden: In der DR Kongo, Afghanistan oder Südsudan stellt die Gewaltökonomie, die oftmals allein von der Ressourcenausbeutung getrieben ist, eine wichtige Seite des Krieges dar. Die Eigenlogik von Gewaltökonomien mit eigenen Gewaltmärkten kann so dominierend sein, dass diese zu einer ständigen zeitlichen und räumlichen Ausdehnung der Gewalt führen kann.

Demnach, viertens, sind Kriege nicht mehr zeitlich begrenzt, ja werden nicht einmal mehr ausgerufen oder beendet. Mitunter sind die heutigen Kriege durch ein wenig intensives Dahinplätschern organisierter Gewalt geprägt. Letztere ist zudem durch eine hohe Volatilität geprägt: Phasen des Ab- und Anschwellens der Gewalt verlaufen häufig sowohl zyklisch wie im Lande selbst lokal/ regional unterschiedlich. Zeiten des Krieges lassen sich kaum noch von Zeiten des Friedens abgrenzen. Kriege beginnen irgendwann unmerklich, dauern an und hören wieder unmerklich auf.

Desgleichen, fünftens, gibt es keine Schlachtfelder mehr. Eine klare räumliche Begrenzung wird aufgehoben. Nicht nur, dass überall im Land der Krieg – teilweise in asynchroner Weise – wieder aufflackert und abebbt, sondern auch Nachbarländer werden zunehmend – ob als Rückzugsraum oder als Aufmarschfront – einbezogen. Bürgerkriege machen daher selten an staatlichen Territorialgrenzen halt und führen zu grenzübergreifende Destabilisierungen wie etwa in Syrien/Irak, Afghanistan/Pakistan, Nigeria/Tschad/Kamerun oder Somalia/Kenia. Es besteht gar die Befürchtung, dass sich in Zukunft etwa im Sahel, im Mittleren Osten oder am Horn von Afrika länderübergreifende Konfliktgürtel ausprägen. Schließlich – wie die Attentate von Madrid, Brüssel, Paris oder Berlin zeigen – finden Kriege in Form von Terrorkationen auch weitab vom Konfliktherd inmitten von Gesellschaften statt, für die der Krieg eigentlich weit weg erscheint.

Sechstens, schließlich wird der Zivilist nicht mehr von Kombattant unterschieden, was damit einhergeht, dass eine rechtliche Abgrenzung nicht mehr gegeben ist: Gewaltakte richten sich direkt gegen die Zivilbevölkerung – oftmals mit dem Ziel einer völligen Vernichtung kulturell Anderer – wie etwa der Jesiden im nordirakischen Sinchargebirge oder der Nuer und Dinka im Südsudan. Zudem verwenden Gewaltakteure die Zivilbevölkerung oftmals als menschliche Schutzschilde; auch der »Krieg gegen den Terrorismus« wendete sich zur Aufstandsbekämpfung, da nicht mehr einzelne Terroristen, sondern eine Gewaltmobilisierung, die tief in die Zivilgesellschaft hineingreift, als Ursache für gewaltsame Konflikte gesehen wird. In diesem Zusammenhang erscheint auch die Unterscheidung zwischen Kombattant und Terrorist oftmals als rechtlich willkürlich, was gerade in Bezug auf den rechtlichen Status von Kriegsgefangenen (siehe Guantanamo etc.) höchst problematisch ist. Der Kämpfer, der keine Uniform trägt und keiner anerkannten militärischen Einheit zugeordnet werden kann, verwischt die Grenze zwischen Zivilist, Soldat und Terrorist.

Schließlich verweisen all diese Aspekte auf das zentrale Problem, dass das politische System auf eine funktionierende Staatenwelt ausgerichtet ist, in der der Staat als der einzige Souverän anerkannt wird. Dagegen erleben wir gegenwärtig, dass Staatlichkeit nahezu überall auf der Welt in Frage gestellt wird. Fragile bzw. deformierte Staaten, die häufige über kein staatliches Gewaltmonopol und keine rechtsstaatliche Verlässlichkeit verfügen, dominieren in weiten Teilen der Welt. Vor allem auf der subnationalen Ebene sind staatliche Trägerstrukturen oftmals nur rudimentär ausgebildet und stark durch Korruption und Klientelismus geprägt. Solche Staaten gelten als Länder, die bereits durch Krieg geprägt sind bzw. potenziell höchst gefährdet sind.

Fasst man diese Punkte zusammen, verschwimmen in allen denkbaren Dimensionen die klaren Abgrenzungen, die einst die europäische Vorstellung von Krieg bestimmten. Dennoch muss bedacht werden, dass sich je nach Konflikt durchaus Aspekte des klassischen Staatenkrieges in entgrenzten Kriegen wiederfinden, weshalb die oben gemachte dichotome Gegenüberstellung zu kurz greifen würde, um dem Kontext jeden spezifischen Krieges gerecht zu werden.

5. Externe (humanitäre) Interventionen

Um solchen entgrenzten Kriegen Einhalt zu gebieten, können die 1990er und die 2010er Jahre als der Zeitraum des Interventionismus betrachtet werden. So erblickten die außenpolitischen Konzeptionen der USA, vieler europäischer Staaten wie auch inter- und supranationaler Organisationen bereits Anfang der 1990er Jahre in militärischen Interventionen ein probates Mittel, um gewaltsamen Konflikten Einhalt zu gebieten.

Die Bereitschaft zur Intervention speiste sich zum einen aus der eigenen Interessendurchsetzung, zum anderen aus humanitären Beweggründen – wobei in der Regel beide Sphären miteinander vermischt wurden bzw. die humanitäre Ebene in den Vordergrund geschoben wurde, aber in der Auswahl der Interventionen und der Art der Intervention sich dann in der Regel doch die eigenen Interessen der Interventen durchpausten. Diese Eigeninteressen umfassten Sicherheitsaspekte, die Aufrechterhaltung der eigenen Machtsphäre oder aber ökonomische Zielsetzungen. Vor allem die Durchsetzung der eigenen Sicherheitsinteressen war Auslöser für viele Interventionen: So sahen etwa in den 1990er und frühen 2000er Jahre die USA und die europäischen NATO-Staaten durch die Gewalteskalation und hierdurch ausgelöste Flüchtlingsströme im damaligen Jugoslawien oder Haiti die Sicherheit und den Wohlstand an den eigenen territorialen Grenzen gefährdet.

Die sprunghafte Zunahme an Interventionen lässt sich auch quantifizieren: Der UN-Sicherheitsrat autorisierte in den ersten 43 Jahren seit dem Zweiten Weltkrieg 13 friedenssichernde Missionen. Die gleiche Anzahl an friedenssichernden Missionen kam allein in den 43 Monaten zwischen 1988 und 1992 hinzu (Kühne 2005). Jedoch nahm nicht nur die Quantität der friedensstiftenden Interventionen rasant zu, sondern es änderten sich auch ihre Aufgabenschwerpunkte: Bis zum Ende des Kalten Krieges beschränkten sich peace keeping-Operationen primär auf die Überwachung von Waffenstillständen zwischen Staaten (z. B. auf den Golanhöhen oder auf Zypern). Im Laufe der 1990er Jahre entwickelten sich – meist unter Führung der UN – komplexe peace building-Missionen. Die Passivität niederländischer UN-Blauhelme bei dem Massaker von Srebrenica stellte hier den einschneidenden Wendepunkt vom peace keeping zu peace building dar. Damit veränderte sich der Auftrag vom monitoring hin zur Teilnahme ab aktiven Kampfhandlungen, um gewaltsame Konflikte zu beenden und Frieden zu stiften (MacGinty & Williams 2009). So sind Friedensmissionen der internationalen Gemeinschaft zunehmend durch ein breit ausgelegtes militärisches Mandat sowie durch die Integration gesellschaftlicher und staatlicher Aufgaben gekennzeichnet, um »Staaten zu bauen« (Fukuyama 2006). Gleichzeitig nimmt seit den 1990er Jahren die politische Bedeutung von mit UN-Mandat ausgestatten Blauhelm-Einsätzen an Bedeutung ab; Blauhelme werden zunehmend in Konflikten von zweitrangiger geopolitischer Bedeutung (u. a. DR Kongo, Darfur, Südsudan) oder in eingefrorenen Konflikten (u. a. Zypern, Golan) eingesetzt, während in Gewaltkonflikten, die die Interessen von Groß- und Regionalmächten (USA, Russland, Frankreich, Saudi-Arabien etc.) tangieren, diese selbst militärisch intervenieren. Diese Wende zeichnete sich bereits im Kosovokrieg (NATO) ab und wurde v. a. in den militärischen Interventionen im Zuge des War on Terror deutlich (u. a. Afghanistan, Irak). Jüngste Beispiele sind Libyen (NATO), Syrien/Irak (Russland, USA, Türkei etc.), Jemen (Saudi-Arabien) oder Mali (Frankreich).

Vor diesem Hintergrund werden intervenierende Kräfte in der Regel als Kriegsparteien gesehen, die eigene Interessen durchsetzen. Dementsprechend setzen Konfliktparteien und Bevölkerung humanitäre und Entwicklungsmaßnahmen in Beziehung zu intervenierenden militärischen Akteuren (häufig aufgrund nationaler oder phänotypischer Zuschreibungen). Im Rahmen dieser veränderten politischen Großwetterlagen werden auch in Ländern, die nicht direkt von Bürgerkriegen betroffen sind, externe zivile Interventionen immer häufiger politisch interpretiert (u. a. Kenia, Türkei, Jordanien).

Wenngleich Interventionen nichts Neues darstellen und auch während des Kalten Krieges stattfanden, ist die Legitimierung über einen Wertediskurs das eigentlich Neue an Interventionen (Menzel 2005): So spielt vor dem Hintergrund der Verbindung von Unterentwicklung und gewaltsamen Konflikten, die gerade der Human Security-Diskurs beleuchtet, die Etikettierung von Interventionen als »humanitär« für deren Legitimationen eine wichtige Rolle. Beispiele für »humanitäre Interventionen« stellen Bosnien-Herzegowina, Kosovo, Somalia, Timor Leste, Sierra Leone, DR Kongo oder Haiti dar. Die Souveränität eines Staates wird also dem Aspekt der Einhaltung universeller Menschenrechte oder dem Ansinnen, das blanke Überleben von Menschen zu schützen, untergeordnet. Die militärische Intervention wird demnach im Namen der Menschlichkeit vorgenommen, um Menschenleben zu retten bzw. eine gewisse Qualität von Leben aufrechtzuerhalten, wozu der betreffende Staat nicht in der Lage oder gar nicht willens ist (Hinsch & Janssen 2006). Damit avancierte das Paradigma der menschlichen Sicherheit zum konzeptionellen Rückgrat der Forderung nach Responsibility to Protect (r2p), der den militärischen Einsatz zur Rettung von Leben legitimiert (ICISS 2001). So greifen Protagonisten des r2p-Ansatzes auf die im Ansatz der menschlichen Sicherheit genannten Sicherheitsrisiken zurück, um die Bedrohung des Individuums über die Souveränität eines Staates zu stellen. So geht es bei Interventionen darum, dass die Souveränität eines Staates zumindest zeitweise ausgesetzt oder eingeschränkt werden muss, um die menschliche Sicherheit seiner Bürger zu gewährleisten.

In der Tatsache, dass sich militärische Interventionen gegenwärtig gern mit dem Etikett des Humanitären schmücken, indem sie auf die gefährdete menschliche Sicherheit Bezug nehmen, sehen viele Kritiker (u. a. Mamdani 2007) vor allem einen Akt der Propaganda. Das jüngste Beispiel hierfür stellt Vladimir Putin dar, der die militärische Unterstützung Russlands bei der gewaltsamen und verlustreichen Einnahme Aleppos durch die syrische Armee folgendermaßen begründete: »Das war die größte, ich will das betonen, damit es alle hören, das war die größte humanitäre internationale Rettungsaktion der Neuzeit.« *Süddeutsche Zeitung, 23. 12. 2016*

So kann eine Intervention, die den Schutz von Menschen in den Vordergrund stellt, weit eher auf einen Rückhalt in der Bevölkerung an der »Heimatfront« hoffen als eine, die den puren Akt der militärischen Interessendurchsetzung betont. Daher bemängeln Kritiker, dass in »humanitären Interventionen« vielfach die wahren Interessen der intervenierenden Mächte (siehe oben) verschleiert würden, und ein normativer Zustand, nämlich wie ein Staat handeln sollte, absolut gesetzt würde.

Der Ansatz, militärische Interventionen mit einer humanitären Mission zu legitimieren, bleibt fragwürdig. So bemängelt etwa Mark Duffield (2007), dass jegliche von Eigeninteressen geleitete Intervention sich mit dem Rückgriff auf Mängel der menschlichen Sicherheit legitimieren lässt. Zudem ist zu fragen, wer letztlich entscheidet, wann ein Staat nicht in der Lage oder nicht willens ist, seine Mitbürger zu schützen, und wo die Schwellenwerte liegen, die ein Eingreifen im Namen des Humanitären erforderlich machen? Hier wird zwar gern auf die UN als multilaterales Entscheidungsgremium verwiesen. Jedoch stellen auch die UN keinen neutralen, überparteilichen Akteur dar, da die Entscheidungen des UN-Sicherheitsrats als dem zentralen Gremium von nationalstaatlichen Interessen dominiert werden. So ist der UN-Sicherheitsrat nur in einigen Fällen – etwa Afghanistan, Jugoslawien – zu einem einheitlichen Votum für die Genehmigung einer Intervention gelangt. Zudem machen Fälle wie Ruanda 1994, Darfur seit 2003 oder Myanmar 2007 deutlich, dass militärische Interventionen in offensichtlichen Fällen des Versagens von Staaten bzw. des bewussten Verstoßes von Staaten gegen Menschenrechte nicht stattfinden, da die internationale Staatengemeinschaft nicht den nötigen Willen zum Handeln aufbringt.

Zudem ist zu fragen, um welche Qualität von Lebensschutz es sich handelt. So suggeriert der Begriff der »humanitären Intervention«, dass der Militäreinsatz allein dem Schutz des »nackten Lebens« dient. Jedoch verdeutlichen gerade die Eigendynamiken von Interventionen, dass peace keeping sich immer häufiger in ein peace making verwandelte. Damit beschränkt sich die Intervention nicht mehr auf das Einhalten der Kämpfe, sondern zielt auf eine Überwindung der Konflikte ab, was in der Regel mit der Schaffung eines »demokratischen Friedens« und/oder eines »state buildings« einhergeht. Die militärische Intervention in Libyen durch NATO-Staaten, die mit r2p legitimiert wurde, wandelte sich etwa schnell zu einer Operation im Namen des »regime change« und höhlte damit den humanitären Grundgedanken von r2p aus. Dementsprechend geht es bei der Intervention nicht mehr um den Schutz des nackten Lebens, sondern um die Etablierung normativ ausgerichteter Rahmenbedingungen, über die gewisse Qualitäten des Lebens gesichert werden sollen.

Schließlich ist zu fragen, ob militärische Handlungen im Namen des Humanitären nicht per se widersprüchlich sind. So haben militärische Handlungen in Interventionen den Schutz von Menschenleben zum Ziel bei Inkaufnahme der Versehrtheit anderer Menschen. Hier gehen humanitäre Intervention von normativen Opfer vs. Täter-Zuschreibungen aus. Mit dieser Grenzziehung, die in der Realität kaum zu ziehen ist, wird bereits gegen die humanitären Prinzipien der Neutralität und Unparteilichkeit verstoßen. Denn die Frage, welches Menschenleben eine höhere Wertigkeit hat, entzieht sich der Definition des Humanitären.

6. Dilemmas der humanitären Hilfe

Die humanitäre Hilfe durchlief in den letzten 25 Jahren einen enormen Aufwuchs in Anzahl an Organisationen und Mitarbeiter wie auch an finanziellem Umsatz. Daraus kann abgeleitet werden, dass humanitäre Hilfe weite eher in der Lage ist, auf Krisen und Notzustände zu reagieren als in der Vergangenheit. Jedoch ist dies auch Ergebnis einer Ausweitung der zeitlichen Phasen wie der Arbeitsfelder der humanitären Hilfe. Dies bedingte – vor dem Hintergrund der Entgrenzung von Gewaltkonflikten – verschiedene Dilemmata, auf die ich im Folgenden eingehen möchte.

Der Dauerzustand komplexer Notlagen

Vor dem Hintergrund der gegenwärtigen Kriege und fragiler Staatlichkeit erleben wir, dass viele humanitäre Notlagen eine Verselbstständigung erleben. In komplexen Notlagen (complex emergencies) führen akute und chronische Elemente zu einer mittel- bis langfristigen humanitären Notlage der betroffenen Bevölkerung (Keen 2008). Wenn Naturkatastrophen, Hungersnöte, Pandemien oder Nahrungsunsicherheit in Regionen mit volatilen Gewaltstrukturen, fehlenden Trägerstrukturen und fragiler Staatlichkeit auftreten, bilden sich hier schnell endemische Dauernotlagen heraus, in denen Sofort- und Nothilfe vor vielfältigen Aufgaben stehen, die steilweise sogar im Widerspruch zueinander geraten können. Beispiele hierfür sind Dürren und Ernteausfälle (u. a. in Afghanistan, Südsudan, Somalia), Überflutungen (u. a. in Afghanistan, Pakistan), Tsunamis (in Aceh, Sri Lanka) oder Erdbeben (in Haiti, Afghanistan, Pakistan).

Die zunehmende Dauer von Notzuständen bedingt, dass vielerorts humanitäre Hilfe zum Dauerzustand wurde. Emblematisch hierfür stehen Flüchtlingslager wie in Dadab, Kakuma (beide Kenia), Zaatari (Jordanien), Katumba (Tansania), Jalozai (Pakistan) oder Nahr al-Bared (Libanon), die bereits seit Jahrzehnten Bestand haben und unter dem Mandat der humanitären Hilfe verwaltet werden. So wird seit den letzten Jahren ein Großteil der Finanzmittel für humanitäre

Hilfe kontinuierlich in lang andauernde, ungelöste Krisen eingesetzt. Klassische Arbeitsfelder der humanitären Hilfe (v.a. Notversorgung) wurden sukzessive um Aktionsfelder (u. a. Bildung, Gesundheitsaufklärung) angereichert, die eher der Entwicklungszusammenarbeit zugerechnet werden. So weitete sich das Portfolio vieler humanitärer Organisationen aus. Es gibt daher heute nur noch sehr wenige Organisationen (u. a. MSF; IKRK), die sich in ihrem Mandat klar in der humanitären Hilfe verorten und eine klare Abgrenzung zur Entwicklungszusammenarbeit aufrechterhalten. Mit der Überschreitung eines eng zeitlich festgelegten Mandats, wie es die Gründungsväter der humanitären Hilfe im Sinn hatten, verlor diese Hilfe vielerorts ihre situationsbezogene Begrenztheit, wodurch sie direkt mit Fragen wie strukturellem Aufbau, der heterogenen kollektiven Identitäten der betroffenen Bevölkerung etc. konfrontiert wurde. Unter diesen Umständen ist es für humanitäre Organisationen schwierig, ihren Status der Unparteilichkeit und Neutralität aufrechtzuerhalten.

Humanitäre Hilfe – Teil des Krieges

Gerade in solch lang andauernden Kriegen geriet – gerade eine kontinuierlich weiterlaufende – humanitäre Hilfe immer häufiger in die Situation, strukturierendes Moment lang anhaltender gewaltsamer Konflikte bzw. eines staatlichen Versagens zu werden. So zeichnete sich bereits in den 1990er Jahren ab, dass die humanitäre Hilfe vielerorts Teil der politischen Ökonomie von Gewaltkonflikten wurde (u. a. Ruanda, Darfur), da sich die verschiedenen Konfliktparteien auf die Bereitstellung materieller Ressourcen und Infrastruktur durch Hilfsorganisationen verließen bzw. diese in ihre Gewaltökonomie mit einbezogen; häufig versuchten Gewaltakteure, über den Zugang zu humanitärer Hilfe eine Legitimation in den Augen der Bevölkerung zu gewinnen. Desgleichen überließen politische Regime, die gerade im Wohlfahrtsbereich defizitär aufgestellt waren, humanitären Organisationen ganze Aufgabenfelder der Notversorgung und entzogen sich ihrer Verantwortung. Die Kritik, die hieraus entstand, lautete, dass humanitäre Hilfe per se in vielen Konflikten zur Verlängerung von gewaltsamen Konflikten, Leid, Armut, Ausgrenzung und sozialer Ungleichheit beiträgt anstelle zu helfen, diese strukturellen Defizite zu überwinden (Chandler 2001). So gilt das alte Sprichwort »Gib einem Mann einen Fisch und du ernährst ihn für einen Tag. Lehre einen Mann zu fischen und du ernährst ihn für sein Leben«. Daher lautet die Kritik, dass die neutrale Haltung humanitärer Akteure nicht dazu beitrage dabei, menschenverschuldete Konfliktursachen zu überwinden und zur Stärkung gesellschaftlicher Resilienz beizutragen.

Versicherheitlichung humanitärer Organisationen

Wenngleich sich die humanitäre Hilfe als »neutral, unparteilich und unabhängig« betrachtet, so ist sie dennoch nicht unpolitisch und kann sich Machtstrukturen nicht entziehen. Ganz im Gegenteil ist die humanitäre Hilfe durch klare Machtasymmetrien und Grenzziehungen geprägt: So unterscheidet sie zwischen einer notleidenden Bevölkerung und humanitären Helfern, was eine Ungleichheit und ein Gefälle der Macht beinhaltet. Diese Machtungleichheit wird in lang anhaltenden Einsätzen offensichtlich und macht die moralische Grundausrichtung der humanitären Hilfe angreifbar (Calhoun 2010). So tendieren sämtliche Organisationen dazu, den »Überlebenswert« der eigenen (ausländischen) Mitarbeiter über denjenigen der Betroffenen und der einheimischen Mitarbeiter zu stellen. Hierfür gibt es gerade in Bezug auf die Evakuierung von Mitarbeitern zahlreiche Beispiele. Desgleichen ist in der Regel das Leben von ausländischen humanitären Helfern, die Hilfsorganisationen einsetzen, stärker versicherheitlicht als das der normalen Bevölkerung. Dies lässt sich gerade in Situationen von volatiler Gewalt und Bürgerkriegen an der Unterbringung in gesicherten Compounds, dem Fahren mit gepanzerten Autos, dem Zugang zu Internet und Telefon etc. ablesen (Smirl 2015). Hierüber findet eine Abstufung von Lebenswertigkeit statt, die dem humanitären Prinzip der Gleichheit von Leben diametral zuwiderläuft. Oder anders ausgedrückt, auch die humanitäre Hilfe muss sich eingestehen, politisch zu sein, indem sie nach gewissen Kriterien (Mitarbeiter vs. Bedürftige; Entsandte vs. lokale Angestellte etc.) unterscheidet (Duffield 1997).

Parteiisch und abhängig

Wie die drei vorangegangenen Punkte bereits andeuteten, steht aus verschiedenen Perspektiven in Frage, ob es grundsätzlich überhaupt möglich ist, humanitäre Hilfe als unparteiisch, unpolitisch und neutral durchzuführen. So ergaben sich in den letzten 25 Jahren verschiedene Konstellationen, in denen diese Grundprinzipien der humanitären Hilfe angezweifelt wurden (Dany 2015). Vor allem die Frage des Verhältnisses von humanitären Organisationen zu militärischen Akteuren in externen Interventionen stellt ein wichtiges und umstrittenes Spannungsfeld dar (Schetter & Glassner 2007). Gerade an Beispielen wie Afghanistan oder Südsudan entzündete sich die Frage, inwiefern humanitäre Organisationen Teil breit angelegter Interventionen (integrated missions) sein sollten, um eine bessere Koordinierung und eine Effizienzsteigerung zu ermöglichen oder gar zu state-building beizutragen (New Humanitarianism). Hiergegen verwehrte sich das Gros der humanitären Organisationen und beanspruchte eigene humanitäre Räume (Macrae 2002). Im Gegenzug ergibt sich als ein neues Phänomen, dass private (Sicherheits-)firmen im Auftrag von intervenierenden Staaten zunehmend originäre Aufgaben der humanitären Hilfe (Verteilung von Nahrungsmittel etc.) übernehmen, weshalb eine Privatisierung der Nothilfe und ein Unterlaufen humanitärer Prinzipien befürchtet wird (Spearin 2008). Das jüngste Beispiel einer Politisierung der humanitären Hilfe stellt die Versorgung mit Hilfsgütern in Syrien dar, die – in Absprache zwischen syrischer Regierung und Vereinten Nationen – vor allem den von der Regierung gehaltenen Regionen zu Gute kommt, während die von der Opposition gehaltenen Regionen in vielen Fällen von dem Zugang zu humanitärer Hilfe abgeschnitten bleiben. Dies stellt für humanitäre Hilfsorganisationen ein Dilemma dar (Meininghaus 2016): Denn wenn sie auf solche Zugangsbeschränkungen mit Konditionalisierung reagieren würden, also ihre Hilfsleistungen an bestimmte Bedingungen knüpfen würden, ja im gravierendsten Fall sogar einstellen würden, unterlaufen sie das Prinzip des humanitären Imperativs, was sie erneut in eine moralische Zwickmühle bringt. Schließlich ist zu erwähnen, dass das Gros der humanitären

Organisationen mittlerweile durch (super-) staatliche Geber finanziert wird und dadurch auch Abhängigkeiten entstehen – etwa was die Frage der Auswahl der Länder anbelangt, für die überhaupt Ressourcen zur Verfügung gestellt werden (Cabonnier 2015).

Gefährdung humanitärer Helfer

Langanhaltende Bürgerkriege neigen zu einer Verselbständigung und einer eigenen Logik, in der international gesetzte Regeln des Krieges (u. a. Genfer Konventionen) häufig nur noch eine untergeordnete Rolle spielen. Die Nichtbeachtung der exklusiven Stellung von humanitären Helfern in Kriegen lässt sich gut an Zahlen verdeutlichen: Seit 1997 kamen fast 4000 Helfer in Gewaltkonflikten zu Schaden. Eine deutliche Zunahme setzte 2001 ein; seit 2006 sind jährlich zwischen 200 und 450 humanitäre Helfer Opfer von Gewaltakten. Neben Verletzungen und Ermordungen spielen Entführungen eine immer größere Rolle. Diese Zahlen belegen deutlich, dass humanitäre Prinzipien den Kriegsparteien entweder unbekannt sind oder sie werden bewusst missachtet bzw. verletzt, da kaum Sanktionen zu befürchten sind. So gerät zunehmend die neutrale Selbstpositionierung humanitärer Organisationen in Gefahr. Humanitäre Helfer werden immer stärker als Partei oder aber als Objekt einer Gewaltökonomie gesehen (Neuman & Weissman 2016).

7. Auswege aus dem Dilemma

Die Kriege der letzten 25 Jahren zeigten, dass die humanitäre Hilfe sich in einer tiefen Krise befindet. Daher wurden verschiedene Ansätze entwickelt, um die oben genannten Schwierigkeiten, vor denen die humanitäre Hilfe in Gewaltkonflikten steht, anzugehen. Hierbei wird deutlich, dass dies nur unter Aufweichung der humanitären Prinzipien möglich ist.

a) *LRRD*: Das Konzept von *Linking Relief, Rehabilitation and Development* (LRRD) versucht die starre Abgrenzung zwischen humanitärer Hilfe und Entwicklungszusammenarbeit aufzubrechen (Bünsche 2010). So wird hervorgehoben, dass nach einem Kriege der Übergang von humanitären zu entwicklungsbezogenen Interventionen kontinuierlich stattfindet (Kontinuum-Ansatz). In den letzten Jahren setzte sich zudem der Kontiguum-Ansatz durch, der auch das Nebeneinander und Ineinandergreifen von humanitären und entwicklungsbezogenen Maßnahmen vorsieht. Problematisch an diesem Ansatz ist, dass sich dann eben – geradezu bewusst – die Grenzen zwischen humanitären Prinzipien und politisch definierten Entwicklungsmaßnahmen vermischen. In LRRD-Maßnahmen kann eine Organisation oft nicht mehr genau benennen, ob sie den humanitären Prinzipien noch treu ist oder nicht. Anders ausgedrückt: Es setzt sich eine pragmatische Sichtweise durch, bei der die Gefahr besteht, dass die Selbstreflektion über den politischen Einfluss des eigenen Tuns verloren geht bzw. eine schleichende Politisierung der humanitären Hilfe erfolgt.

b) *Resilienz und Katastrophenvorsorge*: Der Modebegriff der Resilienz zog auch in die humanitäre Hilfe ein. Hier ist damit gemeint, dass die Abwehrkräfte in einer Gesellschaft gestärkt werden sollen, falls sich dieselbe Krise wiederholen sollte. In der Katastrophenvorsorge ist dies gut nachzuvollziehen; so geht es darum, dass eine Gesellschaft etwa auf Naturkatastrophen wie Fluten, Erdbeben oder Dürren besser vorbereitet ist und dadurch ihre Verwundbarkeit minimiert. In Bezug auf gewaltsame Konflikte ist es dagegen weit schwieriger, Resilienz zu schaffen, da kulturelle Vorstellungen und politische Systeme hier eine weit größere Rolle spielen. So muss Resilienz im Zusammenhang von Kriegen betonen, dass eine Gesellschaft lernen muss, ihre Konflikte nicht mit physischer Gewalt auszutragen und Wege zu finden, wie auch benachteiligte Gruppen ihre Identitäten ausleben und Zugang zu gemeinschaftlichen Ressourcen erhalten. Über die Stärkung von Resilienzen kann humanitäre Hilfe der Kritik begegnen, dass sie aufgrund ihres unreflektierten Handelns zu einer Verlängerung von Krieg und Leid selbst beiträgt. Allerdings läuft sie dann auch Gefahr, gewisse normative Vorstellungen über ein gutes (friedliches) Zusammenleben zu transportieren und damit Position zu beziehen.

c) *Konfliktsensitivität*: Der *do no harm*-Ansatz stammt aus den 1990er
Jahren. Seitdem entwickelten viele humanitäre Hilfsorganisationen Leitfäden, wie sie ihre Maßnahmen auf komplexe Konfliktge-
mengelagen abstimmen können. Damit rückt der Konfliktkontext
verstärkt in das Handeln der humanitären Helfer und nehmen
sich diese weit stärker der Herausforderung an, dass sie in einem
hoch politisieren Umfeld arbeiten. Dies bedingt gleichzeitig, dass
sie sich dann auch politisch positionalisieren müssen, was dazu
führen kann, dass sie die humanitären Prinzipien selbst verletzen.
Gleichzeitig schärft eine Konfliktsensitivität das Bewusstsein, dass
humanitärer Maßnahmen sich kurz-, mittel- und langfristig unterschiedlich im Konfliktgeschehen auswirken können und sich damit
grundlegende Dilemmas offenbaren. Schließlich ist die Hoffnung,
dass über eine größere Konfliktsensitivität der Eigenschutz von
humanitären Helfern verstärkt werden kann, da sie selbst seltener
zum Ziel von Gewalt werden.

Jeder dieser Ansätze, so nötig und berechtig diese auch sind, bietet die
Gefahr einer politischen Instrumentalisierung und eine Verletzung
der humanitären Prinzipien. Es entstehen damit Grauzonen, die eine
genaue Grenzziehung, wann humanitäre Hilfe ihre moralische Un-
schuld verliert, nicht generalisiert zulassen, sondern kontextbezogen
bleiben. So sind es letztlich die alltäglichen Aushandlungsprozesse,
die humanitäre Organisation mit Gebern, Bedürftigen und Kriegsparteien führen, über die immer wieder neu die Grenzen der humanitären Hilfe ausgelotet werden müssen. Dabei besteht stets die Gefahr,
die Grenzen zu eng oder zu weit zu definieren: Zieht man die Grenzen
zu eng, kann die humanitäre Hilfe zum Mittäter in Kriegen werden;
wird sie zu weit gezogen, ist sie nicht mehr prinzipientreu und kann
im schlimmsten Fall politisch instrumentalisiert werden. So gesehen
erfährt gegenwärtig die humanitäre Hilfe in gleicher Weise wie der
Krieg eine Entgrenzung.

Zitierte Literatur

Bünsche, M. (2010) Nachhaltige Humanitäre Hilfe: Die Umsetzbarkeit des LRRD-Ansatzes in komplexen humanitären Notlagen unter Wahrung der humanitären Prinzipien. Beiträge zur Reorganisation des Staates. Vol. 5. Marburg: Metropolis.

Calhoun C. (2010) The Idea of Emergency. Humanitarian Action and Global (Dis) order. In: Fassin D. and Pandolfi M. (eds.) Contemporary States of Emergency: the Politics of Military and Humanitarian Interventions. New York: Zone Book, pp. 29–58.

Carbonnier, G. (2015) Humanitarian Economics. War, Disaster, and the Global Aid Market. London: Hurst.

Chandler D. (2001) The Road to Military Humanitarianism: How the Human Rights NGOs Shaped a New Humanitarian Agenda. Human Rights Quarterly 23 (3), pp. 678–700.

Dany, C. (2015) Politicization of Humanitarian Aid in the European Union. European Foreign Affairs Review, 20 (3), pp. 419–437.

Duffield M. (1997) NGO Relief in War Zones: Towards an Analysis of the New Aid Paradigm. Third World Quarterly 18 (3): 527–542.

Duffield, M. (2007): Development, Security and Unending War. Governing the World of People. Cambridge: Polity.

Fassin D. (2012) Humanitarian Reason: A Moral History of the Present. Berkeley: University of California Press.

Fukuyama, F. (2006) Staaten bauen. Die neue Herausforderung internationaler Politik. Hamburg: Ullstein.

Hinsch, W. &Janssen, D. (2006) Menschenrechte militärisch schützen. Ein Plädoyer für humanitäre Interventionen. München: Beck.

Hofmeier, R. & Matthies, V. (Hrsg.) (1992) Vergessene Kriege in Afrika. Göttingen: Lamuv.

ICISS – International Commission on Intervention and State Sovereignty (2001) Responsibility to Protect. Ottawa.

Keen, D. (2008) Complex emergencies. Cambridge: Polity.

Kühne, W. (2005) Die Friedenseinsätze der VN. Aus Politik und Zeitgeschichte (APuZ) 22, S. 25–32.

Lieser, J. (2013) Was ist humanitäre Hilfe?, in: Lieser, J. & D. Dijkzeul (Hrsg.) Handbuch Humanitäre Hilfe. Berlin Springer, S. 9–28.

MacGinty, R. & Williams, A. (2009): Conflict and Development. Abington: Rout-
ledge.

Macrae, J. (2002) New Humanitarianisms: a Review of Trends in Global Humanitarian Action. HPG Report No. 11. London.

Mamdani, M. (2007) The Politics of Naming: Genocide, Civil War, Insurgency
London Review of Books (http://www.lrb.co.uk/v29/n05/mamd01_.html).

Meininghaus, E. (2016) Humanitarianism in Intrastate Conflict: Aid Inequality
and Local Governance in Government- and Opposition-controlled Areas in the
Syrian War. Third World Quarterly 37 (8): 1454–1482.

Menzel, U. (2003) Die neue Hegemonie der USA und die Krise des Multilatera-
lismus. Forschungsberichte aus dem Institut für Sozialwissenschaften Nr. 53,
Braunschweig.

Münckler, H. (2002) Neue Kriege, Reinbeck: Rowohlt.

Neuman,M. &Weissman, F. (2016) Saving Lives and Staying Alive. Humanitarian
Security in the Age of Risk Management. London: Hurst.

Porter, P. (2009) Military Orientalism: Eastern War through Western Eyes. London:
Hurst.

Schetter, C. & Glassner, R. (2007) Zivil-militärische Grauzone. Integrierte Friedensmissionen und Neuer Humanitarismus schlagen neue Allianzen. Eins Entwicklungspolitik 15/16, S. 24–28.

Smirl L (2015) Spaces of Aid. How Cars, Compounds and Hotels Shape Humanitarianism. London: Zed Books.

Spearin Ch (2008) Private, Armed and Humanitarian? States, NGOs, and International Private Security Companies and Shifting Humanitarianism. Security
Dialogue 39 (4): 363–382.

Süddeutsche Zeitung (2016): Putin: Eroberung von Aleppo war «humanitäre Rettungsaktion». 23. December 2016. http://www.sueddeutsche.de/news/politik/
konflikte-putin-eroberung-von-aleppo-war-humanitaere-rettungsaktion-dpa.
urn-newsml-dpa-com-20090101-161222-99-638359

III.

Die deutschen Katastrophenschutzorganisationen

Deutsches Rotes Kreuz
Dr. Rudolf Seiters

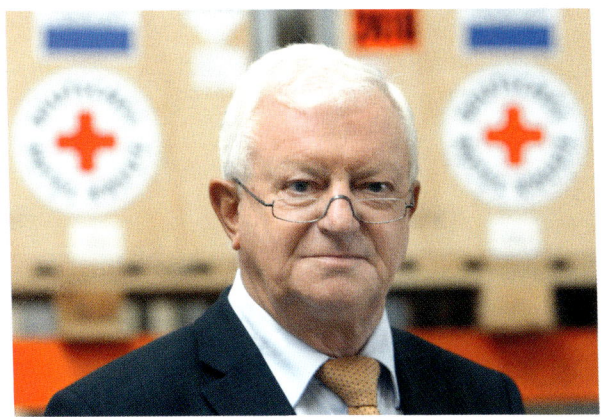

A. Steckbrief

Name
Deutsches Rotes Kreuz e.V. (DRK)

Rechtsform
Eingetragener Verein, gemeinnützig

Anschrift
DRK-Generalsekretariat
Carstennstraße 58
12205 Berlin
www.drk.de

Chronik

1859 Schlacht von Solferino

1862 Veröffentlichung von Henry Dunants Schrift »Eine Erinnerung
      an Solferino«

1863 Gründung des Genfer Komitees der Fünf (ab 1875 Internatio-
      nales Komitee vom Roten Kreuz – IKRK)

1863 Internationale Konferenz in Genf zur Gründung von nationa-
      len Hilfsgesellschaften für Verwundete im Krieg

1863 Gründung des Würrtembergischen Sanitätsvereins im Königs-
      reich Württemberg als erste Nationale Rotkreuz-Gesellschaft in
      Deutschland und weltweit

1864 Diplomatische Konferenz in Genf: Annahme der ersten Gen-
      fer Konvention »zur Verbesserung des Loses der Verwundeten
      und Kranken der Streitkräfte im Felde« – als völkerrechtlicher
      Vertrag, der den Schutz von Verwundeten, die Neutralität des
      Sanitätspersonals und das Rote Kreuz als Schutzzeichen zum
      Gegenstand hat

1866 Gründung des Vaterländischen Frauenvereins. Sein Zweck
      ist die humanitäre Hilfe im Krieg und die Wohltätigkeit im
      Frieden. Der bereits 1859 entstandene Badische Frauenverein
      schließt sich dem Roten Kreuz an.

1871 kontinuierliche Ausdehnung der Rotkreuzarbeit in den zivilen
      und sozialen Bereich

1899 erster großer Auslandseinsatz deutscher Rotkreuzhelfer wäh-
      rend des Burenkriegs in Südafrika

1908 Die deutschen Rotkreuzvereine leisten Hilfe für die Opfer des
      Erdbebens in Messina, Italien.

1921 Zusammenschluss aller Landesvereine und Landesfrauenver-
      eine zum DRK e.V., Entwicklung hin zu einem starken Wohl-
      fahrtsverband

1933 schrittweise Gleichschaltung und Einbindung des DRK in
      das NS-Regime: Die Aufgaben als Nationale Hilfsgesellschaft
      rücken in den Vordergrund, die Wohlfahrtsarbeit wird einge-
      stellt.

1937 Mit dem Erlass des DRK-Gesetzes werden die bis dahin selbst-
      ständigen Rotkreuzvereine in die neue Einheit DRK überführt.

1945 Auflösung des DRK in den Besatzungszonen, Neugründungen auf lokaler und regionaler Ebene

1950 Neugründung des DRK in der Bundesrepublik Deutschland

1952 Gründung des DRK in der Deutschen Demokratischen Republik

1966 Einsatz des Hospitalschiffes Helgoland zur Versorgung von verwundeten Zivilpersonen im Vietnamkrieg

1968 kontinuierliche Ausweitung der humanitären Hilfe im Ausland

1991 Anschluss der in den neuen Bundesländern neu gegründeten Landesverbände des Roten Kreuzes an das DRK in der Bundesrepublik

2008 Verabschiedung des Gesetzes über das Deutsche Rote Kreuz und andere freiwillige Hilfsgesellschaften im Sinne der Genfer Rotkreuz-Abkommen (DRK-Gesetz). Darin werden dem DRK aufgrund seiner besonderen Stellung als nationale Hilfsgesellschaft die Aufgaben übertragen, die der Bundesrepublik Deutschland als Vertragsstaat aus den Genfer Abkommen erwachsen.

2013 150-Jahr-Feier des DRK

Zahl der Mitarbeiter des Gesamtverbandes (Stand 2016)
164 531

Zahl der Mitglieder (Stand 2016)
Fördermitglieder 2 937 766
Aktive Mitglieder 274 924
Jugendrotkreuz 139 843

Jahresbudget in der Auslandshilfe des DRK e.V. (Stand 2016)
ca. 60 Mio.

Davon humanitäre Hilfe/Katastrophenhilfe
ca. 50 Mio.

Mission Statement
• Das DRK als Organisation sui generis verfügt über kein Mission Statement. Es ist vielmehr Teil der Internationalen Rotkreuz- und

Rothalbmond-Bewegung mit dem Internationalen Komitee vom Roten Kreuz, das alle Aktivitäten der Bewegung in Konflikten und kriegerischen Auseinandersetzungen koordiniert, der Internationalen Föderation als Dachverband der Nationalen Gesellschaften und den derzeit 190 Nationalen Gesellschaften vom Roten Kreuz und Roten Halbmond. Das Humanitäre Völkerrecht und das DRK-Gesetz von 2008 machen das DRK zu einem durch die Bundesregierung mandatierten humanitären Auxiliar und zur Nationalen Hilfsgesellschaft. Dabei ist das DRK rechtlich verpflichtet, sich an die Beschlüsse der internationalen Gremien, insbesondere der Internationalen Rotkreuz- und Rothalbmond-Konferenz, an der auch die Vertragsstaaten zu den Genfer Abkommen mit Sitz und Stimme teilnehmen, zu halten. Dies gilt insbesondere für die sieben Grundsätze des Roten Kreuzes und Roten Halbmondes, namentlich die Grundsätze Menschlichkeit, Neutralität, Unparteilichkeit, Freiwilligkeit, Einheit, Unabhängigkeit und Universalität, nach denen sich alle Aktivitäten der Rotkreuz- und Rothalbmond-Bewegung verbindlich ausrichten müssen.

Auftrag in der Katastrophenhilfe

- Das DRK leistet humanitäre Hilfe in Krisen und Konflikten und folgt dabei dem Mandat der internationalen Rotkreuz-/Rothalbmond-Bewegung.

Compliance/Transparenz

- Der DRK e.V. ist Mitglied im Deutschen Spendenrat, DZI-zertifiziert und unterzieht sich jährlichen Prüfungen durch unabhängige Wirtschaftsprüfungsgesellschaften. Der Jahresabschluss/GuV wird im Rahmen des Jahresberichts veröffentlicht. Die Verwendung der Spenden wird ebenfalls u.a. über das Jahrbuch gegenüber Dritten transparent gemacht. Der DRK e.V. unterliegt regelmäßigen Audits durch seine Zuwendungsgeber. Ein Ombudsmann ist beim DRK e.V. verortet. Ein Controlling-, Risiko- und Beschwerdemanagement-System ist etabliert. Zur Förderung der Corporate Governance im DRK wurde Anfang dieses Jahres die Einführung eines Compliance-Management-Systems angestoßen.

Publikationsorgane

- Das DRK-Jahrbuch wird jeweils zum Weltrotkreuztag am 8. Mai veröffentlicht.
- Das Rotkreuz-Magazin für Fördermitglieder erscheint viermal im Jahr.
- Der Soforthilfe-Report erscheint viermal im Jahr und richtet sich an Spender.

B. Sektorale und regionale Schwerpunkte in der humanitären Hilfe

Das Deutsche Rote Kreuz hat eine aktive bilaterale Kooperation mit rund 50 Rotkreuz- und Rothalbmond-Gesellschaften und ist weiterhin über den Dachverband, die Internationale Föderation der Rotkreuz- und Rothalbmond-Gesellschaften, sowie das Internationale Komitee vom Roten Kreuz in Form von personeller, finanzieller und materieller Unterstützung tätig.

Als humanitäre Organisation liegt der Schwerpunkt des DRK auf der Unterstützung seiner Schwestergesellschaften in Krisen- und Konfliktländern sowie durch Naturgefahren besonders bedrohten Ländern. Ziel ist neben der den humanitären Grundsätzen verpflichteten Nothilfe immer auch die Stärkung der Rotkreuz- und Rothalbmond-Gesellschaften in den jeweiligen Ländern, um diese in der Wahrnehmung ihres humanitären Mandates zu fördern. Die Kombination von humanitärer Hilfe und Kapazitätsaufbau/Organisationsentwicklung als rotkreuzspezifischer Form der Entwicklungszusammenarbeit findet konzeptionell im Rahmen des sogenannten Resilienz-Ansatzes statt.

In der Nothilfe liegen die Schwerpunkte in den Sektoren Gesundheit, WASH (Wasser, Sanitär, Hygiene), Unterkunft und Artikel des täglichen Bedarfs, Nahrungsmittel und der Stärkung logistischer Strukturen.

Beispielhaft sollen Wirkweise und Prinzipien der internationalen Zusammenarbeit des DRK als Teil der Rotkreuz- und Rothalbmond-Bewegung in Praxisbeispielen an zwei Kontexten und einer innovativen Methodik dargestellt werden.

Bürgerkrieg in Syrien: Transport einer hilfsbedürftigen Person durch
freiwillige Helfer in Aleppo

Prinzipiengeleitete humanitäre Nothilfe und Kapazitätsstärkung in Konflikten – Beispiel Syrien

Die Anerkennung jeder Nationalen Rotkreuz- oder Rothalbmond-
Gesellschaft durch ihre jeweilige Regierung und das Internationale
Komitee vom Roten Kreuz bedeutet, dass auch der Syrische Arabische Rote Halbmond (SARC), wie das DRK in Deutschland, eine völ-
kerrechtliche Sonderstellung als Hilfsgesellschaft der Behörden im
humanitären Bereich hat und gleichzeitig den sieben Grundsätzen
der Rotkreuz- und Rothalbmond-Bewegung verpflichtet ist. Durch
die Verankerung in der Bevölkerung ist der Syrische Arabische Rote
Halbmond ein integraler Bestandteil der Gesellschaft und bietet insbesondere über seine ehrenamtlichen Helferinnen und Helfer im gesamten Land einen hervorragenden Ansatzpunkt für die nachhaltig
wirksame Unterstützung durch das DRK. Insbesondere in Konflikt-
und Bürgerkriegsregionen ist die strikte Ausrichtung der Arbeit an
den sieben Grundsätzen unabdingbar. Erst diese ermöglicht ein wir-
kungsvolles Handeln in Syrien. Dem SARC obliegt als einziger Hilfs-

Ein Hilfskonvoi unterwegs bei Homs, Syrien

organisation offiziell das Mandat der landesweiten Hilfsgüterverteilung. Dabei arbeitet der SARC über die Konfliktlinien innerhalb des Landes hinweg, um im gesamten Land Menschen mit Hilfen sowohl der Rotkreuz- und Rothalbmond-Bewegung als auch der Vereinten Nationen und von Nichtregierungsorganisationen zu versorgen.

Hierbei ist die Wahrnehmung und Akzeptanz als neutraler und unparteilicher Akteur durch alle Konfliktparteien für den SARC unabdingbar. Dabei ist die Arbeit durch ehrenamtliche, freiwillige Helfer, die in den Gemeinden verwurzelt sind, die Landessprache sprechen, den gleichen kulturellen Hintergrund wie die Menschen in Not haben, sich unmittelbar am Geschehen befinden und sehr gut die Lage und Bedürfnisse der betroffenen Menschen einschätzen können, von unschätzbarem Vorteil. Bei der Erfüllung ihrer Aufgaben riskieren die Freiwilligen und die Mitarbeiter des SARC täglich ihr Leben, um medizinische Hilfe zu leisten oder die eingehenden Hilfsgüter dorthin zu bringen, wo die Not der Menschen am größten ist. Um in die entlegenen Landesteile zu gelangen, müssen oftmals hunderte von Kilometern zurückgelegt und zahlreiche, ständig wech-

Bürgerkrieg in Syrien: Freiwillige Helfer verteilen Lebensmittelpakete an die
Einwohner von Mouadamiya bei Damaskus

selnde Checkpoints passiert werden. Zwar versuchen die HelferInnen
bereits vor einem Transport medizinischer und anderer Hilfsgüter in
umkämpfte Landesteile, sämtliche Konfliktparteien zu kontaktieren,
um sie über den anstehenden Transport zu informieren; gleichwohl
muss immer wieder direkt vor Ort an zahlreichen Kontrollpunkten
und Straßensperren verhandelt und erklärt werden. Die Mitarbeiter-
Innen benötigen ein hohes Maß an diplomatischem Geschick, um
die Grundsätze der Rotkreuz- und Rothalbmond-Bewegung auch in
kritischen Situationen nachdrücklich darzulegen und entsprechende
Akzeptanz für den SARC als unparteiliche und neutrale Organisation
zu erzielen. Trotzdem kommt es immer wieder zu Angriffen auf Hilfskonvois, Ambulanzen, medizinische Einrichtungen oder Lagerhäuser,
was eine massive Verletzung des Völkerrechtes darstellt.

Ein Fokus der Unterstützung des DRK für den SARC lag von Beginn im Auf- und Ausbau der logistischen Infrastruktur des SARC.
Geschützte Lagerhäuser in Zonen mit gesichertem Zugang und verlässliche Kommunikationseinrichtungen sind absolute Grundvoraus-
setzungen, um unter den Bedingungen eines Konfliktes wie in Syrien

Hilfsgüter im größeren Rahmen sicher zu den betroffenen Menschen bringen zu können.

Zur Verdeutlichung der Dimension der täglich vom SARC wahrgenommenen Aufgaben soll folgendes Beispiel dienen: Jeden Monat werden allein durch Nahrungsmittelpakete, die von den Freiwilligen des SARC verteilt werden, rund 4,5 Millionen Menschen unterstützt. Dies bedeutet einen gewaltigen logistischen Aufwand an Lagerhaltung, Transportkapazitäten, Kommunikation und geschultem Personal für den SARC. Hier ist die Unterstützung durch erfahrene Partner der Rotkreuz- und Rothalbmond-Bewegung besonders wichtig, und das DRK hat diese Unterstützung zu einer seiner Hauptaufgaben gemacht. Dies beinhaltet neben der Anmietung und Instandsetzung die Ausstattung der Lagerhäuser mit Gabelstaplern, Regalen, Paletten und Computern, bei gleichzeitiger Stärkung durch Trainings des SARC-Personals in logistischen Abläufen, Lagerhausmanagement und Management der Versorgungsketten. Aufgrund des stetigen Auf- und Ausbaus der Aktivitäten des SARC sind die finanziellen Belastungen für die logistische Infrastruktur und für die organisationsbezogenen laufenden Kosten erheblich gestiegen. Der Beitrag des DRK zu diesen laufenden Kosten stellt sicher, dass der SARC in der Lage ist, seine Infrastruktur und administrativen Funktionen zu erhalten, um damit immer rechtzeitig und flexibel auf die sich zunehmend verschärfende humanitäre Krise reagieren zu können.

Innovation in der humanitären Hilfe – Von der Reaktion zu proaktivem Handeln mit vorhersagebasierter Finanzierung

Der globale Klimawandel setzt einen immer komplexer werdenden Rahmen für Maßnahmen der Katastrophenvorsorge, zur Bewältigung zukünftiger Herausforderungen sind innovative Ansätze gefragt. Während immer mehr Menschen von extremen Dürren, Überflutungen und stärker werdenden tropischen Stürmen bedroht werden, bleibt die Resilienz der Bevölkerungen in den gefährdetsten Ländern gleich oder sinkt sogar. In diesem Spannungsfeld zwischen erhöhtem Bedarf an humanitärer Hilfe nach Extremwetterereignissen und sinkender Mittelbereitstellung setzt das Deutsche Rote Kreuz mit einem innovativen Frühwarnsystem neue Maßstäbe: durch die vorhersage-basierte Finanzierung von kurzfristigen Preparedness-Maßnahmen (Forecast-based Financing). Für die meisten Länder existieren gute bis sehr gute Wettervorhersagen, und Wissenschaftler wissen oft schon Monate, Wochen bis Tage vorab von der bald eintretenden Katastrophe. Aufgrund mangelnder Mechanismen werden wir aber nicht vor der Katastrophe tätig, sondern erst dann, wenn Menschen zu Tode kommen und Häuser und Lebensgrundlagen zerstört sind und die humanitäre Hilfe ein Vielfaches kostet. Für einen Richtungswechsel erarbeitet das Deutsche Rote Kreuz finanziert durch das Auswärtige Amt deshalb ein System, um besser auf Vorhersagen reagieren zu können und schon vor der eintretenden Katastrophe Menschen und Regionen zu unterstützen. Übergeordnetes Ziel ist es, die Lücke zwischen langfristiger Vorbereitung und Nothilfe zu schließen.

Dieses Konzept des »Forecast-based Financing« (FbF) ist ein grundlegender Unterschied zur bisherigen Praxis der Finanzierung von Hilfsmaßnahmen nach dem Eintreten einer Katastrophe. Das DRK hat dazu bis April 2017 in den drei Hochrisiko-Pilotländern Bangladesch, Mosambik und Peru innovative Ansätze zur Nutzung wissenschaftlicher Extremwettervorhersagen implementiert: Durch die Formulierung von Schwellenwerten können aufgrund von Vorhersagen zielgerichtete Vorsorgemaßnahmen vor dem Eintreten einer Katastrophe ausgelöst, finanziert und umgesetzt werden. Gleichzeitig werden die grundlegenden Kapazitäten nationaler Akteure des Katastrophenschutzes im Umgang mit Naturkatastrophen dauerhaft gestärkt, und es wird so ein Beitrag zur nachhaltigen Entwicklung in den Ländern geleistet. Dies zielt auf eine effektivere und effizientere Katastrophenvorsorge ab.

Best Practice: Bangladesch, 2016

Der Climate Change Vulnerability Index klassifiziert Bangladesch als das weltweit am stärksten gefährdete Land aufgrund seiner existierenden Klimagefahren, seiner extremen Armut sowie der hohen Abhängigkeit vom landwirtschaftlichen Sektor. Durchschnittlich verlieren jedes Jahr ca. 6200 Menschen ihr Leben aufgrund von Katastrophen, und die Auswirkungen verursachen Schäden im Wert von 550 Milli-

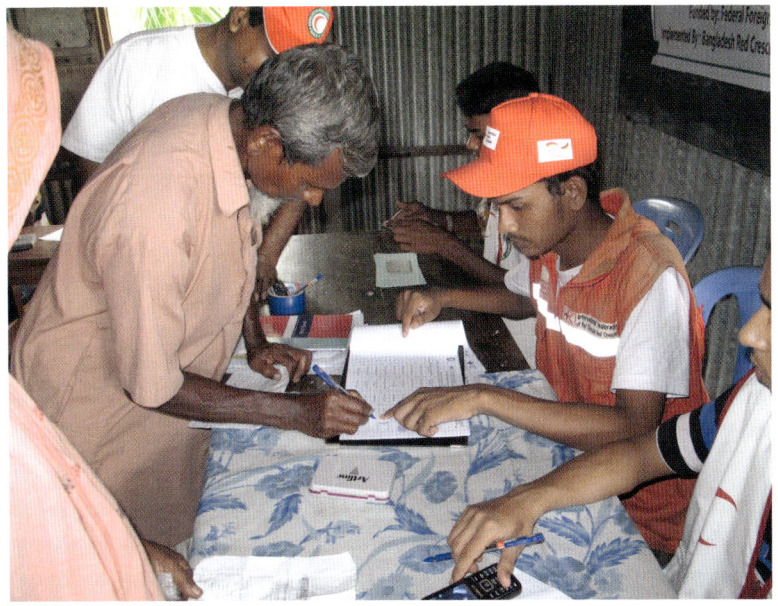

Überschwemmungen in Bangladesch 2016: Auszahlung von Hilfsgeldern an
die Betroffenen der Katastrophe

onen USD. Klima-Recherche- und Informationszentren werden dazu
beitragen, dies zu ändern und Gemeinden vor Extremwetterereignissen zu informieren.

Im Falle von Überschwemmungen wurde in Bangladesch in enger
Zusammenarbeit mit der Nationalen Rothalbmond-Gesellschaft sowie nationalen und regionalen Partnern ein Maßnahmenprotokoll erarbeitet, welches in einem einzigartigen Mechanismus aufgrund von
Niederschlagsvorhersagen ausgelöst wird. Zur Implementierung dieses Mechanismus wurden Anfang 2016 Risiken, Vulnerabilitäten und
Kapazitäten kartiert, Freiwillige ausgebildet, aufgrund hydro-meteo-
rologischer Modellierung die betroffenen Regionen ausgewählt und
in diesen die Lagerung von Kits zur Sicherstellung der Trinkwasserversorgung beschafft und eingelagert. Zudem wurde die Nutzung von
Cash Transfers im Rahmen von FbF entwickelt und getestet.

Als der Schwellenwert für Starkregen in der Region im Juli 2016
erreicht wurde, löste die Aktivierung des Frühwarnprotokolls eine

Ein Mitarbeiter des Peruanischen Roten Kreuzes verteilt warme Kleidung an
Bewohner der Andenregion Puno

Warnung der Bevölkerung im Nord-Westen Bangladeschs aus. Des
Weiteren wurden automatisch 1720 betroffene Familien mit Bargeld-
auszahlungen und Trinkwasser- und Gesundheitskits versorgt.

Derzeit laufen die Nachbereitungen und die Evaluierungen der
Intervention.

Best Practice: Peru, 2016

Die klimatische Situation Perus ist komplex. Zum einen wird der
Norden Perus oft von Überschwemmungen des Amazonas-Hydro-
systems heimgesucht, zum anderen ist die hochgelegene Andenregion
Süd-Perus anfällig für eine Vielzahl an Extremwetterereignissen, wie
Dürren, Frost, schweren Kältewellen und anderen Wetterereignissen.
Diese führen besonders in Höhenlagen zur Gefährdung von über
1,3 Millionen Menschen.

Im Rahmen des FbF Pilotprojekts in Peru wurde an den Vorher-
sagekapazitäten für Schneefälle und Kältewellen gearbeitet, um die
Bevölkerung in den peruanischen Anden in verbesserter Preparedness zu unterstützen. Nach der Analyse der hauptsächlichen Ursa-

chen für die hohe Vulnerabilität in der Region wurden unter anderem Gemeinde-Brigaden gebildet und Freiwillige geschult sowie die Beschaffung von Erste-Hilfe-Koffern eingeleitet. Die Kombination von anhaltend niedrigen Temperaturen und dem Überschreiten des Schwellenwertes für Schneefallhöhe löste in den Provinzen Carabaya, Lampa und San Antonio de Putina (der Andenregion) das Frühwarnprotokoll aus. Die vorrangige Lebensgrundlage, die Alpakas, wurden durch den gezielten Einsatz von Veterinärkits und Futterrationen vor dem Erfrieren oder Verhungern bewahrt. Die Betroffenen wiederum wurden mit Gesundheits- und Winterbekleidungspaketen versorgt, um Erkrankungen wie Lungenentzündungen und Erfrierungen vorzubeugen.

Integrierte Programmierung – von sektoralen Ansätzen zu Resilienzaufbau am Beispiel der Philippinen

Der Taifun Haiyan traf im November 2013 in den frühen Morgenstunden auf die Philippinen. Mit bis zu 315 Stundenkilometern Windgeschwindigkeit zerstörte er Häuser, entwurzelte Bäume, beschädigte Infrastruktur und vernichtete Ernten und Saatgut. 16 Millionen Menschen waren insgesamt betroffen, mehr als 6000 Menschen verloren ihr Leben, viele mehr wurden verletzt. Noch heute zeugt ein Schiff, das durch die vom Taifun verursachte Flutwelle 50 Meter an Land gespült wurde und nun als Denkmal fungiert, von der Wucht dieses Wirbelsturms, dem stärksten, der jemals auf Land traf.

Die Philippinen gehören zu den katastrophenanfälligsten Ländern der Welt. Das DRK ist bereits seit 2007 vor Ort tätig. Die Aktivitäten reichen von der humanitären Not- und Katastrophenhilfe über Wiederaufbaumaßnahmen bis hin zur langfristigen Entwicklungszusammenarbeit im Bereich der Katastrophenvorsorge. Aufgrund ihrer Lage am »pazifischen Feuerring« an der Grenze zweier tektonischer Platten erleben die Philippinen immer wieder zerstörerische Erdbeben, Tsunamis und Vulkanausbrüche. Zudem liegt das Land am sogenannten Taifun-Gürtel und wird pro Jahr von ca. 20 Wirbelstürmen heimgesucht.

Mitarbeiter des DRK im Hauptquartier des Philippinischen Roten Kreuzes

In allen Phasen die Widerstandsfähigkeit der Betroffenen zu stärken, ist das Oberziel der internationalen Zusammenarbeit des Deutschen Roten Kreuzes, denn im Falle der Philippinen zeigt sich: »Nach
dem Taifun ist vor dem Taifun«. Dies wird durch den Resilienz-Ansatz
adressiert. Resilienz oder auch Widerstandsfähigkeit beschreibt die
Fähigkeit von Individuen, Gemeinschaften, Organisationen oder Ländern, welche dem Risiko von Krisen, Konflikten, Katastrophen sowie
deren zugrundeliegender Faktoren der Vulnerabilität ausgesetzt sind,
Notlagen zu verhindern, deren Auswirkungen zu verringern und zu bewältigen und sich zeitnah nach einer Krise, einem Konflikt oder einer
Katastrophe wieder zu erholen, ohne langfristige Entwicklungsperspektiven zu gefährden (DRK 2014 nach IFRC 2012, Seite 7). Er ist als
ein humanitär begründeter Entwicklungsansatz zu verstehen, welcher
einerseits auf aktuelle humanitäre Notlagen eingeht, aber gleichzeitig
auch die zugrundeliegenden Ursachen der Katastrophenanfälligkeit
und die vorhandenen Entwicklungshemmnisse beachtet. Das Miteinander und die Verbindung von kurz-, mittel- und langfristigen Maßnahmen zur nachhaltigen Stärkung der lokalen Selbsthilfefähigkeiten

Tropischer Wirbelsturm »Haiyan« 2013 auf den Philippinen: Ausgabe von
Hilfsgütern des DRK an die Bevölkerung

ist hier der Kern. Um zur Stärkung der Widerstandsfähigkeit beizutragen, setzt das DRK mit seinen Maßnahmen in verschiedenen Bereichen des Lebens an. Neben der akuten Nothilfe zählen die Schaffung von Unterkünften, Maßnahmen im Bereich Gesundheit, Ernährung, die Verbesserung der Lebensgrundlagen und Katastrophenvorsorge sowie Anpassung an den Klimawandel zu den Kernkompetenzen des Deutschen Roten Kreuzes. Das Zusammenwirken der einzelnen Sektoren führt zu mehr Resilienz, nicht die Berücksichtigung aller Sektoren allein. Es handelt sich um einen ganzheitlichen Ansatz, der die jeweiligen sektoralen Bedarfe der betroffenen Menschen sinnvoll und kontextspezifisch miteinander verbindet. So wird die Katastrophenanfälligkeit reduziert, und kurzfristige Soforthilfe wird mit langfristigen und entwicklungsorientierten Maßnahmen verbunden.

Seit Tag eins nach dem Wirbelsturm auf den Philippinen unterstützt das DRK die Betroffenen. In der Nothilfephase lauteten die ersten Ziele: Versorgung mit Hilfsgütern, Wasser, Nahrung. Dies half den Menschen, die alles verloren hatten, die ersten Wochen zu überleben. In dieser Zeit wurde das Konzept zum Wiederaufbau ausgearbeitet. Entsprechend des Resilienz-Ansatzes sieht es nicht nur die Wiederherstellung der Lebensumstände der betroffenen Bevölkerung vor, sondern hat darüber hinaus zum Ziel, ihre Widerstandsfähigkeit in allen betroffenen Lebensbereichen langfristig zu stärken. Die Programme in den betroffenen Regionen Leyte, Cebu, Capiz und Panay verbinden die Bereiche Unterkünfte, Verbesserung der Lebensgrundlagen, Wasserversorgung und Hygiene, Gesundheit, Verbesserung der Infrastruktur, Katastrophenvorsorge und die Verbesserung der Kapazitäten der Nationalen Rotkreuz-Gesellschaft.

Best practice: Die Verbindung von Nothilfe, Wiederaufbau und Entwicklung – Wiederherstellung und Verbesserung der Einkommensquellen

Das dreistufige Programm zur Sicherung der Lebensgrundlagen begann bereits in der Nothilfe. In der ersten Phase konnten über 27 000 betroffene Haushalte über einen Bargeldzuschuss sofort zur Wiederherstellung ihrer Lebensgrundlage beitragen. Bauern kauften zerstörtes Werkzeug und neues Saatgut nach, Fischer reparierten Boote und beschafften neue Netze. Schnell konnten die Betroffenen wieder selbst für sich sorgen und die Abhängigkeit von Hilfsgüterlieferungen reduzieren. In der zweiten Phase des Programms wurden durch Weiter- und Fortbildungen die Kapazitäten gestärkt, und es wurde ein Beitrag zur Diversifizierung der Einkommensquellen geleistet. Über 2500 Menschen erhielten Entrepreneur-Schulungen und mehr als 10 000 Menschen eine Starthilfe für ihr bestehendes oder ein weiteres Kleingewerbe. In der dritten Phase werden gemeindebasierte Zusammenschlüsse gestärkt.

Best practice: Integrierte Programmierung – Zusammenwirken verschiedener Sektoren

Durch die massive Zerstörung der Unterkünfte stellten der Bau und die Reparatur der Häuser einen Schwerpunkt des Programms dar. Bisher wurden über 12 000 lokal angepasste und katastrophenresistente Häuser gebaut oder repariert. Darüber hinaus wurden die Betroffenen zu widerstandsfähigen Bauweisen geschult. Der Bau wurde von lokalen Kräften durchgeführt, die ebenfalls geschult wurden. So bleibt das Wissen auch nach Abschluss des Programms in den Gemeinden und gibt verbesserte Beschäftigungsmöglichkeiten. Die Handwerker der Gemeinden haben durch den Bau eine Einkommensquelle. Zusätzlich zu den Häusern wurden bisher 2300 Latrinen gebaut und, wo notwendig, wurde der Zugang zu Wasser über Regenwasserauffanganlagen hergestellt. Insgesamt wurden schon über 205 Wasserversorgungsstrukturen wie Pumpen, Leitungsnetze oder Kanäle instandgesetzt. Darüber hinaus wurden über 23 000 Erwachsene und Kinder über grundlegende Hygienepraktiken aufgeklärt.

Best practice: starke Rolle der ehrenamtlichen Rotkreuzhelfer und Einbeziehung der Betroffenen

Der Resilienz-Ansatz impliziert eine partizipative Vorgehensweise und die Einbeziehung der Zielgruppen in die Projektplanung, -implementierung und -evaluierung. Auf den Philippinen waren hier die Wiederaufbau-Komitees der Gemeinden die Hauptansprechpartner. Bei der Identifizierung von konkreten Maßnahmen und bei der Auswahl der Bedürftigsten in der Gemeinde wurden sie in die Entscheidungsfindung einbezogen und in allen Phasen der Umsetzung konsultiert. Eine besondere Rolle kommt den ehrenamtlichen Rotkreuzmitarbeitern vor Ort zu. Selbst aus den Gemeinden kommend, standen sie im ständigen Kontakt mit den Komitees. Sie wurden ausgebildet, um mit Hilfe der DRK-Mitarbeiter alle Aktivitäten zu betreuen und umzusetzen. Weitere 5000 Rotkreuz-Helfer wurden für den Fall einer Katastrophe neu rekrutiert und ausgebildet.

C. Lokale Partner und internationale Koordination der Organisation

- Gemäß den internationalen Vorgaben der Rotkreuz- und Rothalbmond-Bewegung und seinem Mandat arbeitet das DRK ausschließlich mit seinen Schwesterorganisationen in den betreffenden Ländern. Dies wird in Konflikten durch das IKRK und bei Katastrophen durch die Internationale Föderation der Rotkreuz- und Rothalbmond-Gesellschaften koordiniert.

D. Fünf Empfehlungen/ Forderungen an die Politik

- **Betonung der verschiedenen Zielsetzungen von humanitärer Hilfe und Entwicklungszusammenarbeit sowie ausreichende Finanzierung humanitärer Hilfe**
  Der Zugang zu den Opfern von Konflikten und Katastrophen ist in vielen Fällen nur noch möglich, weil Akteure wie das Rote Kreuz und der Rote Halbmond sich bedingungslos von den humanitären Prinzipien – insbesondere von den Grundsätzen der Neutralität und Unparteilichkeit – leiten lassen. Entwicklungspolitische Maßnahmen sind hingegen ein politisches Instrument der Außenpolitik und müssen damit bei der Partnerwahl sehr wohl interessengeleitet sein. Eine Vermischung der humanitären Hilfe mit der Entwicklungszusammenarbeit birgt die Gefahr, dort Zugänge zu den Opfern von Konflikten und Gewalt zu verlieren, wo andere Akteure und Hilfsinstrumente versagen.

  Die Finanzierung humanitärer Hilfe muss den veränderten Krisen und Konflikten in der Form Rechnung tragen, dass sowohl die Qualität humanitärer Fördergelder (Langfristigkeit, Flexibilität, …) als auch die Höhe für humanitäre Hilfe verfügbarer Gelder größer werden.

- **Anerkennung des Auf- und Ausbaus von Nationalen Rotkreuz-/ Rothalbmond-Gesellschaften als eine entwicklungspolitische Aufgabe**
  Die Staatengemeinschaft hat sich in internationalen Beschlüssen und Resolutionen dazu bekannt, die Rolle nationaler Rotkreuz-/ Rothalbmond-Gesellschaften zu fördern und zu stärken. Die Welt braucht starke, unabhängige Nationale Hilfsgesellschaften mehr denn je.

- **Klares Bekenntnis zum Zivilschutz**
  Die sogenannte Friedensdividende der 90er Jahre des letzten Jahrhunderts, die zum Abbau von Zivilschutzressourcen und – mit Ausnahme des THW – zu einer völligen Abhängigkeit des Bun-

des von den Ländern bzgl. seiner Responsefähigkeit auf Schadensereignisse führte, hat sich als nicht nachhaltig erwiesen. Selbst
die überschaubare Massenbewegung von Menschen während der
Flüchtlingslagen 2015-2016 überforderte die bundesdeutschen Vor-
haltekapazitäten. Hier besteht ein dringender Anpassungsbedarf,
insbesondere was die Neuausrichtung des Betreuungsdienstes
betrifft.

- **Erhalt und Förderung des Ehrenamtes**
  Die nichtpolizeiliche Gefahrenabwehr lebt vom Engagement der
  vielen ehrenamtlichen Helfer und Führungskräfte. Dies gilt für die
  Feuerwehren, für Katastrophenschutzorganisationen, das DRK
  und das THW. Dieses System gilt es – trotz der demografischen
  Entwicklung – zu erhalten. Ehrenamtliche Tätigkeit im Bevölkerungsschutz darf nicht durch rechtliche und administrative Über-
  reglementierung ad absurdum geführt werden. Aus Einsätzen im
  Katastrophenschutz als öffentlichem Ehrenamt dürfen daher keine
  Nachteile in Arbeitsverhältnissen sowie der Arbeitslosen- und So-
  zialversicherung entstehen. Deshalb müssen auf sämtlichen Ebenen alle Anstrengungen unternommen werden, um eine Gleich-
  stellung ehrenamtlicher Helferinnen und Helfer des DRK mit dem
  Technischen Hilfswerk und den Freiwilligen Feuerwehren zu erreichen.

- **Wahrnehmung des DRK als Auxiliar des Staates in humanitären
  Fragen**
  Das Deutsche Rote Kreuz ist in seiner Gänze – sowohl was die
  Hilfsgesellschaft als auch den Wohlfahrtsverband betrifft – humanitärer Auxiliar des Staates und verpflichtet sich, im Rahmen seines Komplexen Hilfeleistungssystems alle seine Kapazitäten auf
  Zivilschutzlagen und Großkatastrophen vorzubereiten. Umgekehrt erwartet das Deutsche Rote Kreuz von der Bundesregierung
  ein klares Bekenntnis zu dieser auxiliaren Sonderrolle.

Arbeiter-Samariter-Bund
Franz Müntefering

A. Steckbrief

Name
Arbeiter-Samariter-Bund (ASB) Deutschland e.V.

Rechtsform
Eingetragener Verein, gemeinnützig

Anschrift
ASB Deutschland e.V.
Sülzburgstraße 140
50937 Köln
www.asb.de

ᏄᏄ

Chronik

1888 Sechs Berliner Zimmerleute laden zum ersten Mal zum »Lehrkursus über die Erste Hilfe bei Unglücksfällen« ein. Damit legen sie den Grundstein für die Gründung des ASB.

1907 Nachdem sich immer mehr »ASB-Kolonnen« in ganz Deutschland etablieren, die Erste Hilfe leisten und lehren, gründet sich die erste ASB-Kolonne im Ausland (in Kopenhagen).

1909 Die Kolonnen aus sieben deutschen Städten schließen sich zu einem einheitlichen »Arbeiter-Samariter-Bund« zusammen.

1921 Der ASB wird zu einer Wohlfahrtsorganisation ausgebaut, in der auch soziale Dienstleistungen eine zunehmend wichtige Rolle spielen.

1933 Der ASB, mittlerweile 1800 Kolonnen und 60 000 Mitglieder stark, wird verboten.

1945 Ehemalige Samariter initiieren die ersten Neugründungen nach dem Krieg.

1953 Alle europäischen ASB-Organisationen gründen die »Arbeiter-Samariter-Internationale«.

1956 Im Ungarn-Aufstand bringen ASB-Kolonnen Sachspenden nach Budapest.

1970 Der ASB unternimmt Hilfseinsätze im Ausland in den Katastrophengebieten Rumänien (Hochwasser), Türkei und Peru (Erdbeben).

1982 Die humanitäre Hilfe im Ausland wird als wesentliche Aufgabe in die Satzung des ASB aufgenommen.

1989 Nach dem Fall der Mauer nehmen DDR-Bürger Kontakt zum ASB auf. Dieser hilft ihnen beim Aufbau neuer Wohlfahrtsstrukturen.

1990 In Güstrow wird der erste ostdeutsche ASB-Ortsverband nach dem Mauerfall gegründet.

1991 Einen seiner längsten Einsätze als Hilfsorganisation startet der ASB nach dem Zerfall des ehemaligen Jugoslawiens: Er versorgt Flüchtlinge, richtet Ambulanzen ein und organisiert Hilfskonvois. Bis heute ist der ASB in Serbien, Bosnien-Herzegowina und dem Kosovo aktiv.

2005 Das First Assistance Samaritan Team, das Schnelleinsatzteam des ASB für Auslandseinsätze, wird gegründet. Es ist tätig in

Seit seinem ersten großen
Auslandseinsatz 1956
in Ungarn zählt der ASB
Nothilfe auch im Ausland zu
den Säulen seiner Arbeit.

den Bereichen Trinkwasseraufbereitung und medizinische Erst-versorgung. Die letzten Einsatzgebiete des FAST waren Haiti (2017 und 2010), Bosnien-Herzegowina (2014), die Philippinen (2013), der Nordirak (2012) und Sumatra/Indonesien (2009).

Zahl der Mitarbeiter (Stand 31.12.2016)
Rund 40 000

Zahl der Mitglieder (Stand 31.12.2016)
Rund 1 268 000

Jahresbudget in der Auslandshilfe (Stand 31.12.2016)
19 Mio. Euro

Davon humanitäre Hilfe/Katastrophenhilfe
9.9 Mio. Euro

Mission Statement

Der ASB ist als Wohlfahrtsverband und Hilfsorganisation politisch und konfessionell ungebunden. Wir helfen allen Menschen – unabhängig von ihrer politischen, ethnischen, nationalen und religiösen Zugehörigkeit. Mit unserer Hilfe ermöglichen wir den Menschen, ein größtmögliches Maß ihrer Selbstständigkeit zu entfalten und zu wahren. Wir helfen schnell und ohne Umwege allen, die unsere Unterstützung benötigen.

Auftrag in der Katastrophenhilfe

In akuten Krisen und Katastrophenfällen im Ausland leisten wir schnelle und zielgerichtete Hilfe, die den Bedürfnissen der Betroffenen Rechnung trägt. Wir verfolgen bei unserer Arbeit einen ganzheitlichen Ansatz. In akuten Notfällen helfen wir so schnell wie möglich – durch Entsendung unseres Schnelleinsatzteams, durch zuverlässige Partner und etablierte Länderbüros vor Ort. Zudem fühlen wir uns verpflichtet, die von akuten Krisen und Katastrophen betroffenen Menschen so lange wie nötig zu unterstützen. Deshalb schließen sich der Nothilfe Wiederaufbau und längerfristige Maßnahmen an, um die Ursachen von Armut zu bekämpfen und Menschen auf zukünftige Notlagen besser vorzubereiten.

Compliance/Transparenz

Der ASB ist Mitglied im Deutschen Spendenrat und unterzieht sich jährlichen Prüfungen durch unabhängige Wirtschaftsprüfungsgesellschaften. Er unterliegt regelmäßigen Audits von seinen Zuwendungsgebern.

Publikationsorgane

In unserem Jahrbuch berichten wir über die Meilensteine der vergangenen zwölf Monate sowie über innovative Projekte und Maßnahmen aus dem gesamten Verband, die immer neue Wege aufzeigen, Menschen zu helfen. Mit dem Jahrbuch legen wir inhaltlich und finanziell Rechenschaft gegenüber unseren Mitgliedern, Unterstützern und Partnern ab.

Das ASB Magazin erzählt Geschichten aus dem ASB – Geschichten von Menschen, die sich haupt- oder ehrenamtlich im ASB engagieren, oder denen wir durch unsere Dienstleistungen eine Stütze bieten. Das Magazin erhalten in erster Linie die Mitglieder im ASB, aber auch Vertreter von Medien, aus der Politik oder von befreundeten Organisationen. Das Magazin erscheint vierteljährlich. Seine Auflage liegt bei rund 1,2 Millionen Exemplaren.

Viermal im Jahr erscheint das »Auslandshilfe Aktuell«: Auf wenigen Seiten zusammengefasst, aber sehr nah an den Menschen berichtet der ASB darin gegenüber seinen Spendern von seinen Aktivitäten in der Auslandshilfe und bittet um eine weitergehende Unterstützung. Das Auslandshilfe Aktuell führt seinen Lesern vor Augen, warum wir in vielen Ländern der Welt Hilfe leisten müssen, und zeigt gleichzeitig auf, dass diese Hilfe tatsächlich ankommt und wirkt.

B. Sektorale und regionale Schwerpunkte in der humanitären Hilfe

1. Katastrophenhilfe

Nach einer Katastrophe ist der ASB innerhalb weniger Tage bereit, Betroffenen überall auf der Welt zu helfen – beispielsweise mit überlebenswichtigen Lebensmitteln, Hilfsgütern und Medikamenten. Darüber hinaus errichten ASB-Einsatzkräfte Notunterkünfte, bauen Latrinen oder sorgen für sauberes Trinkwasser. Als etablierte Hilfsorganisation ist der ASB in vielen Ländern mit einem eigenen Büro vertreten. Wo keine eigenen Strukturen vorhanden sind, kooperiert der ASB mit zuverlässigen Partnerorganisationen.

Eine wichtige Rolle spielen die First Assistance Samaritan Teams (FAST), die Schnelleinsatzteams für Auslandseinsätze. Im FAST arbeiten speziell ausgebildete ASB-Einsatzkräfte, die in Katastrophengebiete entsandt werden, um dort medizinische Hilfe zu leisten. Das FAST verfügt auch über eigene Trinkwasseraufbereitungsanlagen, die über 4000 Menschen am Tag mit Wasser versorgen können. Alle Mitglieder im FAST engagieren sich freiwillig.

Der ASB baut Wasser-
filter und Trinkwasser-
tanks auf. Mehr als 12 000
Menschen haben dank
der Anlagen Zugang zu
sauberem Wasser.

Best Practice Beispiel: Haiti, 2016

Nothilfe leisten mit Tonnen an Material, vielen Helfern und unter
großem finanziellen Aufwand – das muss nicht unbedingt sein, findet der ASB. Nach Hurrikan Matthew, der Haiti und weitere Teile der
Karibik im Herbst 2016 traf, machte sich der ASB mit nur einer Handvoll Helfer auf den Weg. Mit im Bordgepäck hatten die ASB-Experten
SkyJuice-Wasserfilter – Filtrationsanlagen, die bei einer Höhe von
1,50 Metern weniger als 20 Kilogramm wiegen, aber nahezu alle
Viren und Bakterien aus einer gegebenen Wasserquelle herausfiltern
können. Im ASB werden diese Filter erst seit 2016 genutzt. Sie haben
sich aber bereits bewährt, denn das leichte Material ermöglichte den
Teams auf Haiti ein Maximum an Flexibilität. Die ASB-Experten
konnten die Anlagen in betroffene, schwer zugängliche Gebiete transportieren und in kürzester Zeit installieren. Die Handhabung der An-

lagen ist relativ einfach. Ein fester Bestandteil des Einsatzes in Haiti waren daher Schulungen der haitianischen Kollegen und mit lokalen Wasserkomitees in der Nutzung und Wartung der Filter. In nur zehn Tagen hat das ASB-Team zwölf Wasserfilter aufgebaut und übergeben. Jeder der Filter versorgt nun täglich rund 1000 Menschen mit sauberem Trinkwasser. ASB-Wasserexperte Daniel Alex resümierte: »Wir haben einen kleinen aber entscheidenden Beitrag zur Reduzierung von Cholera und anderen Erkrankungen durch verschmutztes Wasser geleistet.« Für den ASB ist diese Art des Einsatzes – über kurze Zeiträume, mit wenigen Helfern, aber sehr gezielt in der Durchführung – dennoch nicht der alleinige Königsweg. Es ist vielmehr ein weiterer, effizienter Baustein im umfassenden System der Hilfeleistungen, die der Verband bietet.

2. Katastrophenvorsorge

Der Klimawandel lässt die Zahl der Naturkatastrophen stetig ansteigen. Gerade Menschen in Entwicklungs- und Schwellenländern haben unter den Folgen extremer Naturgewalten zu leiden. Ob Erdbeben, Überschwemmungen oder Stürme – damit sich die Bewohner im Katastrophenfall ausreichend schützen können, engagiert sich der ASB im Bereich Katastrophenvorsorge. Denn mit der richtigen Vorbereitung können Menschen gezielt dazu beitragen, die Folgen der Katastrophe deutlich abzuschwächen. Zu den wichtigsten Maßnahmen gehören die Verbesserung der Infrastruktur und die Stärkung von Selbsthilfekapazitäten der Bevölkerung. Außerdem übt der ASB mit den Bewohnern betroffener Regionen regelmäßig das richtige Verhalten in Katastrophensituationen.

Der ASB engagiert sich vor allem dort in der Katastrophenvorsorge, wo häufig schwere Unwetter, Vulkanausbrüche oder Erdbeben zu befürchten sind. Regionale Schwerpunkte unserer Aktivitäten sind Indonesien, die Philippinen, Nepal und Georgien, der Niger sowie mehrere Staaten Zentralamerikas.

Mit seinen zahlreichen Projekten trägt der ASB wesentlich dazu bei, das Risiko und die Anfälligkeit der Bevölkerung im Katastro-

phenfall zu mindern und hilft den Menschen, den Folgen von Katastrophen selbständig zu begegnen. Der ASB achtet darauf, dass seine
Maßnahmen inklusiv sind, also alle Menschen einbeziehen.

Best Practice Beispiel: Indonesien

Seit Jahren zählt der ASB in Indonesien zu den Vorreitern in inklusiver Katastrophenvorsorge. In seinem aktuellen Projekt auf Sumatra
und den vorgelagerten Mentawai-Inseln hat der ASB einen sehr breiten Ansatz gewählt, um Menschen auf Naturkatastrophen vorzubereiten und dafür zu sorgen, dass ihre negativen Auswirkungen begrenzt
werden. Ganz besonders hat der ASB darauf geachtet, Menschen
mit besonderem Unterstützungsbedarf in alle Maßnahmen einzubeziehen. Dazu gehören zum Beispiel Menschen, die unterhalb der
Armutsgrenze leben oder die schlecht lesen und schreiben können,
aber auch Kinder, schwangere Frauen, ältere oder kranke Personen
sowie Menschen mit Behinderung.

Dies alles passiert im Einvernehmen mit den nationalen und lokalen
indonesischen Behörden. Vielmehr: Wegen der geringen finanziellen
Ressourcen, über die die nationalen Katastrophenvorsorgeprogramme
verfügen, setzen die Provinz- und Distriktbehörden auf den ASB.
Das Team bildet in den Gemeinden Trainer aus – darunter sowohl
Gemeindevertreter als auch ausgewählte Privatpersonen –, die ihren
Mitmenschen später erklären können, wie sie ihre Häuser katastrophen-
sicher ausstatten können und wie sie im Notfall evakuieren müssen.

Für den Fall einer Katastrophe hat der ASB alle Projektgemeinden
mit lebensrettenden Materialien ausgestattet. Dazu gehört zum Beispiel eine Erste-Hilfe-Ausrüstung, Inventar zum Aufbau von Notunterkünften oder Funkgeräte, mit dem sich die oft weit abgelegenen
Gemeinden untereinander verständigen und gegebenenfalls externe
Hilfe herbeirufen können.

Diese Maßnahmen, die direkt auf eine kommende Katastrophe
vorbereiten, werden von der Idee flankiert, die Lebensbedingungen
der hier lebenden Bevölkerung zu verbessern. Der ASB hilft Menschen dabei, ihre Kleingewerbe, zum Beispiel als Bauer oder Fischer,
auf- und auszubauen. Dafür vermittelt er Wissen über Anbau- oder
Fangtechniken und finanziert wo nötig die Ausstattung, damit die

Regelmäßig übt der ASB mit den Bewohnern seiner Projektregionen das Verhalten bei einer Katastrophe. Vor allem gefährdete Personengruppen wie ältere Menschen oder Menschen mit Behinderung werden bei diesen Trainings berücksichtigt.

Menschen eigenständig arbeiten können. Der ASB verknüpft die Kleinunternehmer auch mit Wirtschaftspartnern, die etwa die Ernte oder den täglichen Fang langfristig verlässlich und zu fairen Konditionen abnehmen. Über ein gesteigertes Einkommen hat diese Maßnahme vielfältige Effekte: Die Menschen können sich gesünder ernähren und sind schon körperlich widerstandsfähiger. Sie haben die Möglichkeit, bessere, solidere Häuser zu bauen oder Lebensmittel- und Medikamentenvorräte für den Notfall anzulegen.

In seinem Ansatz stellt der ASB sicher, dass auch und gerade Menschen, die ohne Hilfe anfälliger für Katastrophen sind, von seinen Initiativen profitieren und alle Angebote und Informationen wahrnehmen können. So schützt der ASB die Menschen in Indonesien ganz pragmatisch vor der nächsten möglichen Katastrophe; er stellt aber auch langfristig die Weichen für einen neuen Lebenswandel, bei dem viele vermeidbare Auswirkungen ihre bislang zerstörerische Wucht verlieren.

3. Rückkehr und Wiedereingliederung

Krieg und Gewalt, aber auch Naturkatastrophen zwingen täglich tausende Menschen, ihre Heimat zu verlassen, um ihr Leben zu retten. Nach dem Ende der Katastrophe wollen viele Familien, Männer und Frauen in ihre Heimat zurückkehren und neu anfangen. Der ASB ermöglicht diesen Flüchtlingen und Vertriebenen die Rückkehr in ein sicheres Umfeld. Diese Aufgabe ist komplex: Dazu gehören die Klärung von Landrechten, der Bau von Unterkünften und die Schaffung neuer Einkommensmöglichkeiten. Die Hilfe des ASB ist nachhaltig, sodass die Beteiligten nicht dauerhaft auf externe Hilfe angewiesen sind, sondern unabhängig und selbstständig werden.

In vielen Projekten weltweit – zum Beispiel auf dem Balkan, in Haiti, Sri Lanka und Georgien – unterstützte der ASB die Menschen bei der Rückkehr, beim Wiederaufbau, kurz: beim Neustart in ein selbstbestimmtes, hoffnungsvolles Leben. Neben dem Instandsetzen von Infrastruktur und Häusern steht dabei das Schaffen neuer Verdienstmöglichkeiten ebenso im Mittelpunkt wie Maßnahmen zur Friedenssicherung.

Best Practice Beispiel: Kosovo

Noch immer kehren Familien, die vor fast 20 Jahren dem Kosovo-Krieg entflohen, nach und nach in ihre Heimat zurück. Viele von ihnen können sich die Rückkehr aber alleine nicht leisten. Der ASB hat ein Rückkehrerpogramm für vertriebene Familien aufgelegt, das ihnen dabei hilft, aus dem serbischen Exil in ihre Heimat zurückzukommen. Der ASB stattet sie mit Möbeln, Haushaltsutensilien und Lebensmitteln aus. In Serbien arbeitet der ASB mit Gemeindeverwaltungen zusammen und hat breitangelegte Medienkampagnen durchgeführt, um die Menschen auf diese Unterstützungsmöglichkeit aufmerksam zu machen. Auch wer erfolgreich wieder in seine Heimat gezogen ist, hat es oft schwer, von Neuem Fuß zu fassen. Die Arbeitslosigkeit im Kosovo ist riesig, die Armutsquote liegt bei fast 45 Prozent der Gesamtbevölkerung. An guten Ideen für einen Neustart mangelt es dabei den wenigsten – es fehlt aber fast immer das Startkapital, um eine eigene Existenz aufzubauen und meist auch

Dank der Hilfe des ASB haben die vier Mädchen und ihre Familien in ihrer alten Heimat, dem Kosovo, nun wieder ein Zuhause. Nach Jahren der Abwesenheit kehren die Familien aus Serbien in den Kosovo zurück.

das fachliche wie betriebswirtschaftliche Hintergrundwissen. Seit 2008 unterstützt der ASB Kosovaren dabei, eigene Unternehmen aufzubauen. Sie besuchen Schulungen und entwickeln eigene Businesspläne, die von den anderen Teilnehmern und von erfahrenen Beratern geprüft werden. Die erfolgversprechendsten Ideen erhalten zusätzlich zu den Trainings eine Anschubfinanzierung von mehreren Zehntausend Euro. Eine der vom ASB ins Leben gerufenen Firmen produziert zum Beispiel Plastikbeutel – als einziges Unternehmen im Kosovo. Schon nach kurzer Zeit erzielte der Neuunternehmer – wie auch viele der anderen Unternehmensgründern, die vom ASB unterstützt wurden – einen beträchtlichen Gewinn. Mittlerweile konnte das Plastikunternehmen zahlreiche Arbeitsplätze schaffen und hat so nicht nur einer, sondern vielen Familien eine neue Lebensgrundlage verschafft.

4. Internationale Samariterkooperation

Nicht nur in Deutschland, auch in vielen anderen europäischen Ländern gibt es starke Samariterorganisationen. Gemeinsam mit deutschen ASB-Gliederungen und Partnern setzt sich die ASB-Auslandshilfe dafür ein, die Kooperation mit diesen Organisationen zu fördern. Im Rahmen der »Internationalen Samariterkooperation« unterstützt der ASB gemeinsame Projekte finanziell und beratend. Er setzt multilaterale Projekte um, initiiert und begleitet Partnerschaften. Die verschiedenen Projekte wollen dabei ein sichtbares Zeichen für Solidarität untereinander setzen.

Gemeinsam mit den europäischen Samariterpartnerorganisationen und lokalen Verwaltungen leistet der ASB Hilfe in den Bereichen Nothilfe, Wohlfahrtspflege, Gesundheit sowie Jugend- und Familienhilfe. Gleichzeitig fördert er Projekte, die die Einheit Europas stärken. Einen regionalen Schwerpunkt setzt der ASB auf Mittel- und Osteuropa. Bei seinen dortigen Partnern fördert er den Aufbau von nachhaltigen und eigenständigen Verbandsstrukturen. Zielsetzung ist das nachhaltige Wohl der Bevölkerung in Mittel- und Osteuropa. Aktuell gibt es Samariterkooperationen mit Bosnien, Georgien, Lettland, Litauen, Polen, Rumänien, Serbien, der Slowakei, der Ukraine und Ungarn.

Eine wichtige Funktion haben die Partnerschaften, wenn es darum geht, das nötige Wissen zu vermitteln, um an anderer Stelle eine neue Dienstleistung zu etablieren. Das können zum Beispiel mobile Pflegeheime sein oder Einrichtungen der Kinder- und Jugendhilfe, die mit dem nötigen Know-How der Samariter europaweit schnell und funktional aufgebaut werden können. Auch im Katastrophenschutz gibt es diese wichtigen Wissenstransfers.

Best Practice Beispiel: Serbien

In dem Flüchtlingscamp Subotica, das der ASB an der serbisch-ungarischen Grenze betreibt, leben viele Familien mit Kindern und zahlreiche unbegleitete minderjährige Flüchtlinge. Sie alle benötigen eine geregelte medizinische Versorgung. Dies übernimmt der serbische Samariterbund IDC zusammen mit dem ASB Bayern und vie-

Tausende geflüchteter Kinder sind in Serbien auf medizinische Hilfe angewiesen. Die serbische Samariterorganisation IDC kann diese Hilfe dank einer
Partnerschaft mit dem ASB Bayern leisten.

len engagierten bayerischen Regionalverbänden. Gemeinsam bauen
sie in Subotica eine Kinderkrankenstation auf. Um den Betrieb der
Krankenstation zu finanzieren, haben die bayerischen ASB-Verbände
30 000 Euro zusammengelegt. Mit dieser Summe kann die IDC die
Station sechs Monate lang betreiben. Darin enthalten sind die Kosten für das medizinische Personal und die Ausstattung sowie für die
laufenden Kosten für Medikamente und medizinisches Equipment.
Die Krankenstation behandelt Flüchtlingskinder aus der Unterkunft,
aber auch und gerade geflüchtete Kinder und Jugendliche, die neu in
dem Grenzort ankommen und akut medizinische Hilfe benötigen.
Auch serbische Kinder werden von den Ärzten und Pflegern hier
behandelt. Das trägt dazu bei, dass die serbische Bevölkerung der
Flüchtlingshilfe positiv gegenübersteht, die ASB und IDC in Subotica
gemeinsam leisten.

C. Lokale Partner und internationale Koordination der Organisation

Der ASB arbeitet in all seinen Projektländern mit lokalen Partnern zusammen. Die Art der Zusammenarbeit und auch der Hintergrund der Partner sind dabei so vielfältig wie die Tätigkeiten des ASB selbst. Lokal verankerte Partner helfen dem ASB dabei, die Besonderheiten, Kulturen und mögliche Konflikte der jeweiligen Region besser zu verstehen und bei der Arbeit zu berücksichtigen. Im Niger kooperiert der ASB beispielsweise mit Ad Koul, einer lokalen Organisation der Touareg. Gemeinsam arbeiten beide Organisationen daran, die Nahrungsgrundlagen für die hier lebenden Menschen zu verbessern. In Georgien kooperiert der ASB mit dem Roten Kreuz, das von der Regierung mit dem nationalen Katastrophenschutz beauftragt wurde. Der ASB berät das Georgische Rote Kreuz zum Thema inklusive Katastrophenvorsorge.

Ein wichtiger Ansatz beim ASB ist es, lokale Partnerorganisationen zu stärken, damit sie den Menschen in ihren Gemeinden die notwendige Hilfe zukommen lassen. Auf den Philippinen haben wir diese Herangehensweise ins Zentrum unserer Arbeit gerückt: Acht Organisationen werden vom ASB dabei unterstützt, mit ihren begrenzten Mitteln so effizient wie möglich zu handeln. Der besondere Ansatz des Projekts: Die Organisationen werden nicht nur finanziell unterstützt, sondern erarbeiten mit dem ASB und den Betroffenen gemeinsam ihre Aktivitäten. Die Mitarbeiter werden dabei ausgiebig geschult und es findet ein reger Austausch mit anderen nationalen und internationalen Organisationen, Regierungsvertretern und der Zivilgesellschaft statt. Die Organisationen selbst sind es, die in einem zweiten Schritt ihre Gemeinden wirkungsvoll auf Katastrophen vorbereiten.

In Deutschland ist der ASB vernetzt im Bündnis Aktion Deutschland Hilft, dem Zusammenschluss deutscher Hilfsorganisationen, die nach Katastrophen im Ausland gemeinsam schnelle und effiziente Hilfe leisten. Der ASB war 2001 Gründungsmitglied von Aktion Deutschland Hilft. Unsere Expertise im Bereich Trinkwasser lassen wir im deutschen WASH-Netzwerk einfließen. Zu den engsten Partnern auf internationaler Ebene gehören die 16 europäischen Samariterorganisationen, mit denen der ASB über Samaritan International verbunden ist.

D. Fünf Empfehlungen/Forderungen an die Politik

1. **Zugesicherte Gelder für Entwicklungspolitik müssen verlässlich und langfristig gezahlt werden.**
   Der ASB begrüßt, dass der Bundesetat für Entwicklungsarbeit zuletzt deutlich angestiegen ist. 2015 lagen die Haushaltsmittel hierfür aber nur bei ca. 0,52 % des Gesamtetats – von dem Ziel, 0,7 % des nationalen Einkommens für Entwicklungshilfe aufzuwenden, ist Deutschland noch weit entfernt. Der ASB fordert, finanzielle Unterstützung für Projekte der humanitären Hilfe und Entwicklungszusammenarbeit zu steigern und langfristig sicherzustellen.

2. **Finanzielle Mittel für humanitäre Hilfe müssen bedarfsorientiert vergeben werden.**
   Ausschlaggebend darf bei der Mittelbewilligung nur der humanitäre Bedarf sein. Finanzielle Mittel dürfen nicht nach politischen Interessen ausgegeben werden oder als politisches Druckmittel dienen.

3. **Katastrophenvorsorge muss stärker in den Vordergrund der entwicklungspolitischen Agenda rücken.**
   Der ASB bereitet Menschen, die von einer Katastrophe am meisten bedroht sind, vor und entwickelt mit ihnen gemeinsam Mechanismen, mögliche schlimme Folgen abzuwenden. Diese präventive Arbeit zahlt sich aus – Katastrophen fordern weniger Todesopfer, weniger Verletzte und sie drängen weniger Menschen in den finanziellen Ruin. Trotz dieser Erkenntnis wird aber zu wenig Geld von öffentlicher Hand in die Katastrophenvorsorge investiert. Der ASB fordert, dass das Budget für Vorsorgeprojekte kontinuierlich ausgebaut wird.

4. **Entwicklungszusammenarbeit soll dazu beitragen, die Ursachen für Flucht und erzwungene Migration zu verhindern – Finanzmittel dürfen aber nicht verwendet werden, um Flüchtlinge oder Migranten zu stoppen.**

   Menschen in existentieller Not muss eine sichere Reise und ein sicherer Aufenthalt gewährt werden. Wenn Entwicklungsgelder angelegt werden, um Armut und Konfliktpotenziale zu senken, wird dadurch unfreiwillige Migration langfristig abnehmen.

5. **Die deutsche Wirtschaftspolitik im Ausland muss auf ihre langfristige Verträglichkeit mit den Zielen der deutschen Entwicklungspolitik hin geprüft werden.**

   In der deutschen internationalen Handelspolitik steht derzeit die Wirtschaftlichkeit an erster Stelle. Die Bundesregierung sollte auswärtige Wirtschaftspolitik und Entwicklungspolitik stärker harmonisieren und darauf hinwirken, dass auch die EU-Handelspolitik stärker auf ihre Nachhaltigkeit und Sozialverträglichkeit hin geprüft wird.

Die Johanniter
Dr. Arnold von Rümker

A. Steckbrief

Name
Johanniter Unfall-Hilfe e.V.

Rechtsform
Eingetragener Verein, gemeinnützig

Anschrift
Lützowstrasse 94
10785 Berlin
www.johanniter.de

Chronik

Gegründet wurde die Johanniter-Unfall-Hilfe e. V. im Jahre 1952. Mit knapp 300 Regional-, Kreis- und Ortsverbänden ist sie im gesamten Bundesgebiet vertreten. Die Johanniter-Unfall-Hilfe ist ein Werk des evangelischen Johanniterordens und als gemeinnütziger und mild-tätiger Verein anerkannt. Sie ist eine freiwillige Hilfsgesellschaft im Sinne des Art. 26 des 1. Genfer Abkommens vom 12.08.1949. Zudem ist sie ein Verband der Freien Wohlfahrtspflege und als Fachverband Mitglied der Diakonie Deutschland – Evangelischer Bundesverband Evangelisches Werk für Diakonie und Entwicklung e.V. In der Johan-niter-Unfall-Hilfe engagieren sich rund 20 000 hauptamtliche und rund 34 000 ehrenamtliche Mitarbeiter. Rund 1,3 Millionen Menschen fördern die Hilfsorganisation. Ihre satzungsgemäßen Aufgaben sind:

1. Erste Hilfe und Sanitätsdienst
2. Rettungsdienst und Krankentransport sowie Notfallfolgedienst
3. Hausnotruf
4. Ambulanz- und Auslandsrückholdienst
5. Bevölkerungsschutz und Notfallvorsorge
6. Jugendarbeit und Arbeit mit Kindern
7. Betreuung, Pflege und Beförderung von Alten, Kranken, Men-schen mit eingeschränkter Mobilität und sonstigen Pflegebedürf-tigen
8. Hospizarbeit
9. Betrieb von und Mitwirkung an Sozialstationen
10. Sonstige soziale Dienste wie Mahlzeitendienste
11. Andere Hilfeleistungen im karitativen Bereich
12. Humanitäre Hilfe im Ausland

Jahresbudget in der Auslandshilfe (Stand 31.12.2016)

22 285 323 €

Mission Statement JUH

Als Mitarbeiterinnen und Mitarbeiter der Johanniter-Auslandshilfe bekennen wir uns zum Leitbild der Johanniter-Unfall-Hilfe. Unsere Hilfe richtet sich unabhängig von politischen Interessen an alle Men-schen, gleich welcher Religion, Nationalität oder Kultur.

Wir verpflichten uns in unserer humanitären internationalen Arbeit auf ein verantwortliches und partnerschaftliches Handeln. Wir stehen für unsere Entscheidungen ein und sind ständig bestrebt, unsere Aufgaben bestmöglich zu erfüllen. In der Zusammenarbeit mit unseren Zuwendungsgebern, Mitarbeitern und Projektpartnern lassen wir uns von Toleranz und gegenseitigem Respekt leiten.

Wir achten die unterschiedlichen Kulturen und Menschen dieser Welt und handeln in erster Linie nach den Bedürfnissen unserer Hilfsempfänger.

Es ist unser Ziel, in humanitären Krisen und unmittelbar nach Katastrophen den Menschen ein Überleben in Würde zu sichern und die Verwundbarkeit benachteiligter Menschen und Gemeinschaften zu verringern. Um ihre Widerstandskraft zu stärken, engagieren wir uns in den Schwerpunktthemen Gesundheit, Wasser, Sanitärversorgung und Hygiene, Bekämpfung von Unterernährung sowie der Sicherung der Einkommens- und Ernährungsgrundlagen.

Wir setzen uns realistische Ziele, an denen unsere Arbeit gemessen werden kann und verwenden unsere Ressourcen vorausschauend. Dabei achten wir gleichermaßen auf die sozialen, ökonomischen und ökologischen Folgen.

Gegenüber unseren Spendern und Partnern verpflichten wir uns zur Rechenschaft und Transparenz. Entscheidungsprozesse und Strukturen werden ständig auf Verbesserungspotenzial hin überprüft. Mit Hilfe von einheitlichen Qualitätsstandards und regelmäßigen Kontrollen arbeiten wir nachweisbar professionell.

Auftrag der Johanniter-Soforthilfe

Nach schwerwiegenden Katastrophen reagieren die Johanniter zur richtigen Zeit am richtigen Ort mit dem richtigen Personal und Material sowie mit benötigter und angeforderter Hilfe. Im Kern stehen dabei die medizinischen Fähigkeiten eines Emergency Medical Teams (EMT) nach den Maßgaben und Einsatzgrundsätzen der Weltgesundheitsorganisation (WHO).

Soforthilfe kann als Vorbereitung von Nothilfe und Wiederaufbaumaßnahmen geleistet werden. Um die langfristige Nachhaltigkeit von Projekten zu gewährleisten, müssen bereits in der Soforthilfephase die

Grundsätze der Nachhaltigkeit und Entwicklungszusammenarbeit inte-griert werden, soweit die jeweiligen Einsatzbedingungen dies zulassen. Es kann auch der Fall sein, dass ein Soforthilfeeinsatz in einem Land nötig wird, in dem die Johanniter bereits mit Projekten präsent sind.

Compliance/Transparenz

Die Johanniter sind Mitglied im **Verband Entwicklungspolitik und Humanitäre Hilfe Deutscher Nichtregierungsorganisationen e. V.** (VENRO) und verpflichten sich dem VENRO-Verhaltenskodex zu Transparenz, Organisationsführung und Kontrolle. Dieser enthält Richtlinien für die Organisations- und Betriebsführung sowie für die Kommunikation und Wirkungsbeobachtung.

Als Mitglied der **Initiative Transparente Zivilgesellschaft** ver-pflichten wir uns zudem dazu, Informationen aus 10 grundlegenden Bereichen – wie die Satzung, die Personalstruktur, die Namen der wesentlichen Entscheidungsträger sowie die Herkunft und Verwen-dung der Mittel – öffentlich zugänglich zu machen. Die Initiative ist ein Zusammenschluss zahlreicher Akteure aus Zivilgesellschaft und Wissenschaft in Deutschland.

Bereits seit 2004 ist die Johanniter-Unfall-Hilfe Träger des **DZI-Spendensiegels**. Vergeben vom Deutschen Zentralinstitut für Soziale Fragen (DZI) bescheinigte es auch im Jahr 2016 den Johanni-tern, dass sie die ihnen anvertrauten Spenden sparsam und satzungs-gemäß verwenden.

Publikationsorgane

- Jahresbericht
- Projektbericht der Auslandshilfe
- Mitgliederzeitschrift »johanniter«

B. Sektorale und regionale Schwerpunkte in der humanitären Hilfe

Die Johanniter-Auslandshilfe hat sich zum Ziel gesetzt, zum einen das Überleben der Menschen nach Katastrophen und während an-

STRATEGISCHE AUSRICHTUNG DER JOHANNITER-AUSLANDSHILFE

Verbesserung der Gesundheitssituation

Bekämpfung von Unterernährung

ÜBERLEBENSSICHERUNG UND RESILIENZ

Zugang zu Wasser, Sanitäranlagen und Wissen über Hygiene

Sichere Einkommens- und Ernährungsgrundlagen

Strategische Ausrichtung der Johanniter-Auslandshilfe: Überlebenssicherung und Resilienz

haltender Krisen zu sichern. Zum anderen wird sie die Resilienz, also Widerstandsfähigkeit, der Menschen in gefährdeten Ländern stärken. Mit Projekten in den Bereichen Basisgesundheit, Wasser, Sanitär und Hygiene sowie der Bekämpfung von Unterernährung und der Sicherung von Ernährungs- und Einkommensgrundlagen werden die Johanniter künftig diese beiden Oberziele verfolgen.

1. Überlebenssicherung

Um nach Katastrophen schnell helfen zu können, kann die Johanniter-Auslandshilfe seit vielen Jahren auf ihre ehrenamtlichen Soforthelfer zurückgreifen. Hinter einer aufwachsenden Mannschaft von etwa 150 Ärzten, Notfallsanitätern und weiteren Fachkräften stecken engagierte, motivierte und weltoffene Menschen, die dafür qualifiziert sind im Team unter herausfordernden Bedingungen weltweit Hilfe zu leisten.

Diese konzentriert sich vor allem auf medizinische Hilfeleistungen zur Versorgung der Opfer von Katastrophen in Unterstützung der jeweils örtlichen Gesundheitssysteme. Mit einem sogenannten Emer-

Emergency Medical Team (EMT)

gency Medical Team (EMT), das innerhalb von 24 Stunden entsandt
werden kann, können bis zu 50 Patienten täglich nach höchstem in-
ternationalem Standard versorgt werden. Das Team verfügt über ein
zusätzliches Unterstützungsportfolio in Form von Technikern, Kom-
munikationsspezialisten und psychosozialen Spezialisten.

Darüber hinaus sind die Johanniter stolz auf ihre leistungsstarken
logistischen Fähigkeiten, um im Auftrag von und mit unseren Partnern lebensnotwendige Hilfsgüterlieferungen durchzuführen.

2. Resilienz

Die Johanniter betrachten Resilienz im Rahmen ihrer internationalen
Hilfe als die Fähigkeit eines Einzelnen, einer Gemeinschaft oder eines
Staates, Krisen zu bewältigen, sich anzupassen und schneller davon zu
erholen, ohne die mittelfristige Lebensperspektive zu gefährden. Solche Krisen können gewaltsame Konflikte oder extreme Naturereignisse sein. Strukturelle Armut macht viele Menschen besonders verwundbar. Mit ihrem Resilienz-Ansatz stärken die Johanniter die Menschen
in besonders armen und krisengefährdeten Regionen. Dabei beziehen

Resilienz in Ecuador

die Johanniter alle relevanten Akteure in der jeweiligen Region mit ein. Sie arbeiten eng mit nationalen Organisationen, mit den Behörden und mit den Dorfgemeinschaften zusammen. Diese kennen die Gegebenheiten vor Ort am besten. Gleichzeitig können die Johanniter dabei behilflich sein, lokale Strukturen zu stärken und weiterzuentwickeln. Übergeordnetes Ziel der Johanniter-Auslandshilfe ist die Stärkung der Widerstandskraft der Menschen. Diese fördern sie unter anderem durch die Verbesserung der Gesundheits– und Ernährungssituation sowie den Zugang zu sauberem Trinkwasser. Weiterhin unterstützen die Johanniter die Dorfgemeinschaften in der Katastrophenvorsorge, damit sich die Menschen vor Naturkatastrophen schützen und im Notfall selbst helfen können. Dadurch fallen die Folgen geringer aus und die längerfristigen Perspektiven sind weniger gefährdet.

Best Practice Beispiel: Nepal
Mit einer Stärke von 7,8 auf der Richterskala hatte ein Erdbeben am 25. April 2015 die Himalaya-Region erschüttert. Ein zweites Beben mit einer Stärke von 7,2 folgte am 12. Mai. Nach offiziellen Angaben kamen fast 9000 Menschen in Nepal ums Leben, mehr als 600 000 Häuser wurden zerstört. Die Johanniter leisteten medizinische Soforthilfe.

Direkt nach dem ersten Erdbeben entsandten die Johanniter ein Erkundungsteam. Sie machten sich ein Bild vom Hilfsbedarf in der besonders schwer betroffenen Provinz Sindhupalchok. »Viele Gebäude waren zerstört, die wenigen Krankenhäuser völlig überlastet. Hilfe wurde dringend benötigt«, so Uwe Klomfaß, Leiter des Johanniter-Erkundungsteams. Auf Basis ihres Lageberichts entsandte der Einsatzstab in Berlin ein elfköpfiges medizinisches Notfallteam für die Soforthilfe vor Ort. Im Ort Koladawan, in Sindhupalchok, errichtete das Team eine provisorische Gesundheitsstation. »Wir haben sofort nach dem Eintreffen die Arbeit aufgenommen und bereits am ersten Tag 70 Patienten versorgt«, sagt Markus Kristen, Leiter des medizinischen Teams. Insgesamt behandelten die Johanniter in ihrem 14-tägigen Einsatz mehrere hundert Patienten – die meisten davon wegen unbehandelter Schnittwunden als Folge des Erdbebens.

Die Gesundheitsstation diente als Anlaufpunkt in der Region, die Johanniter behandelten aber auch viele Menschen in unzugänglichen Bergdörfern. »Ganze Siedlungen waren durch Bergrutsche von der Außenwelt abgeschnitten«, so Kristen weiter. Viele Menschen in den Bergregionen waren seit dem Erdbeben ohne medizinische Versorgung, da einige der Siedlungen nur zu Fuß erreicht werden konnten. Auch die Johanniter machten sich deshalb zu Fuß auf in die Berge, um den Menschen eine medizinische Versorgung zu ermöglichen. Außerdem verteilten die Johanniter Hilfsgüter an die Betroffenen. 2807 Haushalte erhielten Grundnahrungsmittel sowie Decken, Matten, Küchenutensilien, Kleidung und Hygiene-Pakete. Zudem unterstützten die Johanniter mit 150 Zeltplanen, um provisorische Unterkünfte, Schulen und medizinische Behandlungszentren einrichten zu können. Um die Menschen in Nepal über die Soforthilfe hinaus dabei zu unterstützen, ihr Land wiederaufzubauen, haben die Johanniter weitere Projektaktivitäten gestartet und ein Projektbüro in Kathmandu eröffnet.

Langfristige Hilfe für den Wiederaufbau

Gemeinsam mit der lokalen Partnerorganisation »Rural Women Creative Forum« (GMSP) unterstützen die Johanniter 6000 Frauen und Kinder im Bereich der psychosozialen Hilfe. So haben die Johanniter und GMSP an verschiedenen Orten der Provinz Sindhupalchok so-

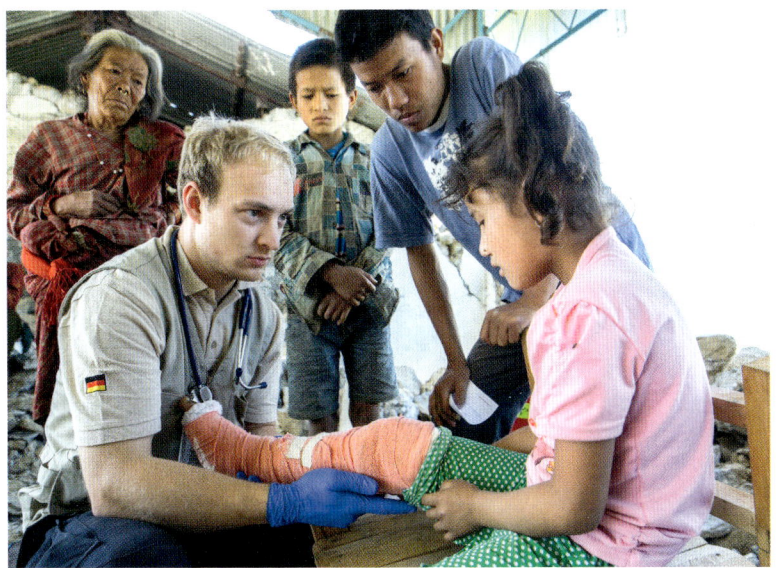

Medizinische Soforthilfe in Nepal

genannte »child friendly spaces« eingerichtet. Hier können die zum
Teil schwer traumatisierten Kinder spielen und lernen, aber auch mit
geschulten Psychologen über ihre Erlebnisse während der Erdbeben
sprechen. Gemeinsam mit GMSP haben die Johanniter zudem drei
provisorische Schulen errichtet. Viele Schulen wurden durch das Erdbeben zerstört, doch für die Kinder ist es sehr wichtig, dass sie schnell
wieder am Unterricht teilnehmen können. So finden sie zurück in einen geregelten Alltag und können sich mit den Lehrern und ihren
Mitschülern austauschen. Außerdem erhalten sie durch das Lernen
neue Perspektiven. Die Schule in Tyangthali etwa war vollständig zerstört worden. An der provisorischen Schule dort unterrichten nun
neun Lehrer die 145 Schüler im Alter von fünf bis fünfzehn Jahren
in Englisch, Naturwissenschaften, Mathematik, Nepalesisch, Gesellschaftslehre und Landwirtschaft. Für die Älteren stehen auch erste
Berufsinhalte auf dem Stundenplan. Darüber hinaus unterstützen
die Johanniter das »Spinal Injury Rehabilitation Center« (SIRC) für
Menschen mit Wirbelsäulenerkrankungen. Das Zentrum mit einer
Außenstelle im Süden des Landes ist das Einzige seiner Art in Nepal.

Neben einer orthopädischen Versorgung erhalten die Patienten Physiotherapie und psychosoziale Hilfe. Rund 50 Patienten werden jeden Monat in dem Zentrum versorgt. Infolge des Erdbebens wurden 150 Patienten zusätzlich aufgenommen, diese hatten ebenfalls Wirbelsäulenverletzungen erlitten.

Im Jahr 2016 begannen die Johanniter zudem mit dem Wiederaufbau von Gesundheitsstationen und führen verschiedene Katastrophenvorsorgemaßnahmen durch, damit die Menschen vor zukünftigen Katastrophen besser gewappnet sind.

3. Gesundheit

Was in Deutschland in erster Linie ein Hausarzt leistet, übernehmen in Ländern mit wenig ausgebauten Gesundheitssystemen meist Krankenschwestern in einfachen Gesundheitsstationen.

In den von den Johannitern betriebenen oder unterstützten Gesundheitseinrichtungen leisten wir basismedizinische Versorgung mit einem speziellen Fokus auf Mutter- und Kind-Gesundheit sowie besonders verwundbare Gruppen. Darüber hinaus setzen die Johanniter mobile Kliniken in Krisengebieten und nach Naturkatastrophen ein, um auch hier eine medizinische Versorgung zu ermöglichen. Im Rahmen ihrer neuen Strategie werden die Johanniter bis 2025 die Stärkung der Gesundheitssysteme in Krisenregionen kontinuierlich fördern, um Zugang zu bedarfsgerechter und qualitativ hochwertiger Gesundheitsversorgung zu ermöglichen. Hierzu zählen neben der verbesserten Infrastruktur von basismedizinischen Gesundheitseinrichtungen insbesondere der Aufbau von Referenz- und Frühwarnsystemen sowie Aus- und Fortbildungen des medizinischen Personals.

Präventive Maßnahmen wie Gesundheitserziehung, Impfkampagnen, Familienplanung und die Bekämpfung von Unterernährung bilden den Schwerpunkt unserer Arbeit in Einrichtungen und Gemeinden, um mittel- und langfristig die Krankheits- und Sterblichkeitsraten zu senken. Dabei werden die Maßnahmen im Gesundheitsbereich immer eng mit denen aus dem Ernährungs- und WASH-Bereich verknüpft.

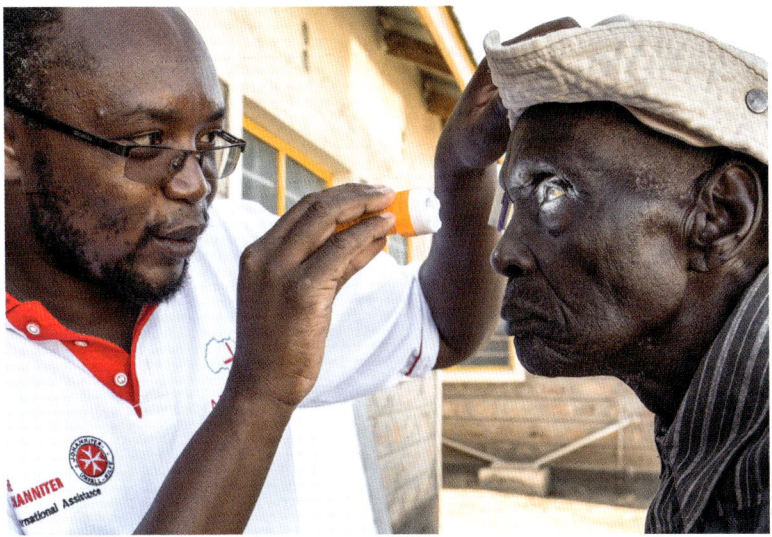

Medizinische Versorgung in Kakuma, Kenia

4. WASH – Dreiklang aus Wasser, Sanitärversorgung und Hygiene

Der Zugang zu sauberem Wasser und Sanitäranlagen wie Duschen und Handwaschstellen, Toiletten oder Latrinen ist eine wesentliche Voraussetzung für gute Gesundheit. Ohne sauberes Wasser und gute Hygiene fehlen essenzielle Grundlagen für ein gesundes Leben. Die Johanniter-Auslandshilfe setzt deshalb einen Schwerpunkt auf Aktivitäten in diesem Bereich. Gemeinsam mit ihren Projektpartnern sorgt sie für Trinkwasser und Sanitäranlagen. Dabei nutzt sie lokal angepasste Methoden und schult die Menschen in der Nutzung und Wartung der Anlagen. So können die Gemeinden diese nach Projektende eigenständig und langfristig weiter nutzen. Als konkrete Maßnahmen in den Projekten fassen die Johanniter zum Beispiel Trinkwasserquellen ein, sie verlegen Wasserleitungen oder bauen Wasserspeicher. Darüber hinaus organisieren sie in vielen Gemeinden den Bau öffentlicher Toiletten oder Latrinen und die Abfallbeseitigung. In allen Projekten legen die Johanniter besonderen Wert auf Hygiene. Sie führen Hygieneschulungen durch, verteilen Hygiene-Pakete und

Die Johanniter helfen seit 2008 in der Demokratischen Republik Kongo, die Gesundheitsversorgung zu erhalten und zu verbessern.

unterstützen die Gründung von Gesundheitskomitees. Diese sensibilisieren ihre Dorfgemeinschaften für wichtige Hygienemaßnahmen. Dazu gehört vor allem eine Botschaft: Regelmäßiges Händewaschen kann Leben retten.

Best Practice Beispiel: Demokratische Republik Kongo

Aufgrund anhaltender Kämpfe leben in der kongolesischen Provinz Nord-Kivu rund 755 000 Menschen als Vertriebene im eigenen Land. Sie kommen in Lagern oder bei Gastfamilien unter. Die Johanniter sind seit dem Jahr 2008 in der Region aktiv und helfen, die Gesundheitsversorgung zu erhalten und zu verbessern. Durchfallerkrankungen sind in Nord-Kivu stark verbreitet, häufig verursacht durch verunreinigtes Wasser und mangelnde Hygiene. Die natürlichen Wasserquellen liefern zwar sauberes Wasser, werden aber unter anderem von Tieren schnell verschmutzt. In sieben verschiedenen Gesundheitszonen haben die Johanniter deshalb insgesamt 52 natürliche Wasserquellen mit Zement eingefasst und sie mit einfachen Zäunen aus Ästen geschützt. Darüber hinaus haben die Johanniter Vertreter der lokalen Bevölkerung ausgebildet und sie dabei unterstützt, Wasserkomitees zu gründen, um die Wasserquellen instand zu halten. Die Komitee-Mitglieder arbeiten ehrenamtlich und betreuen die Quellen in ihrer Gesundheitszone. Die Komitees werden für die Instandhaltung der Quellen auch mit Werkzeugen ausgestattet. Mehr als die Hälfte der Menschen in den betroffenen Gemeinden hat nun Zugang zu sauberem Wasser, zuvor waren es nur 38 Prozent. Um die Hygiene in Gesundheitseinrichtungen zu verbessern, haben die Johanniter in Nord-Kivu zudem Verbrennungsöfen sowie Abfall- und Plazentagruben in sechs Gesundheitszentren gebaut, damit der medizinische Abfall hygienisch entsorgt werden kann. Außerdem wurden Latrinen, Duschen und Waschbecken in den Gesundheitszentren instand gesetzt oder neu installiert.

5. Ernährung sichern

Essen und Trinken sind ein Grundbedürfnis, aber kein Menschenrecht wird so häufig verletzt wie das Recht auf angemessene Nahrung: Weltweit haben mehr als 794 Millionen Menschen nicht genug zu essen, über eine Milliarde Menschen leidet an Mangelernährung. Tagtäglich sterben zirka 8000 Kinder an den Folgen von Hunger und Mangelernährung. Verschärft wird die Situation durch den Klimawandel, Naturkatastrophen, Epidemien sowie politische Krisen und Konflikte.

Die Johanniter haben es sich deshalb zum Ziel gemacht, den betroffenen Menschen zu helfen. Einerseits behandeln sie akut Mangel- und Unterernährte mit Zusatznahrung und andererseits sichern sie die Einkommens- und Ernährungsgrundlagen der Menschen langfristig. So wird die Auslandshilfe bis zum Jahr 2025 in allen Gesundheitsprojekten Aktivitäten zur Prävention von Unterernährung integrieren. Hierzu gehören Aufklärungskurse zu gesunder Ernährung oder dem Stillen. Weiterhin widmen sich die Johanniter der Behandlung von Unterernährten mit therapeutischer Zusatznahrung, führen Nahrungsmittelverteilungen und sogenannte »Cash- oder Food-for-Work«-Programme durch. Um langfristig die Nahrungsmittelproduktion für die Familien sicherzustellen, unterstützen die Johanniter

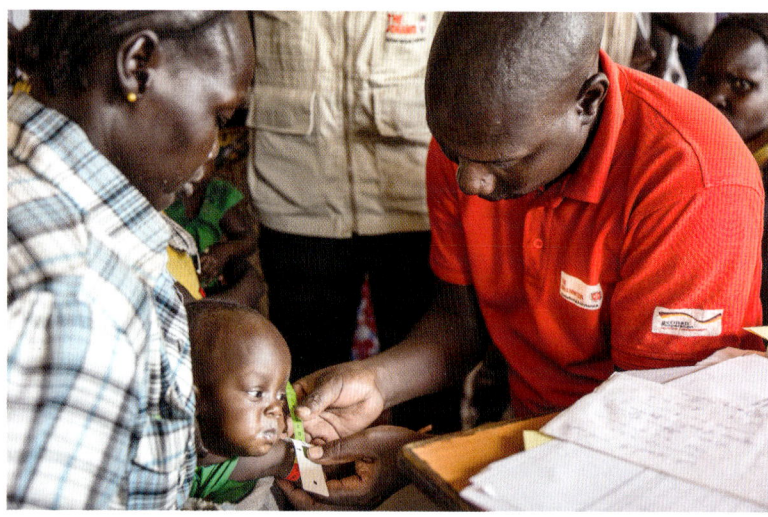

Behandlung eines Kleinkindes mit Zusatznahrung im Südsudan

Familien mit Saatgut, Werkzeug, Nutztieren und Wissensvermittlung
für die Landwirtschaft und das Anlegen von Gärten. Denn erst wenn
den Menschen dauerhaft ausreichend Nahrungsmittel zur Verfügung
stehen, damit sie ein aktives und gesundes Leben führen können, ist
ihre Ernährungssicherheit gewährleistet.

Best Practice Beispiel: Südsudan

Die anhaltenden Konflikte im Südsudan haben mehr als 1,5 Millionen
Menschen innerhalb des Landes vertrieben. Viele von ihnen leiden
an Unterernährung, weil sie den Zugang zu ihren Feldern und Einkommensquellen verloren haben. Im März 2017 riefen die Vereinten
Nationen deshalb eine Hungersnot für verschiedenen Regionen des
Südsudan aus. Die Johanniter haben daher ihr Ernährungsprogramm
in dem Land ausgeweitet. Sie behandeln akute Unterernährung und
sorgen dafür, dass die Familien auch langfristig genug zu essen haben.
In der westlichen Provinz Western Bahr el Ghazal sind die Johanniter
bereits seit 2013 tätig und untersuchen Kinder und Mütter in Gesundheitsstationen auf Mangelerscheinungen und Unterernährung. Je
nach Schwere werden die Patienten mit besonders energiereichen
Keksen oder mit Nährstoffen angereicherten Lebensmitteln wie Öl,

Ernährungssicherung im Südsudan. Die Johanniter unterstützen die Familien mit Saatgut, Werkzeugen, Nutztieren und Wissensvermittlung für die Landwirtschaft und das Anlegen von Gärten.

Mehl oder Zucker versorgt. Ein unterernährtes Kind erreicht so häufig innerhalb von sechs Wochen wieder sein Normalgewicht.

Die schlechte Ernährungslage betrifft aber meist die ganze Familie. Und auch wer noch nicht behandelt werden muss, hat trotzdem meist nicht ausreichend zu Essen. Damit die Familien sich selbst besser ernähren können, unterstützen die Johanniter gemeinsam mit Partnerorganisationen, wie den »Tierärzte ohne Grenzen« in drei Distrikten Familien bei der Landwirtschaft. Die Menschen erhalten Hühner oder Ziegen, Saatgut sowie landwirtschaftliche Geräte. In Schulungen lernen sie, wie sie die Tiere halten, und welche Getreide- und Gemüsearten jeweils am besten in der Trocken- und in der Regenzeit gedeihen. Außerdem erfahren sie, wie sie Lebensmittel länger haltbar machen und Samen ernten und verwerten können. Die eigene Ernte sowie Eier und das Fleisch der Tiere dienen den Menschen als zusätzliche Einkommensquelle. So können sie bei Bedarf zusätzliche Lebensmittel kaufen, um Krisenzeiten zu überbrücken. Die Johanniter zeigen in den Distrikten auch, wie die Bewohner auf einfache Art Latrinen für jedes Haus bauen können. Das verbessert die Hygienesituation und verhindert Magen-Darm-Erkrankungen – eine weitere Ursache von Unterernährung.

C. Lokale Partner und internationale Koordination der Organisation

Die Johanniter-Auslandshilfe arbeitet in nahezu allen Ländern und Projekten mit lokalen und nationalen Partnerorganisationen zusammen. Dadurch verbleibt erworbenes Wissen im Zielland und es kann über Projektzeiträume hinaus angewendet und weiterentwickelt werden. Lokale Kapazitäten werden so langfristig und nachhaltig gestärkt. Unsere Partnerorganisationen verfügen über wichtige kulturelle Kenntnisse und sind meist auf lokaler Ebene mit Gemeinden sowie staatlichen und nichtstaatlichen Institutionen vernetzt. Sie genießen Vertrauen, was wichtig für eine erfolgreiche Projektarbeit ist. Vielerorts ist die Johanniter-Auslandshilfe auch auf die spezialisierten Kenntnisse der Partnerorganisationen angewiesen und sucht sie deshalb gezielt aus.

Voraussetzung für eine Zusammenarbeit sind die Zustimmung zu und Einhaltung der humanitären Prinzipien und die Kenntnisse gültiger humanitärer Standards. Der partnerbasierte Arbeitsansatz erhält in der Strategie der Auslandshilfe bis 2025 einen besonderen Stellenwert, wofür in 2017 neue Partnerschafts-Leitlinien erarbeitet werden. Diese sehen eine zunehmende Stärkung lokaler Organisationen vor, wozu sich die Johanniter in der 2016 unterzeichneten Charter for Change verpflichtet haben. Als Mitglied im WASH-Netzwerk und aktiver Teilnahme an der Aktualisierung der SPHERE-Standards schulen wir bei Bedarf die Mitarbeiter lokaler Partnerorganisationen in den verschiedenen humanitären Sektoren. Inklusion und Teilhabe von Menschen mit Behinderung ist ein Ansatz, der in allen Projekten beachtet und verstärkt und den Partnern vermittelt wird. Um Projektabläufe zu verbessern und zu vereinheitlichen, werden gemeinsame Monitoringbesuche durchgeführt.

In Deutschland sind die Johanniter seit 2001 als Gründungsmitglied im Spendenbündnis Aktion Deutschland Hilft aktiv und im Verband Entwicklungspolitik Deutscher Nicht-Regierungsorganisationen (VENRO) vertreten. Auf europäischer Ebene gehören wir

Johanniter International (JOIN) an. Das ist ein Zusammenschluss
von 16 europäischen Johanniter- und St. John-Organisationen sowie
dem »St. John Eye Hospital« in Jerusalem. JOIN wurde im Jahr 2001
gegründet und hat seinen Sitz in Brüssel.

D. 5 Empfehlungen/Forderungen an die Politik

1. **Die nachhaltige Stärkung und Beachtung der weltweiten Kata-
   strophenkoordinationssysteme der Vereinten Nationen und
   des Europäischen Katastrophenschutzes zur effizienten Hilfe
   nach einer Katastrophe.**
   Dies bedeutet die Steigerung der Qualität durch die konsequente
   Implementierung von internationalen Standards (z. B. INSARAG,
   EMT Initiative). Die Johanniter sind ein fester Bestandteil der
   operativen und konzeptionellen Organe der Internationalen Kata-
   strophenschutzgemeinschaft. Ihre Erfahrungen aus weltweiten
   Einsätzen von Haiti bis zu den Philippinen bringen sie in die Verbesserung der vorhandenen Systeme aktiv ein.

2. **Unterstützung beim Aufbau der Widerstandsfähigkeit von
   Gesellschaften, damit diese besser auf Naturkatastrophen
   vorbereitet sind.**
   Dies gilt insbesondere für die Bereitstellung und Implementierung
   von präventiven Maßnahmen. Darüber hinaus ist die Verbesserung
   der technischen und personellen Katastrophenhilfekapazitäten unabdingbar um Menschenleben nach einer Katastrophe zu retten.

3. **Wertschätzung des Ehrenamtes** durch Anerkennung, Ansprache
   und Auszeichnung, sowie Finanzierung der Vorhaltung und Ausbildung von international einsetzbarem Personal der nicht-staatli-
   chen Akteure des Katastrophenschutzes, auch in den betroffenen
   Regionen. Die Johanniter bauen auf die tatkräftige und unermüd-
   liche Unterstützung von hochqualifizierten Bürgerinnen und Bürgern, die ihre freie Zeit dem Dienst für die Gesellschaft zur Ver-

fügung stellen. Sie weiterhin motiviert und abgesichert zu halten erfordert Förderung und Unterstützung.

4. Entschiedenes Vorgehen gegen alle Kräfte, die den Klimawandel negativ beeinflussen, um somit die katastrophalen Folgen der Erderwärmung zu verhindern.
Die Jahre 2015 und 2016 waren die Wärmsten seit Beginn der Aufzeichnungen. Die Zahl der Wirbelstürme, Überschwemmungen und Dürren hat stark zugenommen und u. a. zahlreiche ohnehin arme Länder stark in Mitleidenschaft gezogen. Zugleich hat die weltweite soziale Ungleichheit zugenommen. In Entwicklungsländern haben Frauen und Kinder, Menschen mit Behinderung und ältere Menschen, häufig keinen Zugang zu ausreichender Nahrung, existenzsichernden Einkommen, Bildung und Gesundheitsversorgung.

5. Fluchtursachen bekämpfen und Zukunftsperspektiven in Herkunftsländern schaffen
Etwa 65 Mio. Menschen sind weltweit auf der Flucht vor Krieg, Verfolgung, Armut sowie den Auswirkungen des Klimawandels. Die Johanniter leisten sowohl nach Naturkatastrophen als auch in zahlreichen langanhaltenden Krisen humanitäre Hilfe, um den Menschen – darunter zahlreiche Flüchtlinge und Binnenvertriebene – ein Überleben in Würde zu sichern. Ihre Stärken liegen dabei in den Bereichen Basisgesundheitsversorgung und Mutter-Kind-Gesundheit, Sicherstellung der Trinkwasserversorgung, Bekämpfung von Unterernährung und Verbesserung der Ernährungssicherheit. Die Johanniter unterstützen die von Krisen und Katastrophen Betroffenen beim Wiederaufbau von Gesundheitseinrichtungen und stärken ihre Kompetenzen und lokalen Strukturen, um sie langfristig besser gegen Krisen zu wappnen. Dabei legen sie ein besonderes Augenmerk auf die Verringerung der Verwundbarkeit besonders benachteiligter und gefährdeter Personengruppen, wie z.B. Menschen mit Behinderung, ältere Menschen sowie Frauen und Kinder, und stärken ihre Selbsthilfeorganisationen.

Malteser Hilfsdienst
Dr. Constantin von Brandenstein-Zeppelin

A. Steckbrief

Name
Malteser Hilfsdienst e.V.

Rechtsform
Eingetragener Verein, gemeinnützig

Anschrift
Erna-Scheffler-Str. 2
51103 Köln
Tel. 0221 / 9822-0
malteser@malteser.org
www.malteser.de

»Bezeugung des Glaubens und Hilfe den Bedürftigen« – Diesem dop-
pelten Auftrag folgen die Malteser weltweit seit über 900 Jahren. In
Deutschland ist der Malteser Hilfsdienst die Hilfsorganisation des
katholischen Malteser-Ordens und zählt etwa eine Million Mitglieder. Der Malteser Hilfsdienst ist als eingetragener Verein (e.V.) und
gemeinnützige Gesellschaft mit beschränkter Haftung (gGmbH) bundesweit an mehr als 700 Orten vertreten. 1953 durch den Malteserorden und den Deutschen Caritasverband gegründet, zählt er heute
etwa 80 500 aktive Mitglieder, wovon ca. 62 % ehrenamtlich tätig sind.

Der ehrenamtlich geprägte Malteser Hilfsdienst e.V. ist entsprechend den Strukturen der katholischen Kirche in Diözesen gegliedert.
Seine Helferinnen und Helfer engagieren sich im Katastrophenschutz
und Sanitätsdienst genauso wie in der Erste-Hilfe-Ausbildung oder
in den ehrenamtlichen Sozialdiensten. Der Auslandsdienst fördert
Partner in aller Welt, insbesondere für den Aufbau von Malteserstruk-
turen. Mit Osteuropa sind so beispielsweise über 200 Malteser-Part-
nerschaften entstanden. In der ambulanten Hospizarbeit, in der sie
führend sind, begleiten die Malteser unheilbar kranke Menschen und
ihre Angehörigen, Erwachsene ebenso wie Kinder. »Lachen, Lernen,
Glauben, Helfen« – diese vier Schwerpunkte verbinden die 8000 Mitglieder der Malteser Jugend.

Malteser International (MI) leistet Nothilfe in Krisen, Konflikten
und Naturkatastrophen. Wo immer es möglich ist, engagiert sich MI
zudem in der Übergangshilfe und bleibt in länger andauernden Krisen vor Ort präsent. Malteser International arbeitete 2016 mit über
100 Projekten in 24 Ländern mit einem Gesamtprojektvolumen
von € 47,8 Mio. Dadurch konnten beispielsweise 178 000 Menschen
Zugang zu Nahrungsmitteln, Kleidung und/oder Notunterkünften erhalten, 1,6 Millionen Patienten in unseren Basisgesundheitsstationen
behandelt werden und 161 000 Menschen Zugang zu sauberem Trinkwasser bekommen.

Zahl der Mitarbeiter (Stand 31.12.2016)
Hauptamtliche Mitarbeiter: 30 700 (Stand 31.12.2016)
Ehrenamtliche Aktive: 49 800 (Stand 31.12.2016)

B. Chronik/Sektorale und regionale Schwerpunkte in der humanitären Hilfe

Einsatz in Vietnam 1966–1975

Vom 7. September 1966 bis 10. April 1975 waren 303 Malteser als Ärzte, Krankenschwestern und Krankenpfleger, Ausbilder in der Lehrlingswerkstatt und in weiteren Funktionen in Vietnam für die Zivilbevölkerung im Einsatz – vor allem in Da Nang, An Hoa und Hoi An. Es war der erste geplante humanitäre Großeinsatz der Malteser im Ausland.

Sie versorgten in Krankenhäusern und Gesundheitsstationen Verletzte und Kranke. Das Personal bestand aus Einheimischen und Deutschen. Tausenden retteten sie das Leben. »Der Einsatz in Vietnam war eine hohe politische, logistische und finanzielle Herausforderung«, sagte der Präsident des Malteser Hilfsdienstes, Dr. Constantin von Brandenstein, bei einem Treffen der Ehemaligen im Herbst 2016. »Der Einsatz war riskant. Noch viel größer war aber die menschliche, die physische, psychische und berufliche Herausforderung unserer Malteser damals im Vietnam-Einsatz. Wir sind stolz auf Sie!«, sagte Brandenstein an die Ehemaligen gerichtet.

Im Kampf zwischen dem kommunistischen Nordvietnam und dem von den USA unterstützen Südvietnam leistete Deutschland keine militärische Unterstützung, obwohl Washington zunächst den Einsatz der damals noch jungen Bundeswehr gefordert hatte. Die Bundesrepublik leistete stattdessen humanitäre Hilfe, schickte das Deutsche Rote Kreuz und die Malteser.

Der ehemalige Bundesminister und seit 2003 Präsident des Deutschen Roten Kreuzes, Dr. Rudolf Seiters, erinnerte bei dem Treffen an die gute Zusammenarbeit zwischen den Hilfsorganisationen: »Die Hilfe der Malteser und des DRK war ein Meilenstein in der humanitären Hilfe. Sie alle waren humanitäre Botschafter unseres Landes!« Von dem Hospitalschiff »Helgoland« aus im Hafen von Da Nang sorgte das DRK für die medizinische Versorgung der Bevölkerung.

Zwischen den Mitarbeitern vom DRK und den Maltesern habe es eine enge Verbindung gegeben. Mit ihrem Engagement und ihrem

Vietnam – der erste humanitäre Großeinsatz der Malteser im Ausland:
Links: Besuch des Generalsekretärs Georg v. Truszczynski
Rechts: Malteser Krankenschwester leistet medizinische Hilfe im Kriegsgebiet

Mut seien die Ehemaligen für viele ein Vorbild gewesen, das als Beispiel über Jahrzehnte weiter wirkte, so der DRK-Präsident.

Der Bischof von Da Nang, Msgr. Joseph Dang Duc Ngan, wies
auf die enge Verbindung zwischen den Maltesern als katholische
Hilfsorganisation und der katholischen Kirche in Vietnam hin. Er
wünsche sich, dass die Zusammenarbeit im Geiste des Evangeliums
und der Soziallehre der Kirche in Vietnam weiterentwickelt werde.
In den 60er Jahren sei die Grundlage dafür zwischen seiner Diözese
und den Maltesern geschaffen worden. Für das Auswärtige Amt, das
die humanitäre Hilfe der Bundesrepublik im Ausland leitet, wertete
Ministerialdirektor Rüdiger König die Zusammenarbeit zwischen den
Maltesern und dem Auswärtigen Amt als »eine langjährige Erfolgsge-
schichte«. Nicht nur die Lebenslinien der Mitarbeiter seien »unglaub-
lich bemerkenswert«, sondern auch die Organisation habe sich durch
diesen Einsatz sehr verändert. Die Malteser seien heute für das Auswärtige Amt »strategischer Partner in der Humanitären Hilfe«.

Budapest 1989

Als im August 1989 die ersten DDR-Flüchtlinge in der Botschaft der
Bundesrepublik in Budapest ihre Ausreise in den Westen erzwingen

wollten, wurde der »Eiserne Vorhang« zwischen Ost- und Westeuropa löchrig. Das politische Ringen dauerte Wochen. Derweil versorgten die Malteser aus Ungarn und Deutschland die DDR-Flüchtlinge. »Was dann kam, hat niemand geahnt«, sagen Helfer heute, die damals in Budapest im Einsatz waren. Sie kamen vor allem aus den Bistümern Paderborn, München, Trier und Essen. Als Wolfgang Wagner mit vier Maltesern aus dem Erzbistum München und Freising nach Budapest kam, lagerten bereits 750 Menschen auf dem Gelände der Zugliget-Pfarrgemeinde. »Es war ein ganz großes Problem, den Menschen, die auch abends … noch ins Lager kamen, einen Schlafplatz zuzuweisen«, erinnert sich der damalige Münchener Stadtgeschäftsführer. Toiletten, Waschgelegenheiten, Lebensmittel, ein Schlafplatz – es fehlte an allem. Die DDR-Bürger waren unsicher, wie es weitergehen sollte. Wagner: »Wenn sie ins Lager kamen, schraubten sie zuerst ihre Nummernschilder vom Auto ab, um Repressalien gegen Angehörige zu verhindern. Im Lager hielten sich auch Stasi-Mitarbeiter auf, die die Kennzeichen fotografierten und die Menschen identifizierten.« Joachim Fromm, damals 21 Jahre alt, wollte mit anderen Malteser Jugendlichen aus dem Bistum Paderborn zum Austausch nach Ungarn. Die Visa in der Tasche freute sich die Gruppe auf eine interessante und entspannte Zeit. Doch kurz vor der Abfahrt rief Csilla von Boeselager, die Mitbegründerin des Ungarischen Malteser Caritasdienstes, an. Sie hatte der bundesdeutschen Botschaft versprochen, die Flüchtlinge zu versorgen. Auf dem Gelände der Kirche »Zur heiligen Familie« bauten ungarische und deutsche Malteser eine Zeltstadt auf und richteten bald auch das zweite Lager im acht Kilometer entfernten Csillebérc ein. Die jungen Malteser um Joachim Fromm kamen da gerade recht, um mitzuhelfen. Fromm erinnert sich: »Die Menschen waren verzweifelt. Viele Familien mit ganz kleinen Kindern lagen einfach auf der Rasenfläche.« Insgesamt acht Wochen – mit vier Wochen Unterbrechung – blieb Fromm im Lager der Zugliget-Gemeinde. Motiviert und beeindruckt von Pfarrer Imre Kozma und Csilla von Boeselager, die als »Frau der Tat« die Entscheidungen traf, aber auch mit den Flüchtlingen und Helfern sprach und noch bei der Essensausgabe mithalf. Am 14. November 1989 hing Fromm ein Schild mit der Aufschrift »geschlossen« an das Lager.

Pfarrer Imre
Kozma, Wolfgang
Wagner, Csilla von
Boeselager

Die Ungarn hatten die insgesamt 36 000 Flüchtlinge nicht abgeschoben, sondern nach Österreich ausreisen lassen. Die DDR war machtlos. »Dass mal die Mauer fallen würde, hatte von uns keiner geahnt«, sagt Fromm. So sah es auch Rainer Stüdemann. Der damals 35-Jährige aus dem Bistum Essen war mit Gesamteinsatzleiter Peter Dickscheidt und einer Hand voll gestandener Malteser nach Ungarn gefahren. »Es kamen immer mehr Flüchtlinge, da haben wir uns schon gewundert«, sagte er. Über das nachzudenken, was der Wind der Geschichte gerade machte, dazu kam er gar nicht. Es gab zu viel zu tun. Unter anderem musste Stüdemann täglich Lebensmittel in der ungarischen Hauptstadt besorgen. Geld dazu gab ihm die westdeutsche Botschaft. »Mit zwei Plastiktüten voll Forint sind wir dann los und haben für die ganzen Leute eingekauft«, erzählte er. Markus Kaldunski aus Waldrach im Bistum Trier fuhr mit seinen Kameraden und einem LKW voller Hilfsgüter nach Budapest. Kaldunski richtete sich auf einen kurzen Aufenthalt ein. Er hatte nur Wäsche für vier Tage dabei. Doch Peter Dickscheidt bat ihn dort zu bleiben. Der 22-jährige Ehrenamtliche sagte zu, fuhr nur kurz nach Hause, gab seinen Ferienjob auf und erlebte die nächsten vier Wochen im Lager als Einsatzleiter viel. Der Höhepunkt war der 10. September: Csilla von Boeselager übersetzte live die Botschaft des ungarischen Außenministers Gyula Horn, dass die Menschen nach Österreich ausreisen konnten. Markus Kaldunski: »Der Jubel war unbeschreiblich. Die Menschen haben uns gedrückt, sich tausendmal bedankt.«

Einsatz in Medjugorje

Bereits seit 1998 bieten die
Malteser jährlich von Palm-
sonntag bis Allerheiligen im
Auftrag der Pfarrgemeinde
St. Jakobus den kranken und
verletzten Pilgern sowie der
Bevölkerung in Medjugorje,
einem kirchlich noch nicht
anerkannten Wallfahrtsort
in Bosnien-Herzegowina,
Erste Hilfe und medizi-
nische Betreuung an. Die

Patiententransport vom Kreuzberg in
Medjugorje

Malteser führen diesen Einsatz im Rahmen der internationalen humanitären Hilfe des Malteser-Ordens durch. Ehrenamtliche Helferinnen
und Helfer aus Deutschland und aus anderen europäischen Ländern
setzen bis zu 15 Tage ihres Urlaubes dafür ein, um gemeinsam mit
einheimischen Ärzten und Krankenschwestern in der Sanitätsstation
in Medjugorje ihren Dienst zu tun. Jährlich werden von ca. 50 ehrenamtlichen Maltesern über 6900 Patienten aus rund 69 Nationen in der
Sanitätsstation versorgt und behandelt. Mehr als 130 Personen werden
außerdem jedes Jahr mit Krankenwagen zur Weiterbehandlung in die
Gesundheitsstation nach Citluk oder ins Krankenhaus nach Mostar
gebracht.

Mit ihrem Sanitätsdienst in Medjugorje helfen die Malteser den
zahlreichen Pilgern und Einheimischen, die medizinische Hilfe brauchen, ganz in der Tradition des Malteser-Ordens. Denn die Betreuung hilfsbedürftiger Pilger ist seit der Entstehung des Ordens vor über
900 Jahren in Jerusalem der Gründungsauftrag der Malteser.

Die Malteser verlangen für ihren Sanitätsdienst in Medjugorje keine
Bezahlung. Denn dieser Dienst lebt ausschließlich von den Spenden
der Patienten und den Zuschüssen der Malteser aus Deutschland. Aus
diesen Mitteln werden Medikamente, Infusionen, Spritzen und Ver-
bandsmaterial bezahlt, aber auch das einheimische Personal.

Gründung und Grundsätze von Malteser International e.V., 2005

Nach dem Tsunami 2004 in Südostasien wurde Malteser International 2005 als das internationale Hilfswerk des Souveränen Malteser-Ritterordens ins Leben gerufen.

Bis heute steht Malteser International weltweit Menschen bei, die von Armut, Krankheit, Konflikten und Katastrophen betroffen sind, um ihnen ein Leben in Gesundheit und Würde zu ermöglichen.

Neben der Unterstützung im Katastrophenfall geht es den Mitarbeitern von Malteser International darum, den Wiederaufbau der betroffenen Region in die Wege zu leiten. Dabei steht die Gesundheit des Menschen im Mittelpunkt der Arbeit, die in den verschiedenen Programmen ganz einheitlich gefördert wird. Die Mitarbeiter von Malteser International kümmern sich nicht allein um die medizinische Versorgung von Patienten, sondern auch darum, die Ursachen von Krankheiten in ihrem Lebensumfeld zu verringern, indem sie für funktionierende Gesundheitsstrukturen sorgen und sich in den für die Gesundheitsvorsorge zentralen Bereichen Ernährung sowie Wasser-/Sanitärversorgung und Hygiene (WASH) für Verbesserungen einsetzen.

Klimawandel, Naturkatastrophen, kriegerische Auseinandersetzungen, Flucht und Armut stehen in einem gemeinsamen Kontext. In einem zunehmend komplexeren Umfeld ist Malteser International als Hilfsorganisation gefordert, neue und zukunftsfähige Lösungen zu erarbeiten, um Menschen in Not zu helfen. In langfristig angelegten Projekten wird nach einem ganzheitlichen Ansatz daran gearbeitet, die Widerstandsfähigkeit der Menschen in besonders gefährdeten Regionen zu stärken und diese besser auf künftige Krisen vorzubereiten. In den Projekten spielt daher die Katastrophenvorsorge eine zentrale Rolle.

Bei der Hilfe dreht sich alles um den Menschen und seine Bedürfnisse. Transparentes und verantwortungsvolles Handeln gehört zu den obersten Prioritäten der Arbeit von Malteser International. Die Organisation arbeitet nach anerkannten Qualitätsstandards der humanitären Hilfe und den humanitären Prinzipien der Unparteilichkeit, Unabhängigkeit und Neutralität. Die einzelnen Projekte werden immer orientiert am jeweiligen örtlichen Bedarf umgesetzt.

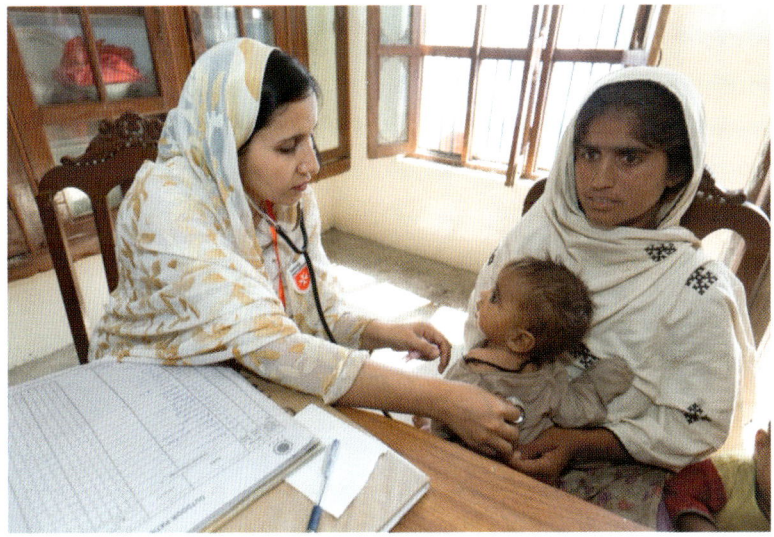

Malteser International steht weltweit Menschen bei, die von Armut, Krankheit, Konflikten und Katastrophen betroffen sind

Zyklon Nargis 2008

Am 2. Mai traf Zyklon Nargis mit Windstärken von bis zu 300 Stundenkilometern auf das Irrawaddy Delta im Südwesten Myanmars und führte dort und in seinem weiteren Verlauf zu schwerwiegenden Zerstörungen. Der Zyklon zerstörte tausende Häuser, die Anzahl der Opfer wurde mit mindestens 84 500 angegeben, von einigen Stellen wurde sie auf mehr als 100 000 geschätzt. Nargis wird als einer der folgenschwersten tropischen Wirbelstürme in der Geschichte der Wetteraufzeichnungen bezeichnet. Schätzungsweise 1,5 Millionen Menschen sind obdachlos geworden, rund eine Million davon leben im Irrawaddy Delta. Insgesamt sind mindestens 2,4 Millionen Menschen von den Sturm- und Flutschäden ernsthaft betroffen, ein Großteil von ihnen im Delta.

Malteser International arbeitet bereits seit dem Jahr 2001 in Myanmar. Aus diesem Grund war es der Organisation möglich, umgehend nach der Katastrophe den betroffenen Menschen Hilfe zu leisten.

Nach der Freigabe des Zugangs zum Irrawaddy Delta durch die
Behörden nahmen lokale Mitarbeiter in Labutta ein Gesundheitszentrum in Betrieb. Mit drei mobilen medizinischen Teams behandelten sie Kranke und Verletzte rund um Labutta. Oberste Priorität hatte neben der medizinischen Behandlung die Versorgung der
Überlebenden mit sauberem Trinkwasser und sanitären Anlagen. Für
die 8000 Menschen im größten Flüchtlingslager in Labutta stellten
die Malteser zudem Tanks zum Sammeln von Regenwasser auf. Das
Wasser wurde zusätzlich mit Chlor behandelt und dadurch keimfrei
gemacht. In insgesamt zwei Flüchtlingslagern um die Stadt Labutta
haben die Malteser außerdem Zelte zur Gesundheitsversorgung der
Menschen aufgebaut, in denen sie bis zu 150 Patienten am Tag medizinisch versorgten. Mit Hilfe von Trinkwasseraufbereitungsanlagen
des Technischen Hilfswerks wurde zudem die Wasserversorgung von
25 000 Menschen in Labutta sichergestellt. Darüber hinaus bauten die
Malteser in den Flüchtlingslagern gemeinsam mit UNICEF Latrinen.

Fujinosono 2011–2013

»Erdbeben, Tsunami, Fukushima« – Verbunden mit diesen drei Begriffen wird das Jahr 2011 wohl den Japanern ewig in Erinnerung
bleiben. Sie selbst bezeichnen es als das Tohoku-Erdbeben, wie die
Region dort heißt. Viele Menschen weltweit wollten ihre Solidarität
mit Japan bekunden. Als Hilfsorganisation, die humanitäre Hilfe in
Entwicklungsländern leistet, stellten sich Malteser International zwei
Fragen: Sollen wir in Japan, einem hochentwickelten Land mit aus-
geprägten Katastrophenschutzmechanismen, das sich eigentlich sehr
gut selbst helfen kann, aktiv werden? Wenn ja: Wie können wir dies
tun und dabei unseren Prinzipien treu bleiben?

Mit Spenden aus der Bevölkerung unterstützt Malteser International zunächst die Erdbeben- und Tsunami-Hilfe der japanischen
Caritas. Doch bereits kurz nach der Katastrophe kommen die Malteser
auch mit dem Kinderheim Fujinosono in Ichinoseki in Kontakt, ca. 120
km von Fukushima entfernt. Prof. Peter Baron und weitere Freunde
von mir aus der katholischen deutschen Gemeinde in Tokyo haben

Die Malteser Michael Khoo (Singapur) und Dr. Constantin von Brandenstein-Zepplin (Deutschland) besichtigen mit der Heimleiterin Schwester Celina Mauer, das Architektenmobelle des neuen Kinderheims

diesen Kontakt hergestellt. Die 55 Kinder – alle aus Problemfamilien – müssen seit dem Erdbeben in der Turnhalle auf dem Fußboden schlafen, ohne Strom und Heizung. Die meisten sind traumatisiert.

Die Zukunft des privaten Kinderheims, das von einer deutschen Franziskanerin geleitet wird, war ungewiss. Zum Glück war es »nur« vom Erdbeben betroffen, doch dieses hatte die Gebäudesubstanz irreparabel beschädigt. Malteser International hat sich entschlossen, diesen Kindern zu helfen – als Zeichen der Solidarität. Zusammen mit dem internationalen Netzwerk der Caritas unterstützten die Malteser den Neubau des Kinderheims und sammelten dafür ca. 6 Mio. Dollar. Gemäß dem Prinzip des »build back better« und dank des Einsatzes erneuerbarer Energien sollten die laufenden Kosten im neuen erdbebensicheren Heim gesenkt und Stromausfälle verhindert werden. Im Katastrophenfall würden aus Sonnenenergie und Biomasse gewonnener Strom und Wärme ausreichen, um nicht nur den Kindern und Mitarbeitern, sondern auch den Bewohnern aus der Umgebung – insbesondere Alten, Kranken, Behinderten, Schwangeren und Kleinkindern – im Gebäude Schutz zu bieten. Das neue Kinderheim hat damit Modellcharakter für ganz Japan.

Das neuerbaute Kinderheim »Fujinosono« öffnet seine Pforten

Zwei Jahre nach dem schweren Erdbeben öffnete am 29. Juni 2013 das unter Leitung der Malteser neu erbaute Kinderheim »Fujinosono« in Ichinoseki seine Pforten. Den deutschen Malteser Hilfsdienst vertrat dabei dessen Vizepräsident Edmund Baur.

Malteser International 2017, Projektbeispiele

Um den Menschen in ihren Heimat- sowie in den Nachbarländern zu helfen, versorgt Malteser International zum Beispiel im Irak Menschen in Flüchtlingscamps und Gemeinden im irakischen Kurdistan medizinisch. Zudem wird ein Cash-for-Work Programm aufgebaut, um die Lebensbedingungen der Vertriebenen in den Camps zu verbessern. Mobile medizinische Teams versorgen kranke und verletzte Menschen während ihrer Flucht vor der Gewalt des sogenannten Islamischen Staats.

In der Türkei, an der Grenze zu Syrien, werden Menschen in einem Krankenhaus, einem Gesundheitszentrum, einem Waisenheim, einem Gemeinschaftszentrum und einer Schule medizinisch und psychologisch behandelt. Im Libanon kümmern sich mobile medizinische Teams um die Gesundheitsversorgung der syrischen Flüchtlinge und der Gastgeber. In Syrien unterstützt Malteser International zwei Blutbanken, ein Krankenhaus und vier Gesundheitszentren. Zudem wird die Organisation vier weitere Gesundheitszentren wiederaufbauen und ein Zentrum zur psychosozialen Betreuung von Frauen und Kindern unterstützen. Zelte und Decken werden für die Vertriebenen im Land verteilt.

Aber nicht nur die Menschen im Nahen Osten stehen 2017 im Fokus der Aufmerksamkeit von Malteser International. In einigen Ländern Afrikas haben die Menschen in diesem Jahr mit einer anhaltenden Dürre, Konflikten und hoher Inflation zu kämpfen. Malteser International unterstützt die Bevölkerung im Südsudan, in Uganda, Kenia und der Demokratischen Republik Kongo. Die Arbeit konzentriert sich darauf, die lokalen Gesundheitssysteme zu stärken sowie die Ernährungssicherheit und die Wasserversorgung zu verbessern.

Auch in Asien leiden viele Menschen unter den Auswirkungen von Konflikten und einer instabilen politischen Lage. Für viele Menschen bedeutet dies: mangelnde Lebensmittelsicherheit und eine schlechte Infrastruktur im Gesundheitsbereich sowie mangelnde sanitäre Einrichtungen. In Thailand kümmert sich Malteser International auch in diesem Jahr unter anderem um die Gesundheit der Flüchtlinge im Norden des Landes; in Nepal unterstützt die Organisation den Wiederaufbau nach dem Erdbeben im Jahr 2015 und setzt sich in Myanmar unter anderem für den Schutz der Bevölkerung vor den Auswirkungen des Klimawandels ein. In Indien unterstützt die Organisation die mit HIV/AIDS infizierten Jugendlichen und auf den Philippinen sorgt sie unter anderem für einen verbesserten Zugang zu Wasser, Hygiene und sanitären Anlagen.

Die Projekte in Nord- und Südamerika zielen in der Regel darauf ab, die Widerstandsfähigkeit der lokalen Zivilgesellschaft zu erhöhen. Zudem unterstützt Malteser International die Arbeit der nationalen Verbände und Organisationen des Malteserordens. Auch Jahre nach dem Erdbeben, das sich 2010 in Haiti ereignete, sind die Malteser-Mitarbeiter weiterhin vor Ort und helfen beim Wiederaufbau.

Besuch einer Delegation der deutschen Malteser im Erdbebengebiet in Nepal im September 2015.

Die Strategie von Malteser International für die kommenden Jahre

Die humanitäre Lage wird weltweit immer schwieriger. Selbst hilfs-bedürftige Länder bieten zunehmend Menschen Schutz, die vor wirt-schaftlicher und politischer Unsicherheit flohen. Daher wird Malteser International im Jahr 2017 und in den kommenden Jahren die Bereiche Nothilfe und Gesundheit ausbauen. Zudem wird die Kata-strophenhilfe intensiviert, damit die Organisation den Betroffenen noch schneller und effektiver helfen kann.

Auf dem ersten »Humanitären Weltgipfel« hat sich Malteser Inter-national wie auch andere Organisationen verpflichtet, dazu beizutra-gen, die Effizienz der humanitären Arbeit zu optimieren und für die Zukunft auf ein stärkeres Fundament zu stellen. Denn das Ausmaß der gegenwärtigen Krisen und Konflikte erfordert eine enorme An-strengung, die nur gemeinsam zu bewältigen ist. Daher wird Malteser International die Zusammenarbeit mit internationalen Netzwerken ausbauen und lokale Kapazitäten weiter stärken. Aufgrund seines lokalen Knowhows arbeitet Malteser International auch immer enger mit der Bevölkerung zusammen. Schließlich weiß diese am besten über die Bedürfnisse der Menschen vor Ort Bescheid und hilft so dabei, die Projekte zukünftig noch erfolgreicher zu planen und umzusetzen.

C. Partner (Allianzen/Netzwerke/Kooperationen)

ADH (Aktion Deutschland hilft)
Die Aktion Deutschland Hilft ist ein Zusammenschluss deutscher Hilfsorganisationen, die im Falle großer Katastrophen und Notsituationen im Ausland gemeinsam schnelle und effektive Hilfe leisten. Die beteiligten Organisationen führen ihre langjährige Erfahrung in der humanitären Auslandshilfe zusammen, um so die bisherige erfolgreiche Arbeit noch zu optimieren.

VENRO (Verband Entwicklungshilfe und Humanitäre Hilfe)
VENRO ist der Dachverband der entwicklungspolitischen und humanitären Nichtregierungsorganisationen (NRO) in Deutschland. Das zentrale Ziel von VENRO ist die gerechte Gestaltung der Globalisierung, insbesondere die Überwindung der weltweiten Armut. Der Verband setzt sich für die Verwirklichung der Menschenrechte und die Bewahrung der natürlichen Lebensgrundlagen ein.

Deutsche Gesellschaft für Internationale Zusammenarbeit
Tanja Gönner

A. Steckbrief

giz

Name
Deutsche Gesellschaft für Internationale Zusammenarbeit (GIZ) GmbH

Anschrift
Sitz der Gesellschaft in Bonn und Eschborn
Friedrich-Ebert-Allee 36 + 40
53113 Bonn

Dag-Hammarskjöld-Weg 1-5
65760 Eschborn
www.giz.de

Gründungsjahr

Die GIZ gibt es seit dem 1. Januar 2011. Sie geht zurück auf drei Organisationen: die Deutsche Gesellschaft für Technische Zusammenarbeit (GTZ) GmbH, den Deutschen Entwicklungsdienst (DED) gGmbH und InWEnt – Internationale Weiterbildung und Entwicklung gGmbH.

Mitarbeiter

Für die GIZ arbeiten insgesamt 18 260 Mitarbeiterinnen und Mitarbeiter (Stichtag 31.12.2016). Rund 70 Prozent der Beschäftigten – insgesamt 12 605 Personen – gehören zum einheimischen Personal in den Einsatzländern. Zudem sind für die GIZ 643 Entwicklungshelfer tätig.

Auftrag in der Katastrophenhilfe

Die Deutsche Gesellschaft für Internationale Zusammenarbeit (GIZ) GmbH ist ein weltweit tätiges Bundesunternehmen. Sie unterstützt die Bundesregierung in der internationalen Zusammenarbeit für nachhaltige Entwicklung und in der internationalen Bildungsarbeit. Die GIZ trägt dazu bei, dass Menschen und Gesellschaften eigene Perspektiven entwickeln und ihre Lebensbedingungen verbessern.

Im Bereich der Katastrophenhilfe engagiert sich die GIZ im Auftrag der Bundesregierung in allen Phasen der Katastrophenbewältigung und -vorsorge: Sie leistet kurzfristige Nothilfe, engagiert sich mittelfristig beim Wiederaufbau und in der Übergangshilfe und ist als weltweit tätiges Dienstleistungsunternehmen der Bundesregierung zuständig für ein langfristiges, strukturbildendes Engagement in den Partnerländern der GIZ. Außerdem gehört es zu den Aufgaben der GIZ, das deutsche Katastrophenrisikomanagement international bekannter zu machen und Expertise bei der Risiko-Analyse, bei Maßnahmen der Katastrophenvorbeugung und -vorbereitung sowie der langfristigen, strukturbildenden Entwicklungszusammenarbeit zur Verfügung zu stellen.

Jahresbudget in der Katastrophenhilfe /humanitären Hilfe

Jahresbudget der GIZ im Bereich Katastrophenrisikomanagement, Katastrophenschutz und -hilfe inklusive Wiederaufbau in 2016 über 200 Mio. Euro.

Vision
Wir arbeiten weltweit für eine lebenswerte Zukunft.

Transparenz
Die GIZ unterstützt die internationalen Bestrebungen, durch die Veröffentlichung von verständlichen, zeitnahen, leicht zugänglichen und detaillierten Informationen die Wirksamkeit der internationalen Zusammenarbeit zu verbessern. Sie hat in ihrer Transparenzpolicy klare Vorgaben zu Transparenz und Informationsaustausch verankert. Die GIZ unterstützt auch die Bundesregierung bei der Erfüllung der internationalen Transparenzverpflichtungen und veröffentlicht zahlreiche Informationen über ihre Arbeit. Zu diesen Informationen zählen eine Reihe von Unternehmensberichten und Publikationen, Kurzberichten von zentralen und dezentralen Evaluierungen sowie Daten und Kurzbeschreibungen zu den Projekten der GIZ. Die GIZ veröffentlicht auch ihre Ausschreibungen und stellt eine Übersicht über vergebene Aufträge bereit. Weitere Informationen: https://www.giz.de/de/ueber_die_giz/288.html

Compliance
Verantwortungsvolles und regelkonformes Handeln ist die Grundlage der Arbeit und der Glaubwürdigkeit der GIZ. Mit unserem Compliance-Management-System stellen wir sicher, dass unsere Grundsätze und Regeln eingehalten werden und mit denen uns anvertrauten Mitteln integer umgegangen wird. https://www.giz.de/de/ueber_die_giz/1790.html

Publikationsorgane
Die GIZ informiert regelmäßig über ihre Arbeit. Neben fachlichen Publikationen veröffentlicht sie den jährlichen Unternehmensbericht sowie viermal im Jahr das Kundenmagazin »akzente«. Alle Publikationen unter https://www.giz.de/de/mediathek/116.html

B. Die GIZ in der Katastrophenhilfe weltweit

Etwa 411 Millionen Menschen in fast 100 Ländern waren 2016 von Naturereignissen wie Erdbeben, Wirbelstürmen, Dürren oder Überschwemmungen betroffen. Rund 300 dieser Katastrophenereignisse gab es weltweit. Die Summe der Schäden wird auf rund 97 Milliarden US Dollar geschätzt.

Nicht alle extremen Naturereignisse müssen in eine Katastrophe münden. Sie wirken sich jedoch katastrophal aus, wenn sie auf eine vulnerable Gesellschaft treffen, die sich vor den Folgen solch eines extremen Naturereignisses nicht schützen kann, weil dem Einzelnen, der Gemeinde oder dem Staat die Mittel und die Fähigkeiten dazu fehlen.

Ob ein Taifun oder ein Erdbeben zu einer Katastrophe wird, hängt vor allem davon ab, welche sozialen, ökonomischen, ökologischen und politischen Faktoren eine Gesellschaft prägen. Zeitgemäßes Katastrophenrisikomanagement ist daher einerseits bestrebt, die Verwundbarkeit einer Gesellschaft gegenüber extremen Naturereignissen so zu reduzieren, dass es nicht zum Katastrophenfall kommt. Naturereignisse lassen sich in der Regel nicht verhindern – wohl aber lassen sich ihre Auswirkungen abmildern. Andererseits stärkt Katastrophenrisikomanagement auch die Reaktionsfähigkeit und Koordinierungskompetenz von Personen, Strukturen und Institutionen, um im Fall des Eintretens einer Katastrophe schnellstmöglich entsprechende Vorkehrungen treffen zu können.

Besonders riskant wird es, wenn Armut, eine gegebenenfalls von Konflikten und Gewalt geprägte Region und die Auswirkungen des Klimawandels aufeinandertreffen. Dann ist die Vulnerabilität der Bevölkerung besonders hoch. Mehr als die Hälfte der Menschen, die von extremen Naturereignissen betroffen sind, leben in Ländern mit fragiler Staatlichkeit, wo Krisen und Konflikte herrschen. Die Lebensumstände und die Kapazitäten der staatlichen Institutionen ein bestehendes Katastrophenrisiko durch vorbereitende Maßnahmen zu reduzieren, diese bei Eintritt zu bewältigen und Katastrophenhilfe zu leisten, wirken sich damit direkt auf die Katastrophenanfälligkeit einer Bevölkerung aus.

Genau das steht im Fokus der deutschen Entwicklungszusammenarbeit – und damit der Arbeit der GIZ: Unsere Aufgabe ist es, gesellschaftliche Entwicklung zu unterstützen, nachhaltige Strukturen aufzubauen, die Handlungsfähigkeit von Personen und Institutionen zu stärken sowie soziale, politische, wirtschaftliche und technische Reformprozesse zu fördern. Dazu verfügen wir über langjährige regionale und fachliche Erfahrung, qualifizierte Fachkräfte, erprobte Methoden und bewährte Instrumente. Wir arbeiten sowohl lokal an der Basis, wo Hilfe am dringendsten gebraucht wird, als auch in der Beratung auf Regierungsebene, wo die Entscheidungen über gesetzliche Rahmenbedingungen getroffen werden – zum Beispiel über den Aufbau und die Steuerung eines nationalen Katastrophenschutzsystems in einem unserer Kooperationsländer.

Kurz-, mittel- und langfristig helfen

Die GIZ engagiert sich im Auftrag der Bundesregierung in allen Phasen der Katastrophenbewältigung und -vorsorge je nach Bedarf kurz-, mittel- oder langfristig und in Kombination der verschiedenen Maßnahmen, die ineinandergreifen: Sie leistet kurzfristige Nothilfe bei vorhandener Präsenz vor Ort und im Rahmen ihres Auftrages, womit sofort auf eine Katastrophe reagiert werden kann, und sie engagiert sich mittelfristig beim Wiederaufbau und in der Übergangshilfe, um künftigen Krisen und Katastrophen vorzubeugen und nach Krisen die Situation zu stabilisieren. Vor allem anderen aber ist sie, als weltweit tätiges Dienstleistungsunternehmen der Bundesregierung für internationale Zusammenarbeit, zuständig für ein langfristiges Engagement, das in den Partnerländern der GIZ nachhaltig Strukturen bildet und nötige Reformen in Gang bringt beziehungsweise begleitet.

Um bestmöglich unterstützen zu können, sind Kooperationen und sogenannte Multi-Akteurs-Partnerschaften unerlässlich und werden von der GIZ wo immer möglich genutzt und ausgebaut. Daher arbeitet die GIZ mit vielen nationalen und internationalen staatlichen und nichtstaatlichen Partnern zusammen – unter anderem dem Technischen Hilfswerk und dem Bundesamt für Bevölkerungsschutz und Katastrophenhilfe, dem Deutsches Rotes Kreuz, Welthungerhilfe, Johanniter und Malteser International sowie mit multilateralen Akteuren, zum Beispiel den Vereinten Nationen und der Weltbank.

Hauptfokus: Effektive Vorsorge

Der Hauptfokus der GIZ in der Katastrophenhilfe liegt auf einer effektiven Vorsorge, um die vielfältigen Risiken von Katastrophen einzudämmen. Das ist naturgemäß eine mittel- bis langfristige Aufgabe, die sich nicht von heute auf morgen erfüllen lässt, sondern einen langen Atem braucht. Dieser Fokus auf Vorsorge – das heißt: vorbeugen und vorbereitet sein auf Katastrophen – ist auch das Herzstück des Ansatzes für Katastrophenrisikomanagement, den die GIZ für ihre verschiedenen Auftraggeber umsetzt (vgl. dazu auch das BMZ Papier »Katastrophenrisikomanagement – Ansatz und Beiträge der deutschen Entwicklungszusammenarbeit«, 2015).

Im Zentrum dieses Ansatzes steht die Widerstandsfähigkeit von Menschen und Institutionen – die sogenannte Resilienz. Damit ist die Fähigkeit von Individuen und Haushalten, Gemeinden oder Staaten gemeint, akute Schocks oder chronische Belastungen aufgrund von Krisen, gewaltsamen Konflikten oder extremen Naturereignissen zu bewältigen, sich anzupassen und rasch zu erholen. Wirksames Katastrophenrisikomanagement, das die GIZ in ihren Kooperationsländern fördert, zielt darauf ab, diese Kräfte gerade in besonders verwundbaren, sogenannten vulnerablen Gesellschaften zu stärken und deren Anfälligkeit gegenüber Katastrophen zu mindern. Über den klassischen Katastrophenschutz hinaus analysiert und berücksichtigt die GIZ in ihrem Ansatz Risiken wie Armut oder die Folgen des Klimawandels, extreme Urbanisierung oder kriegerische Konflikte. Zugleich berät sie Regierungen und Behörden dabei, die Schaffung neuer Risiken zu vermeiden. So schult sie Personen und Institutionen, um sie in die Lage zu versetzen, vorhandene Katastrophenrisiken zu erkennen und diese bei öffentlichen und private Investitionen, etwa in Infrastruktur, entsprechend zu berücksichtigen. So trägt wirksames Katastrophenrisikomanagement neben dem Schutz von Leben und Besitz auch zum Schutz von wirtschaftlicher Widerstandsfähigkeit und letztlich zu einer verbesserten wirtschaftlichen Entwicklung bei.

Soforthilfe und Wiederaufbau

Nach einem Naturereignis mit katastrophalen Folgen leistet die GIZ auch Nothilfe. So etwa in Vanuatu, der Inselgruppe im Südpazifik, wo die GIZ im Auftrag des Auswärtigen Amts tätig war. Sofort nach dem Zyklon vom März 2015 erstellte die GIZ einen umfassenden Überblick über die Ernährungslage, ermittelte die Bedarfe vor Ort und entwickelte langfristige Vorsorge-Lösungen. Eines der Ergebnisse: Das Landwirtschaftsministerium in Vanuatu startete ein vom BMZ für drei Jahre finanziertes Pilotvorhaben, das auf die Aufzucht von Hühnern und Schweinen statt auf den Konsum von Fleischkonserven setzte. Die Maßnahmen des Vorhabens wurden von der Bevölkerung sofort angenommen und auch von anderen Gebern wie dem UN-Entwicklungsprogramm oder Care International an anderen Orten Vanuatus übernommen.

Welche Lehren aus einer Katastrophe gezogen werden, zeigt sich beim mittel- bis langfristigen Wiederaufbau. In diesem Bereich ist die Expertise der GIZ besonders gefragt, denn hier geht es um den Aufbau nachhaltiger Strukturen und um Reformen, die verhindern sollen, dass sich extreme Naturereignisse wiederholt zu Katastrophen ausweiten. Viel hängt in dieser Phase davon ab, inwieweit die Kriterien und Maßnahmen des Katastrophenrisikomanagements berücksichtigt werden. Deshalb unterstützt die GIZ Partnerländer zum Beispiel dabei, neue Baunormen zur Erdbebensicherheit zu erlassen und in Umsetzung zu bringen , Planungen zur Pflicht zu machen, die die Risiken der Landnutzung und Infrastruktur berücksichtigen oder – zur Vorbereitung auf den konkreten Katastrophenfall – Frühwarnsysteme und Katastrophenschutzpläne zu etablieren und lokale wie regionale Strukturen zur Koordination und schnellen Reaktion zu schaffen. Damit die Menschen so schnell wie möglich zu einem normalen Leben zurückkehren können, fördert die GIZ im Rahmen des Wiederaufbaus auch Maßnahmen, die die lokale Wirtschaft ankurbeln.

Wie nötig es ist, im Hinblick auf wirksames Katastrophenrisikomanagements mittel- bis langfristig zu denken und zu planen, zeigen die Philippinen. Pro Jahr treffen den Inselarchipel mit seinen über 7000 Inseln circa 30 regional begrenzte Flutkatastrophen. Die GIZ unterstützt die Regierung daher seit 2007 dabei, lokale Frühwarnsysteme einzurichten, örtliche Evakuierungszentren für die Bevölkerung aufzubauen und leicht umsetzbare Notfallpläne zu erstellen, die gemeinsam mit Behörden und Gemeinden erarbeitet werden. Bislang wurden 16 lokale Frühwarnsysteme in zwölf Provinzen etabliert, von denen etwa 750.000 Menschen profitieren.

Krisenpräventiver Wiederaufbau nach Konflikten

Katastrophen, das heißt die Überlastung der örtlichen Selbsthilfekapazitäten, resultieren nicht nur aus extremen Naturereignissen, sondern auch aus lang anhaltenden Krisen und Konflikten in einer Region – siehe Syrien. Weltweit sind heute mehr als 280 Millionen Menschen in Bewegung. Rund 65 Millionen von ihnen sind vor Krieg oder Gewalt geflohen. Die aktuelle Weltlage mit ihrer zunehmenden Zahl von Ländern, die von Konflikten, Gewalt oder Fragilität geprägt sind, spiegelt sich in der Arbeit der GIZ wider: Rund zwei Drittel der Länder, in denen die GIZ engagiert ist, ist davon betroffen. Viele dieser Länder sind für diese Herausforderung kaum gerüstet. Oft reichen die vorhandenen Ressourcen oder die Infrastruktur schon für die eigene Bevölkerung kaum aus. Die GIZ unterstützt die aufnehmenden Regionen in Entwicklungs- und Schwellenländern mit Projekten, die Flüchtlingen und der aufnehmenden Bevölkerung gleichermaßen zugutekommen.

Der krisenpräventive Wiederaufbau, den die GIZ hier fördert, umfasst daher weit mehr als nur die Rekonstruktion der physischen Infrastruktur. Nach Kriegen und Konflikten sind nicht nur Gebäude und Infrastruktur von Zerstörung betroffen, sondern auch soziale, wirtschaftliche und staatliche Strukturen. Krisenpräventiver Wiederaufbau schließt daher Maßnahmen zur Friedensentwicklung und Vertrauensbildung, Bildung und Ausbildung, öffentliche Arbeitsmarktpolitik und Beschäftigungsförderung, soziale Sicherung und soziale Dienstleistungen mit ein. Ohne Frieden, ohne Versöhnung und ohne Rechtssicherheit ist Wiederaufbau in einer Post-Konflikt-Situation nicht machbar.

Krisenpräventiver Wiederaufbau, wie ihn die GIZ betreibt, gelingt, wenn die betroffene Bevölkerung in den Wiederaufbau eingebunden und daran beteiligt wird. Gezielt werden daher beim Wiederaufbau teils zuvor verfeindete soziale Gruppen zusammengebracht, die bei der Rehabilitierung von Schulen oder Gesundheitsstationen, Brücken oder Wegen an den Fundamenten für eine gemeinsame Zukunft arbeiten. Das Prinzip des »Build Back Better« zielt gleichzeitig darauf ab, zuvor bestehende Defizite in der Bauplanung und Bauweise zu korrigieren. Zudem achtet krisenpräventiver Wiederaufbau darauf, dass unterschiedliche ethnische und religiöse Bevölkerungsgruppen und auch Frauen repräsentativ vertreten sind. Dabei kommt das sogenannte »Do no harm«-Prinzip zur Anwendung. Dadurch soll sichergestellt werden, dass alle gleichberechtigten Zugang zu Leistungen haben und von ihnen profitieren und ungewollte Effekte wie die Verschärfung von Konflikten vermieden werden.

Best Practice: Die GIZ in Nepal
Wie sich kurz-, mittel- und langfristige Unterstützung sinnvoll ergänzen können, zeigt das Beispiel von Nepal. Dort ist die GIZ im Auftrag des BMZ seit über 40 Jahren engagiert: Bei der Verbesserung der Gesundheitsversorgung, bei der Wiedereingliederung von Bürgerkriegskombattanten in die Gesellschaft, bei der Förderung der Wirtschaft in Armutsgebieten sowie beim Klimaschutz durch verbesserte Energieeffizienz und den vermehrten Einsatz erneuerbarer Energien. Bestens mit nepalesischen Partnern aus Politik, Verwaltung, Wirtschaft und gesellschaftlichen Gruppierungen vernetzt, betreut sie in dem Land ein breites Spektrum von Entwicklungsvorhaben.

Diese Präsenz und intime Kenntnis des Landes und seiner Strukturen erwiesen sich im Falle des schweren Erdbebens vom April 2015 als sehr hilfreich. Und da die GIZ kurz zuvor landesweit neue erdbebensichere Büros bezogen und ihr Personal für den Katastrophenfall geschult und ausgerüstet hatte, war sie aus dem Stand in der Lage, Not- und Soforthilfe zu leisten. So konnte das GIZ-Landesbüro in Kathmandu die deutschen und internationalen Organisationen, die vor Ort eintrafen, um humanitäre Hilfe zu leisten, sofort logistisch unterstützen. Und da die GIZ außerdem, zusammen mit der britischen Entwicklungsagentur DFID, das Risk Management Office betreibt, konnte sie die Helfer auch mit tagesaktuellen Informationen zur Sicherheitslage in Nepal versorgen.

Darüber hinaus konnte die GIZ im Auftrag des BMZ auch selbst akute Unterstützung für die medizinische Grundversorgung in einigen ausgewählten Distrikten auf den Weg bringen. Auch hier erwies sich das langjährige Engagement vor Ort als hilfreich. Zerstörte Gesundheitsstationen wurden zügig instand gesetzt, Medikamente, Geräte und Ausrüstung zur Verfügung gestellt, darüber hinaus Material für Notunterkünfte bereit¬gestellt und ein Fonds aufgelegt, der besonders alleinstehenden Frauen, Witwen und marginalisierten Volksgruppen zugutekam. Zudem erarbeitete die GIZ gemeinsam mit dem Gesundheitsministerium Einsatzpläne und Vorschriften für den Wiederaufbau im Gesundheitssektor.

Zu diesen Maßnahmen, die die GIZ in den ersten Wochen nach dem Erdbeben angeschoben hat, gehörte auch, die lokalen Behörden zu befähigen, selbst Hilfe vor Ort leisten zu können. Auf der notorisch unterbesetzten Distriktebene waren GIZ-Mitarbeiter im Einsatz, um dem einheimischen Personal bei der Planung, der Abwicklung und dem Monitoring der Wiederaufbauarbeiten zur Seite zu stehen. Auf Wunsch der nationalen Regierung engagiert sich die GIZ auch in der Koordination der erforderlichen Krisen-Sitzungen auf Distriktebene.

Das anschließende Wiederaufbauprogramm, das die GIZ derzeit im Auftrag des BMZ umsetzt, widmet sich dem katastrophenpräventiven Wiederaufbau des Landes. Im Rahmen des Programms wurden bisher 37 Gesundheitsstationen wiederaufgebaut; 13 Schulen werden derzeit wieder errichtet. Da seit dem Erdbeben neue Vorschriften für erderdbebensicheres Bauen gelten, werden über dieses Programm Männer und Frauen im Maurer- und Schreinerhandwerk sowie in

Bauelektrik angelernt – unter den insgesamt 1500 Personen übrigens 40 Prozent Frauen. Mit diesen neuen Kenntnissen unterstützen sie im Rahmen von sogenannten *Cash-for-Work*-Programmen den Bau von kleineren Verwaltungsgebäuden, lokalen Versammlungsstätten, reparieren Wege zwischen Dörfern oder kleine Brücken. Eine verbesserte Wasserversorgung sowie Gewächshäuser, Saatgut und landwirtschaftliche Geräte dienen dem Wiederaufbau der Landwirtschaft, wobei auch Frauenkooperativen unterstützt werden.

Um das Katastrophenrisikomanagement vor Ort weiter auszubauen, widmet sich die GIZ auch dem Aufbau der dafür nötigen Kapazitäten: So werden die Datenerfassung verbessert und die entsprechenden Institutionen auf Distriktebene materiell und personell besser ausgerüstet. In Dörfern und Gemeinden werden die Bewohner auf den Ernstfall vorbereitet und es entstehen Komitees, die in akuten Krisen einsatzfähig sind.

Auf Regierungsebene wird derzeit über die künftige Landnutzung beraten, da Nepal, mehr noch als von Erdbeben, auch von großen Hangrutschen nach starken Regenfällen bedroht ist. Auch wenn noch nicht alle Vorschriften und Abläufe – außer den Auflagen zur Erdbebensicherheit von Gebäuden – festgeschrieben sind, in Nepal ist seit dem Erdbeben 2015 das Bewusstsein für Katastrophenrisikomanagement deutlich gestiegen.

C. Lokale und internationale Partner

Ein wichtiges Handlungsfeld ist auch die globale Vernetzung und die Organisation von Lernen, Wissensaustausch und Transfer: So ist die GIZ unter anderem damit betraut, die »Globale Initiative Katastrophenrisikomanagement« (GIKRM) zu betreuen, die das BMZ 2014 gegründet hat. Ziel ist, das deutsche Know-how zu Katastrophenrisikomanagement zu bündeln und die Nachfrage nach innovativen Dienstleistungen und Technologien »*Made in and with Germany*« zu bedienen. Dazu bringt die Initiative deutsche und internationale Experten aus Staat, Privatwirtschaft, Wissenschaft, Hilfsorganisationen und Zivilgesellschaft zusammen, um über Ländergrenzen hinweg voneinander zu lernen und gemeinsam neue Lösungen zu entwickeln und zu erproben. Im Beirat der GIKRM sind neben dem BMZ das Auswärtige Amt, das Innen-, Wirtschafts-, Umwelt- und Bildungsministerium vertreten. Mitglieder und Kooperationspartner sind u. a. das Bundesamt für Bevölkerungsschutz und Katastrophenhilfe, das Technische Hilfswerk, das Deutsche Zentrum für Luft- und Raumfahrt, das Fraunhofer Institut und das GeoForschungsZentrum Potsdam, zudem Unternehmen wie Siemens, Dräger oder Bosch. International kooperieren mit der Initiative UN-Organisationen wie das United Nations Office for Disaster Risk Reduction (UNISDR) sowie die Organisation for Economic Cooperation and Development (OECD) und die Association of Southeast Asian Nations (ASEAN).

Ein Beispiel für die innovative Arbeit der GIKRM ist die Entwicklung eines integrierten Brandschutzkonzepts für Bangladesch. Wegen verheerender Brände in Textilfabriken mit vielen Opfern steht das Land international immer wieder in den Schlagzeilen. Das Herzstück des Konzepts sind kleine, flexible Feuerwehreinheiten. Diese dezentralen und speziell ausgestatteten Einheiten sind in unmittelbarer Nachbarschaft zu Produktionsstätten angesiedelt und beraten Fabriken zum vorbeugenden Brandschutz, schulen Brandschutzhelfer und Freiwillige und leiten im Notfall Erstmaßnahmen ein: Das heißt, sie öffnen verschlossene Türen und Fenster, sichern Fluchtwege, bekämpfen Brände und vor allem retten sie Menschenleben. Damit ist sichergestellt, dass während der besonders kritischen Phase der ersten 10 bis 15 Minuten optimal auf eine Gefahrenlage reagiert und die Zeit bis zum Eintreffen der regulären Feuerwehreinheiten überbrückt wird. Die Minifeuerbrigaden werden im Rahmen einer *Public Private Partnership* betrieben: Die Feuerwehr Bangladeschs stellt das notwendige Personal an Vollzeitkräften, das Unternehmen Dual Brothers Limited Group steuert kostenlos das Bauland und den Bau der Feuerwache bei, und die Feuerwehr Bonn übernimmt – zusammen mit Experten der GIKRM – die notwendige Fachberatung und Schulungen.

Die Globale Initiative engagierte sich 2016 auch bei der regionalen Katastrophensimulationsübung der ASEAN-Staaten. Ziel war es,

Standardprozeduren für eine effiziente Zusammenarbeit zwischen dem südostasiatischen Staatenverband sowie den UN und anderen internationalen Organisationen in einem Notfallszenario zu testen. Die GIKRM half nicht nur bei der Planung, Ausführung und Evaluierung der Übung. Sie führte auch erstmals Trainings- und Arbeitsstandard für die Beobachter der Übung ein, um so die Lernerfahrung systematischer und besser erfassen zu können.

Auch zur Analyse von Schäden und Bestimmung des Bedarfs nach Katastrophen oder kriegerischen Konflikten steuert die GIZ international ihre Expertise bei. Um den kurz- und langfristigen Wiederaufbau besser zu planen, haben die UN, die Weltbank und die EU gemeinsam das *Post Disaster Needs Assessment* und das *Post Conflict Needs Assessment* entwickelt, das jeweils auf Wunsch der Regierung eines betroffenen Landes durchgeführt wird. Im Auftrag der Bundesregierung hat sich die GIZ unter anderem an solchen Verfahren in Kenia, Pakistan und Haiti beteiligt, um die Bedürfnisse der Bevölkerung zu erfassen und die internationalen Hilfen für den Wiederaufbau zu mobilisieren und zu koordinieren.

D. Wovon es künftig mehr braucht: Engere Abstimmung zwischen Nothilfe und Entwicklungszusammenarbeit

An dieser internationalen Diskussion ist die Bundesregierung – und damit auch die GIZ – stark beteiligt. Deutschland hat sich hier bereits auf den Weg gemacht und (als eines der wenigen Geberländer weltweit) versucht, die Lücken zu schließen, die sich zwischen humanitärer Hilfe einerseits und langfristiger Entwicklungszusammenarbeit andererseits in der Praxis immer wieder auftun.

International fügt sich diese sogenannte Übergangshilfe, in die Idee von »*Linking Relief, Rehabilitation, and Development*« (LRRD) ein – also das Ziel, Nothilfe, Wiederaufbau und Entwicklung stärker miteinander zu verknüpfen. Die jüngsten Beschlüsse auf dem World Humanitarian Summit 2016 in Istanbul greifen diese alte Forderung erneut auf und mahnen dazu, den sogenannten »*humanitarian-development divide*« zugunsten einer engeren Abstimmung zwischen

den Akteuren der humanitären Hilfe und der Entwicklungszusammenarbeit zu überwinden.

Deutschland hat dazu auf dem Istanbuler Gipfel eine Reihe von
Absichtserklärungen abgegeben. Als Bundesunternehmen steht damit auch die GIZ in der Pflicht, die Arbeit zu Krisenprävention, Katastrophenmanagement und -hilfe in den betroffenen Partnerländern
zu intensivieren und noch mehr in den Aufbau von Institutionen und
Kapazitäten zu investieren. Denn zum Wohl der betroffenen Bevölkerung gibt es zwischen der kurzfristigen Katastrophenhilfe und dem
langfristigen Wiederaufbau kein »Entweder-oder«, sondern nur ein
»Sowohl-als-auch«. Alle, die sich hier engagieren, erfüllen ihre jeweils
wichtige Aufgabe und werden gebraucht.

Technisches Hilfswerk
Albrecht Broemme

A. Steckbrief

Name
Bundesanstalt Technisches Hilfswerk

Rechtsform
Das Technische Hilfswerk ist eine nicht rechtsfähige Bundesanstalt mit eigenem Verwaltungsunterbau im Geschäftsbereich des Bundesministeriums des Innern.

Anschrift
Provinzialstr. 93 – 95
53127 Bonn
www.thw.de

Chronik

Am 22. August 1950 beauftragte der damalige Bundesinnenminister Gustav Heinemann den Bauingenieur Otto Lummitzsch (der 1919 die »Technische Nothilfe« gegründet hatte), einen »Zivilen Ordnungsdienst« aufzustellen. Hieraus entstand das THW, dessen erster Direktor Otto Lummitzsch wurde. Seit 1953 ist das THW durch Errichtungserlass des Bundesinnenministeriums eine Bundesanstalt. Erst 1990 trat ein THW-Gesetz in Kraft. Heute ist das THW eine vielfältig einsetzbare Einsatzorganisation, die im Auftrag der Bundesregierung auch weltweit tätig ist.

Zahl der Mitarbeiter

Das THW hat 1245 hauptamtliche Mitarbeiter in der THW-Leitung in Bonn, in acht Landesverbänden, zwei THW-Bundesschulen sowie 66 Geschäftsstellen. Über 80 000 Ehrenamtliche sind in den 668 THW-Ortsverbänden organisiert.

Jahresbudget

Das Jahresbudget des THW umfasst 2017 insgesamt 243 Millionen Euro. Aufträge der humanitären Soforthilfe und der Entwicklungszusammenarbeit werden vom Auswärtigen Amt (AA), dem Bundesministerium für wirtschaftliche Zusammenarbeit und Entwicklung (BMZ) sowie der Europäischen Union extra finanziert.

Auftrag in der Katastrophenhilfe

Der gesetzliche Auftrag des THW ist in Deutschland technische Hilfe im Rahmen des Zivil- und des Katastrophenschutzes. In Europa sowie weltweit wird das THW im Auftrag der Bundesregierung eingesetzt. Für Einsätze im In- und Ausland verfügt das THW über einen Pool von erfahrenen Fachberatern.

Compliance/Transparenz

Das THW unterliegt als Behörde den Regeln der öffentlichen Verwaltung und wird vom Bundesrechnungshof überprüft. Das THW hat eine Innenrevision sowie eine »Ansprechperson für Korruptionsprävention«.

Publikationsorgane

Publikationsorgane des THW sind der THW-Jahresbericht, die THW-Zeitung *THW-kompakt*, diverse Broschüren und Flyer.

»Um das Mögliche zu erreichen, muss man das Unmögliche versuchen.« *H. Hesse*

B. Sektorale und regionale Schwerpunkte der humanitären Hilfe

Das THW ist weltweit im Einsatz. Sein Schwerpunkt liegt auf der Soforthilfe nach Katastrophen, insbesondere Suchen und Retten, Bekämpfen von Hochwasser, Bereitstellen von Trinkwasser sowie Instandsetzen der Infrastruktur. Als Regierungsorganisation ist das THW auch eine Schnittstelle im Bereich der Übergangshilfe, indem es dazu beiträgt, lokale Strukturen zu stärken und die Bevölkerungsschutzorganisationen der betroffenen Staaten zu unterstützen.

Den Kapazitätsaufbau betreibt das THW vermehrt, auch ohne, dass es eine Katastrophe gab. Der Einsatz von Freiwilligen im staatlichen Bevölkerungsschutz wurde in den letzten Jahren ein »Exportschlager«.

Ein Beispiel für das Einsatzspektrum des THW ist die Flüchtlingshilfe. Wegen des Bürgerkriegs in Syrien und mit dem Agieren des sogenannten Islamischen Staates hat das THW in Jordanien und später im Nordirak den Auf- und Ausbau von Flüchtlingscamps planerisch, logistisch und technisch unterstützt. Oft ging es um umfangreiche Infrastrukturprojekte. Ein besonders anspruchsvolles Vorhaben war der Aufbau der Camps Al Za'atari und Azraq in Jordanien von 2012 bis 2015, in denen zehntausende Menschen Zuflucht suchten. Hier ging es darum, innerhalb kürzester Zeit die Infrastruktur zu schaffen, die für die Versorgung von bis zu 140 000 Flüchtlingen notwendig ist.

Als ab 2015 Tausende Flüchtlinge nach Deutschland kamen, waren die Aufgaben des THW teilweise ähnlich wie im Ausland. Schwerpunkte waren Logistik und Infrastruktur, während sich Partnerorga-

Flüchtlingscamp Azraq,   Flüchtlingshilfe im Team,
Jordanien, März 2015   Lindenberg, Oktober 2015

nisationen um Zelte, medizinische Versorgung, Nahrungsmittel und den Betrieb der Camps und Unterkünfte kümmerten.

Im Nordirak liegt der Einsatzschwerpunkt des THW auf der Unterstützung des irakischen Katastrophenschutzes. Das »Joint Crisis Coordination Centre« in Kurdistan hat eine wichtige Rolle in der Versorgung der Flüchtlinge und der Binnenvertriebenen übernommen und ist auch für den Bevölkerungsschutz zuständig. Das THW leistet hierbei Hilfe durch Beratung, Beschaffung von Einsatzausstattung, den Bau von Logistikzentren und Trainings. Eine wesentliche Rolle spielt dabei die Integration der Flüchtlinge in den Betrieb und die Instandhaltung der Camps.

Auch in Deutschland setzt sich das THW für die Integration von Flüchtlingen und Asylsuchenden ein. Das Motto »Faszination Helfen« begeistert auch Menschen, die Vergleichbares aus ihrer Heimat nicht kennen. Rund 300 Flüchtlinge und Asylsuchende engagieren sich freiwillig im THW. Sie leisten mit ihrem kulturellen, sprachlichen und fachlichen Hintergrund einen wichtigen Beitrag für ihre Integration, für die Gesellschaft und für das vielfältige Einsatzspektrum des THW. Ein Erfolgsmodell, transportieren sie möglicherweise dessen zu Grunde liegenden Gedanken – die Idee der Freiwilligkeit und des ehrenamtlichen Engagements – in ihre Herkunftsländer.

Flüchtlinge als THW-Helfer bei der Grundausbildung, THW-Bundesschule Neuhausen, Dezember 2015

C. Lokale Partner und internationale Koordination der Organisation

Anders als das Rote Kreuz hat das THW kein weltweites Netz von Schwester-Organisationen. Daher sucht das THW unmittelbar nach dem Anlaufen von Nothilfemaßnahmen nach lokalen Kooperations-partnern. Bei planbaren Auslandsprojekten oder längeren Auslands-einsätzen beschäftigt das THW unmittelbar lokale Kräfte. Diese Kräfte und lokale Partner sind wichtig, um den kulturellen Kontext innerhalb der Projektvorhaben angemessen zu berücksichtigen.

Das THW als Regierungsorganisation ist in vielen Ländern der Partner der dortigen Zivil- und Katastrophenschutzorganisationen. Häufig schließt das THW die Schnittstelle zwischen internationalen Nichtregierungsorganisationen und staatlichen Behörden. Es versteht sich als »Helfer für die Helfer«, ein Unterstützer der Hilfsorganisatio-nen und der Behörden.

Die Teams der DRK Bereitschafts-Hundestaffel Hall und des THW Schwäbisch Hall nach ihrer ersten gemeinsamen Übung im Februar 2017 in Hall

Das THW ist Partner der internationalen Hilfeleistungssysteme der Vereinten Nationen und der Europäischen Union. Dabei geht es sowohl um die Koordinierung von Hilfe als auch um die Fortentwicklung der Koordinierungsmechanismen. Gerade im Katastrophenschutzverfahren der EU hat das THW wesentlich zur Entwicklung der Einsatzmodule beigetragen, schließlich ist es in Deutschland auf modularen und komplementären Einheiten aufgebaut.

D. 5 Empfehlungen und Forderungen an die Politik

Humanitäre Hilfe und Entwicklungszusammenarbeit wachsen in zunehmendem Maß zusammen. Diese Entwicklung muss auch politisch weiter vorangetrieben werden. Der Einsatz im Nordirak zeigt, dass es einen unmittelbaren Zusammenhang zwischen der akuten Flüchtlingshilfe und dem Aufbau von Katastrophenschutzstrukturen gibt.

Der Katastrophenschutz ist ein stabilisierender Faktor. Durch die Integration von Freiwilligen arbeiten Staat und Gesellschaft eng zusammen. Internationale Koordinierungsmechanismen können ebenso zu einer regionalen Zusammenarbeit beitragen. Das Zusammenwirken staatlicher Katastrophenschutzorganisationen auf dem Balkan ist dafür ein eindrückliches Beispiel. Diese »Brücke«, die der Katastrophenschutz bauen kann, könnte politisch noch besser wahrgenommen werden.

MdB trifft THW 2016 (v. l. n. r.): Frank Schulze (THW-Bundessprecher), Albrecht Broemme (Präsident THW), Peter Brandmann (Ortsbeauftragter Nürnberg), Dr. Thomas de Maizière (Bundesminister des Innern), Michael Frieser, MdB, Michael Zwitzler (Ortsbeauftragter Schwabach, †2017), Cajus Caesar, MdB, Manuel Almanzor (Landesbeauftragter für Sachsen/Thüringen)

Die Verbindung zwischen innerer und äußerer Sicherheit rückt mehr und mehr in unser Bewusstsein. Dieser Zusammenhang muss auch in den Rahmenbedingungen für die jeweiligen Akteure Berücksichtigung finden. Das THW passt oftmals nicht in das enge Raster der Finanzierungsvorgaben der humanitären Hilfe und der längerfristigen Entwicklungszusammenarbeit. Vorhaben wie die Unterstützung von Friedensmissionen der Vereinten Nationen als ziviler Beitrag der Bundesregierung zeigen, dass es ein politisches Interesse gibt, das THW hier einzusetzen. Gerade im Kontext der Vereinten Nationen kann das THW ein sichtbarer und operativer Beitrag sein, der der deutschen Außenpolitik ein Gesicht der praktischen Umsetzung gibt.

Der Stellenwert von Auslandseinsätzen und -projekten im und für das THW ist hoch. Sie sind wichtig für die Motivation der Helferinnen und Helfer und ein wichtiger Rekrutierungsfaktor vor dem Hintergrund des Aussetzens der Wehrpflicht.

Dennoch sind Auslandseinsätze und -projekte in personeller und finanzieller Hinsicht eher ein »Nischen-Produkt«. Um seinem gesetzlichen Auftrag auch zukünftig gerecht zu werden und der international vernetzten Sicherheitsarchitektur Rechnung zu tragen, sind mehrjährig planbare, stabile Haushaltsmittel für diese Aufgabe des THW ein wesentlicher Faktor. Gleichzeitig sind sie Voraussetzung für den Aufbau eines Personalpools an längerfristig verfügbaren Projektfachleuten. Diese geben dem kurzfristigen Einsatz ehrenamtlicher Helferinnen und Helfer die notwendige Kontinuität und Nachhaltigkeit.

Unabhängig davon, wo welche Lagen auftreten: Im Mittelpunkt aller Einsätze und Projekte steht der Mensch. Der Mensch in Not, der Mensch, der Hilfe bedarf. Hilfe, die das THW gerne leistet mit Menschen, die sich für die Hilfe für andere engagieren.

IV.

Quo vadis Katastrophenschutz?

Quo vadis Bevölkerungsschutz?

Franz-Josef Hammerl
Leiter der Abteilung Krisenmanagement und Bevölkerungsschutz beim Bundesministerium des Innern

Als ich zuletzt die Hotelbuchung für einen Wochenendurlaub vorbereitete, fiel mir bei der Hotelsuche im Internet auf, dass die von den Gästen abgegebenen Bewertungen nahezu alle auch die Qualität und die Möglichkeit der kostenlosen Nutzung des WLAN beinhalteten. Die Kritik war nicht etwa am Ende der Bewertungen zu finden, sondern meist sehr prominent am Anfang, oft noch vor der Lage des Hotels, der Größe und Zustand der Zimmer und der Qualität des Frühstücks. Offenbar genießt der störungsfreie kostenlose Zugang zum Internet selbst im Kurzurlaub noch hohe Priorität. Eine Störung oder gar ein Ausfall des Internets wird heutzutage von vielen als Zumutung empfunden. Wie würde die Bevölkerung in Mitteleuropa erst reagieren, falls einmal an der Tankstelle kein Benzin zu erhalten wäre, aus dem Hahn kein Wasser und aus der Steckdose kein Strom mehr käme? Die Digitalisierung in Staat, Wirtschaft und Gesellschaft hat die Welt grundlegend geändert. Durch die hohe Abhängigkeit von infrastrukturellen Dienstleistungen ist die Gesellschaft sehr verletzlich geworden, wobei diese Verletzlichkeiten nicht nur durch Gefahren und Risiken von außen, sondern auch aufgrund der hohen Abhängigkeiten und Interdependenzen zwischen den einzelnen Infrastruktursystemen im Innern stark angewachsen sind. Störungen und Ausfällen können so genannte Domino- und Kaskadeneffekte hervorbringen und ganze gesellschaftliche Teilbereiche zum Erliegen bringen.

Daneben gibt es Gefahren, die aus dem internationalen Terrorismus, den geopolitischen Veränderungen mit neuen sicherheitspolitischen Instabilitäten, hybriden Bedrohungen und globalen Gesundheitsrisiken (Pandemien) erwachsen und an Virulenz und Brisanz gewinnen. Schließlich werden auch die Auswirkungen des Klimawandels, der Kampf um Ressourcen mittel- bis langfristig dazu beitragen, bestehende Krisen zu verschärfen, neue Krisen zu generieren und die globalen Migrations-und Flüchtlingsströme zu vergrößern.

All das stellt umfassende Anforderungen an ein nachhaltiges Risiko- und Krisenmanagement zum Schutz der Bevölkerung und es zeigt, dass der Bevölkerungsschutz sich ständig weiter entwickeln muss. Die Herausforderungen sind groß. Wir müssen uns dem stellen, national, auf EU-Ebene und auch mit den Nato-Partnern.

Internationale und europäische Entwicklungen

Das schwere Erdbeben von Gölcük (Türkei) im Jahr 1999 mit über 15 000 Toten und nahezu 50 000 Verletzten hat deutlich gemacht, wie wichtig eine zentrale Koordinierung von Einsatzressourcen der Mitgliedstaaten der Europäischen Union für die Hilfeleistung sein kann. Es war zugleich der Anstoß für das »Gemeinschaftsverfahren zur Förderung einer verstärkten Zusammenarbeit bei Katastrophen-schutzeinsätzen« auf EU-Ebene, das am 1. 10. 2001 verabschiedet wurde. In der Folge haben die Erfahrungen aus Naturkatastrophen, wie der Tsunami-Katastrophe, die am zweiten Weihnachtstag 2004 mindestens 230 000 Menschen in Indonesien, Thailand, Sri Lanka und Indien das Leben kostete, aber auch die Waldbrände in Griechen-land im Sommer 2007 sowie die zahlreichen grenzüberschreitenden Hochwasserkatastrophen in Mitteleuropa, von denen auch Deutsch-land stark betroffen war, Impulse für eine Überarbeitung des Verfah-rens gegeben. In 2007 wurde das Gemeinschaftsverfahren unter deut-scher EU-Ratspräsidentschaft fortentwickelt und im Lichte des neuen Rechtsrahmens durch den Vertrag von Lissabon mit Wirkung vom 1. Januar 2014 erneut reformiert.

Das heutige sog. »Unionsverfahren« unterstützt die Koordinie-rung der weltweiten Einsätze der Experten und Einsatzressourcen (sog. Module), die durch die Teilnehmerstaaten bereitgestellt werden; es fördert die Präventionskultur und trägt zur Stärkung des Bewusst-seins und der Vorsorge der Öffentlichkeit bei. Regelmäßige gemein-same Übungen und ständiger Erfahrungsaustausch verbessern die Fähigkeiten nationaler Experten und testen das Einsatzmaterial, um im Katastrophenfall schnell und effizient helfen zu können. Mit einem Lagezentrum, dem »Zentrum für die Koordination von Notfallmaß-nahmen (Emergency Response Coordination Centre – ERCC)«, wel-ches rund um die Uhr an sieben Tagen der Woche einsatzbereit ist, einem Kommunikationssystem, in welchem auch der überwiegende Teil der Einsatzressourcen der Teilnehmerstaaten registriert ist, sowie einem erst durch die letzte Reform geschaffenen Freiwilligen Ressour-cen-Pool verfügt die EU über wirkungsvolle Instrumente, um diese Aufgaben erfüllen zu können. Mit der Registrierung eines Moduls in den Freiwilligen Ressourcen-Pool müssen diese nicht nur höchsten Qualitätsstandards hinsichtlich Autarkie und Einsatzdauer entspre-chen, der Teilnehmerstaat verpflichtet sich zugleich vorab, diese auf Abruf spätestens 96 Std. nach Eingang eines Hilfersuchens zum Ein-satz zu bringen. Wir haben uns aktiv in diesem Pool, in dem derzeit 77 Module zum Einsatz bereit stehen, eingebracht. Deutschland ist mit insgesamt 9 Modulen, darunter 7 Module des THW, im Pool ver-treten. Am Verfahren nehmen zwischenzeitlich neben den MS auch Island, Norwegen, Serbien, FYROM und die Türkei teil. Die Finanz-ausstattung des Verfahrens beträgt derzeit jährlich rund 53 Millionen Euro (Laufzeit bis 2020).

Das Europäische Medizinische Korps (EMK)

In diesen Freiwilligen-Pool des Unionverfahrens ist dann offiziell im Februar 2016 auch das Europäische Medizinische Korps (EMK) in-tegriert worden. Diese Entwicklung war Folge der Ebola-Epidemie und entstand aus der deutsch-französischen Weißhelm-Initiative von Oktober 2014. Das EMK umfasst hochspezialisierte medizinische Module, wie z. B. das Isolationskrankenhaus des DRK oder auch Flug-zeuge zur medizinischen Evakuierung. Hieran wird deutlich, dass die Fortentwicklung des Unionsverfahrens ein ständiger Prozess ist, der nicht immer zwingend mit einer Änderung der Rechtsgrundlage ver-bunden sein muss.

Das Unionsverfahren macht nicht an EU-Grenzen Halt

Der sicherlich notwendige weitere Ausbau des Verfahrens wirft aber auch drängende Fragen auf. Zwischenzeitlich ist das Verfahren auch formell für Hilfersuchen aus Drittstaaten und von internationalen Organisationen geöffnet. Der Europäische Rechnungshof hat in seinem Bericht zum Unionsverfahren aus Jan. 2016 u. a. festgestellt, dass von 2014 bis 2016 ein Drittel der Finanzmittel für Einsätze in Drittstaaten bestimmt waren. »Not kennt kein Gebot«; wenn die EU und ihre Mitgliedstaaten sinnvoll helfen können, sollen sie dies auch tun. Es muss dabei erlaubt sein, bestimmte Einsätze zu hinterfragen. Müssen Module der EU mit erheblichem finanziellem Aufwand z. B. nach Südamerika transportiert werden, wenn die Hilfe kostengünstiger und ggf. auch effektiver von den Nachbarstaaten des betroffenen Drittstaats geleistet werden kann? Kann und soll die EU auf jedes Hilfersuchen in der Welt reagieren?

Grenzen des Katastrophenschutzes und Inhalte der humanitären Hilfe / neue Finanzquellen

Der Zustrom von so vielen schutzsuchenden Menschen führte in Deutschland zu einer zeitweisen Überlastung der Aufnahmesysteme und in manchen Ländern Europas zu Situationen, die humanitäre Hilfe erforderlich machten. Die MS und die EU haben dies erkannt und im April 2016 ein insgesamt mit 700 Millionen Euro ausgestattetes Soforthilfeinstrument zur humanitären Hilfe innerhalb der EU geschaffen. Hieraus sind 191,1 Millionen Euro in 2016 zur Unterstützung Griechenlands bei der Aufnahme und Versorgung der Migranten und Flüchtlinge zur Verfügung gestellt worden. Für 2017 sollen 200 Millionen Euro bereitgestellt werden. Das Unionsverfahren ist während der Flüchtlingskrise von mehreren Teilnehmerstaaten aktiviert worden. Eines der griechischen Hilfersuchen ist heute noch offen und mit Bedarfslisten für die Teilnehmerstaaten unterlegt. Ist aber der ohne Zweifel enorme Zuwachs von Flüchtlingen tatsächlich als eine Katastrophe im Sinne des Unionverfahrens anzusehen?

Mangels einer Definition des Begriffes der Katastrophe kann aus dem Gesamtzusammenhang des Regelungsbereichs heraus diese Frage meines Erachtens auch mit Nein beantwortet werden.

Der Katastrophenbegriff und die finanzielle Dimensionen bzw. die auffallend unterschiedliche Höhe der Mittel für den EU-Katastrophenschutz einerseits und für die humanitäre Hilfe andererseits führen zu einer weiteren Frage: Wie grenzen wir zukünftig den Katastrophenschutz von der humanitären Hilfe ab? Die Frage ist nicht einfach oder eindeutig zu beantworten. Sie stellt sich auch beim Europäischen Medizinischen Korps des Unionsverfahrens. Nach wie vielen Monaten wird z. B. aus einem Einsatz des DRK-Isolationskrankenhauses im Falle einer Pandemie im Rahmen des Unionverfahrens eine humanitäre Hilfsleistung?

Einsätze des EMK sind sehr aufwändig, insbesondere wenn sie längerfristig notwendig sind. Mitgliedstaaten haben Ressourcen des EMK bereits wieder aus dem Pool zurückgezogen, da die Kosten zu hoch waren. Hier sollte die EU neue Wege beschreiten. Bei derartigen Einsätzen könnte geprüft werden, ob nicht auch Mittel der EU-Außen- und Entwicklungspolitik eingesetzt werden, um Maßnahmen des Unionverfahrens zu finanzieren. Gleichzeitig halte ich es für überlegenswert, Module des EMK, die von den Teilnehmerstaaten primär für Einsätze in Drittstaaten geschaffen und unterhalten werden, zukünftig stärker mit EU-Mitteln zu finanzieren.

Folgebewältigung terroristischer Anschläge – Terrorismus als Katastrophe

Eine weitere neue Herausforderung für die Hilf- und Rettungskräfte der Mitgliedstaaten ist der internationale Terrorismus. Die verheerenden Anschläge in Europa in den vergangenen Jahren haben gezeigt, dass Hilfs- und Rettungskräfte gefordert sind, eng mit der Polizei bzw. den Sicherheitskräften zusammen zu arbeiten. Auch wenn die hierfür notwendige Koordinierung und Vorbereitung in erster Linie eine nationale Aufgabe ist, kann sich die EU bzw. das Unionsverfahren sinnvoll einbringen. Denn hier ist viel Wissen vorhanden, wie die Koordinierung im Katastrophenfall gelingen kann. Das Unionsverfahren bietet eine ausgezeichnete Plattform, um durch Foren und spezifische Workshops einen umfassenden und detaillierten Informations- und Erfahrungsaustausch zu gewährleisten. Die EU hat sich des Themas bereits angenommen. Zum Zeitpunkt des Redaktionsschlusses für diese Festschrift waren verschiedene Workshops zur Zusammenarbeit in den Gefahrenbereichen und zur Vorbereitung auf bakteriellen Anschlägen geplant.

Die EU wird sich all den genannten Fragen und Herausforderungen spätestens bei der im Jahr 2019 anstehenden erneuten Reform des Unionverfahrens stellen müssen. Erste Überlegungen beim Treffen der EU- Generaldirektoren im April 2017 auf Malta gingen bereits in die richtige Richtung. Die Diskussion wird bereits im Oktober 2017 beim Treffen in Tallin unter estnischer EU-Präsidentschaft fortgeführt.

EU/NATO-Zusammenarbeit

Ein weiteres wichtiges Projekt, welches die EU im Bereich des Katastrophen- und Zivilschutzes in nächster Zeit weiter voranbringen muss, ist die Kooperation mit der NATO. Es liegt auf der Hand, dass die beiden großen Organisationen hierbei gemeinsame Interessen haben, welche sie zu natürlichen Partnern machen. Zielt die EU im Katastrophenschutz im Wesentlichen auf ein hohes Katastrophenschutzniveau ihrer MS, strebt die NATO im Bereich der zivilen Verteidigung nach Resilienz, und hierbei insbesondere nach widerstandsfähigen Infrastrukturen. Letztlich geht es darum, die Bevölkerung Europas zu schützen, wie dies die EU in ihrer »Globalen Strategie« von Juni 2016 bereits deutlich formulierte. Die Schnittmengen sind immens. Hier können Synergien erzielt und Doppelarbeit vermieden werden. Erste entscheidende Schritte sind mit der Gemeinsamen Erklärung zur NATO/EU-Zusammenarbeit beim NATO-Gipfel in Warschau vom Juli 2016 bereits getan. Unter slowakischer EU-Präsidentschaft hat Ende 2016 auch bereits ein Briefing der NATO zum Thema Resilienz in der EU-Ratsarbeitsgruppe Katastrophenschutz stattgefunden.

Die maltesische Ratspräsidentschaft hat die NATO im April 2017 über ihr Präsidentschaftsprogramm im Bereich Katastrophenschutz unterrichtet. Bei der nächsten noch in 2017 anstehenden NATO-Stabsrahmenübung wird auch die EU eingebunden werden.

Die NATO

Die Annexion der Krim in März 2014 durch Russland und der andauernde militärische Konflikt in der Ost-Ukraine zeigen, wie schnell sich das geopolitische Umfeld und damit auch bisher geltende Überlegungen zur Sicherheitspolitik verändern können. Unmittelbar sichtbar wurde das im September 2014 auf dem Gipfeltreffen der NATO in Wales. Dort vollzog man einen Strategieschwenk und beschloss den sogenannten »Readiness Action Plan« der u. a. zur Bildung der »Speerspitze«, einer schnell verlegbaren brigadestarken Vorhut (3000 bis 5000 Soldaten) der NATO-Bereitschaftskräfte, führte. Dies wurde in der breiten Öffentlichkeit weitgehend als ausschließlich militärisch zu betrachtende Entwicklung gewertet. Das überrascht nicht, wird doch die NATO, obgleich in erster Linie ein Sicherheits-Bündnis, im Regelfall als militärische Organisation wahrgenommen. Tatsächlich zielten die NATO-Beschlüsse von Wales, insbesondere durch die Aufnahme der Herausforderungen durch hybride Bedrohungen, auch auf notwendige Maßnahmen der zivilen Verteidigung. Das war auch dringend geboten, ist doch die zivile Verteidigung durch die Ost-West-Entspannung in vielen Mitgliedstaaten strukturell und vor allem finanziell zurückgefahren worden (sog. Friedensdividende). Allein in Deutschland sanken trotz des Bevölkerungs- und Flächenzuwachses durch die Wiedervereinigung die entsprechenden Bundesausgaben von umgerechnet knapp 500 Millionen Euro zum Ende der 80er Jahre auf unter 50 Millionen zum Ende der 90er Jahre.

Die NATO konkretisierte diese Anforderungen in ihrem Bericht über den Stand des Zivilschutzes, der am 5. Februar 2016 vom NATO-Rat gebilligt wurde. Ein Kernelement des Berichts sind die Grundanforderungen an den Zivilschutz (»baseline requirements«), die maßgeblich zur Steigerung der Resilienz beitragen sollen. Sie zielen auf

eine gesicherte Kontinuität der Regierung und kritischer staatlicher
Dienstleistungen, resiliente Strom-, Nahrungs- und Wasserressourcen, widerstandsfähige Kommunikations- und zivile Verkehrssyste-
me sowie einen wirksamen Umgang mit unkontrollierten Menschen-
bewegungen und einem Massenanfall von Verletzten. Was teilweise
nach Selbstverständlichkeiten oder Binsenweisheiten klingt, sind in
Wahrheit nicht zu unterschätzende Herausforderungen, deren Bewältigung jedem Mitgliedstaat viel Engagement, Selbstkritik und letztlich auch nicht unerhebliche finanzielle Aufwendungen abverlangen
werden.

Aber mehr Geld für den Zivilschutz allein reicht nicht aus. Tatsächlich muss in einem ersten entscheidenden Schritt ein Umdenken
bei den Entscheidungsträgern in Bund und Ländern, aber auch in der
Bevölkerung erfolgen. Die geänderte Sicherheitslage und die Konsequenzen daraus bedürfen eines breiten gesellschaftlichen Diskurses,
der auch nicht aufgrund politischer oder wahltaktischer Erwägungen
verschleppt werden darf. Gleichzeitig bedarf es des Wiederaufbaus
des durch das Outsourcing von militärischen und zivilen Fähigkeiten
an den Privatsektor verlorengegangen Fachwissens und Redundan-
zen. Hierbei müssen sich die staatlichen Stellen auch den modernen
Herausforderungen, wie z. B. hybride Bedrohungen durch Cyber-An-
griffe, stellen.

Aufgaben des Bundes in der sich ändernden Welt – Konzeption Zivile Verteidigung (KZV)

Die deutsche Reaktion auf die veränderten Risiken und Bedro-
hungslagen ist in der Abfolge mit dem Entscheidungsprozess in der
NATO durchaus vergleichbar und reflektiert den untrennbaren Zusammenhang zwischen militärischer und ziviler Verteidigung. Die
im August 2016 vom Bundeskabinett verabschiedete neue Konzeption Zivile Verteidigung (KZV) folgte der im »Weißbuch 2016 zur
Sicherheitspolitik und zur Zukunft der Bundeswehr« beschriebenen
Bedrohungseinschätzung und berücksichtigte gleichzeitig bereits die
NATO-Grundanforderungen. Allerdings hatte die KZV dem kom-

plexen, integrierten deutschen Hilfeleistungssystem, welches sich aus Bundes-, Landes- und Kommunalbehörden, den Hilfsorganisationen, und auch aus Betreibern kritischer Infrastrukturen zusammensetzt, Rechnung zu tragen. Der Katastrophenschutz und die alltägliche Gefahrenabwehr obliegen in diesem System grundsätzlich den Ländern, der Zivilschutz, also alle Maßnahmen im Spannungs- und Verteidigungsfall, hingegen dem Bund.

Für den Bereich der Zivilen Verteidigung als Aufgabe des Bundes setzt die KZV in ihrer grundlegend überarbeiteten Fassung den neuen Rahmen für dieses System. Die letzte Konzeption stammte aus dem Jahr 1995 und war noch von der sicherheitspolitischen Entspannung nach Beendigung des Kalten Krieges geprägt. Zwischenzeitlich wurde ab 2002 das Ziel verfolgt, in erster Linie eine bessere Unterstützung der Länder durch den Bund bei der Vorbereitung auf friedenszeitliche Großschadenslagen und deren Bewältigung sicher zu stellen. Die Strukturen des Bundes und Einrichtungen der Zivilen Verteidigung wurden vielfach abgebaut und durch die (Mit-)Nutzung der für Zwecke des Bundes ergänzten Katastrophenschutzressourcen der Länder ersetzt.

Angesichts des Wandels des sicherheitspolitischen Umfelds ist eine Fokussierung auf die Unterstützung der Länder nicht mehr ausreichend. Mit der KZV werden auch die bisher verfolgten grundlegenden Prinzipien, Zuständigkeiten und Verantwortungen hinterfragt. Im Fokus stehen – neben der Aufrechterhaltung der Staats- und Regierungsfunktionen und der Unterstützung der Streitkräfte – der Zivilschutz und die (Not-)Versorgung der Bevölkerung. Die KZV stellt für den Zivilschutz die Weichen für den Aufbau ausreichen- der Fähigkeiten in den Bereichen Warnung, Betreuung, Schutz der Gesundheit, Schutz vor chemischen, biologischen, radiologischen und nuklearen Gefahren sowie technische Hilfe. Die Zuständigkeitsaufteilung zwischen Bund und Land erforderten hier eine Überprüfung, Abstimmung und Aktualisierung der komplexen Schnittstellen und Fähigkeiten der unterschiedlichen Akteure. Durch mehr Mobilität und Spezialisierung sowie intelligentem Krisenmanagement soll zukünftig sichergestellt werden, dass wir auch auf in der täglichen Gefahrenabwehr selten vorkommende Ereignisse (z. B. Freisetzung von Kampfstoffen) richtig und effektiv reagieren können.

Die Umsetzung der KZV ist ein nationaler Kraftakt. Sie ist eine gemeinsame Aufgabe von Bund und Ländern. Alle müssen der Umsetzung einen angemessenen Stellenwert einräumen.

Hierbei ist auch die Privatwirtschaft gefragt. Der fortlaufende Schutz Kritischer Infrastrukturen (Energieversorgung, Wasserversorgung, Nahrungsmittelversorgung etc.) ist elementare Voraussetzung für die Notfallvorsorge. Jeder Betreiber ist in der Pflicht, Vorkehrungen für die Sicherheit seines Betriebes zu treffen. Denn: Staatliche Notfallvorsorge kann nur heißen, die Notversorgung bis zur Wieder- aufnahme der Versorgung durch die Betreiber zu gewährleisten.

Und, ja, auch jeder Einzelne ist angesprochen! Ein wesentlicher und wichtiger Baustein im System der KZV sind eigene Vorsorgemaßnahmen der Bevölkerung. Jeder sollte durch angemessenen und vorausschauenden Selbstschutz zur Verringerung des Bedarfs an staatlichen Notversorgungsleistungen beitragen. Wie die Diskussionen und das mediale Echo zu »Hamsterkäufen« im vergangenen Jahr gezeigt haben, ist hier ein nachhaltiges Umdenken erforderlich. Von manchen belächelt, von anderen mit Sorge zur Kenntnis genommen, kommt es hier letztlich auf den gesunden Menschenverstand an. Niemand kann ausschließen, dass aufgrund von Katastrophen, hybrider bzw. konventioneller Angriffe Grundversorgungsleistungen zumindest zeitweise nicht mehr vollständig gewährleistet werden können. Wie in vielen anderen Lebensbereichen ist es nicht einfach, hier die richtige Balance zu finden. Die Anschaffung eines Notstromaggregats ist im Regelfall wohl nicht erforderlich, aber was spricht gegen einen angemessenen Vorrat an Dingen des täglichen Bedarfes?

Wieder mehr Warnung

Kaum eine Aufgabe des Staates bzw. des Katastrophenschutzes hat sich so verändert, wie die Warnung. Viele Ältere werden sich noch an das regelmäßige Sirenenheulen erinnern. Heute wüsste in vielen Teilen Deutschlands niemand mehr, was die Signale bedeuten. Dabei gilt nach wie vor: Rechtzeitige, schnelle und flächendeckende Warnung rettet Leben! Noch zur Jahrtausendwende konnten wir mit dem Radio- und dem Fernsehen einen Großteil der Bevölkerung erreichen. Das hat sich grundlegend verändert. Heute gibt es nicht mehr ein einziges Medium, mit dem wir alle Menschen zugleich warnen können. Insbesondere junge Menschen informieren sich überwiegend über soziale Netzwerke oder andere Angebote des Internets.

Um den veränderten Anforderungen an die Warnmittel gerecht zu werden, hat das Bundesamt für Bevölkerungsschutz und Katastrophenhilfe (BBK) – begleitet durch die Innenministerkonferenz – für Zwecke der Warnung der Bevölkerung im Zivilschutzfall das modulare Warnsystem MoWaS entwickelt, welches bereits 2013 in Betrieb genommen wurde. MoWaS ist ein satellitengestütztes Kommunikationssystem der Lagezentren und Leitstellen von Bund und Ländern. Aus MoWaS heraus können unterschiedliche voneinander unabhängige sogenannte Warnmultiplikatoren (z. B. Radio, Fernsehen, Internet, Mobilfunk usw.) angesteuert werden. Aktuell sind alle öffentlich-rechtlichen Rundfunkanstalten und ein Großteil der privaten Medienbetreiber, Web-Dienstanbieter, die Deutsche Bahn AG und andere Kommunikationsmedien des Alltags, wie z. B. die Notfall-Informations- und Nachrichten-App des Bundes »NINA«, in MoWaS integriert. Das System wird fortlaufend weiter entwickelt und der Kreis der angeschlossenen Warnmultiplikatoren bedarfsgerecht ausgebaut. MoWaS-Warnungen sollen jetzt schon auch über andere Smartphone-Apps, insbesondere KATWARN und BIWAPP verfügbar gemacht werden.

Ehrenamt

Bei alledem müssen wir denjenigen, die am Ende durch ihren persönlichen Einsatz den Bevölkerungsschutz in Deutschland gewährleisten, ein ganz besonderes Augenmerk widmen: Das Engagement, das Fachwissen und die Erfahrungen der ehrenamtlich bei den Feuerwehren, den Hilfsorganisationen und im Technischen Hilfswerk tätigen Menschen sind das Kapital, auf dem der Schutz der Bevölkerung in Deutschland schon immer aufgebaut hat. Dieses Engagement zu erhalten und zu stärken, bleibt eine ganz wesentliche Aufgabe für die Zukunft des Bevölkerungsschutzes.

Auch hier stehen wir vor neuen Herausforderungen: Der demographische Wandel und das sich ändernde Freizeitverhalten der Menschen verändern das bisherige Selbstverständnis gegenüber Ehrenamt und die Erwartungshaltung.

Seit den Siebzigerjahren des vergangenen Jahrhunderts befindet sich die Geburtenrate auf nahezu durchgehend niedrigem Niveau. Abgesehen von den allgemeinen sozialen und wirtschaftlichen Folgen hat dies auch Auswirkungen auf den Zivil -und Katastrophenschutz. Auch die Aussetzung der Wehrpflicht und der Wegfall des Ersatzdienstes haben im Ehrenamt Spuren hinterlassen. Vor Aussetzung der Wehrpflicht leisteten jährlich tausende junge Männer jedes Jahrgangs statt Wehr- oder Zivildienst ihren Dienst für mehrere Jahre im Zivil- und Katastrophenschutz. Auch diese Lücke gilt es durch neue Ideen und neue Wege zu schließen.

Alle im Zivil- und Katastrophenschutz tätigen Organisationen müssen sich daher verstärkt um Nachwuchswerbung kümmern. Der Vorteil der Zivil- und Katastrophenschutzorganisationen ist, dass sich jeder angesprochen fühlen kann, kein Personenkreis ist ausgeschlossen: Junge und Alte, Menschen mit Behinderungen, Migranten und Flüchtlinge, Männer und Frauen, Menschen aus eher handwerklichen oder aus eher intellektuellen Berufen. Ehrenamt im Bevölkerungsschutz heißt daher auch: Einbeziehung eines Querschnitts der Gesellschaft.

Die Organisationen müssen dorthin gehen, wo sie diese Gesellschaft finden. Sie müssen in die Schulen und Universitäten. Sie müssen Unternehmen ansprechen, sie müssen Arbeitgeber ansprechen, motivieren und darlegen, dass ein Engagement ihrer Mitarbeiterinnen und Mitarbeiter sinnvoll ist – für das Gemeinwesen und für das Unternehmen.

Mitarbeit im Katastrophenschutz heißt aber auch: organisierte Freizeitgestaltung, Bindung an eine Stelle, Ausbildung und Fortbildung – kurzum: Investieren von Zeit und Selbstverpflichtung zu einer gewissen Beständigkeit. Dies klingt in manchen Ohren unmodern, ja langweilig. Auf den ersten Blick modern ist eine dynamische Freizeitgestaltung, heute hier und morgen da, Reizoptimierung, Omnipräsenz durch starke Nutzung sozialer Medien.

Schaut man jedoch genauer hin, erkennt man schnell, dass soziales Engagement in der deutschen Gesellschaft tief verwurzelt und auch vielen jungen Menschen ein Bedürfnis ist. Die große Anzahl von Spontanhelfern bei der Flüchtlingslage in 2015/16 hat das eindrucksvoll unter Beweis gestellt.

Es obliegt den im Bevölkerungsschutz tätigen Organisationen, das ganze Potential zu erschließen – von der jungen Spontanhelferin bis zum interessierten Rentner. Viele sind sich dessen inzwischen bewusst und entwickeln Initiativen. Das Technische Hilfswerk (THW) zum Beispiel, für das ich Verantwortung trage, führt derzeit ein Projekt durch, welches sich gezielt an Flüchtlinge und Migranten richtet und zum Mitmachen anregt. Über 300 Flüchtlinge und Migranten sind schon dabei! Der Mehrwert liegt auf der Hand: Einerseits ist dies aktiver Beitrag zur Integration, andererseits erhält man tatkräftige Menschen, die zudem auch noch Fremdsprachenkenntnisse mitbringen. Auch einzelne Feuerwehren und verschiedene Hilfsorganisationen haben die Idee bereits aufgegriffen.

Das Bundesministerium des Innern hat zudem den Preis »Helfende Hand« ins Leben gerufen, der die bundesweit besten umgesetzten Ideen auszeichnet, die auf verschiedenste Weise Interesse der Menschen für das Ehrenamt im Bevölkerungsschutz wecken. Dadurch werden diese Ideen einer breiten Fachöffentlichkeit zugänglich gemacht, es wird zum Nachahmen angeregt.

Alle überregionalen Aktionen sollen die örtliche Ebene unterstützen. Ob Ehrenamt gestärkt oder geschwächt wird, entscheidet sich vor Ort. Katastrophenschutzorganisationen werden vor Ort dann Zulauf haben, wenn sie attraktiv sind. Das sind sie, wenn sie eine gute, spannende und abwechslungsreiche Ausbildung bieten, wenn sie moderne und sichere Ausstattung zur Verfügung stellen, wenn sie tatsächlich beweisen, dass die Mitarbeit sinnvoll ist, indem das Erlernte im Einsatz angewendet werden kann.

Dass wir den einzelnen ehrenamtlich Engagierten zudem Danke sagen und ihm Wertschätzung entgegenbringen, ist dabei selbstverständlich – örtlich und überörtlich.

Ausblick/Fazit

Die vorangegangenen Darstellungen und Überlegungen umfassen nur einen Teilbereich der zahlreichen nationalen und internationalen Entwicklungen, neuen Herausforderungen und daraus folgenden Reaktionen im Bereich des Bevölkerungsschutzes denen Deutschland sich stellen muss und wird. Das gilt auch für die Folgen des Klimawandels, zu deren Milderung insbesondere die Vereinten Nationen mit vielfältigen globalen Initiativen zur Risikoverminderung und durch humanitäre Hilfe beitragen. Allein das »Sendai Framework for Disaster Risk Reduction«, welches auf der dritten Weltkonferenz zur Katastrophenvorsorge im japanischen Sendai im März 2015 angenommen wurde, würde einen eigenen Aufsatz verdienen. Deutschland hat sich mit der Unterzeichnung des Sendai-Rahmenwerks zu dessen Unterstützung bis zum Jahr 2030 verpflichtet.

Alle – ob EU oder NATO bzw. ihre Mitgliedsstaaten und wir in Deutschland – sind sich der steigenden Herausforderungen durch die sich ständig verändernde Bedrohungslage bewusst und arbeiten intensiv daran, den Schutz für die Bevölkerung zu verbessern und daran anzupassen.

Gleichwohl müssen wir uns vergegenwärtigen, dass effektiver Bevölkerungsschutz immer des Dreiklangs von Staat – Unternehmen und Bürger bedarf: Jedem kommt hierbei eine spezifische Rolle zu, deren Zusammenwirken ein »einheitliches« Schutzsystems bilden muss: Gerade die Privatwirtschaft, die zwischenzeitlich einen Großteil der kritischen Infrastrukturen betreibt, trägt im Zusammenhang mit der Schaffung und Sicherstellung resilienter Strukturen, eine erhebliche Verantwortung. Aber auch der einzelne Bürger kann nicht aus seiner Verantwortung für sich selbst entlassen werden. Selbstschutz und Selbsthilfe sind unverzichtbarer Bestandteil in unserem gesellschaftlichen System. Natürlich kann der Einzelne hinsichtlich der aktuellen Bedrohungslage zu einer anderen Beurteilung gelangen. Allerdings muss der Staat sich aller Bedrohungsszenarien bewusst sein. Dies gilt umso mehr, wenn es um erforderliche Maßnahmen – die auch zusätzliche finanzielle Mittel erfordern – geht. Deshalb darf sich ein breiter gesellschaftlicher Diskurs nicht auf ein Bedrohungsszenario beschränken, sondern muss sich allen Diskussionen öffnen. Die öffentliche Meinung ist bei Budgetfragen von Bedeutung, wie die gegenwärtige Debatte um die Erhöhung des Verteidigungshaushaltes auf 2 % der Wirtschaftsleistung zeigt. Die Auswirkungen des Klimawandels, hybride Bedrohungen, zunehmende internationale Einsätze und nicht zuletzt der internationale Terrorismus machen mehr Investitionen sowohl auf Bundes- als auch auf Landesebene unvermeidlich. Die neue KZV setzt hierfür den erforderlichen Rahmen. Es obliegt nun den politischen Entscheidungsträger von der Theorie der KZV in die Umsetzung zu gehen und dabei nicht zu vergessen, dass mehr Sicherheit auch immer Geld kostet.

Grenzüberschreitender Katastrophenschutz am Beispiel Bayerns

Joachim Herrmann
Bayerischer Staatsminister des Innern, für Bau und Verkehr

Gemäß Art. 7 Abs. 5 Satz 1 des Bayerischen Katastrophenschutzgesetzes (BayKSG) leisten die im Freistaat Bayern zur Katastrophenhilfe verpflichteten Behörden, Einsatzorganisationen und Verbände Katastrophenhilfe auch auf Anforderung durch andere Länder. Auch wenn mit dieser Regelung nur die Hilfeersuchen anderer Bundesländer der Bundesrepublik Deutschland erfasst sind, wird deutlich, dass die grenzüberschreitende, über Bayern hinausgehende Katastrophenhilfe zur grundlegenden Konzeption des bayerischen Katastrophenschutzsystems gehört.

Darüber hinaus bestehen verschiedene internationale Kooperationsverhältnisse, in denen das staatsübergreifende Katastrophenschutzprofil und das internationale Katastrophenschutzverständnis des Freistaates Bayern zum Ausdruck kommen. So ist der Freistaat Bayern Partner mehrerer internationaler Vereinbarungen. Zu nennen sind hier etwa

- der Gemeinsame Alarmplan zur Bekämpfung von Schadensereignissen und von Gesundheitsgefahren durch übertragbare Krankheiten mit möglicher grenzüberschreitender Auswirkung zwischen den Regierungen von Oberbayern und Schwaben sowie dem Bundesland Tirol,
- der Gemeinsame Alarmplan zur Bekämpfung von Schadensereignissen und von Gesundheitsgefahren durch übertragbare Krankheiten mit möglicher grenzüberschreitender Auswirkung zwischen den Regierungen von Niederbayern und Oberbayern sowie den Ämtern der Landesregierungen von Oberösterreich und Salzburg,
- der Gemeinsame Alarmplan für Unfälle, Katastrophen oder katastrophenähnliche Ereignisse und von Gesundheitsgefahren durch

übertragbare Krankheiten mit möglicher grenzüberschreitender Auswirkung zwischen Schwaben und Vorarlberg sowie

- der Gemeinsame Alarmplan zur Bewältigung von Schadensereignissen bei Katastrophen oder schweren Unglücksfällen und von Gesundheitsgefahren durch übertragbare Krankheiten mit möglicher grenzüberschreitender Auswirkung zwischen den Regierungen von Niederbayern, der Oberpfalz und Oberfranken sowie den Feuerwehrrettungskorps der Regionen Karlsbad, Pilsen und Südböhmen.

Der sachliche Geltungsbereich dieser Gemeinsamen Alarmpläne umfasst die grenzüberschreitende Information und Alarmierung bei Schadensereignissen mit möglicher grenzüberschreitender Auswirkung. Der örtliche Geltungsbereich erstreckt sich entlang der gemeinsamen Staatsgrenze zwischen den jeweiligen bayerischen Regierungsbezirken und den angrenzenden österreichischen Bundesländern bzw. Regionen in der Tschechischen Republik.

Zu nennen sind hier aber auch

- die Regelungen für die Zusammenarbeit bei Schadensereignissen auf dem Bodensee zwischen Bayern, Baden-Württemberg, Österreich und der Schweiz sowie
- die Meldeverfahren zwischen Bayern und Österreich im Rahmen des Donauschutzübereinkommens und
- der Main-Donau-Alarmplan für die überregionale Alarmierung bei Schadensereignissen mit Auswirkungen auf die Gewässergüte der Bundeswasserstraßen in Bayern zwischen Bayern, Hessen, Baden-Württemberg und Oberösterreich.

Dieser Alarmplan betrifft Havarien oder andere Schadensereignisse, die die Gewässergüte der Bundeswasserstraßen in Bayern sowie im Einzugsgebiet des Mains und der Donau nachteilig beeinflussen oder die Schifffahrt gefährden können. Ziel ist vor allem eine überregional rechtzeitige Alarmierung und Information der zur Bekämpfung dieser Schadensereignisse zuständigen Stellen.

Zudem ist der Freistaat Bayern über das föderalistische Prinzip in die Katastrophenschutzvereinbarungen der Bundesrepublik Deutschland eingebunden. Bayern ist hier insbesondere von folgenden Abkommen betroffen:

- dem Abkommen zwischen der Bundesrepublik Deutschland und der Republik Österreich über die gegenseitige Hilfeleistung bei Katastrophen oder schweren Unglücksfällen vom 23. Dezember 1988,
- dem Abkommen zwischen der Bundesrepublik Deutschland und der Schweizerischen Eidgenossenschaft über die gegenseitige Hilfeleistung bei Katastrophen oder schweren Unglücksfällen vom 28. November 1984 sowie
- dem Vertrag zwischen der Bundesrepublik Deutschland und der Tschechischen Republik über die gegenseitige Hilfeleistung bei Katastrophen und schweren Unglücksfällen vom 19. September 2000. Zur Durchführung dieses Vertrags habe ich am 27. August 2013 in Bayreuth gemeinsam mit dem damaligen Innenminister der Tschechischen Republik, Herrn Pecina, eine Vereinbarung unterzeichnet. Sie beinhaltet die Vorbereitung möglicher grenzüberschreitender Hilfeleistungen, etwa durch Erfahrungsaustausch und Übungen sowie die Zusammenarbeit bei grenzüberschreitender Hilfeleistung. Außerdem werden Verfahren zur gegenseitigen Information über Katastrophen und schwere Unglücksfälle in den grenznahen Gebieten mit möglichen Auswirkungen auf das Staatsgebiet der anderen Vertragspartei sowie Verbindungsstellen zur Übermittlung von Hilfeersuchen festgelegt.
- Hinzu kommt das Rahmenabkommen zwischen der Bundesrepublik Deutschland und der Tschechischen Republik über die grenzüberschreitende Zusammenarbeit im Rettungsdienst vom 4. April 2013.

In Umsetzung dieses Rahmenabkommens wurde am 3. Oktober 2016 in Karlsbad zwischen dem Bayerischen Staatsministerium des Innern, für Bau und Verkehr und den Bezirken Karlsbad, Pilsen und Südböhmen eine Vereinbarung über die grenzüberschreitende Zusammenarbeit im Rettungsdienst geschlossen. Ziel dieser Vereinbarung ist die Erleichterung der grenzüberschreitenden Notfallrettung und die gegenseitige Hilfe bei Notfalleinsätzen.

Außerdem ist der Freistaat Bayern in die Meldeverpflichtungen bei Schadensereignissen mit grenzüberschreitenden Auswirkungen im Rahmen des UN/ECE-Abkommens eingebunden.

Die bayerische Katastrophenschutzkultur brachte im Laufe der Zeit zahlreiche Beziehungen zu außerbayerischen Katastrophenschutz-behörden, -initiativen und -innovationen hervor. Das wird nicht nur durch die Teilnahme bayerischer Vertreter in verschiedenen interna-tionalen Fachgremien, sondern auch im Rahmen des internationalen Informationsaustausches und der zwischenstaatlichen Zusammen-arbeit zur Lösung konkreter Fachfragen deutlich.

Die genannten Regelungen, Abkommen und Vereinbarungen zeigen, dass die Leistung überörtlicher Katastrophenhilfe seit vielen Jahren ein wichtiges Thema in Bayern ist. Kräfte aus Bayern waren beim Hochwasser im August 2002 im Freistaat Sachsen und in Sach-sen-Anhalt, beim Augusthochwasser 2005 in Deutschland, bei der Schneekatastrophe 2006 in Niederbayern und in der Oberpfalz sowie beim erneuten bundesweiten Hochwassergeschehen 2013 im Einsatz. Auch bei weniger spektakulären Katastrophenschutzeinsätzen war immer wieder überörtliche Hilfe erforderlich.

Die Erfahrungen aus derartigen Einsätzen sind in ein Konzept zur länder- und staatenübergreifenden Katastrophenhilfe sowie zur über-regionalen Katastrophenhilfe innerhalb Bayerns eingeflossen, das wir nach intensiver Abstimmungsarbeit mit allen Beteiligten bereits Ende August 2007 in Bayern verbindlich eingeführt haben. Kernpunkte dieses Konzepts sind einheitlich strukturierte, vorgeplante Einsatz-kontingente sowie Regelungen zur Hilfeanforderung und zur Zusam-menarbeit im Einsatz zwischen Hilfe ersuchender und Hilfe leisten-der Stelle. Im Rahmen dieses Konzepts war zunächst nur die Planung und Aufstellung von Hilfeleistungskontingenten unterschiedlicher Fachrichtung in den Bereichen Feuerwehr sowie Sanitäts- und Be-treuungsdienst vorgesehen. Um hier zu einheitlichen Kontingenten zu kommen, haben wir entsprechende Planungsrichtlinien erarbeitet und ein-geführt. Mittlerweile sind sogenannte Wasserrettungszüge

Bayern sowie zuletzt im Jahr 2015 auch ein Einsatzkonzept THW-Hilfeleistungskontingente zur überörtlichen Hilfe gefolgt. Ziel der Aufstellung der Hilfeleistungskontingente war und ist es, einer Hilfe anfordernden Stelle innerhalb oder außerhalb Bayerns in angemessener Zeit personell und materiell wirksame Hilfe mit standardisierten Einheiten leisten zu können. Das bayerische Katastrophenschutzhilfeleistungssystem wurde durch die Einführung der Hilfeleistungskontingente und der Regelungen zu deren Einsatz nochmals erheblich gestärkt. Bei den Katastrophenfällen der letzten Jahre wurden – je nach Bedarf – immer wieder Hilfeleistungskontingente im Rahmen der überregionalen Katastrophenhilfe erfolgreich eingesetzt.

Ergänzend will ich auch noch die Zusammenarbeit in der täglichen Gefahrenabwehr erwähnen. Mit den an Bayern angrenzenden österreichischen Bundesländern bestehen hier traditionell enge Kooperationen, die bis in die gegenseitige Einbindung von Einsatzpotential in die Alarmierungsplanungen für die Bewältigung des täglichen Einsatzgeschehens reichen. Zwischen grenznahen Kommunen in Bayern und in der Tschechischen Republik wurden in den letzten Jahren eine Reihe von Vereinbarungen zur gegenseitigen Hilfeleistung geschlossen. Es geht hier vor allem um grenzüberschreitende Hilfeleistung in der täglichen Gefahrenabwehr, wenn das benötigte Einsatzpotential aus dem Nachbarstaat näher an der Einsatzstelle liegt, als eigene Kräfte oder zur Verstärkung des Einsatzpotentials bei größeren Schadenslagen.

Wie sich in der letzten Zeit gezeigt hat, müssen wir uns auf immer wieder andere und neue Bedrohungsszenarien einstellen. Die Starkregenereignisse im Sommer 2016, die die Einsatzkräfte nahezu in ganz Bayern vor enorme Herausforderungen stellten, sind hierfür ein anschauliches Beispiel. Dem Katastrophenschutz und damit auch der internationalen bzw. grenzüberschreitenden Katastrophenhilfe kommt damit eine immer stärkere Bedeutung zu. Bei einem großen Einsatz zur Katastrophenabwehr ist vor allem eines gefragt: viele helfende Hände. Wenn etwa bei einem Hochwasser zahlreiche Regionen unter Wasser stehen, oder wenn Waldbrände ganze Landstriche bedrohen, ist es wichtig, dass die benötigten Helferinnen und Helfer rasch und kompetent eingesetzt werden können. Staats-grenzen sollten dabei keine Rolle spielen. Die eingangs aufgeführten Regelungen, Abkommen und Vereinbarungen zur grenzüberschreitenden Zusammenarbeit, aber noch mehr die internationalen Hilfseinsätze selbst zeigen, dass wir uns hier auf dem richtigen Weg befinden.

Professionalität durch Digitalisierung
Manfred Speck
Kommunikation für Wirtschaft, Stiftungen und Politik

Die Organisation und das Management im Katastrophenschutz sind ohne den Einsatz der digitalen Dienste nicht mehr vorstellbar. Hierin liegen nicht nur Chancen, sondern auch Zukunft.

Digitales Leben und Arbeiten sind Alltag geworden und wir erleben den Wandel in eine Digitale Gesellschaft. Die Nutzung moderner Technologien in Verwaltung, Wirtschaft und Gesellschaft ist heute nahezu selbstverständlich geworden. Die meisten Arbeitsplätze sind durch die Neuen Technologien geprägt. Gegenwärtig läuft auf Hochtouren der Ausbau der digitalen Infrastrukturen in unserem Land. An manchen Stellen könnte der Ausbau durchaus dynamischer umgesetzt werden.

Da die Digitalisierung nicht mehr aufzuhalten ist, müssen alle verfügbaren wissenschaftlichen Erkenntnisse, national und international, die der Sicherheit im Internet und für IT–Lösungen dienlich sind, eingesetzt werden.

In ihrem Bericht »Digitale Agenda« hat die Bundesregierung auf die großen Chancen des digitalen Wandels hingewiesen. Jeder kann schon heute an nahezu jedem Ort elektronisch kommunizieren, Informationen abrufen, Produkte per Internet bestellen und sich online fortbilden. Wir leben bereits zunehmend in einer digital vernetzten Welt.

Digitalisierung und Verwaltungsmodernisierung müssen einhergehen und sind weiterhin Themenschwerpunkt in vielen Bereichen im Public Sector.

Digitalisierung erleichtert auch die Arbeit im Krisen- und Katastrophenmanagement, sowie in den täglichen Rettungsdiensten und der medizinischen Versorgung. Röntgenbilder und Krankenberichte sind für die behandelnden Ärzte schneller verfügbar. Die Telemedizin hilft heute schon bei der Versorgung – vor allem auch im ländlichen Raum.

Was alle begreifen müssen und zwar ganz schnell: Wir leben mitten in der digitalen Revolution. An oberster Stelle müssen die IT-Sicherheit und damit die Unangreifbarkeit von außen stehen. Die Sensibilität für die Sicherheitsstrukturen muss auch im Krisen- und Katastrophenmanagement Priorität in Deutschland und Europa haben.

In einem Beitrag vom Januar 2017 schreibt das Bundesministerium des Innern: »Zur Bewältigung außergewöhnlicher Gefahren- oder Schadenslagen im Inland hat sich in der Bundesrepublik Deutschland ein leistungsfähiges Hilfeleistungssystem entwickelt. Im Rahmen des durch die Länder getragenen Katastrophenschutzes sollen die durch Naturkatastrophen, Industrieunfälle, Seuchen, und auch durch Gefahren des internationalen Terrorismus entstehenden Lagen bewältigt werden.

Der Bund unterstützt hierbei die Länder bei großflächigen Schadenslagen oder solchen von nationaler Bedeutung in vielfältiger Weise, in der Koordination und Information, bei der Beratung und Bereitstellung von Ressourcen.

Insbesondere in den letzten Jahren wurde das System des Krisen- und Katastrophenmanagements in Bund und Ländern unter Berücksichtigung der veränderten Bedrohungslage kontinuierlich fortentwickelt. Zugleich wurde auf europäischer Ebene die Möglichkeit der Verzahnung der nationalen Krisenmanagementsysteme vorangetrieben. EU-Kommissionspräsident Junker forderte in einem Interview im Januar 2017 im Bayerischen Fernsehen eine schnellere Durchsetzung der Digitalisierung in den 27 Mitgliedstaaten der EU. Die Arbeit in den vielfältigen Feldern des Public Sector könnte dadurch viel effizienter werden.

Auf der Bundesebene wurden Vorkehrungen getroffen, um in den zuständigen Ressorts Krisenstäbe einrichten zu können. Das ressortübergreifende Krisenmanagement wird fortlaufend im Ressortkreis ›Nationales Krisenmanagement‹ unter der Federführung des BMI optimiert. Darüber hinaus wurden Vereinbarungen getroffen, um in ausgewählten Lagen ressortübergreifende Gemeinsame Krisenstäbe im BMI aufrufen zu können.

Um eine Vereinheitlichung der Führungsstrukturen auf den unterschiedlichen Ebenen des Krisen-Managements in den Ländern herzustellen, haben die Länder sich darauf verständigt, im Rahmen ihres Gesamtführungssystems auf die vereinheitlichten Grundsatzempfehlungen zurückzugreifen. Darüber hinaus wurde ein Verfahren zur länderübergreifenden Katastrophenhilfe vereinbart.

Seit dem Jahr 2004 wird das System des Krisenmanagements zwischen Bund und Ländern durch Ressort- und länderübergreifende Krisenmanagementübungen (LÜKEX) geübt. Zwischen Bund und Ländern wurde vereinbart, diese Übungsserie künftig in einem zweijährigen Rhythmus fortzuführen.« Soweit ein Auszug des BMI Beitrages.

In seinen Leitlinien für einen starken Staat beklagt Bundesinnenminister Thomas de Maizière zurecht, »dass wir in unserem Land nach wie vor zu unterschiedliche Strukturen für den Umgang mit einem Katastrophenfall haben. Auch hier schlage ich eine gebündelte Organisation mit mehr Zuständigkeiten für den Bund vor«, so der Bundesinnenminister.

Hinweisen möchte ich noch darauf, dass in der Europäischen Union die »Lenkungsgruppe für Krisenfälle der EU« auf der Ebene des Generalsekretariats des Rates geschaffen wurde. Die Lenkungsgruppe wird in Not- und Katastrophenfällen sowie in Krisen aktiv, die so weitreichende Auswirkungen oder eine so umfassende politische Bedeutung aufweisen, dass sie eine abgestimmte Reaktion der Mitgliedstaaten der EU auf politischer Ebene erforderlich machen.

Im Leitfaden spricht der Bundesinnenminister die Krisenkommunikation an, die er für einen bedeutenden Bestandteil des Krisen- und Katastrophenmanagements hält. Sie verlangt genauso wie das Management klare Strukturen und vorbereitete Strategien. In Krisen ist es erforderlich, bei allen Verantwortlichen den gleichen Informations- und Wissensstand sicherzustellen sowie Medien und Bevölkerung möglichst umfassend, aktuell, widerspruchsfrei und wahrheitsgemäß zu informieren.

»Dennoch: Angesichts denkbarer Krisen und Katastrophen auch in Deutschland, und angesichts der digitalen Weiterentwicklung und der wachsenden Globalisierung müssen wir feststellen«, so der Bundesminister des Innern, »dass unser Staat auf schwierige Zeiten noch besser vorbereitet werden muss als bisher. Wir sind an Normalität und das Ausbleiben von Katastrophen gewöhnt. Und so ist unser Land auch organisiert. Die Zeiten ändern sich aber. In Deutschland gibt es viele Regelungen nicht, die in anderen Demokratien weltweit selbstverständlich sind. Wir haben zum Beispiel keine Zuständigkeit des Bundesstaates für nationale Katastrophen. Die Zuständigkeiten für die Bekämpfung des internationalen Terrorismus sind zersplittert.«

Übrigens, in der Koalitionsvereinbarung von CDU/CSU und SPD ist die Förderung der Entwicklung und den Einsatz von bundesweiten Warn- und Informationssystemen, mit denen Bürgerinnen und Bürger per SMS, E-Mail oder über eine App über Unfälle, Gefahren und Katastrophen informiert werden können, nicht nur zugesagt, sondern auch durchgesetzt worden. Seit 2013 ist dafür das Modulare Warnsystem (MoWas) in Betrieb.

Zurück zu Europa: Natürlich brauchen wir eine europäische Einbettung der digitalen Agenda auch für Deutschland. Nahezu alle Themen wie der Netzausbau, die Netzneutralität, die Vollendung des digitalen Binnenmarktes, der Datenschutz, der Schutz geistigen Eigentums im Internet, die IT-Sicherheit und auch die Forschungsförderung haben starke europäische Relevanz. Deutsche Vertreter sind in allen entsprechenden Gremien aktiv und begleiten die strategischen Diskussionen über die Digitalisierung. Dabei geht es z. B. auch um Informationen über Best-Practice-Modelle aus anderen Mitgliedstaaten.

Allerdings befindet sich die EU derzeit in keiner guten Form. Manche sehen die EU bereits in Lebensgefahr wegen der Renationalisierungstendenzen in einigen EU-Staaten. Die Europäische Gemeinschaft, immerhin noch 28, bald 27 Staaten, steht für eine Friedensunion, für eine Werte-Gemeinschaft und für einen Binnenmarkt. Der Frieden ist zwar innerhalb der EU nach wie vor gesichert, doch an den Außengrenzen tun sich neue Risiken und Gefahren auf.

Die europäische Wertegemeinschaft hat in den letzten Jahren einige Risse bekommen. So gab und gibt es in der Flüchtlingspolitik bis heute keine Solidarität. Die Werte – wie etwa die Humanität – des christlichen Abendlandes stellen andere Anforderungen. Ich denke, da hat die Politik und die Gesellschaft im Ganzen in den Mitgliedstaaten Verantwortung für kommende Generationen. Auch in Zeiten der digitalen Revolution darf das Humane nicht verloren gehen. Mensch bleibt Mensch.

Quo vadis deutsche humanitäre Hilfe im Ausland

Rüdiger König
Leiter der Abteilung Krisenprävention, Stabilisierung,
Konfliktnachsorge und Humanitäre Hilfe im Auswärtigen Amt

Der weltweite humanitäre Bedarf ist in den vergangenen Jahren drastisch angestiegen. Wurde der von den Vereinten Nationen ermittelte
weltweite Bedarf im Jahr 2006 noch auf 4,8 Milliarden Dollar be-
ziffert, so erreichte er im Jahr 2017 mit 22,6 Milliarden Dollar einen
neuen Höchststand. Hinter diesen trockenen Zahlen verbirgt sich ein
Ausmaß an Leid und Verzweiflung, das wir uns in seiner Dimension
nicht vorstellen können. Von den vielen Einzelschicksalen derer, die
ihre Heimat unter Tränen als Flüchtlinge verlassen müssen, bis hin zu
jenen, die in der Extremsituation an Hunger oder Krankheiten ver-
zweifeln und zerbrechen.

Mit Blick auf diese vielen Einzelschicksale stimmt es hoffnungsvoll,
dass die deutsche finanzielle Unterstützung des internationalen humanitären Systems den Anstieg des weltweiten humanitären Bedarfs
in den vergangen Jahren nachvollziehen konnte. Gleichzeitig müssen
die Weltgemeinschaft und damit auch wir uns aber eingestehen, dass
die in der globalen Summe bereitgestellten Mittel zur Linderung des
Leids der Menschen in humanitären Notlagen Jahr für Jahr aufs Neue
nicht ausreichen. Der Bedarf steigt einfach zu schnell. Die Geberzusa-
gen kommen nicht nach.

Wir müssen unser Bestes tun, um dem humanitären Imperativ in
den kommenden Jahren gerecht zu werden. Um dies tun zu können,
müssen im Vorfeld die richtigen Fragen gestellt und die richtigen
Vorbereitungen getroffen werden. Eine zentrale Frage lautet: Wird
der humanitäre Bedarf auch in den kommenden Jahren weiter so
dramatisch anwachsen? Und wenn ja: In welchen Bereichen drohen
uns vermehrte humanitäre Notlagen und wie kann sich die deutsche
humanitäre Hilfe im Ausland darauf vorbereiten? Welche Rolle kann
sie als Teil einer internationalen Antwort einnehmen?

Inmitten einer exponentiellen Entwicklung?

Zur Vorbereitung auf den zu erwartenden humanitären Bedarf der nächsten Jahre ist es uns leider nicht möglich, in die Glaskugel zu blicken und zu wissen, was uns erwartet. Wenn man aber einmal die verschiedenen Bereiche und Trends durchsieht, welche die zukünftigen humanitären Notlagen entscheidend beeinflussen werden, wird schnell deutlich, dass wir uns auf einen weiteren Anstieg des globalen humanitären Bedarfs einstellen sollten. Denn auch wenn wir nicht genau wissen, wie groß die humanitären Herausforderungen sein werden, die auf uns durch Flucht und Vertreibung, aufgrund von gewaltsamen Konflikten, durch Nahrungsmittelknappheit, durch Folgen des Klimawandels oder durch den Ausbruch neuer Epidemien zukommen werden – wir können uns ziemlich sicher sein, dass es in der Gesamtschau über all diese Bereiche auch weiterhin zu großen Herausforderungen kommen wird, auf die wir vorbereitet sein sollten.

Hunger und Unterernährung sind aktuell die erschreckende Realität in vielen Ländern dieser Welt. Laut dem Welthunger-Index 2016 sind etwa 795 Millionen Menschen unterernährt, ungefähr jedes vierte Kind ist von Wachstumsverzögerung betroffen und acht Prozent aller Kinder leiden unter Auszehrung. Auch wenn global gesehen seit den 1990er Jahren Fortschritte bei der Bekämpfung von Hunger zu verzeichnen sind, ist die Situation in 50 Ländern noch weiterhin »ernst« oder »sehr ernst«. Dass humanitäre Hilfe zur Bekämpfung des Hungers nach wie vor unerlässlich ist, unterstreicht die aktuelle schwere Krise in Ostafrika.

Die Ursachen für Hunger und Unterernährung sind multidimensional und vielfach struktureller Natur. Ein Blick auf den Welthunger-Index veranschaulicht den unmittelbaren Zusammenhang zwischen Hungersituationen in und humanitären Krisensituationen. Auch die Sonderorganisationen der Vereinten Nationen IFAD, FAO und WFP konstatieren, dass Hunger und Unterernährung übliche Erscheinungen in langanhaltenden Krisen, ausgelöst durch Konflikte, politische Instabilität oder Naturkatastrophen, sind.

Eine Verschärfung oder ein Anstieg dieser Faktoren, aber auch weitere Entwicklungen, wie z. B. Bevölkerungswachstum und Urbanisierung, bergen das Potential, Hunger und Unterernährung und somit den humanitären Bedarf weiter anwachsen zu lassen. Insbesondere die negativen Auswirkungen des Klimawandels wie etwa häufigere und größere wetterbedingte Naturkatastrophen, aber auch langfristige Umweltveränderungen bergen große Risiken für die Nahrungsmittel- und Ernährungssituation.

Die aktuellen und zukünftigen **Risiken des Klimawandels** stellen die deutsche humanitäre Hilfe ebenso wie das gesamte internationale humanitäre System insgesamt vor enorme Herausforderungen. Die Anzahl der Naturkatastrophen pro Jahr hat sich dabei in den vergangenen 20 Jahren von ca. 200 auf über 400 pro Jahr verdoppelt, und 75 Prozent dieser Naturkatastrophen gehen inzwischen auf Extremwetterereignisse zurück. In den kommenden Jahren und Jahrzehnten drohen infolge solcher Katastrophen höhere Verluste von Menschenleben, die Zunahme an Verletzten, die Verschlechterung menschlicher Gesundheit und die Zerstörung von wichtigen Lebensgrundlagen in zahlreichen Regionen der Erde.

Der Klimawandel ist dabei nicht nur ein Problem der Zukunft. Er findet bereits statt und ist eine Herausforderung der Gegenwart. Von den Auswirkungen des Klimawandels sind die Menschen in Entwicklungsländern besonders betroffen, und die katastrophenanfälligsten Bevölkerungsgruppen in den am stärksten gefährdeten Ländern sind schon derzeit nicht in der Lage, sich vor den Folgen des Klimawandels ausreichend zu schützen.

Die weltweite **Anzahl der Infektionsausbrüche** hat in den letzten Jahrzehnten dramatisch zugenommen. Neben bekannten Erregern wie Cholera, Dengue oder Chikungunya, die in den letzten Jahren weltweit eine Vielzahl von Ausbrüchen verursacht haben, sind in jüngerer Vergangenheit neue Pathogene aufgekommen: Vogelgrippe, SARS, MERS coronavirus, um nur einige zu nennen. Ebola wurde monatelang vor allem als eine öffentliche Gesundheitskrise wahrgenommen. Es brauchte Zeit, bis das Entstehen einer komplexen humanitären Krise überhaupt erkannt wurde und die Akteure begannen, auf die sekundären Auswirkungen der Gesundheitskrise in anderen Sektoren zu reagieren: Notunterkünfte, Wasserversorgung, Schutz, Bildung, Bereitstellung von Nahrungsmitteln und anderen Gütern.

Es gibt viele andere – bekannte wie bislang unbekannte – Viren, die ähnliche Ausbrüche verursachen könnten und die, je nachdem in welchem Kontext sie ausbrechen, ähnliche humanitäre Krisen auslösen können. Neue Erreger sind allen Eindämmungsversuchen immer einen oder auch mehrere Schritte voraus, insbesondere wenn sie sich sehr schnell vermehren. Hinzu kommt, dass Menschen und Waren global verkehren, dass Menschen immer weiter in bislang unbesiedelte Gebiete vordringen, wo sie mit unbekannten Erregern in Kontakt kommen. Und schließlich werden sowohl Krankheitserreger als auch ihre Überträger von klimatischen Bedingungen beeinflusst. Bereits im Jahr 2008 betonte die erste Konferenz der WHO zu den Auswirkungen des globalen Klimawandels auf die menschliche Gesundheit die Konsequenzen des Klimawandels für die Verbreitung von Infektionskrankheiten.

Es gibt hunderte Erreger, doch vorherzusagen, welcher gefährlich ist oder gar »the next big one« auslöst, wie Epidemiologen eine den gesamten Erdball erfassende Seuche bezeichnen, ist extrem schwierig. Sie alle starten mit einem zufälligen Ereignis: dem Übergang eines Pathogens von einer anderen Spezies auf den Menschen. Dr. Margaret Chan, Generaldirektorin der WHO, erinnerte daran, dass die auch auf diese Weise entstandene Ebola-Krise in Westafrika trotz ihrer Schwere, Komplexität und ihres Ausmaßes nicht das »worst-case scenario« war: »Everyone needs to remember that Ebola was not a worst-case scenario. Preparedness for the future means preparedness for a very severe disease that spreads via the airborne route or can be transmitted during the incubation period, before an infected person shows telltale signs of illness:«

Leider ist auch davon auszugehen, dass **Krieg und Gewalt** zu weiterer **Flucht und Vertreibung** und zu neuen humanitären Krisen führen werden. Laut Hohem Flüchtlingskommissar der Vereinten Nationen ist die Zahl der Flüchtlinge und Vertriebenen in den vergangenen Jahren mit zunehmender Geschwindigkeit auf hohem Niveau angestiegen. Im Jahr 2016 befanden sich rund 64 Millionen Menschen unter seinem Mandat, darunter rund 16,5 Millionen Flüchtlinge und rund 36,4 Millionen Binnenvertriebene. Dies ist die höchste gemessene Zahl nach dem Zweiten Weltkrieg und bedeutet im Vergleich zu 2015 den höchsten Anstieg innerhalb eines Jahres.

Wie der Generalsekretär der Vereinten Nationen, Antonio Guterres, noch in seiner Funktion als Hoher Flüchtlingskommissar, sagte, ist in puncto gewaltinduzierter Flucht und Vertreibung leider keine Trendumkehr zu erwarten: »There seems to be nothing more difficult today than ending a conflict, let alone preventing it from breaking out in the first place. We live in a chaotic world with no effective global governance system and where power relations are unclear. In a world like this, unpredictability and impunity prosper, wars drag on for years, and millions of people are displaced as a result.«

Aus diesen gewaltsamen Konflikten entsteht nicht nur ein humanitärer Bedarf der Geflüchteten und Vertriebenen, sondern natürlich auch humanitäre Notlagen in den gewaltsamen Konflikten selbst. Eine große Herausforderung für die internationale Gemeinschaft wird es bleiben, gleichzeitig humanitäre Antworten auf die Zunahme von großen und lang anhaltenden Krisen wie in Afghanistan und Somalia und die rapide steigenden Betroffenenzahlen in »neuen Krisen« wie im Südsudan oder in Nigeria zu finden. Eine entscheidende Herausforderung wird es sein, quantitativ ausreichende und gleichzeitig prinzipienorientierte, unparteiliche humanitäre Hilfe zu leisten, die den Zugang zu den Betroffenen in all diesen Krisen überhaupt erst möglich machen wird.

Neben einer Verschärfung oder Ausweitung der Fluchtursachen nach Genfer Flüchtlingskonvention – bewaffnete Konflikte, Verfolgung, Gewalt und Menschenrechtsverletzungen – bergen zudem auch Naturkatastrophen und Folgen des Klimawandels das Potential, immer mehr Menschen dazu zu treiben, innerhalb ihres Landes zu fliehen oder außerhalb ihrer Heimat Schutz zu suchen.

Für jeden einzelnen der genannten Bereiche ist der Ausblick ungewiss bis düster, Entwarnung ist auf keinem Gebiet wirklich zu erwarten. Das Potential, den humanitären Bedarf noch rasanter anwachsen zu lassen, hat vor allem eine Verbindung der oben genannten Faktoren: z. B. starke negative Auswirkungen des Klimawandels, die zu umfassender Nahrungsmittelknappheit, Krankheitsausbrüchen, Verteilungskämpfen, gewaltsamen Konflikten und Flucht und Vertreibung führen. Was aber nicht heißt, dass jeder Bereich für sich nicht ein enormes eigenes Potential für das Entstehen zusätzlichen humanitären Bedarfs hätte.

Wie sind wir vorbereitet?

Die genannten Herausforderungen kann die deutsche humanitäre Hilfe natürlich nicht allein bewältigen. Entscheidend wird es sein, das **internationale humanitäre System** auf diese vorzubereiten. Anspruch der deutschen humanitären Hilfe ist es, zu dieser Vorbereitung entscheidend beizutragen. Durch umfassendes Engagement, gepaart mit gezielten Initiativen, möchten wir das internationale humanitäre System stärken und weiterentwickeln. Die entscheidende Herausforderung, auch in der Zukunft auf steigenden Bedarf angemessen reagieren zu können, war das beherrschende Thema des **ersten humanitären Weltgipfels im Mai 2016** in Istanbul.

Der Weltgipfel gilt zu Recht, neben der Verabschiedung der Agenda 2030 und der Klimakonferenz von Paris, als eine der sogenannten »legacy achievements« des ehemaligen Generalsekretärs der Vereinten Nationen, Ban Ki-moon. Noch nie zuvor versammelten sich so viele Akteure der humanitären Hilfe, um über die notwendigen Anpassungen des internationalen humanitären Systems zu diskutieren. Noch nie zuvor wurde ein internationaler Gipfel der Vereinten Nationen als inklusiver Prozess unter Beteiligung aller humanitären Akteure und nicht als rein zwischenstaatlicher Prozess vorbereitet und durchgeführt. Und schließlich wurden noch nie im Rahmen einer Gipfelveranstaltung der Vereinten Nationen so viele konkrete Verpflichten eingegangen und Initiativen verkündet.

Ebenfalls sehr deutlich hat der Weltgipfel die Verantwortung betont, humanitären Bedarf nicht nur schnell zu mindern, sondern gar nicht erst entstehen zu lassen. Für diese Aufgabe wird dem erfolgreichen Zusammenwirken aus humanitärer Hilfe, Konfliktprävention, Stabilisierung, Konfliktnachsorge und Entwicklungszusammenarbeit eine sehr wichtige Rolle zukommen. Nur wenn auch diese Bereiche ihren jeweiligen Pflichten, bei gleichzeitiger nahtloser Abstimmung, gerecht werden, kann es gelingen, die zukünftige »humanitarian caseload« zu reduzieren.

Die Bundesregierung hatte das Gipfelprojekt seit Bekanntmachung als Priorität identifiziert und nicht zuletzt durch die Ausrichtung zweier vorgeschalteter Expertentreffen unterstützt. Der humanitäre

Weltgipfel ist der anerkannte Ausgangspunkt für die Vorbereitung auf die oben genannten Herausforderungen. Deutschland hat sich beim Weltgipfel, zusätzlich zu den sogenannten »Core Commitments« mit 174 nationalen Selbstverpflichtungserklärungen in aller Deutlichkeit dazu bekannt, Verantwortung in der internationalen humanitären Hilfe zu übernehmen. Eine Vorreiterrolle wollen wir dabei in den Bereichen der Verbesserung der humanitären Finanzierungsstrukturen, der Innovation und der Umsetzung eines internationalen Paradigmenwechsels hin zu mehr vorausschauender Hilfe spielen.

In Anbetracht der Zunahme von Naturkatastrophen und aufgrund der aktuellen und zukünftigen Herausforderungen des Klimawandels hat die deutsche humanitäre Hilfe in den vergangenen Jahren bereits einen **Paradigmenwechsel von der klassischen Reaktion auf Katastrophen hin zu einer verbesserten humanitären Katastrophenvorsorge** vollzogen. Bereits 2013 hat das Auswärtige Amt mit seiner »Preparedness Initiative« diesen Paradigmenwechsel eingeleitet und trägt seitdem in Kooperation mit den humanitären Organisationen der Vereinten Nationen, den Nichtregierungsorganisationen, der Internationalen Rotkreuz- und Rothalbmondbewegung sowie in internationalen Prozessen intensiv dazu bei, eine vorausschauende humanitäre Hilfe zu verankern.

Im Hinblick auf eine Anpassung an steigende Extremwettergefahren infolge des Klimawandels hat das Auswärtige Amt 2014 in enger Zusammenarbeit mit dem Deutschen Roten Kreuz und dem Welternährungsprogramm ein Maßnahmenpaket zur humanitär-geprägten Anpassung an den Klimawandel und steigende Extremwettergefahren entwickelt. Das Deutsche Rote Kreuz ist dabei unser strategischer Partner. Es koordiniert die Umsetzung des Maßnahmenpakets und arbeitet im Auftrag des Auswärtigen Amtes mit einer Vielzahl von Experten zum Thema Klimawandel im humanitären Kontext zusammen.

Dieses Klima-Maßnahmenpaket versetzt humanitäre Akteure in ausgewählten Hochrisikoländern in die Lage, vorhandene Extremwettervorhersagen besser zu nutzen und auf Extremwetterrisiken frühzeitig und systematisch zu reagieren. Auf Grundlage solcher Vorhersagen werden in ausgewählten Pilotländern spezielle Schwellenwerte zur Frühwarnung entwickelt. Beim Eintritt der Schwellenwerte werden vorab erarbeitete Vorsorgemaßnahmen zur unmittelbaren Risikoreduktion finanziert und umgesetzt. Das Auswärtige Amt leistet mit diesem Konzept der sogenannten **vorhersagenbasierten Finanzierung** (»Forecast-based-Financing«) einen wichtigen Beitrag zu einer schlagkräftigeren humanitären Reaktion auf zukünftige Katastrophen.

Seit 2012 setzt sich das Auswärtige Amt außerdem dafür ein, Mechanismen zu etablieren, um den Betroffenen von **katastrophen- und klimawandelinduzierter Vertreibung** adäquaten Schutz zukommen zu lassen. Menschen, die aufgrund von Naturkatastrophen oder infolge des Klimawandels ihre Heimat verlassen müssen, fallen nicht unter den Schutz der Genfer Flüchtlingskonvention. Um den Schutz dieser Menschen zu verbessern, lancierten die Schweiz und Norwegen 2012 in engem Kontakt mit Deutschland die sogenannte Nansen-Initiative. Im Oktober 2015 erfolgte die Annahme der »Agenda for the protection of cross-border displaced persons in the context of disasters and climate change« (Protection Agenda) durch 109 Staaten.

Von Juli 2016 bis Dezember 2017 hat Deutschland den Vorsitz der **»Platform on Disaster Displacement«** übernommen, welche der Nansen-Initiative nachfolgt und sich zum Ziel gesetzt hat, die Protection Agenda umzusetzen. Auch hier ist das gemeinsame internationale Vorgehen der Schlüssel zum Erfolg: Bangladesch ist Vize-Vorsitz der Plattform, die während des humanitären Weltgipfels in Istanbul im Mai 2016 vom damaligen Außenminister Dr. Frank-Walter Steinmeier offiziell vorgestellt wurde. Mit Prof. Achim Steiner ist seit Oktober 2016 ein deutscher Experte der Vereinten Nationen internationaler Botschafter der Plattform.

Den Schwerpunkt des deutschen Vorsitzes zur Implementierung der Protection Agenda bildet die Durchführung von konkreter Projektarbeit zur Umsetzung von wirksamen Schutzmaßnahmen in Hochrisikoländern und -regionen, um Betroffene zu unterstützen und katastrophen- und klimawandelinduzierte Vertreibung zu verringern. Das Auswärtige Amt kooperiert hier insbesondere mit der Internationalen Organisation für Migration und mit dem Flüchtlingshilfswerk der Vereinten Nationen. Zudem geht es um die Integration des Themas »Disaster Displacement« in bestehende humanitäre Strukturen und in relevante multilaterale und regionale Prozesse, wie z. B. die UN-Klimaverhandlungen, Katastrophenvorsorgekonferenzen und regionale Migrationskonferenzen.

Aufgrund des Klima-Maßnahmenpakets des Auswärtigen Amtes und des Engagements in Bezug auf katastrophen- und klimawandel-induzierte Vertreibung ist Deutschland inzwischen Vorreiter zur Bekämpfung der humanitären Auswirkungen des Klimawandels.

Für eine umfassende Bedienung des zukünftigen humanitären Bedarfs wird es zudem unerlässlich sein, die Öffentlichkeit und damit nicht zuletzt den Steuerzahler von der Bedeutung der humanitären Hilfe im Ausland zu überzeugen. Zu diesem Zweck haben wir zwei weitere wichtige Aktionsfelder identifiziert, die für eine leistungsfähige und zielorientierte deutsche humanitäre Hilfe von besonderer Bedeutung sind: die sogenannten Vergessenen humanitären Krisen und die Einbindung des Privatsektors in die humanitäre Hilfe.

Bei **Vergessenen humanitären Krisen** handelt es sich um seit Jahren andauernde, meist komplexe Krisenlagen, die kaum mediale oder politische Aufmerksamkeit erhalten und in der Folge nur wenig Spendenmittel generieren. Im aktuellen Koalitionsvertrag bekräftigt die Bundesregierung ihr humanitäres Engagement in Vergessenen Krisen: »Wir wollen unsere Humanitäre Hilfe an der Bedürftigkeit ausrichten und uns auch um die Menschen in den Krisengebieten kümmern, die aus dem öffentlichen Blickfeld geraten sind.« Das Auswärtige Amt engagiert sich über die Mitarbeit in internationalen Steuerungsgremien für ein abgestimmtes humanitäres Engagement der internationalen Gemeinschaft in Vergessenen Krisen. Über finanzielle Beiträge zum Nothilfefonds der Vereinten Nationen (CERF) wird zudem die Handlungsfähigkeit der humanitären VN-Organisationen und ihrer Umsetzungspartner in Vergessenen Krisen gestärkt.

Über die Bereitstellung von Mitteln für humanitäre Hilfsprojekte hinaus ist auch Öffentlichkeits- und Kampagnenarbeit unerlässlich, um zivilgesellschaftliches Engagement für Vergessene Krisen zu stärken und die Notwendigkeit politischer Lösungen für die zugrunde liegenden Konflikte zu unterstreichen. Gemeinsam mit deutschen humanitären Partnerorganisationen hat das Auswärtige Amt eine

Kampagne zu Vergessenen humanitären Krisen entwickelt. In ihr sollen Charakteristika von Vergessenen Krisen und die ihnen innewohnenden Herausforderungen sowie der notwendige Handlungsbedarf aufgezeigt werden. Zentrales Element der Kampagne ist eine möglichst breite Verwurzelung der Kampagneninhalte in der deutschen Öffentlichkeit, insbesondere in den sozialen Medien.

Im Herbst des Jahres 2015 startete das Auswärtige Amt seine Initiative zur **Einbindung des Privatsektors** in die humanitäre Hilfe. Durch die Förderung des Dialogs zwischen Unternehmen und humanitären Hilfsorganisationen kann es gelingen, den Austausch und das gegenseitige Verständnis dieser oft als einander ausschließend empfundenen gesellschaftlichen Akteure zu verbessern. Die Bandbreite der möglichen Zusammenarbeit von Wirtschaft und humanitärer Hilfe ist auch auf dem humanitären Weltgipfel thematisiert worden.

Es ist wiederum der weltweit wachsende humanitäre Bedarf, der verdeutlicht, wie notwendig die Einbindung neuer Akteure und Geber in das humanitäre System ist. Die Fähigkeiten, Interessen und Ressourcen der Wirtschaft können einen bedeutenden Mehrwert für die humanitäre Hilfe leisten, zumal immer mehr Unternehmen Corporate Social Responsibility im Sinne eines freiwilligen, oft karitativen unternehmerischen Engagements betreiben. Dieses Engagement gilt es zielführend für das humanitäre System zu nutzen, um auch die Innovationskraft des Privatsektors (z. B. technisches und logistisches Know-how) für die humanitäre Hilfe zu erschließen.

Denn eine weitere wichtige Erkenntnis aus dem humanitären Weltgipfel ist, dass die humanitäre Hilfe weiterer **Innovation** bedarf, um die national wie international begrenzten staatlichen und privaten Gebermittel für den vielseitigen humanitären Bedarf möglichst effektiv einsetzen zu können. Die Bundesregierung hat mit Blick auf diese Notwendigkeit im Jahr 2015 gemeinsam mit dem Freistaat Bayern die Gründung eines Innovationszentrum des Welternährungsprogramms in München unterstützt. Ziel des Zentrums sind Entwicklung und Umsetzung innovativer Ansätze in der Ernährungssicherung. Dort erarbeitete Innovationen sollen zu Effizienzsteigerungen und Kosteneinsparungen in der humanitären Hilfe und in der Entwicklungshilfe führen.

Besonders in komplexen Programmen in Krisen- und Konfliktländern bestehen großer Bedarf und Potentiale, moderne Informationstechnologie und Logistik anzuwenden. Von auf den ersten Blick unscheinbaren Innovationen wie besserer Erfassungsmethoden von potentiellen Hungergebieten, über Smartphone-Apps zur Mikrofinanzierung von humanitären Programmen und für das Feedback von Begünstigten, bis hin zum Testen von unbemannten Fahrzeugen oder Luftfahrzeugen für humanitäre Transporte in schwer zugängliche Gebiete – Innovationen haben das Potential, die Befriedigung steigenden humanitären Bedarfs besser zu ermöglichen.

Für eine schnellere **humanitäre Reaktion auf zukünftige Infektionsausbrüche** hat das Deutsche Rote Kreuz mit Unterstützung des Auswärtigen Amts im Jahr 2016 ein mobiles Isolationskrankenhaus erstellt. Ziel der Bereithaltung dieses Krankenhauses ist es, Ausbrüche gefährlicher Infektionskrankheiten einzudämmen, bevor sie zu einer nachhaltigen Bedrohung für die öffentliche Gesundheit eines Landes oder einer Region werden können. Das Isolationskrankenhaus ist als deutscher Beitrag in den »Pool der Europäischen Notfallbewältigungskapazitäten« eigebunden und bei einem epi- oder pandemischen Ereignis als Bestandteil des sogenannten »European Medical Corps« unmittelbar weltweit einsatzfähig.

Die Erstellung des Isolationskrankenhauses ist auch eine Konsequenz des Lernprozesses in Folge des Ebolaausbruchs in den Jahren 2014 und 2015. Wenn es dem Isolationskrankenhaus bei einem zukünftigen epi- oder pandemischen Ereignis gelingen wird, durch Übernahme hochinfektiöser Patienten die lokalen medizinischen Gesundheitseinrichtungen und Versorgungsleistungen aufrecht zu erhalten, wird dies entscheidend dazu beitragen, humanitären Bedarf zu verringern.

Die Beispiele zeigen, dass die deutsche humanitäre Hilfe mit erhöhter Geschwindigkeit Strategien im Hinblick auf die eingangs skizzierten zukünftigen humanitären Herausforderungen entwickelt hat. Diese Entwicklung wird weitergehen. Deutschland setzt sich im Nachgang zum humanitären Weltgipfel für eine sorgfältige Überprüfung der Umsetzungen der Verpflichtungen und damit zur Forcierung der tatsächlichen Fortschritte ein.

Im Rahmen des aktuellen deutsch-australischen Vorsitzes der Gruppe »Good Humanitarian Donorship« wollen wir weitere Antworten auf die Frage finden, wie humanitäre Geber zur Verbesserung des internationalen humanitären Systems beitragen können. Hierzu zählen nicht zuletzt auch die Vereinfachung von Berichtspflichten und ein vorausschauendes, verlässliches finanzielles Engagement, das es unseren humanitären Partnern ermöglicht, ihre Hilfe besser zu planen.

Deutschland übernimmt in diesem und weiteren Foren Verantwortung, um die Reaktionsfähigkeit des humanitären Systems zu verbessern. Im September 2016 haben wir in Bonn eine Einigung aller Unterzeichner des »Grand Bargain« zu dessen Umsetzungs- und Überprüfungsmechanismus erzielen können. Gemeinsam mit dem NRO-Dachverband ICVA leiten wir den daraus resultierenden Prozess zur Harmonisierung und Vereinfachung von Berichtspflichten. Unter dem Motto »Protracted as the new norm« suchen wir als Vorsitz der Gruppe der größten Geber des IKRK gemeinsam bessere humanitäre Lösungen für langanhaltende Krisen.

Wichtige Rolle der deutschen humanitären Akteure

Eine weitere deutsche Selbstverpflichtung im Rahmen des humanitären Weltgipfels ist die **Stärkung lokaler Akteure** und lokaler Reaktionskapazitäten zur direkten Bewältigung humanitärer Notlagen. Die Bundesregierung hat sich verpflichtet, in die Fähigkeit der vor Ort Hilfe leistenden Akteure zu investieren. Heißt dies nun – mit dem internationalen humanitären System auf der einen Seite und dem Streben nach starken lokalen Akteuren auf der anderen Seite – dass die deutschen humanitären Akteure nicht mehr im selben Maß gebraucht werden?

Die Antwort ist ein klares nein. Die **Expertise der deutschen humanitären Akteure** wird bei der Bewältigung der zukünftigen humanitären Herausforderungen eine entscheidende Rolle spielen. Zum einen müssen wir uns, wie dargelegt, vornehmlich auf eine Ausweitung anstatt auf einen Rückgang der humanitären Notlagen einstellen. Das internationale humanitäre System operiert finanziell

und auch personell am Limit. Auf den Beitrag deutscher humanitärer
Akteure als Teil der Gesamtreaktion ist in dieser Situation rein quantitativ nicht zu verzichten.

Vor allem aber auch qualitativ können deutsche humanitäre Akteure in den kommenden Jahren einen entscheidenden Unterschied
machen. Ihre Expertise wird im Zusammenspiel mit verstärkten lokalen Anstrengungen dringend benötigt werden. Die Kombination aus
lokaler Schnelligkeit und Manpower auf der einen und der Fähigkeit
zu passgenauen Antworten und zum Kapazitätsaufbau auf der anderen Seite wird in vielen Situationen unverzichtbar sein.

Die Rotkreuzbewegung hat hier eine exponierte Position, und am
Beispiel des durch das Deutsche Rote Kreuz gesteuerten Klimamaß-
nahmenpakets zeigt sich diese Stärke: Durch internationale Spezialisten erfasste Klimaexpertise und Wetterdaten werden den lokalen
Rotkreuz-Gesellschaften zur Verfügung gestellt. Gemeinsam werden
Maßnahmen für die unmittelbare, lokale Reaktion im Katastrophenfall entworfen. Dieses Zusammenwirken ist ein notwendiger Schlüssel
zum Erfolg, und dieselbe Wirkungslogik gilt für viele weitere deutsche Akteure in ihrer Zusammenarbeit mit lokalen Partnern.

Auch rein fachlich werden deutsche Akteure gebraucht werden,
um das internationale humanitäre System weiter zu stärken. Mit
der erfolgreichen Aufnahme und Versorgung von Flüchtlingen in
Deutschland ist es gelungen, unsere Erfahrungen in diesem Bereich
deutlich auszuweiten und »best practices« zu erstellen. Diese und weitere Expertise, zum Beispiel im Bereich Wasser und Sanitär, gilt es in
das internationale humanitäre System einzubringen.

Und nicht zuletzt auch im Wirken »nach innen« dürfen wir gemeinsam nicht nachlassen. Die tiefe gesellschaftliche Verankerung
der deutschen humanitären Akteure ist eine entscheidende Voraussetzung für die öffentliche Unterstützung der humanitären Sache und
nicht zuletzt auch für die Einwerbung der benötigten Mittel.

Mehrere Ereignisse der vergangenen Jahre haben uns gezeigt, dass
es in vielen Staaten einen großen Anreiz zu geben scheint, Hilfen vor
allem reaktiv, bilateral, nicht unparteiisch und vorbei an internationaler Koordinierung medienwirksam zu inszenieren. Es wird auch
Aufgabe der deutschen humanitären Hilfe sein, solchen Alleingängen

zugunsten der Betroffenen eine Absage zu erteilen und stattdessen das internationale System zu stärken. Auf diese Weise werden die deutschen humanitären Akteure und die deutsche humanitäre Hilfe als Ganze – auf Grundlage der humanitären Prinzipien – durch ihr eigenes Selbstverständnis auch zukünftig zugleich Pfeiler und Ausdruck der Werte deutscher Außenpolitik sein.

Autorenverzeichnis

Heinrich Bedford-Strohm, geb. 1960, Autor und Herausgeber zahlreicher Bücher und Aufsätze v. a. zu Themen öffentlicher Theologie, war bis 2011 Inhaber des Lehrstuhls für Systematische Theologie und Theologische Gegenwartsfragen und Leiter der Dietrich-Bonhoeffer-Forschungsstelle für Öffentliche Theologie an der Universität Bamberg, Nach der Übernahme des Amts des Landesbischofs der Evangelisch-Lutherischen Kirche in Bayern 2011 ist er weiter als Honorarprofessor an der Universität Bamberg und außerplanmäßiger Professor an der Universität Stellenbosch/Südafrika akademisch tätig. Im November 2014 wurde er zum Vorsitzenden des Rates der Evangelischen Kirche in Deutschland gewählt und im November 2015 für weitere sechs Jahre als Ratsvorsitzender der EKD wiedergewählt. Ausgewählte Publikationen: Vorrang für die Armen. Auf dem Weg zu einer theologischen Theorie der Gerechtigkeit (Gütersloh 1993); Gemeinschaft aus kommunikativer Freiheit. Sozialer Zusammenhalt in der modernen Gesellschaft. Ein theologischer Beitrag (Gütersloh 1999); Position beziehen. Perspektiven einer öffentlichen Theologie (München 2012).

Ferdinand Bitz, Ministerialrat, Dr. phil., M.A., Dipl.-Psychol., Dipl.-Verw., Staatsexamen. Jahrgang 1957; 1984–1989 Wiss. Mitarbeiter von Prof. Dr. Josef Hitpaß (Institut für Bildungs- und Begabungsforschung), 1989–1990 Wiss. Mitarbeiter in der Enquete-Kommission des Deutschen Bundestages »Bildung 2000«, 1990–1991 Referent bei der Bundesvereinigung der Deutschen Arbeitgeberverbände, 1991–1998 Gutachter im Wissenschaftlichen Dienst des Deutschen Bundestages, 1999–2000 Referent beim Wehrbeauftragten des Deutschen Bundestages, 2000–2002 Büroleiter von Bundestagsvizepräsident Dr. h.c. Rudolf Seiters, 2002–2003 Leiter Fachbereich Bildung, Forschung, Wissenschaft, Umwelt und Reaktorsicherheit im Wissenschaftlichen Dienst des Deutschen Bundestages, 2003–2005 Leiter des Sekretariats der Enquete-Kommission des Deutschen Bundestages »Kultur in Deutschland« (Vorsitz: Gitta Connemann), 2005–2006 Leiter des Sekretariats des Ausschusses für Wirtschaft und Technologie (Vorsitz: Edelgard Bulmahn), 2006–2009 Leiter des Büros des Direktors beim Deutschen Bundestag, 2009–2010 Leiter Planungsgruppe, Reden und Texte im Bundespräsidialamt (Bundespräsident Prof. Dr.

Horst Köhler), seit 2010 Leiter des Sekretariats des Ausschusses für wirtschaftliche Zusammenarbeit und Entwicklung des Deutschen Bundestages (Vorsitz: Dagmar G. Wöhrl); Lehraufträge U Bonn und IUBH Bad Honnef.

Dr. Constantin von Brandenstein-Zeppelin, geboren 1953 in Biberach/Riss in Oberschwaben, verheiratet. Studium der Betriebswirtschaftslehre und Rechtswissenschaft in München und Wien, Dipl.-Kaufmann, betriebswirtschaftliche Promotion, Tätigkeiten bei der Europäischen Kommission in Brüssel, der Westdeutschen Landesbank in Düsseldorf, 3i Gesellschaft für Industriebeteiligungen in Frankfurt und London, heute Forstunternehmer in Hessen, Vorpommern und Chile, seit 1990 Diözesanleiter Malteser Hilfsdienst e.V., Fulda, seit 1992 Präsident Malteser Hilfsdienst e.V., Köln, Mitglied im Malteserorden.

Albrecht Broemme, geboren 1953 in Darmstadt, evangelisch, 1972 Abitur an der Georg-Büchner-Schule in Darmstadt, 1977 Dipl.-Ing. Elektrotechnik an der Technischen Hochschule Darmstadt, 1979 zweites Staatsexamen für den höheren feuerwehrtechnischen Dienst (Brandassessor), 1980 bis 1992 Brandrat, Oberbrandrat und Branddirektor in Berlin, 1992 bis 2006 Landesbranddirektor/Leiter der Berliner Feuerwehr. Seit 2006 Präsident der Bundesanstalt Technisches Hilfswerk (THW). Engagement im Katastrophenschutz: Pastchair der INSARAG Regionalgruppe Afrika/Europa/Mittlerer Osten (International Search and Rescue Advisory Group der Vereinten Nationen), Mitglied im Beirat für Katastrophenschutz, Brandschutz und Rettungswesen im Deutschen Städtetag, Mitglied im Programmausschuss »Forschung für die zivile Sicherheit« des BMFT, Präsident der Europäischen Feuerwehr-Akademie (EΦA), Vorstandsmitglied beim »Zukunftsforum öffentliche Sicherheit (ZÖS)«, Vorstandsmitglied bei der »Vereinigung zur Förderung des Deutschen Brandschutzes (vfdb)«, Ehrenmitglied des Deutschen Feuerwehrverbandes (DFV).

Dr. Margaret Chan wurde am 9. November 2006 von der World Health Assembly (WHA) zur Generalsekretärin der WHO ernannt. Bei der 65. Sitzung der WHA im Mai 2012 wurde Dr. Chan für eine zweite fünfjährige Amtsperiode gewählt, die am 30. Juni 2017 endet. Bevor sie zur Generaldirektorin ernannt wurde, war Dr. Chan sowohl Stellvertreterin des Generaldirektors der WHO für den Bereich übertragbarer Krankheiten als auch Beauftragte des Generaldirektors für den Bereich der Grippe Pandemie. Vor ihrem Eintritt bei der WHO war sie Direktorin für Gesundheit in Hongkong. Während ihrer neunjährigen Amtszeit als Direktorin wurde sie 1997 mit dem ersten Ausbruch der Vogelgrippe (H5N1) konfrontiert. Im Jahr 2003 bekämpfte sie erfolgreich das SARS-Syndrom in Hongkong. Sie richtete neue Dienste für Präventivmedizin und Gesundheitsförderung ein.

Frank Fiedrich studierte Wirtschaftsingenieurwesen an der TH Karlsruhe und promovierte dort zum Thema entscheidungsunterstützende Systeme und agentenbasierte Simulation für das Katastrophenmanagement. Von 2005 bis 2009 war er Assistenzprofessor am Institute for Crisis Disaster and Risk Management ICDRM der George Washington University in Washington DC, wo er unter anderem in Projekten mit der Federal Emergency Management Agency (FEMA) und dem Amerikanischen Roten Kreuz zu Themen des Freiwilligenmanagement und zu Planungsmodellen für katastrophenhafte Erdbeben forschte. Seit 2009 leitet er das Fachgebiet Bevölkerungsschutz, Katastrophenhilfe und Objektsicherheit an der Bergischen Universität Wuppertal und ist an zahlreichen nationalen und internationalen Forschungsprojekten zu Bevölkerungsschutzthemen beteiligt. Seine Forschungsinteressen umfassen dabei unter anderem den Einsatz von Informations- und Kommunikationstechnologien für das Katastrophen- und Krisenmanagement, Schutzkonzepte für Kritische Infrastrukturen, urbane Resilienz, interorganisationale Zusammenarbeit sowie gesellschaftliche Auswirkungen von Sicherheitstechnologien. Frank Fiedrich ist Ehrenmitglied der International Association for Information Systems in Crisis Response and Management (ISCRAM) und war bis zur Auflösung der Beiräte Mitglied des wissenschaftlichen Beirats des Deutschen Komitees Katastrophenvorsorge e.V. (DKKV).

Tanja Gönner ist seit Juli 2012 Vorstandssprecherin der Deutschen Gesellschaft für Internationale Zusammenarbeit (GIZ) GmbH. Seit 1987 ist sie Mitglied der CDU und hat unter anderem von 2000 bis 2012 dem Bundesvorstand angehört. Von 2002 bis 2004 war Gönner Mitglied des Deutschen Bundestages. 2004 wurde sie Sozialministerin des Landes Baden-Württemberg und übernahm 2005 das Umweltministerium, dem sie bis Anfang 2010 vorstand. Vom Februar 2010 bis Mai 2011 war Gönner Ministerin für Umwelt, Naturschutz und Verkehr des Landes Baden-Württemberg und von 2011 bis 2012 Mitglied des Landtags. Gönner studierte Rechtswissenschaften an der Eberhard-Karls-Universität Tübingen und war von 1999 bis 2004 als Partnerin mit Schwerpunkt Insolvenzrecht in einer Anwaltskanzlei tätig. Sie übt zahlreiche ehrenamtliche Tätigkeiten aus.

Franz-Josef Hammerl, Ministerialdirektor, geboren am 13. Januar 1956 in Linnich, 1974–1976 Wehrdienst, 1976–1982 Studium der Rechtswissenschaft an der Universität Köln, 1. juristisches Staatsexamen, 1982–1985 Referendariat am Oberlandesgericht Köln, 2. juristisches Staatsexamen, 1986–1987 Referent im Bundesamt für Verfassungsschutz, 1987–1993 Referent im Bundesministerium des Innern: Referat für Zivil- und Katastrophenschutz, Arbeitsgruppe »Deutsche Einheit«, Referat Innenpolitische Grundsatzfragen, Pressereferat, 1993–1999 Referatsleiter im Bundeskanzleramt, 1999–2002 Direktor bei der Bundesakademie für öffentliche Verwaltung, 2002–2007 Referatsleiter im Bundesministerium des Innern: Referat Luftsicherheit, Referat Innenpolitische Grundsatzfragen, 2008–2009 Vizepräsident beim Bundespolizeipräsidium, 2009 Leiter der Abteilung Migration, Integration, Flüchtlinge, Europäische Harmonisierung, 2010–2014 Leiter der Abteilung Bundespolizei, seit 2014 Leiter der Abteilung Krisenmanagement und Bevölkerungsschutz.

Joachim Herrmann ist bayerischer Staatsminister des Innern, für Bau und Verkehr und wurde am 21. September 1956 in München geboren. Er ist römisch-katholisch, verheiratet und Vater von drei Kindern. Schule und Studium: 1962 bis 1966 Loschgeschule in Erlangen, 1966 bis 1975 Gymnasium Fridericianum Erlangen (Abschluss: Abitur), 1975 bis 1976 Grundwehrdienst in Mellrichstadt und Hammelburg; Unteroffizierslehrgang an der Infanterieschule in Hammelburg; seit November 2014 ist er Oberstleutnant der Reserve, 1976 bis 1984 Studium der Rechtswissenschaft an der Friedrich-Alexander-Universität (FAU) Erlangen und der Ludwig-Maximilians-Universität (LMU) in München; Referendardienst unter anderem am Amtsgericht Erlangen, bei der Staatsanwaltschaft am Landgericht Nürnberg/Fürth, bei der Stadt Erlangen und beim Verwaltungsgericht Ansbach (Abschluss: Erstes und Zweites Juristisches Staatsexamen); Beruflicher Werdegang: 1984 bis 1988 Regierungsrat und Oberregierungsrat in der Bayerischen Staatskanzlei, Referat für Wirtschafts- und Verkehrspolitik, 1988 bis 1992 Leiter der Abteilung für öffentliche Sicherheit und Ordnung am Landratsamt Erlangen-Höchstadt, 1992 bis 1994 Syndikus in der Rechtsabteilung der Siemens AG am Standort Erlangen; Zulassung als Rechtsanwalt bis 2003; Politische Stationen: seit 1977 Mitglied der Jungen Union und der CSU 1983 bis 1991 Mitglied im Bundesvorstand der Jungen Union, von 1987 bis 1991 stellvertretender Bundesvorsitzender, 1990 bis 2004 Mitglied des Stadtrates der Stadt Erlangen, Vorsitzender der CSU-Fraktion von 1990 bis 1997, seit 1994 Mitglied des Bayerischen Landtags, Mitglied im Ausschuss für Verfassung, Rechts- und Parlamentsfragen (1994 bis 1998), Mitglied im Ausschuss für Eingaben und Beschwerden

(1994 bis 1997), Mitglied im Ausschuss für Fragen des öffentlichen Dienstes (1996 bis 1997), 1997 bis 1998 Stellvertretender Generalsekretär der CSU, 1998 bis 1999 Staatssekretär im Bayerischen Staatsministerium für Arbeit und Soziales, Familie, Frauen und Gesundheit, 1999 bis 2003 Stellvertretender Vorsitzender der CSU-Landtagsfraktion, 2003 bis 2007 Vorsitzender der CSU-Landtagsfraktion, seit 16. Oktober 2007 Bayerischer Staatsminister des Innern, seit Oktober 2008 Zweiter Stellvertreter des Bayerischen Ministerpräsidenten, seit 10. Oktober 2013 Bayerischer Staatsminister des Innern, für Bau und Verkehr; Ehrenamtliche Tätigkeit: Mitglied des Kuratoriums der Friedrich-Alexander-Universität Erlangen-Nürnberg (FAU), Mitglied des Landesbeirats des Malteser Hilfsdienstes in Bayern, Mitglied des Beirats der Bürgerbewegung für Menschenwürde in Mittelfranken, Mitglied des Vorstands der Hanns-Seidel-Stiftung, Mitglied des Beirats der ACCESS Integrationsfachdienst gGmbH Erlangen, Mitglied des Beirats für den Förderungsverein THW Erlangen, Mitglied des Beirats des Vereins zur Wiedereingliederung von psychisch kranken Menschen e.V. »Die Wabe«, Erlangen, Mitglied im Kuratorium der Diakonie Neuendettelsau, Vorsitzender des Fördervereins Walderlebniszentrum Erlangen-Tennenlohe e.V., Stellvertretender Vorsitzender des Stutterheim Vereins e.V., Vorsitzender des Kuratoriums der Stiftung Lichtblick Hasenbergl, Vorsitzender des Tourismusverbands Franken, Mitglied des Stiftungsrates der Stiftung Lebendige Stadt, Mitglied des Aufsichtsrates, Pro Handball Club Erlangen – Netzwerk für Spitzenhandball in Erlangen.

Prof. em. Dr. Michael Kloepfer war von 1974–1976 Professor an der Freien Universität Berlin, von 1976–1992 Professor an der Universität Trier, dort Direktor des Instituts für Umwelt- und Technikrecht. Von 1992–2011 war er Professor für Staats- und Verwaltungsrecht, Europarecht, Umweltrecht, Finanzrecht und Wirtschaftsrecht an der Humboldt-Universität zu Berlin und Direktor am Walter Hallstein-Institut für Europäisches Verfassungsrecht. Seit 2011 ist er Emeritus. Er war von 1977–1996 Richter im Nebenamt am Oberverwaltungsgericht Rheinland-Pfalz. Von 1992–1998 war er Vorsitzender bzw. stellvertretender Vorsitzender verschiedener Kommissionen zum Umweltgesetzbuch und von 1999–2001 und 2005–2007 Vorsitzender der Berliner Wissenschaftlichen Gesellschaft e.V. Von 2008–2015 war er Mitglied der Schutzkommission beim Bundesministerium des Innern. Er nahm zahlreiche Gastprofessuren im Ausland wahr (u.a. Sendai/Japan; Kobe/Japan; Lausanne/Schweiz; Stanford/USA). Er ist zudem Präsident der Forschungszentren Umweltrecht (FZU), Technikrecht (FZT), Katastrophenrecht (FZK) sowie des Instituts für Gesetzgebung und Verfassung (IGV) und ist seit 2011 Leiter des Forschungszentrums Recht an der Humboldt-Universität zu Berlin. Seit 2017 ist er auch als Rechtsanwalt bei der Kanzlei Köhler & Klett, Partner von Rechtsanwälten, Köln, tätig.

Rüdiger König, Ministerialdirektor Auswärtiges Amt, geboren am 8. April 1957 in Bonn, 1977 Abitur, 1978–1985 Studium der Politikwissenschaften, Staats- und Völkerrecht, Soziologie an der Universität Bonn (Magister), 1. April 1986 Eintritt in den Auswärtigen Dienst und Attachéausbildung, 1987–1989 Referent im Parlamentsreferat, 1989–1992 Ständige Vertretung New York UNO, 1992–1996 Referent in der Abteilung Vereinte Nationen, 1997–1999 Referent für Afghanistan an der Botschaft Islamabad, 1999–2002 stv. Referatsleiter in der Abteilung Vereinte Nationen, 2001 Mitglied der deutschen Delegation auf der Petersberg-Konferenz zu Afghanistan, 2002–2004 Leiter des Persönlichen Büros von Bundespräsident Johannes Rau, 2004–2006 Leiter Büro Bundespräsident a.D. Johannes Rau, 2006–2008 Leiter der Politischen Abteilung der Ständigen Vertretung Brüssel NATO, 2008–2010 Leiter des Sonderstabs Afghanistan-Pakistan im Auswärtigen Amt, 2010–2013 Botschafter der Bundesrepublik Deutschland in Kabul/Afghanistan, 2013–2014 Beauftragter für die Vereinten Nationen, Auswärtiges Amt, Berlin, 2014–2015 Krisenbeauftragter, Auswärtiges Amt, Berlin, seit März 2015 Abteilungsleiter der Abteilung Krisenprävention, Stabilisierung, Konfliktnachsorge und Humanitäre Hilfe, Auswärtiges Amt, Berlin.

Reinhard Kardinal Marx (1953), seit 2008 Erzbischof von München und Freising. Mitglied in der Kardinalsgruppe zur Beratung von Papst Franziskus in der Leitung der Weltkirche. Koordinator des Päpstlichen Rates für die wirtschaftlichen Angelegenheiten. Vorsitzender der Deutschen Bischofskonferenz. Präsident der ComECE. Vorsitzender der Freisinger Bischofskonferenz. Magnus Cancellarius der Katholischen Universität Eichstätt-Ingolstadt. 2010–2015 Vorsitzender des Stiftungsrates der Katholischen Universität Eichstätt-Ingolstadt. 2004–2014 Vorsitzender der Kommission für gesellschaftliche und soziale Fragen der DBK. Mitglied des Päpstlichen Rates Justitia et Pax, der Vatikanischen Kongregation für das Katholische Bildungswesen, der Vatikanischen Kongregation für die Orientalischen Kirchen. Zuvor Bischof von Trier (2002–2008), Weihbischof in Paderborn (1996–2002), Professor für Christliche Gesellschaftslehre und Direktor des Sozialinstituts Kommende in Dortmund. Seit 2006 Großprior der Deutschen Statthalterei des Ritterordens vom Heiligen Grab zu Jerusalem. Zahlreiche Veröffentlichungen, u. a.: Das Kapital.

Ein Plädoyer für den Menschen (Pattloch 2008); Christ sein heißt politisch sein. Wilhelm Emmanuel von Ketteler für heute gelesen (Herder 2011); Glaube und Bildung, gem. mit Klaus Zierer (Schöningh 2013); glaube! (Kösel 2013).

Dr. Gerd Müller ist seit Dezember 2013 Bundesminister für wirtschaftliche Zusammenarbeit und Entwicklung. Als Bundesminister setzt er sich besonders für den Chancenkontinent Afrika ein. Mit der Vorstellung des Marshallplanes mit Afrika wurde so ein umfassender Konsultationsprozess eingeleitet. Er initiierte den Zukunftscharta-Prozess, die Gründung des Textilbündnisses sowie die Sonderinitiative EINEWELT ohne Hunger. Von 2005 bis 2013 war er Parlamentarischer Staatssekretär beim Bundesminister für Ernährung, Landwirtschaft und Verbraucherschutz, wo er unter anderem für internationale Ernährungssicherung zuständig war. Seit 1994 ist er Mitglied des Deutschen Bundestages und war bis 2005 außen- und europapolitischer Sprecher der CSU-Landesgruppe im Deutschen Bundestag.

Franz Müntefering, geboren am 16. Januar 1940 in Neheim-Hüsten, 1990 bis 1992 Parlamentarischer Geschäftsführer der SPD-Bundestagsfraktion, 1995 bis 1998 Bundesgeschäftsführer der SPD, 1998 bis 1999 Bundesminister für Verkehr, Bau- und Wohnungswesen, 1999 bis 2002 Generalsekretär der SPD, 2002 bis 2005 Vorsitzender der SPD-Bundestagsfraktion, 2004 bis 2005: Vorsitzender der SPD, 2005 bis 2007 Bundesminister für Arbeit und Soziales und Vizekanzler, 2008 bis 2009 erneut Vorsitzender der SPD, seit 2013 Präsident des Arbeiter-Samariter-Bundes.

Claudia Roth, geboren 1955 in Ulm, studierte nach dem Abitur Theaterwissenschaften an der Ludwig-Maximilian-Universität in München. Zunächst arbeitete sie als Dramaturgie-Assistentin, später als Dramaturgin an den Städtischen Bühnen in Dortmund sowie am »Hoffmanns Comic Teater« in Unna. Von 1982 bis 1985 war sie Managerin der Band »Ton Steine Scherben«. Als Pressesprecherin der ersten grünen Fraktion im Deutschen Bundestag wechselte sie 1985 in die Politik. 1989 wurde sie ins Europäische Parlament gewählt. Dort blieb sie bis 1998, ab 1994 als Fraktionsvorsitzende der Grünen, bevor sie in den Deutschen Bundestag einzog. Von 1998 bis 2001 war sie Vorsitzende des neu gegründeten Ausschusses für Menschenrechte und Humanitäre Hilfe, zwischen März 2003 und Oktober 2004 dann Beauftragte der Bundesregierung für Menschenrechtspolitik und Humanitäre Hilfe im Auswärtigen Amt. 2001 wurde Claudia Roth erstmals Parteivorsitzende von Bündnis 90/Die Grünen. Sie wurde 2004, 2006, 2008, 2010 und 2012 in dieses Amt wiedergewählt. 2013 schied sie als Parteivorsitzende aus und wurde am 22. Oktober 2013 zur Vizepräsidentin des Deutschen Bundestags gewählt.

Dr. Arnold von Rümker, Präsident der Johanniter-Unfall-Hilfe e.V., geboren am 15. 06. 1942 in Breslau, Diplom-Landwirt. Nach Abschluss seines Studiums in Göttingen und nach Promotion Tätigkeiten als Berater und Teamleiter im Auftrag der GAWI (später GTZ) in Malawi/Ostafrika (1970–1974), als Dozent und Projektleiter für die Weltbank in Washington DC (1974–1980) und schließlich seit 1980 in unterschiedlichen Funktionen für die GTZ u. a. in Saudi-Arabien sowie in Eschborn, zuletzt als Abteilungsleiter und stellvertretender Bereichsleiter Personal (1999–2003). Ehrenamtlich ist Dr. von Rümker als Mitglied des evangelischen Johanniterordens seit 2007 bei der JUH engagiert, zunächst als Mitglied des Landesvorstandes Berlin/Brandenburg, von 2010 bis 2013 als Mitglied des Bundesvorstandes (Schwerpunktressort Humanitäre Auslandshilfe) und ab dem 23. 11. 2013 als Präsident. Dr. von Rümker ist verheiratet und Vater von sechs Kindern.

Prof. Dr. Conrad Schetter ist Wissenschaftlicher Direktor des Internationalen Konversionszentrums Bonn – Bonn International Center for Conversion (BICC). Schetter studierte Geographie und Geschichte. Er promovierte 2001 in Geographie über »Ethnizität und ethnische Konflikten in Afghanistan« an der Universität Bonn. Dort habilitierte er 2009 in dem Fach »Entwicklungsforschung« zu dem Thema »Ordnungsmuster gewaltsamer Konflikte«. Von 1999 bis 2013 war Conrad Schetter am Zentrum für Entwicklungsforschung (ZEF) der Universität Bonn tätig, zuletzt vertrat er dort die Leitung der Abteilung »Politischer und kultureller Wandel«. Im März 2013 erhielt Schetter eine Professur für Friedens- und Konfliktforschung an der Universität Bonn und leitet seitdem als Wissenschaftlicher Direktor das BICC. Zudem ist er assoziierter Direktor am ZEF. Schetter forscht seit über 20 Jahren zu Themen wie Interventionspolitik, zivil-militärische Zusammenarbeit, Ethnizität, Umweltwandel und translokale Migration. Vor allem beschäftigt er sich mit der Rolle von Gewalt an der Schnittstelle von Entwicklungs- und Sicherheitspolitik. So ist er der Herausgeber der Bücher »Facing Ethnic Conflicts« (2004, zusammen mi Andreas Wimmer et al.) und »Geographien der Gewalt« (2015, mit Benedikt Korf). Zudem ist Schetter Regionalexperte für Süd- und Zentralasien. Hierfür stehen seine Buchveröffentlichungen »Kleine Geschichte Afghanistans« (4. Auflage 2016), »Pakistan – Land der Extreme« (2014, zusammen mit Katja Mielke) und »Local Politics in Afghanistan« (Herausgeber 2013). Zudem veröffentliche Schetter eine Vielzahl an Artikeln, die sich mit der Frage von militärischen und zivilen Interventionen in Konfliktländern beschäftigen. In diesem Zusammenhang schrieb Schetter jüngst zu Themen wie »humanitäre Interventionen«, »menschliche Sicherheit«, »humanitäre Hilfe«, »Aufstandsbekämpfung« und »unregierte Räume«. Conrad Schetter ist Mitglied in mehreren Gremien, unter anderem im Präsidium der Deutschen Welthungerhilfe und im Kuratorium des Deutschen Institutes für Entwicklungspolitik (DIE). Mehrfach beriet er Ministerien wie auch humanitäre und Entwicklungsorganisationen.

Rudolf Seiters, Dr. rer. pol. h.c., geboren am 13. Oktober 1937 in Osnabrück, katholisch, verheiratet mit Ehefrau Brigitte, drei Töchter, wohnhaft in Papenburg/Ems, Abitur am Gymnasium Carolinum in Osnabrück, Studium der Rechts- und Staatswissenschaften in Münster, Regierungsassessor beim Regierungspräsidenten in Osnabrück, 1958 Eintritt CDU und Junge Union, anschließend Bezirksvorsitzender der Jungen Union, Landesvorsitzender der Jungen Union Niedersachsen und Mitglied des Bundesvorstandes der Jungen Union Deutschlands, 1969 Erstmals in den Deutschen Bundestag gewählt, in acht weiteren Bundestagswahlen als direkt gewählter Bundestagsabgeordneter bestätigt, 1971–1976 Parlamentarischer Geschäftsführer bei den Fraktionsvorsitzenden Rainer Barzel und Karl Carstens, 1972–1998 Stellvertretender Landesvorsitzender der Niedersachsen-CDU, Vorsitzender der Landesgruppe Niedersachsen im Deutschen Bundestag, 1984 Erster Parlamentarischer Geschäftsführer der CDU/CSU-Bundestagsfraktion, 1989 Bundesminister für besondere Aufgaben im Kanzleramt, 1991 Bundesminister des Innern (Rücktritt am 4. Juli 1993), 1992–2002 Präsidiumsmitglied der CDU Deutschland, 1994–1998 Stellvertretender Vorsitzender der CDU/CSU-Bundestagsfraktion mit der Zuständigkeit für Außen- und Europapolitik, 1998–2002 Erster Vizepräsident des Deutschen Bundestages, seit November 2003 Präsident des Deutschen Roten Kreuzes. Weitere ehrenamtliche Tätigkeiten: Kuratoriumsvorsitzender der Otto-von-Bismarck-Stiftung, Kuratoriumsmitglied der Sepp-Herber-Stiftung, Mitglied der Konrad-Adenauer-Stiftung, Mitglied im ZDF-Fernsehrat und im ZDF-Ausschuss Chefredaktion sowie Vorsitz des ZDF-Ausschusses Partnerprogramme, Leitung wissenschaftlicher Arbeitskreis, Hospiz Stiftung Niedersachsen, Schirmherr. Auszeichnungen u. a.: Großes Bundesverdienstkreuz, Großes Bundesverdienstkreuz mit Stern, Offizierskreuz der französischen Ehrenlegion, Große Silbernes Ehrenzeichen der Republik Österreich, Ehrendoktor der Bundeswehr-Universität München, Ehrenbürger der Stadt Papenburg, Scheidegger Friedenspreis, Verdienstorden von Ungarn, Estrongo Nachama Preis.

Manfred Speck, geboren am 10. April 1946 in Neuss, römisch-katholisch, verw. eine
Tochter, wohnhaft in Bad Honnef, aufgewachsen am Mittelrhein, Verwaltungsaus-
bildung beim Landschaftsverband Rheinland LVR, Köln, Abschlussprüfung bei
der Städt. Verwaltungs- und Sparkassenschule Köln. Nach dem Berufsabschluss
Tätigkeiten bei Bundesbehörden und WDR. Seit 1972 in der politischen Zuarbeit im
Bundestag, in der CDU/CSU-Bundestagsfraktion und Bundesinnenministerium.
Gruppenleiter beim Chef des Bundeskanzleramtes, Ministerialdirektor a.d. (Bundesinnenministerium), Staatssekretär a.d. (Innenstaatssekretär im Freistaat Thü-
ringen). Enger Mitarbeiter von MdB und Parl. Staatssekretär a.D. Dr. Dieter Schulte
und von den Bundesministern Dr. rer. pol. h.c. Rudolf Seiters und Manfred Kanther
sowie von Ministerpräsident a.D. Prof. Dr. Bernhard Vogel. Selbständiger Berater
in der Kommunikation für Wirtschaft, Stiftungen und Politik, Bonn/Berlin. Ehrenämter: Vorsitzender des Vorstandes der Bundesstiftung Bundeskanzler Adenauer
Haus Bad Honnef – Rhöndorf, Wahrnehmung von ehrenamtlichen Tätigkeiten in
der politischen Bildung, im Spitzensport sowie in den Bereichen von Kultur und
Kirche.

Roland Tichy, Jahrgang 1955, studierte in München Volkswirtschaft, Politik und
Kommunikationswissenschaften. Es folgten Stationen im Planungsstab des Bundeskanzleramts, bei der WirtschaftsWoche (Bonner Korrespondent) sowie – nach
der Wiedervereinigung – als Stellvertreter des Rundfunkbeauftragten der Neuen
Länder; dort war er für die Neugestaltung der elektronischen Medienlandschaft in
den neuen Bundesländern mitverantwortlich. Es schlossen sich Engagements für
namhafte deutsche Wirtschaftsmagazine (u. a. Handelsblatt; zuletzt von 2007 bis
2014 Chefredakteur der WirtschaftsWoche) und Medienberatung für große Unternehmen an. Als Journalist und Publizist kommentiert, dokumentiert und bewertet
Roland Tichy das wirtschafts- und gesellschaftspolitische Geschehen in Deutschland und der Welt. Er ist seit 2014 Vorstandsvorsitzender der Ludwig-Erhard-
Stiftung, die für freiheitliche Grundsätze in Politik und Wirtschaft wirbt und dazu
beiträgt, dass die Soziale Marktwirtschaft im Sinne Ludwig Erhards weiterhin
Beachtung findet.

Prof. Dr. Harald Welzer ist Soziologe und Sozialpsychologe, Mitbegründer und
Direktor von »Futur Zwei. Stiftung Zukunftsfähigkeit«, Professor für Transforma-
tionsdesign und –vermittlung an der Universität Flensburg, ständiger Gastprofessor
für Sozialpsychologie an der Universität Sankt Gallen, er war kooptiertes Mitglied

im Rat für Nachhaltige Entwicklung der Bundesregierung sowie Mitglied im Zukunftsrat des Landes Schleswig-Holstein. Er hat zahlreiche Bücher zu gesellschaftspolitischen Fragen und zur Nachhaltigkeit geschrieben, unter anderem »Klimakriege. Wofür im 21. Jahrhundert getötet wird«, »Selbst denken. Eine Anleitung zum Widerstand«, zuletzt »Die smarte Diktatur. Der Angriff auf unsere Freiheit«, alle erschienen im S.-Fischer-Verlag. Die Bücher von Harald Welzer sind in 22 Sprachen übersetzt worden. Daneben ist er Herausgeber von »Futurzwei. Magazin für Zukunft und Politik.« Ein Ranking des Georg-Duttweiler-Instituts vom letzten Jahr zählt Welzer zu den 100 wichtigsten Vordenkern weltweit, das aktuelle Cicero-Ranking der 500 wichtigsten Intellektuellen Deutschlands listet ihn auf Platz 27.

Übersetzer/in
Jutta Hönow, OStR a. D.
Dietrich Opalke, StD a. D.

Bildnachweis

S. 245: © picture alliance/dpa; S. 250: © Syrischer Arabischer Roter Halbmond / IFRK; S. 251: © Zaed Rabaa / SARC; S. 252: © Ibrahim Malla / IFRK; S. 255: © Olaf Neussner / DRK; S. 256: © Steffen Lohrey / DRK; S. 258: © Gero Breloer / DRK; S. 259: © Gero Breloer / DRK, S. 265: © ASB/Hannibal; S. 267: © ASB Archiv, S. 270: © ASB/Markus Nowak; S. 273: © ASB Indonesien und Philippinen; S. 275: © ASB SEE; S. 277: © ADH/Fulvio Zanettini; S. 281: © Privat; S. 286: © Hannibal Hanschke; S. 287: © Florian Kopp / JUH; S. 289: © Paul Hahn | Photography; S. 291: © Axel Fassio; S. 292: © Paul Hahn | Photography; S. 294: © Fernando Gutiérrez Juárez; S. 295: © Archiv Johanniter; S. 299: © Klaus Schiebel; S. 302, 304, 305: © Malteser; S. 307: © Stefan Trappe/Malteser International; S. 309, 310: © Malteser; S. 312: © Conor Heathcote/Malteser International; S. 315: © Paul Hahn; S. 329: © Privat; S. 332, 333, 334, 335: © THW; Umschlagabbildungen: oberes Bild: © Clemens Bilan / DRK; unteres Bild: © Syrischer Arabischer Roter Halbmond / IFRK

Das Buch entstand mit freundlicher Unterstützung der Bank für Sozialwirtschaft AG, der Funk-Gruppe und der Volkswagen Aktiengesellschaft.